# TOUS À VÉLO

## LES MEILLEURS ITINÉRAIRES EN FRANCE

DE QUELQUES JOURS À PLUSIEURS SEMAINES

# Édito

Découvrir la France en pédalant, voilà la promesse de ce nouveau guide ! Rien de tel que le vélo pour s'aérer et bouger en prenant le temps de se reconnecter à son environnement et en limitant son bilan carbone. Le vélotourisme est tendance, et les véloroutes se multiplient dans toutes les régions de France.

Michelin Éditions, expert du voyage et du tourisme, s'est associé à France Vélo Tourisme, spécialiste des itinéraires à vélo, pour vous offrir ce guide complet et inédit.

Voici donc nos 40 itinéraires réunis en un guide aussi pratique qu'inspirant. Ils durent entre 2 et 23 jours, avec des étapes suffisamment courtes (entre 20 et 60 km) pour pouvoir faire des pauses, profiter de la richesse de la nature et apprécier la diversité du patrimoine qui jalonne le chemin… sans trop de courbatures ! Les plus sportifs pourront facilement enchaîner deux étapes : celles-ci sont des suggestions, tout dépend du rythme et des envies de chacun.

Nous avons essayé de répondre à toutes les envies, de la balade facile (peu de dénivelé, revêtements praticables, voies protégées et balisées), accessibles au plus grand nombre, à la rando plus sportive, pour laquelle il vaut mieux être un peu entraîné.

La plupart de nos parcours sont itinérants (d'un point A à un point B), d'autres forment une boucle au départ d'une localité.

Pour chaque itinéraire, nous vous donnons les informations essentielles comme le niveau de difficulté, le kilométrage, la durée. Nous indiquons également lorsqu'un itinéraire sera plus aisé avec un vélo à assistance électrique **VAE**. Enfin, les gares qui jalonnent les itinéraires sont toutes indiquées sur les cartes : vous pouvez ainsi quitter un parcours si vous en avez assez et rentrer chez vous par le train.

Et pour compléter ces circuits, nos auteurs ont déniché de bonnes adresses de restaurants et hébergements, ainsi que des idées de visites pour faire une pause au fil de votre périple.

À vos guidons, prêts, pédalez !

**MICHELIN ÉDITIONS**

# Sommaire

# Les traces GPX

Dans ce guide, chaque circuit à vélo est accompagné de sa trace GPX, qui vous permettra ensuite de vous guider sur la véloroute. Quelques explications...

## QU'EST-CE QU'UNE TRACE GPX ?

C'est le trajet cartographié de l'itinéraire, enrichi d'une fonction GPS, qui permet d'être localisé et guidé en temps réel.

## DES APPLICATIONS DÉDIÉES

En premier lieu, vous devez disposer sur votre smartphone d'une application GPS pour les déplacements à vélo (quelques exemples : Osmand, Visorando, Locus Map Free, Maps.me, Komoot, GeoVelo, etc.). Vous pouvez également investir dans un GPS vélo, qui dispose de fonctionnalités complémentaires (mesure des performances, historique des trajets, etc.).

Depuis cette application ou depuis votre GPS vélo, vous pourrez ouvrir la trace GPX, qui sera consultable pendant la balade sans connexion Internet (laquelle n'est pas forcément disponible en pleine campagne). Pour profiter du positionnement et du guidage tout au long de la promenade, vous devrez utiliser la fonction géolocalisation de votre smartphone, qui ne dépend ni du réseau téléphonique ni de la connexion Internet. Attention, la géolocalisation est très énergivore ; partez avec un smartphone complètement chargé. Selon la durée de votre itinéraire, il faudra prévoir une batterie d'appoint *(voir p. 9)*.

## RÉCUPÉRER UNE TRACE GPX

Les traces GPX de ce guide sont téléchargeables à partir du QR code situé sur la carte de chaque itinéraire. Avec un smartphone récent, il suffit de photographier ce QR code. Sinon, il faut installer une application dédiée à la lecture des QR codes. Quand vous flashez le QR code, vous êtes dirigé vers une page dédié du site Internet de France Vélo Tourisme. Il vous suffira ensuite de télécharger la trace. Le fichier atterrit généralement dans le dossier « Téléchargement » de votre smartphone. Une fois votre fichier GPX affiché, cliquez sur « Ouvrir avec », sélectionnez votre application GPS et laissez-vous guider !

la loire à vélo
20 ans
La Loire à Vélo fête ses 20 ans
Orléans, Tours, Angers, Nantes... Un parcours connecté aux grandes villes avec un accès facilité en train
900 km de pistes balisées
De nombreux services adaptés, labellisés Accueil Vélo
Rendez-vous sur loireavelo.fr
© D. Darrault - CRT Centre-Val de Loire
RÉGION CENTRE VAL DE LOIRE
RÉGION PAYS DE LA LOIRE

# Avant le départ

## MÉTÉO

Pensez à consulter les prévisions : savoir à quelle heure il va pleuvoir et pendant combien de temps permet d'ajuster les horaires de votre balade.

**Météo France** – meteofrance.com
**Meteoblue** – www.meteoblue.com
**Météo Ciel** – www.meteociel.fr

## CHOISIR SON VÉLO

Assurez-vous tout d'abord de prendre un vélo adapté à votre taille, de bien régler les éléments de position (inclinaison et hauteur des poignées de frein, longueur et hauteur de la potence, recul et hauteur de selle), notamment pour éviter les maux de dos et de nuque. Demandez conseil et essayez différents modèles.

Selon la durée de l'aventure et votre philosophie de voyage, votre vélo idéal sera différent. Plus votre voyage est long, plus vous serez chargé. Plus vous recherchez l'autonomie, plus la charge à transporter est importante. Tous ces éléments comptent dans votre choix.

Voici trois critères qui vont vous aider à choisir votre compagnon de voyage pour rouler sur les parcours de ce guide :

**1- Attaches pour porte-bagage :** c'est votre vélo qui porte vos sacoches ; choisissez un vélo avec des attaches pour fixer des porte-bagages (avant et arrière).

**2- Position sur le vélo :** il existe trois grandes familles de guidon : cintre plat (classique), cintre papillon (permet plusieurs positions), cintre course (sportif). À vous de tester avant de vous décider !

**3- Taille des roues :** selon votre taille, la charge à transporter, la géométrie du cadre et le type de parcours, plusieurs tailles (700, 650b, 26 / 27,5 / 29 pouces) sont possibles.

### La randonneuse

Elle offre un compromis entre facilité de roulage et transport de bagages. Équipée pour de grands périples, elle a tous les attributs du vélo de randonnée. Elle est idéale pour de courts à moyens séjours sur des routes avec un revêtement de qualité et avec des bagages relativement légers.

**Caractéristiques :** cadre en acier de qualité, fourche acier ou carbone, cintre type course, attaches pour porte-bagages, 3e porte-bidon, garde-boue et éclairage, roues de 650b à pneus fins à larges ou roues de 700. Des artisans cadreurs peuvent réaliser une randonneuse à vos mesures avec quasiment tous les matériaux possibles. www.associationartisansducycle.com/les-artisans

### Vélo de voyage ou vélo de randonnée

Le vélo de voyage, de série ou sur-mesure est fabriqué spécifiquement pour les voyages en itinérance de plusieurs jours à plusieurs mois. Équipé de porte-sacoches (avant et/ou arrière), il est très robuste pour supporter une lourde charge. Selon les pneus et la configuration choisie, il permet de parcourir de longues distances asphaltées mais aussi d'effectuer des trajets sur pistes ou sentiers. Sa solidité et sa fiabilité ainsi que la pluralité des usages qu'il permet en fait le partenaire parfait du cyclotouriste voyageur.

**Caractéristiques :** cadre renforcé en acier le plus souvent, fourche acier avec pivot renforcé, cintre au choix, attaches pour porte-bagages, garde-boue et éclairage, roues au choix. Des artisans pourront vous construire le vélo de vos rêves.

### Vélo de route ou vélo de course

Prévu pour la vitesse, ce type de vélo pourra servir dans l'optique d'un raid rapide ou d'itinéraires sur des routes bien

France Vélo Tourisme,
Votre prochain voyage à vélo commence ici
photographie : © Vélosud - Gaillard-Munsch
scannez moi
www.francevelotourisme.com

revêtues. Il se marie idéalement avec la pratique du bikepacking, donc avec des sacoches directement fixées sur le vélo (selle, guidon, cadre et fourche). Résultat : une configuration légère mais fiable.
**Caractéristiques :** cadre léger en carbone, titane, aluminium ou acier haut de gamme, fourche carbone, cintre type course, roues de 700 à pneus fins.

### Vélo tout chemin (VTC)

C'est le cousin sur grandes roues du VTT. À condition de l'équiper d'éclairage, de garde-boue et de porte-bagages, il peut très bien vous servir pour une semaine de vacances à vélo si vous êtes raisonnable concernant le volume de bagages à transporter, ou si vous voyagez avec l'aide d'un service de transport de bagages.
Il est très souvent proposé par les loueurs de cycles pour de l'itinérance sur plusieurs jours car il permet de rouler aussi bien sur des routes que sur des chemins carrossables.
**Caractéristiques :** cadre acier ou aluminium, fourche acier, aluminium ou carbone, cintre plat, attaches pour porte-bagages, garde-boue et éclairage en option, roues de 700 à pneus moyennement larges.

### Gravel

Dernière tendance du marché du cycle, le gravel (gravillon en anglais) désigne un type de vélo hybride adaptés aux chemins carrossables et aux routes asphaltées. Plus léger que le VTC et équipé d'un cintre spécifique, il se veut plus sportif que ce dernier et permet de rouler autant sur des passages asphaltés à une vitesse quasi équivalente à des purs « routiers » que sur des sentiers et chemins cabossés en maintenant un bon confort, notamment grâce à des pneus plus larges. Le gravel est idéal pour voyager à vélo en alliant performance et confort.
**Caractéristiques :** cadre acier, aluminium ou carbone, fourche acier, aluminium ou carbone, voire télescopique, cintre course évasé, attaches pour bikepacking, porte-bagages, 3e porte-bidon, garde-boue et éclairage en option, roues de 700 ou 650b à pneus larges.

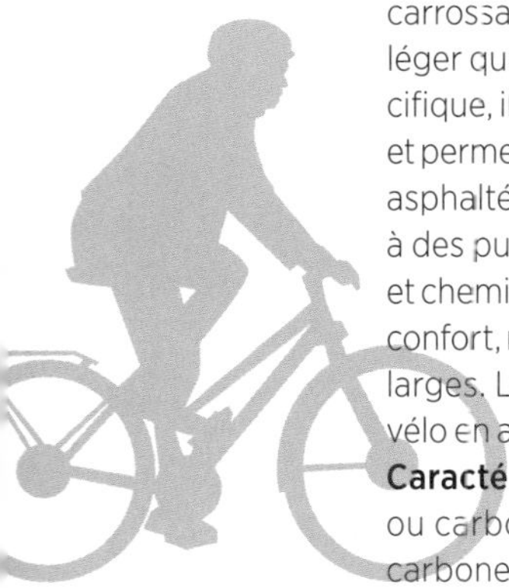

### Vélo à assistance électrique (VAE)

L'assistance électrique permet de rendre certains terrains (relief dans les montagnes par exemple) plus accessibles, de pouvoir supporter un poids élevé (remorque avec enfants, nombreux bagages) ou simplement de pédaler plus légèrement !
Cette configuration est maintenant utilisée pour fabriquer tous types de vélos, que ce soit sur un VTT, un vélo de voyage ou même un tandem.
Pour de l'itinérance, il faudra bien s'organiser pour prévoir des points de recharge sur son parcours en fonction de l'autonomie de la batterie, voire emporter une seconde batterie pour éviter la panne sèche.
**Caractéristiques :** généralement cadre aluminium, fourche aluminium ou carbone, voire télescopique, cintre plat, porte-bagages, garde-boue et éclairage, roues de 700 ou 650b à pneus larges.

## VÉRIFIER SON VÉLO

Avant de partir, il faut toujours contrôler le gonflage des **pneus** (la pression est indiquée sur le flanc du pneu). Les éventuelles usures et craquelures sont annonciatrices de la fin de vie d'un pneu. Vérifiez le bon fonctionnement des **freins** avant et arrière (obligatoires) : état des câbles et gaines, patins ou disques, et manettes de frein. Veillez également à ce que les **dérailleurs** soient bien réglés. Si la chaîne est encrassée, dégraissez-la et nettoyez-la avec un chiffon sec. Elle doit être lubrifiée sans excès pour permettre un passage fluide des vitesses.

### Kit de réparation

Ayez toujours une pompe avec vous, avec l'embout compatible à vos valves. Prévoyez aussi une trousse avec une petite clé à molette et un jeu de clés Allen, utiles pour les démontages et réglages. Pour réparer une crevaison : 3 démonte-pneus, une boîte de rustines, un morceau de papier de verre, un tube de dissolution et bien sûr, une à deux chambres à air en bon état. Plus simple, prévoyez une ou deux chambres à air neuves ! En cas de problème mécanique sérieux, loueurs et réparateurs de vélo pourront vous dépanner.

## S'ÉQUIPER

### Bagages

Voyagez léger ! Évitez le sac à dos, vite inconfortable, et préférez des **sacoches** qui s'accrochent sur les porte-bagages avant et arrière. De manière générale, il vaut mieux charger son vélo sur l'avant, notamment pour les objets les plus lourds.

### Vêtements

Prévoyez une tenue confortable et adaptée à la pratique du vélo : des chaussures fermées dont les semelles adhèrent aux pédales ; un tee-shirt assurant une bonne respiration et des manches longues si vous êtes sensible au soleil ; des mitaines pour vous protéger du soleil, des chutes et du cambouis en cas de bricolage ! Pour épargner votre fessier, équipez-vous d'un cuissard ou d'un short de cycliste. Enfin, coupe-vent imperméable et cape de pluie sont indispensables, tout comme chapeau, lunettes de soleil et crème solaire.

### Accessoires de vélo

Une **sacoche** de guidon (ou de cadre) est très utile pour transporter les petites affaires (papiers, chargeurs...) en toute sécurité et au sec. Certaines sont dotées d'un support pour smartphone, pratique pour fixer son téléphone et pouvoir suivre l'itinéraire de la balade.
Un **rétroviseur** peut être une aide précieuse. Enfin, un **porte-bidon** n'est pas superflu, sachant qu'il faut boire régulièrement durant votre parcours.

### Chargeur et batterie

Smartphone ou GPS se déchargent très vite lorsque l'on s'en sert pour suivre une trace GPX. Pour les longs parcours, emportez une batterie externe. Celles fonctionnant grâce à l'énergie musculaire ou solaire se fixent sur le vélo. En tout cas, pensez à recharger votre smartphone le soir lors de votre étape.

### Trousse de secours

En cas de petites blessures, il est utile d'avoir une trousse comprenant désinfectant, compresses stériles et pansements.

## ASSURER SA SÉCURITÉ

Vérifiez que votre équipement est conforme à la réglementation.
**Feux** avant jaune ou blanc et arrière rouge sont obligatoires. Le véhicule doit être muni de catadioptres orange (dans les rayons) visibles latéralement, sauf si les pneus sont munis de bandes rétroréfléchissantes. Tout cycliste (et passager éventuel) se déplaçant hors agglomération la nuit, ou dès que la visibilité est insuffisante, doit porter un **gilet rétroréfléchissant** certifié.
L'**avertisseur sonore** est obligatoire. À défaut, vous serez verbalisé en cas de contrôle.
Le **casque** est la protection la plus efficace en cas de chute. Bien qu'il ne soit obligatoire que pour les cyclistes et passagers de moins de 12 ans, il est fortement recommandé, quels que soient votre âge et le type de trajet effectué. Évidemment, il doit être attaché et à votre taille. La légèreté et l'aération sont un plus pour le confort.

# Transporter son vélo

Un périple à vélo demande de l'organisation et, en premier lieu, se pose la question du transport : arriver en voiture ou en train ? Prendre son vélo personnel ou en louer un ? Sur les cartes de ce guide, nous indiquons les gares qui jalonnent chacun de nos itinéraires. Dans nos carnets de route, nous listons également un ou plusieurs loueurs dans la ville de départ, la plupart du temps à proximité de la gare.

## EN TRAIN

Pour transporter vos vélos dans le train, consultez le site Internet de la SNCF : www.sncf-voyageurs.com/fr/voyagez-avec-nous/train-et-velo/votre-velo-a-bord/

### Trains Intercités et TGV

www.sncf-connect.com
Dans la plupart des trains Intercités et sur certaines lignes TGV, un espace est aménagé pour le transport des vélos standards non démontés. La réservation est obligatoire (10 €/vélo) et doit se faire en même temps que l'achat du billet voyageur.
**Ouigo : cas particulier.** À bord des trains Ouigo Grande Vitesse, il est obligatoire de démonter son vélo et de le ranger dans une housse adaptée, et de souscrire à l'option bagage (5 €). À bord des trains Ouigo Classique, vous pouvez monter avec votre vélo non démonté (10 €).

### Trains Express Régionaux

Les TER sont accessibles aux vélos, gratuitement, dans un espace dédié, dans la limite des places disponibles. Les sacoches doivent être retirées du vélo avant de monter. Prévoyez une marge, arrivez en gare au moins 10mn avant le départ. En cas de forte affluence, on peut vous demander de prendre le TER suivant, le transport des personnes restant prioritaire.
Certaines régions mettent en place un système de réservation. Dans tous les cas, vérifiez les conditions d'accès sur les sites Internet TER, rubrique « Services et contacts ».

### Transiliens (Île-de-France)

Voyage autorisé avec son vélo (sans supplément) dans les trains et RER du lundi au vendredi avant 6h30, entre 9h30 et 16h30 et après 19h30, ainsi que les week-ends et jours fériés sans limitation horaire. En cas de forte affluence, on peut vous interdire l'accès au train avec votre vélo.
À Paris, seule la ligne 1 du métro accepte les vélos, uniquement le dimanche et les jours fériés jusqu'à 16h30. Armez-vous de courage, transporter son vélo dans le métro n'est vraiment pas facile... Les vélos sont interdits dans le tramway.

## EN VOITURE

Si vous rejoignez le point de départ de l'itinéraire en voiture, renseignez-vous au préalable sur les possibilités de stationnement durant le temps de votre périple.
À la fin de votre parcours, plusieurs options s'offrent à vous pour rejoindre votre véhicule : vous pouvez emprunter les transports en commun (avec votre vélo ou celui de location à rapporter au point de départ), passer par une agence spécialisée qui se charge du transfert ou... pédaler dans le sens inverse.

# DÉCOUVRE LA RÉGION À VÉLO AVEC Rémi !

LA RÉGION ORGANISE VOS DÉPLACEMENTS
EN CENTRE VAL DE LOIRE
www.remi-centrevaldeloire.fr

Rémi | Centre-Val de Loire
RÉSEAU DE MOBILITÉ INTERURBAINE

# Ils vous accompagnent

## FRANCE VÉLO TOURISME

Que vous soyez débutant, voyageur à vélo confirmé ou grand sportif aimant les défis, France Vélo Tourisme vous donne à voir le meilleur de la France à vélo.
Vous avez envie de faire du vélo au bord des canaux, découvrir de grands espaces nature, vous êtes plutôt châteaux et monuments historiques, vous voulez allier vélo et découverte des terroirs, vous avez déjà décidé l'endroit où vous allez passer vos prochaines vacances à vélo ? France Vélo Tourisme vous propose une sélection des meilleurs itinéraires à vélo adaptés à vos souhaits.
Une fois votre itinéraire choisi, vous trouverez sur France Vélo Tourisme tout ce dont vous avez besoin pour préparer votre prochain voyage ou votre prochaine escapade à vélo : le descriptif de chaque étape, son niveau de difficulté, les dénivelés, les traces GPX à télécharger pour rouler en toute sérénité, les sites à découvrir, tous les services Accueil Vélo dont vous aurez besoin. Un calculateur d'itinéraire et un carnet de voyage sont également à votre disposition pour personnaliser votre projet. France Vélo Tourisme, ce sont aussi des conseils donnés par une équipe de spécialistes.
Avec plus de 33 000 km d'itinéraires officiels et des informations mises à jour en continu, il y a forcément sur France Vélo Tourisme un parcours à vélo pour chacune de vos envies !
**www.francevelotourisme.com**

## ACCUEIL VÉLO

Pendant votre voyage ou votre escapade à vélo, vous aurez besoin de stationner votre vélo en sécurité, le soir lors de votre étape et lors de vos visites et activités, de trouver des formules de restauration adaptées, de recharger votre GPS ou la batterie de votre VAE, et peut-être aussi devrez-vous faire face à de petits pépins.
C'est pour rendre vos vacances à vélo plus sereines que le label Accueil Vélo a été créé. Poussez la porte d'un labellisé Accueil Vélo : office de tourisme, hébergeur, loueur de cycles, réparateur, restaurateur, site de visite, prestataire d'activité..., des professionnels du tourisme s'engagent à vous accueillir pour répondre à vos besoins.
Retrouvez les professionnels Accueil Vélo dans ce guide et sur le site de France Vélo Tourisme où vous pourrez les localiser, partout en France, grâce à leur logo.

## AGENCES SPÉCIALISÉES

### Location de vélos

La plupart des loueurs de vélos proposent des cycles classiques et des vélos à assistance électrique (souvent sur réservation). Quel que soit le modèle, une caution sera demandée.
Lisez attentivement les conditions de location : accessoires parfois prêtés (casque, sacoches...), une assurance incluse et/ou une assistance dépannage comprise.

### Transport des bagages

Afin de pédaler léger, des agences ou loueurs de vélos proposent le transfert de bagages d'une étape à la suivante ainsi que le transport de personnes et de vélos au début ou à la fin du parcours, ou encore la location « one-way » (louer un vélo à un endroit, le rendre à un autre). Lorsque ces prestataires existent, nous les indiquons au début de chaque balade.

ACCUEIL
VÉLO

# Sur la route

Les itinéraires décrits dans ce guide empruntent en grande partie des voies aménagées. Toutefois, ces parcours sont parfois discontinus et passent par des routes où circulent des voitures. N'oubliez pas que le Code de la route s'applique aussi aux cyclistes.

## TYPES DE VOIES

### Voie verte

C'est un aménagement en site propre réservé aux piétons, aux cyclistes, aux rollers et, parfois, aux cavaliers. Interdite à la circulation motorisée, elle est donc adaptée aux déplacements de loisirs et offre un environnement sécurisé. Faites simplement attention aux autres promeneurs et restez sur la voie dédiée aux cyclistes lorsqu'elle est délimitée.

### Chemins de halage

Longeant les canaux, ils font partie des voies vertes. Les véhicules de secours ou du personnel des VNF (Voies Navigables de France) chargés de l'entretien des canaux et des écluses sont autorisés à circuler avec leur véhicule, tout comme les pêcheurs sur certains chemins de halage.

### Véloroute

C'est un itinéraire cyclable balisé qui emprunte tous types de voies : des voies vertes, mais également des voies partagées à faible trafic motorisé. Vous serez donc particulièrement prudent sur ces courtes portions où vous pourrez croiser des véhicules.

## TYPES DE REVÊTEMENTS

Si l'état général des routes asphaltées est bon et les pistes cyclables aménagées lisses, il faut rester vigilant. Les racines d'arbres bordant certaines voies peuvent fissurer et bosseler le revêtement.

## Choisissez votre niveau

Dans ce guide, les itinéraires sont classés en 3 niveaux de difficulté.
**NIVEAU 1 - Je débute / En famille** – Des aménagements cyclables quasi continus sans voitures, un dénivelé nul ou quasi nul à de rares exceptions près (quelques côtes à moins de 5 %), un revêtement très majoritairement lisse (roulant).
**NIVEAU 2 - J'ai l'habitude** – Des aménagements cyclables sans voitures non majoritaires, un partage de routes à faible trafic – ou modéré – avec le flux motorisé, des traversées en agglomération dense pas toujours aménagées, des sections pouvant comporter un dénivelé positif, des sections en travaux.
**NIVEAU 3 - Ça grimpe** – Itinéraires avec un dénivelé important et des sections sur routes partagées, des revêtements qui peuvent être irréguliers et caillouteux (notamment en gravel et VTT).

La Dolce Via, à proximité des Ollières-sur-Eyrieux.
Ph. Blanchot/hemis.fr

Les itinéraires que nous proposons empruntent parfois des petites routes non revêtues, ponctuées d'herbes ou de gravillons. En général, ils peuvent être parcourus avec un simple VTC et non un VTT. Il convient d'adapter votre vitesse.
En fonction de la météo et de l'état du chemin, il reste à l'appréciation de chacun de savoir s'il faut mettre pied à terre et poursuivre momentanément le vélo à la main.

## RÈGLES DE BONNE CONDUITE

### Sécurité

Comme les automobilistes, les cyclistes doivent appliquer le Code de la route. Révisez la réglementation pour circuler à vélo sur le site www.securite-routiere.gouv.fr (rubrique « Route plus sûre/À chacun son mode de déplacement »).

### Respect des panneaux

Des panneaux indiquent l'entrée et la sortie des voies réservées aux vélos. Les sens interdits doivent être respectés, sauf indication particulière. Quand les vélos sont tolérés dans les zones piétonnes, il faut rouler très doucement.

### Vitesse

Les voies cyclables sont en général très fréquentées et des enfants y circulent. Elles ne sont pas des pistes d'entraînement, comme doivent parfois le rappeler des indications de limitations de vitesse sur la chaussée ! Chaque cycliste doit maîtriser sa vitesse. Par ailleurs, la faible largeur de certains tronçons ou la proximité d'une voie d'eau nécessitent de rester prudent.

### Avec des enfants

Il est évident que les enfants doivent rester sous la surveillance des adultes. La configuration idéale est un adulte devant, suivi des enfants, et un autre en queue de peloton.

### Quelques règles de base

**Rester à l'écoute.** Casque audio et oreillettes sont interdits à vélo.

**Se positionner sur la chaussée.** Restez à droite et gardez toujours 1 m de sécurité par rapport aux trottoirs et voitures stationnées (attention aux ouvertures de portières).

**Garder ses distances.** Laissez au moins 3 m entre vous et les autres deux-roues ou véhicules roulants.

**Éviter les angles morts.** Restez très vigilant à l'approche des véhicules motorisés.

**Dépasser.** Les dépassements s'effectuent toujours par la gauche.

**Changer de direction.** Toujours bien indiquer que vous tournez en tendant votre bras.

**Croiser un grand axe.** Il est fortement recommandé de traverser les grands axes routiers le vélo à la main, en redoublant de prudence. Assurez-vous d'avoir capté le contact visuel de l'automobiliste avant de vous engager.

## EN CAS D'ACCIDENT

Prévenez les secours : ✆ 112 ou ✆ 18 pour les pompiers, en indiquant l'état de la victime et le lieu précis de l'accident.
Assurez un périmètre de sécurité autour du blessé. Ne le déplacez pas. Prodiguez les premiers soins d'urgence en tenant la victime au chaud et en desserrant ce qui pourrait entraver sa respiration. Si la personne est inconsciente, tournez-la et placez-la en position latérale de sécurité.

GUIDE
MICHELIN
VOYAGE & CULTURES
Provence
Bouches-du-Rhône | Vaucluse
Corée du Sud
ÎLES CANARIES
isponibles en
sion numérique
POUR CHAQUE
DESTINATION
IL Y A
UN
GUIDE
MICHELIN
VOYAGE & CULTURES

Le long du canal du Midi. © elmvilla/Getty Images Plus

# 2 À 3 JOURS

**VILLE DÉPART/ARRIVÉE**

**VILLE ÉTAPE**

Ville/site à visiter en chemin

*Site naturel à voir en chemin*

**VÉLOROUTE EMPRUNTÉE :**
La Vélomaritime (EuroVelo 4)

**GARES SUR LE PARCOURS :**
Étaples-Le Touquet, Boulogne-Ville, Calais-Ville

**LE MEILLEUR MOMENT POUR PÉDALER :**
D'avril à septembre

NIVEAU 2 · 88 KM · 3 JOURS



LE TOUQUET
CALAIS

# La Côte d'Opale

Face à l'éclat des côtes anglaises visibles par beau temps, la Côte d'Opale affiche de magnifiques paysages préservés. Les joies de la bicyclette donnent ici une impression visuelle unique entre vallons verdoyants, falaises grandioses et massifs dunaires. Sur le front de mer, d'immenses plages de sable fin embrassent de petits villages de pêcheurs et de jolies stations balnéaires. Tendez l'oreille, écoutez la mouette rieuse vous accueillir pour une échappée entre terre et mer, le long de La Vélomaritime.

## ÉTAPE 1

### Le Touquet - Boulogne-sur-Mer - 36 km

Pour rejoindre Étaples, il faut traverser le pont Rose par la piste cyclable du Touquet. Jusqu'à Neufchâtel-Hardelot, vous longez la D 940 sur des pistes cyclables, puis vous bifurquez vers l'ouest sur une piste en site propre vers Hardelot et Condette. À la sortie nord de Condette, des travaux ont permis de faciliter la traversée de la forêt d'Écault. Après le hameau du même nom, vous circulez sur la D 119 avant de rejoindre les aménagements cyclables en site propre jusqu'au port de Boulogne. Il vous faudra emprunter divers aménagements pour rejoindre le centre-ville.

Le Touquet et ses villas style Belle Époque.
O. Leclercq/hemis.fr

## Le Touquet ★★

**Chic.** Idéalement située entre l'estuaire de la Canche, la Manche et la forêt, l'élégante station a gardé un charme désuet. Les villas rétro s'égrènent sous les pinèdes au milieu de pelouses fleuries cernées de haies impeccables, faisant vite oublier les immeubles parfois vilains du front de mer. Le Touquet-Paris-Plage révèle son dynamisme à travers un programme varié d'expositions, d'activités sportives ou de courses hippiques en toute saison. On se promène sur la digue promenade ou sur la plage, on prend son temps aux terrasses des cafés. La belle vie!

## Étaples-sur-Mer

**Escale dans la baie de Canche.** Vous avez besoin de souffler? Laissez-vous tenter par une croisière dans l'estuaire de la Canche, à la recherche des phoques. La baie de Canche et son équipage vous embarquent!

*La Corderie - au pavillon de la mer à côté du calvaire des marins - ✆ 03 21 09 56 94 - www.etaples-tourisme.com - avr.-sept.: croisière 45mn - 11 €.*

## Boulogne-sur-Mer ★

**Sous le regard des mouettes.** Embruns iodés et criée matinale font de Boulogne-sur-Mer une ville au caractère bien trempé. Le premier port de pêche français possède une charmante ville haute avec ses fortifications du 13$^{e}$ s. Le **château musée** ★, l'hôtel de ville, le beffroi et surtout l'impressionnante basilique, avec sa superbe crypte, sont à voir. Enfin, ne manquez pas le centre **Nausicaá** ★★, pour une plongée passionnante dans la vie des océans.

*Nausicaá - bd Ste-Beuve - ✆ 03 21 30 99 99 - www.nausicaa.fr - 9h30-18h30 - 30 €.*

## ÉTAPE 2

### Boulogne-sur-Mer - Audinghen - 19 km

De Boulogne-sur-Mer à Wimereux, empruntez la piste cyclable le long de la D940. Pour traverser l'espace naturel sensible des dunes de la Slack, des aménagements cyclables ont été réalisés entre Wimereux et Ambleteuse. Après Ambleteuse, c'est une alternance de voies cyclables et de sections sur routes partagées. Prévoyez une longue pause à la Maison du site des Deux-Caps, à Audinghen, étape incontournable pour la découverte de ce site exceptionnel.

## Wimereux ★

**La Belle Époque.** Enveloppée dans la baie St-Jean, Wimereux a l'art de faire dans le juste milieu: ses rues sont animées sans être bruyantes, sa superficie est étendue sans paraître imposante, et toutes les activités sont à portée de nu-pieds. Au programme: balade dans les rues bordées de villas Belle Époque, repos sur la plage bercée par le bruit lointain des vagues ou encore flânerie sur la digue apprêtée de ses traditionnelles cabines, le regard plongé dans la mer aux reflets bleu-gris.

## Cap Gris-Nez ★

**Face à l'Angleterre.** Le grès et la marne des falaises affleurent à une cinquantaine de mètres des eaux. Au nord, la baie de Wissant et le cap Blanc-Nez; au sud, les crans, ces petits vallons humides qui viennent courber le plateau agricole et, plus loin, le port de Boulogne-sur-Mer. Face à vous, une frontière secrète traverse le « pas », l'autre nom du détroit du Pas-de-Calais. La Manche et la mer du Nord se

Sur la départementale 940.
O. Leclercq/hemis.fr

distinguent de part et d'autre des trente petits kilomètres qui séparent la France de l'Angleterre. Les deux pays sont ici au plus proche. Sous vos pieds se cache le Centre régional d'opérations de surveillance et de sauvetage, qui scrute le détroit au trafic maritime le plus intense au monde.

## ÉTAPE 3

### Audinghen - Calais - 33 km

Cette courte étape est un peu plus bosselée que les autres ! Jusqu'à l'entrée de Wissant, on avance sur des chemins ruraux. Les entrées nord et sud de Wissant n'étant pas aménagées, il faut emprunter la D 940. Après Wissant, rejoignez Escalles par des chemins partagés pour atteindre le cap Blanc-Nez.

Après un nouveau court passage sur la D 940 avant Sangatte, vous roulez sur les aménagements cyclables du Calaisis. À Calais, pour achever votre périple sur La Vélomaritime, il ne vous restera plus – sans oublier de vous départir de votre casque – qu'à vous incliner respectueusement face au Dragon, machine monumentale présente sur le front de mer.

## Wissant

**LE spot.** Niché au cœur de la magnifique baie qui s'étire entre les caps Gris-Nez, en aval, et Blanc-Nez, en amont, cet ancien village de pêcheurs est devenu un lieu de villégiature prisé pour son ambiance familiale, ses jolies villas et sa superbe **plage ★** de 12 km de sable fin. Sur la digue, si le vent est de la partie, laissez

## À deux coups de pédale

**À 4 km de Wissant, le mont de Couple (164 m) offre un panorama grandiose courant du Calaisis au Boulonnais. Ce coteau calcaire est une formidable réserve de biodiversité : on y compte plus d'une centaine d'espèces végétales et une soixantaine d'espèces d'oiseaux. Bref, un site repu de couleurs et de vie !**

***Plan d'accès disponible à l'office du tourisme de Wissant (pl. de la Mairie).***

vos jambes au repos en admirant les nuées de kitesurfeurs fendre les flots derrière leurs voiles bariolées. Vous êtes ici dans l'un des meilleurs spots de kitesurf d'Europe.

## Cap Blanc-Nez ★★

**C'est un pic, c'est un roc, c'est un cap !** Reconnaissable de loin, il est surmonté de l'obélisque de la Dover Patrol (patrouille de Douvres), qui fut érigé en mémoire des marins français et anglais morts pendant la Première Guerre mondiale en défendant le détroit du Pas-de-Calais. Du haut du cap, le spectacle est vertigineux : la masse verticale de la falaise, à 134 m de haut, surplombe le détroit et son trafic incessant de navires. Effet « waouh » garanti.

## Calais

**Une dentelle sans pareille.** Dans le quartier St-Pierre, cette ancienne usine de dentelle du 19e s. accueille un **musée** ★★ qui illustre l'histoire de la délicate étoffe, les relations entre mode et dentelle depuis le 16e s., le savoir-faire dentellier calaisien... La visite comprend une démonstration d'un métier Leavers par un tulliste professionnel.

*Cité de la dentelle et de la mode - 135 quai du Commerce - ✆ 03 21 00 42 30 - www.cite-dentelle.fr - avr.-oct. : 10h-18h ; reste de l'année : 10h-17h - fermé mar. - 7 €.*

*Dragon de Calais - 201 av. Winston-Churchill - ✆ 03 66 62 60 00 - www.compagniedudragon.com - juil.-août : 10h30-18h30 (17h30 juin et sept.-oct.) ; reste de l'année : se rens. - 9,50 €.*

Cap Blanc-Nez.
A_Lein/Getty Images Plus

Lisovskaya/Getty Images Plus

## LOUER UN VÉLO

### LE TOUQUET

**CYCL'AVENTURES BIKE SHOP**

*20 av. de l'Aéroport - Cucq (à l'entrée du Touquet) - ☎ 03 91 89 52 97 - cyclaventures.com - vélos de ville 36 €/3 j, VAE 89 €/160 €/3 j.*

## DÉGUSTER

### LE TOUQUET

**LES CANAILLES**

Dans la pléthore de restaurants du Touquet, celui-ci a le mérite de proposer une jolie carte des vins en accord avec une cuisine de bistrot engageante et inventive. Ambiance décontractée. Réservez !

*73 r. de Paris - ☎ 03 21 05 03 03 - mar.-vend. soir, sam.-dim. midi et soir - fermé lun. - plats 20/36 €.*

### BOULOGNE-SUR-MER

**CHEZ DÉBO**

Des moules, des burgers et des welshs (ou croque gallois au cheddar), telles sont les propositions réconfortantes de cette brasserie chaleureuse tenue par Déborah. Réservation conseillée le soir.

*63 Grande Rue - ☎ 03 74 73 11 91 - www.chezdebo.com - fermé dim. soir - burger 17,90 €.*

### AUDINGHEN

**L'ASTÉRIE**

Un bistrot gourmand, une terrasse bien exposée les soirs d'été : que demander de plus après une journée de vélo ? Au choix, moules au sablé de Wissant (fromage), poisson du jour ou viande maturée parfaitement saisie.

*98 Grand'Place - ☎ 03 21 87 68 71 - www.lasterie-audinghen.fr - moules 15/16,50 €, plats 38/57 €.*

### WISSANT

**LES SABLES D'OPALE**

Ici, vous mangerez tout simplement des crêpes, des gaufres et des glaces artisanales, ainsi que des croques, face à la mer.

*1 digue de Mer - ☎ 09 65 32 50 85 - avr.-nov. 12h-18h - 10/20 €.*

### CALAIS

**HISTOIRE ANCIENNE**

Si ce bistrot a gardé un esprit vintage et authentique (banquettes, miroirs, affiches style Art déco), c'est loin d'être de l'histoire ancienne ! Les plats traditionnels et gourmands de Patrick Comte y sont toujours d'actualité : persillade d'escargots, royale de maïs et jus à la bourguignonne, côte de veau fondante, crème de moutarde à l'estragon, profiteroles... Une histoire de générosité ! Pensez à réserver. Bib Gourmand Michelin 2024.

*20 r. Royale - ☎ 03 21 34 11 20 - www.histoire-ancienne.com - fermé dim. et lun. - menus 26/39 €.*

## DORMIR

### LE TOUQUET

**VILLA D'HÔTES GRAINE DE PIN**

Abritée sous les pins, dans une impasse endormie, la villa abrite des chambres sobres et élégantes. Derrière se dévoilent une piscine, son bar et les transats étendus sur la pelouse toute proche. L'heure du repos a sonné !

*166 ch. Monthor - ☎ 06 09 62 63 62 - www.grainedepin.fr - - 4 ch. 100/162 € - garage sécurisé.*

### BOULOGNE-SUR-MER

**HÔTEL METROPOLE**

En centre-ville, cet hôtel chaleureux entièrement restauré propose des chambres modernes au mobilier d'esprit scandinave. Jolie salle des petits-déjeuners ouverte sur le jardin.

*51 r. Adolphe-Thiers - ☎ 03 21 31 54 30 - www.hotel-metropole-boulogne.com - 25 ch. 69/119 € - 14 € - garage sécurisé.*

### AUDINGHEN

**LA ROGERAIE**

Outre sa proximité avec le cap Gris-Nez, cette maison d'hôtes pimpante offre des chambres confortables avec coin cuisine. Mention spéciale à celle située à l'étage, dotée d'un balcon avec vue sur le phare.

*157 r. Principale - ☎ 03 21 87 33 29 - www.larogeraie.fr - 5 ch. 95/110 € - garage sécurisé.*

**VÉLOROUTES EMPRUNTÉES :**
La Scandibérique (EuroVelo 3)
Avenue Verte London-Paris (V16)

**GARES SUR LE PARCOURS :**
Compiègne, Pont-Ste-Maxence, Compans, Sevran, Bondy, Pantin, Paris-Gare du Nord

**LE MEILLEUR MOMENT POUR PÉDALER :**
De mars à octobre

**LIAISONS POSSIBLES AVEC :**
Les bords de l'Oise (p. 152)
La Seine impressionniste (p. 160)

NIVEAU 1 | 114 KM | 3 JOURS

**COMPIÈGNE**
**PARIS**

# Échappée royale dans l'Oise

Entourée d'un écrin boisé et bâtie sur la rive gauche de l'Oise, la cité de Compiègne est un livre d'histoire à ciel ouvert. Sur La Scandibérique, son château est un incontournable; les musées qu'il abrite retracent les fastes de l'époque où Napoléon Ier en avait fait son palais, puis où il accueillit les somptueuses fêtes du Second Empire. Après le plein de patrimoine, vous serez prêt pour pédaler à la rencontre des forêts et villages de l'Oise avant d'aborder le nord de la région parisienne.

## ÉTAPE 1

### Compiègne - Pont-Ste-Maxence - 28 km

Votre première étape, sur voie verte le long de l'Oise, est facile: juste quelques courts passages sur routes après Verberie et avant Pont-Ste-Maxence. Le revêtement est lisse et rugueux sur du bitume ou du stabilisé. Si vous changez d'avis quant à la destination finale de votre voyage à vélo, une connexion à l'Avenue Verte London-Paris existe à Pont-Ste-Maxence. Le jalonnement La Scandibérique/EuroVelo 3 est présent sur toute cette étape.

Le parc de La Villette.
serts/Getty Images Plus

Le château de Compiègne.
Y. Guichaoua/Guichaoua Photos/age fotostock

## Château de Compiègne ★★★

**Impérial.** La ville fut résidence royale avant d'être le témoin des réceptions fastueuses du Second Empire. Vous pourrez revivre ce passé en visitant le palais du 18e s. restauré par Viollet-le-Duc, qui s'étale fièrement, sobre et massif. Outre les appartements historiques, on y découvre le **musée du Second Empire** ★★ ainsi que le **musée national de la Voiture** ★. Prenez le temps de faire un tour dans le **Petit Parc** ★, préambule à la forêt qu'une perspective de 4 km rend proche.

*Pl. du Gén.-de-Gaulle - ✆ 03 44 38 47 00 - www.chateaudecompiegne.fr - 10h-18h - fermé mar. - 10 € - accès au parc libre et gratuit.*

## Camp de Royallieu ★

**Mémorial.** En 1941, cette caserne devint « camp de détention de police », l'un des plus importants de France. « Frontstalag 122 » était un lieu de transit, sous le contrôle direct des nazis. Aujourd'hui, elle abrite un musée dont on complète la visite en suivant le parcours mémoriel de 3 km entre le camp et la gare, matérialisé par des clous en bronze. Dans la gare, deux wagons restaurés, abritant des témoignages d'anciens déportés, rappellent la souffrance endurée par les prisonniers.

*2 bis av. des Martyrs-de-la-Liberté - ✆ 03 44 96 37 00 - www.memorial-compiegne.fr - mar. et w.-end 10h-18h; merc.-vend. 14h-18h - fermé lun. - 5 €.*

### Pont-Ste-Maxence

*Voir p. 157.*

## ÉTAPE 2

### Pont-Ste-Maxence - Ver-sur-Launette - 32 km

Cette étape propose une alternance de petites routes et d'allées forestières. À partir de l'abbaye royale du Moncel, vous partagez le parcours avec l'Avenue Verte London-Paris jusqu'à Senlis. Ensuite, c'est La Scandibérique jusqu'à Ver-sur-Launette. Attention au raidillon après l'église de Poinpoint pour rejoindre la forêt ! Au sud de Senlis, vous risquez de tomber sur une déviation provisoire pour contourner un champ de tir de l'armée: suivez la déviation proposée. Le revêtement est lisse ou rugueux, en stabilisé ou bitume sur un réseau de petites routes.

### Forêt d'Halatte ★

**À l'ombre des hêtres.** La forêt domaniale de 4300 ha s'étend sur un plateau doucement ondulé de 100 m d'altitude en moyenne et dont le point culminant est le mont Pagnotte (alt. 221 m). Aux alentours s'étend une belle futaie de hêtres. On peut grimper jusqu'au sommet boisé et plat du mont, où se dresse un belvédère, pour admirer le panorama dégagé sur la région.

### Senlis ★★

*Voir p. 156.*

### Forêt d'Ermenonville

**Ressourçant.** Cette majestueuse forêt domaniale (3319 ha) constitue, avec les forêts contiguës de Chantilly et d'Halatte (voir ci-dessus), l'un des fleurons de la seconde ceinture verte de Paris. Elle couvre principalement des sols sableux et pauvres. Les nombreux vides, où régnait il y a 150 ans encore la lande à bruyères, ont été plantés à partir de 1840 en pins sylvestres et maritimes dont les troncs, rougissant au couchant, donnent l'illusion d'une forêt landaise.

## ÉTAPE 3

### Ver-sur-Launette - Paris - 54 km

Sur cette étape, vous suivez des petites routes entre Ver-sur-Launette et Gressy (jalonnement spécifique La Scandibérique). Ensuite, le canal de l'Ourcq sert de fil conducteur sur la partie en Seine-St-Denis. L'itinéraire passe par les villes de Tremblay-en-France, Villepinte, Sevran, Aulnay-sous-Bois, Villemomble, Bondy, Bobigny, Pantin, puis Paris. Des pistes cyclables sécurisées innervent Paris jusqu'à l'île de la Cité si vous souhaitez en faire le terminus de l'étape !

### Canal de l'Ourcq

**Vivant et surprenant.** De l'Oise au **bassin de La Villette** ★, à Paris, le canal s'écoule, faisant fi des limites administratives. Il a perdu son aspect industriel ; ses berges sont aujourd'hui devenues des lieux de promenade agréables, aménagés pour les piétons et les cyclistes. Des croisières sont même proposées !

### Pantin

**Nouvel eldorado.** À l'instar d'autres communes populaires de l'Est parisien, Pantin se gentrifie à grande vitesse. Le vélo, autour de l'axe du canal, est un excellent moyen de profiter des guinguettes et de découvrir cette mutation en cours. Passé le périphérique, de

Le canal de l'Ourcq dans le parc national forestier de la Poudrerie, en Seine-St-Denis.
B. Rieger/hemis.fr

nouveaux immeubles d'habitation haut de gamme alternent avec les vestiges réhabilités de l'ère industrielle et des Trente Glorieuses. Les **Grands Moulins** ★ (1884) ont été transformés en banque, l'ancienne cité administrative, à l'architecture brutaliste (1965), abrite le Centre national de la danse, les Magasins généraux (1931) accueillent restaurants, bureaux et expositions, tandis que la galerie Thaddaeus Ropac a investi une ancienne chaudronnerie.

## À deux coups de pédale

**En 1940, la cité de la Muette, à Drancy (à 6,5 km de Bobigny), n'est pas achevée quand les Allemands décident d'y regrouper des détenus, puis des Juifs à la suite de la grande rafle du 20 août 1941. Jusqu'à l'été 1944, 70 000 à 80 000 Juifs y sont internés avant d'être déportés, à Auschwitz-Birkenau notamment. L'ensemble a retrouvé sa vocation de logements à loyer modéré, mais une sculpture en granit de Shelomo Selinger (1976) honore la mémoire des victimes. Face à la cité, un émouvant Mémorial ★ est aménagé.**

***Mémorial de la Shoah - 110 av. Jean-Jaurès, Drancy - ✆ 01 42 77 44 72 - www.memorialdelashoah.org - dim.-jeu. 10h-18h - entrée libre.***

## Paris-La Villette ★

**Le plus grand parc paysager de la capitale.** À la place des anciens abattoirs de la capitale s'étend désormais un parc urbain de 55 ha, traversé par le canal de l'Ourcq et celui de St-Denis. La présence de la **Cité des sciences et de l'industrie** ★★, de la **Philharmonie** ★ ainsi que de nombreux pôles d'animation culturelle, de jardins thématiques et de prairies ponctuées de « folies » (pavillons rouges abritant kiosque à musique, restaurants…) en fait un lieu très prisé des Parisiens.

*Parc de La Villette - 211 av. Jean-Jaurès - ✆ 01 40 03 75 75 - www.lavillette.com - libre accès.*

# LOUER UN VÉLO

## COMPIÈGNE

### PICARDIE FORÊTS VERTES

*1 square du Cdt-Gabriel-Fournaise - ✆ 06 07 54 99 26 - www.picardieforetsvertes.com - avr.-nov. : sam. 14h-18h, dim. 10h-18h ; en sem. et reste de l'année : sur réserv. (1 j. av.) - 10 €/1h, 22 €/1 j. Casques et petit matériel de réparation fournis. Possibilité de livraison des vélos à la gare ou à votre hôtel à Compiègne.*

### VETEIX

*6 r. de Clermont - ✆ 03 44 83 44 83 - www.veteix.com - fermé dim. Vélo ville, VTT, VTC (25 €/j) ; VTT électrique (400 Wh - 45 €/j).*

# DÉGUSTER

## COMPIÈGNE

### LE BOUCHON

Incontournable, ce restaurant au cadre rustique est installé dans une pittoresque maison à pans de bois du 15e s. Cuisine traditionnelle 100 % maison à base de produits frais et locaux.

*4 r. d'Austerlitz - ✆ 03 44 20 02 03 - www.le-bouchon.com - fermé lun., mar. soir, merc. soir et dim. - plats 15/19 €.*

## PONT-STE-MAXENCE

### L'ART D'OISE

Produits locaux (tarte aux légumes, mignon de porc en croûte de fruits secs, dos de julienne sous une émulsion de thé vert matcha) magnifiquement mis en valeur. Service impeccable et amical. Une adresse à suivre.

*46 r. Charles-Lescot - ✆ 09 88 32 37 47 - lart-doise.fr - fermé dim.-lun. et le soir mar.-jeu. - formule 28 €, menu 35 €.*

## VER-SUR-LAUNETTE

### L'ORÉE DE LA FORÊT

Dans cet ancien relais de poste, le chef change sa carte en fonction des saisons et concocte des plats traditionnels à base de bons produits frais. L'accueil est chaleureux.

*6 pl. de la Croix - ✆ 03 44 54 01 60 - www.oreedelaforet.fr - fermé lun., mar.-jeu. soir et dim. soir - menus 29/33 €.*

## PANTIN

### DOCK B

Dans les anciens Magasins généraux, Sur le Pouce propose des snacks à base de produits frais (plats 12,50/18 €), des pizzas (à partir de 12,50 €) et des planches à partager (à partir de 12 €).

*1 pl. de la Pointe - ✆ 01 41 71 49 69 - www.dockbpantin.com - fermé dim. soir et lun.-mar.*

## PARIS-LA VILLETTE ET PANTIN

Éphémères ou permanentes, les **guinguettes** sont la marque d'une ambiance estivale jeune et festive qui s'est imposée sur les bords du canal depuis quelques années.

### À LA FOLIE

*Parc de La Villette - ✆ 07 76 79 70 66 - www.alafolie.paris - 12h-0h (merc.-sam. 2h).*

### JARDIN 21

*12/A r. Ella-Fitzgerald (19e arrdt) - www.jardin21.fr - juin-sept. : merc. 12h-0h, jeu. 12h-2h, sam. 12h-4h, dim. 12h-22h. Jardin-potager, bar, restauration, DJ le soir.*

### GUINGUETTE DES GRANDES SERRES

*Quai du Chemin de Halage, 1 r. du Cheval-Blanc, Pantin - juin-sept. : merc.-dim. 16h-0h (vend. 23h45). Bar, restauration, concerts.*

# DORMIR

## COMPIÈGNE

### LA PARENTHÈSE DU ROND ROYAL

Un lieu paisible et verdoyant à deux pas du centre-ville et du palais impérial. Les chambres d'hôtes sont aménagées dans les anciennes écuries de cet hôtel particulier de la fin du 18e s. donnant sur une cour pavée. Une adresse de charme.

*28 av. de la Division-Leclerc - ✆ 06 29 49 32 97 - www.laparenthesedurondroyal.com - 3 ch. 125/205 € ☕.*

## PONT-STE-MAXENCE

### GÎTE LA MAISON DE MARIE

En plein centre-ville, cette maison ancienne en pierre joliment décorée est accueillante et confortable. Logement entier (3 ch.) totalement équipé avec une cour privative ! Néanmoins, il n'y a pas d'endroit spécifique où garer son vélo, il vous faudra l'attacher dans la rue.

*64 r. Charles-Lescot - ✆ 07 85 53 14 67 - 190 €/3 pers. ☕ - jusqu'à 6 couchages.*

## ERMENONVILLE

### DOMAINE CHÂTEAU ERMENONVILLE

De très belles chambres pour vivre la vie de château le temps d'une étape. Label **Accueil Vélo**.

*R. René-de-Girardin - à 3 km au nord de Ver-sur-Launette - ✆ 03 44 54 00 26 - à partir de 165 € - ☕ 19 €.*

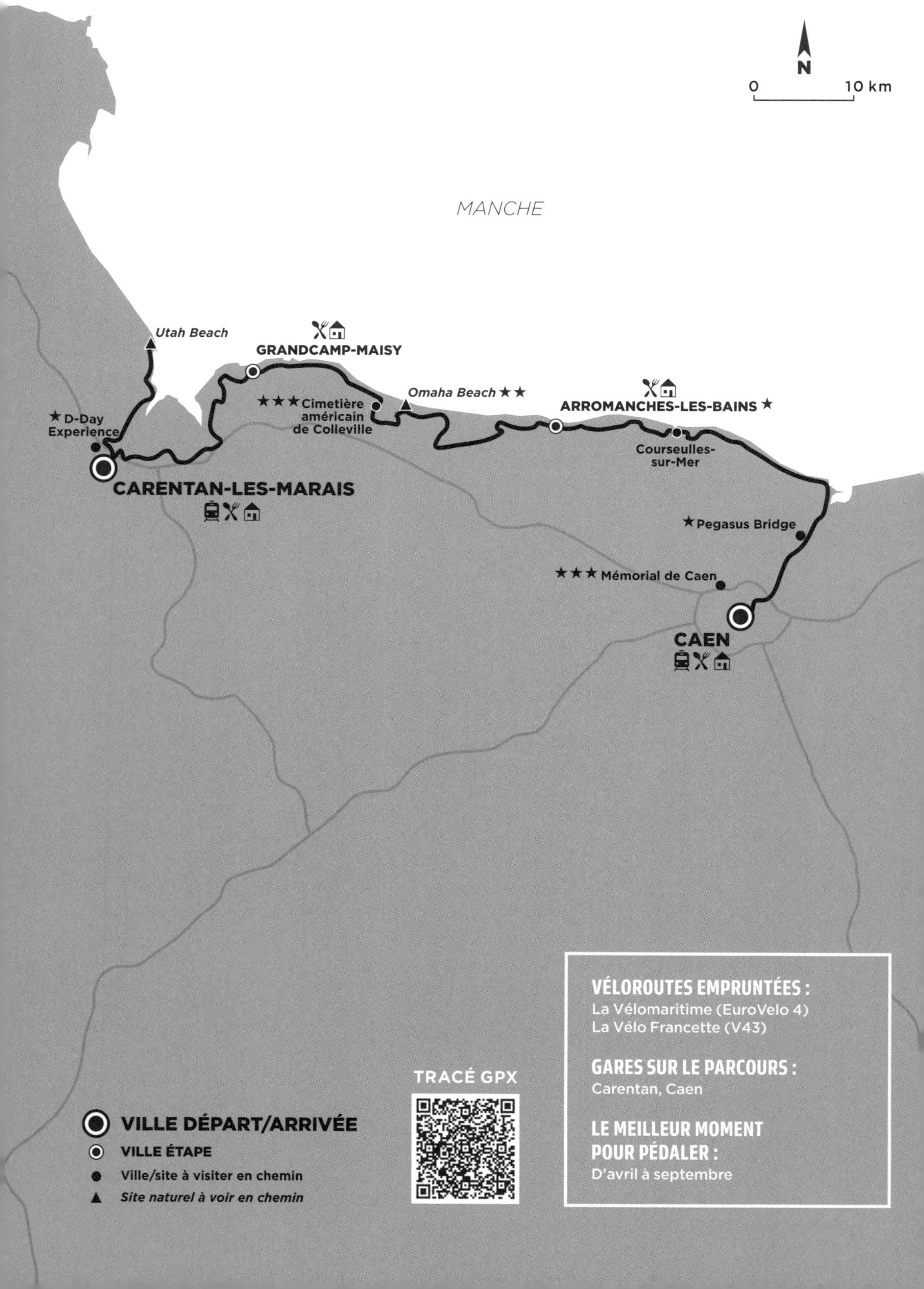


**VÉLOROUTES EMPRUNTÉES :**
La Vélomaritime (EuroVelo 4)
La Vélo Francette (V43)

**GARES SUR LE PARCOURS :**
Carentan, Caen

**LE MEILLEUR MOMENT POUR PÉDALER :**
D'avril à septembre

NIVEAU 2 | 183 KM | 4 JOURS

**CARENTAN-LES-MARAIS**
**CAEN**

# Les plages du Débarquement

De Carentan à Caen par la côte, empruntant les itinéraires La Vélomaritime et La Vélo Francette à partir de Ouistreham, ce circuit alterne plages et bocages, villes et campagne... bref, un condensé de la Normandie éternelle. Et surtout, un voyage dans le passé, du gothique flamboyant aux vestiges bétonnés du Débarquement de 1944. Le vélo est idéal pour saisir la géographie de ces événements et humer un air tour à tour iodé et fleuri. Mais attention aux faux plats !

## ÉTAPE 1

### Carentan-les-Marais - Utah Beach - aller-retour - 48 km

Aucune difficulté majeure n'est à signaler sur cette étape de La Vélomaritime. Au départ de Carentan, une voie verte longe le canal puis des chemins et des petites routes dans les marais. Le passage du pont de la Barquette, ouvrage ancien encore en fonctionnement, doit se faire pied à terre : les pavés peuvent être glissants par temps humide et le barrage est un ouvrage technique et historique qui mérite qu'on prenne le temps de s'y intéresser... Après le Grand Vey, le chemin est parfois boueux. On le contourne facilement en restant sur

Le blockhaus de la Brèche, face à Utah Beach.
Florent MARTIN/Getty Images Plus

## À deux coups de pédale

Venez revivre le jour du Débarquement au D-Day Experience ★. Grâce au simulateur de vol, vous embarquez dans un avion Douglas C-47 pour une traversée mouvementée de la Manche. Vous pourrez compléter cette expérience en assistant à la projection de films en 3D et d'un documentaire saisissant - avec images de synthèse, effets spéciaux, cartes animées - retraçant la préparation et le déroulement du Débarquement.

*À 2,5 km au nord de Carentan par la D 913; au carrefour entre les routes de Carentan, St-Côme-du-Mont et Utah Beach - ☏ 02 33 23 61 95 - www.dday-experience.com - avr.-sept.: 9h30-19h; reste de l'année: 10h-18h - fermé 2e sem. de janv. - musée + simulateur de vol (1h30) 13,90 €, musée + simulateur de vol + cinéma 3D (2h30) 19,90 €.*

Curry Road (D115) puis en prenant à droite vers Pouppeville.

### Musée du Débarquement ★★ à Utah Beach

**Authentique bunker.** Ce passionnant musée présente, à l'aide de photos, témoignages, documents, armes et uniformes, les forces en présence lors du débarquement du 6 juin 1944. Après avoir découvert un B26 du 505e escadron de l'US Air Force installé dans la halle construite à cet effet, on accède à une vaste salle panoramique, affleurant à peine la dune et ouverte sur la plage et le grand large, qui offre, à peu de chose près, la vue que les occupants avaient le jour du Débarquement.

*☏ 02 33 71 53 35 - www.utah-beach.com - mai-sept.: 9h30-19h; reste de l'année: 10h-18h - fermé de mi-nov. à mi-déc. - 9 €.*

## ÉTAPE 2

### Carentan-les-Marais - Grandcamp-Maisy - 30 km

La Vélomaritime longe le canal qui relie le port de plaisance à la mer sur près de 2 km et franchit le pont-canal, ouvrage d'art original puisque le cours d'eau est suspendu au-dessus de la route ! Après le passage de la Taute, l'itinéraire emprunte des petites routes du bocage. Une voie verte vous amène au port d'Isigny-sur-Mer. L'ensemble de cet itinéraire ne présente pas de difficulté particulière et le relief y est clément jusqu'au port de Grandcamp-Maisy.

### Grandcamp-Maisy

**Redécouverte.** Le 9 juin 1944, lorsque la batterie située sur le site dit « les Perruques » fut neutralisée par le 5e bataillon de Rangers, personne ne se doutait qu'elle allait être oubliée pendant plus de 60 ans. Un Britannique passionné d'histoire a mis au jour cette batterie de défense allemande avec ses bâtiments enterrés (réservoir d'eau, magasins de munitions, mess...), et ses tranchées. Les lieux sont à l'état brut, mais la visite est instructive et impressionnante.

*7 Les Perruques - ☏ 0044 74 11 93 21 97 - www.maisybattery.com - juin-août: 10h-19h; avr.-mai et sept.: 10h-17h - 8 €.*

## ÉTAPE 3

### Grandcamp-Maisy - Arromanches-les-Bains - 55 km

Dans les traces de l'assaut du 6 juin 1944, La Vélomaritime propose une scénique voie verte le long des falaises du Bessin. Après la plage d'Omaha Beach et un tour du cimetière américain par des chemins

Fresque de Juno Beach, à Courseulles-sur-Mer.
C. Philippe/age fotostock

et petites routes, un tronçon jalonné alterne entre voies communales et voies vertes à Colleville-sur-Mer puis Port-en-Bessin. Une très forte descente vous attend (> 18 %) en arrivant au port. Après l'escapade à Port-en-Bessin, revenez sur vos pas en remontant à Huppain pour récupérer l'itinéraire *via* Étréham. Au niveau des batteries de Longues, une voie verte vous conduit jusqu'à Arromanches.

## Omaha Beach ★★ et Cimetière américain de Colleville ★★★

**Plage infernale.** De toutes les plages du Débarquement, Omaha « la sanglante » a vu le plus grand nombre de morts alliés. Côté est, la grève étroite et désolée, adossée à un talus pelé, stimule l'évocation des événements tragiques et glorieux dont elle fut le théâtre. Non loin, le cimetière américain de Colleville et ses 9 385 stèles en marbre blanc de Carrare imposent le respect. En quittant le site pour poursuivre l'itinéraire (2 km), vous passez devant le passionnant **musée Overlord** ★.
*Normandy American Cemetery - ✆ 02 31 51 62 00 - www.abmc.gov - 9h-18h (17h oct.-mars) - fermé 1er janv. et 25 déc. - accès libre.*

## Arromanches-les-Bains ★

**Port éphémère.** Une étape incontournable dans la découverte de l'histoire du Débarquement ! Sur la plage, les caissons fantomatiques en béton, soumis aux assauts de la mer, rappellent l'effort colossal accompli par les Alliés au lendemain du 6 juin 1944 : la construction, en quelques jours, d'un **port artificiel** ★ flottant destiné au ravitaillement des troupes. Le **musée du Débarquement** ★★, qui présente maquettes et objets

d'époque, raconte la grande histoire autant que des destins particuliers. Mais Arromanches, blottie entre deux falaises, sait aussi mettre en avant ses qualités de villégiature.
*Musée du Débarquement - pl. du 6-Juin - ✆ 02 31 22 34 31 - www.musee-arromanches.fr - mai-août: 9h-19h (dim. 10h en mai); reste de l'année: se rens. - 12,70 €.*

## ÉTAPE 4

### Arromanches-les-Bains - Caen - 50 km

D'Arromanches à Ver-sur-Mer, La Vélomaritime utilise une voie verte le long de la D 514, avec un passage par la digue d'Asnelles. À noter: la pente significative à la sortie d'Arromanches, qui conduit la majorité des cyclistes à mettre pied à terre, seule difficulté de l'étape. De Ver-sur-Mer à Ouistreham, vous alternerez entre des routes partagées dans les bourgs du littoral de la Côte de Nacre et des pistes cyclables en front de mer. À Ouistreham, La Vélo Francette vous guide facilement jusqu'à Caen *via* le canal latéral à l'Orne. Au passage de Bénouville, un petit arrêt devant Pegasus Bridge s'impose.

### Courseulles-sur-Mer

**Sur la plage des Canadiens.** Le **centre Juno Beach** ★, installé sur la plage où les Canadiens débarquèrent en juin 1944, se concentre sur le rôle de ce pays dans les opérations. Une salle rend hommage, à travers un film émouvant, aux 45 000 Canadiens tués. La visite du parc, guidé par de jeunes volontaires canadiens, mène aux vestiges du Mur de l'Atlantique et au site du Débarquement.
*Voie des Français-Libres - ✆ 02 31 37 32 17 - www.junobeach.org - mai-août: 9h30-19h; mars-avr. et sept.-oct.: 9h30-18h; fév. et nov.-déc.: 10h-17h - fermé janv. - 8,50 €.*

### Pegasus Bridge ★

**Fameuse bataille.** Dans la nuit du 5 au 6 juin 1944, les deux ponts de Ranville-Bénouville sont pris par la 5e brigade parachutiste britannique, dont l'emblème est Pégase. Un premier petit morceau de France est libéré! Le véritable Pegasus Bridge, démonté et remplacé sur l'Orne par une copie un peu plus grande, est aujourd'hui situé près du **musée-mémorial** ★ qui présente, par le biais de vitrines et d'objets-témoins, la vie des hommes sous l'Occupation et pendant le Débarquement.
*Mémorial Pegasus - av. du Major-Howard - ✆ 02 31 78 19 44 - musee.memorial-pegasus.com - avr.-sept.: 9h30-18h30; reste de l'année: 10h-17h - fermé de mi-déc. à fin janv. - 9 €.*

### Mémorial de Caen ★★★

**Guerre et paix.** Ce musée se dresse à l'emplacement du poste de commandement allemand lors du Débarquement. Le long d'une rampe inclinée, comme une descente aux enfers, sont évoqués l'entre-deux-guerres, la montée du fascisme, le conflit et la bataille de Normandie, avec la projection du « jour J », vu simultanément des côtés allié et allemand. Un film et des expositions relatent le monde depuis 1945, avant la visite du bunker, dans les soubassements du musée.
*Espl. du Gén.-Eisenhower - ✆ 02 31 06 06 44 - www.memorial-caen.fr - avr.-sept.: 9h-19h; reste de l'année: se rens. - fermé janv. - 19,80 €.*

## LOUER UN VÉLO

### CARENTAN-LES-MARAIS

**LOC & CO**

*8 rte de St-Côme - 07 71 02 71 49 - www.loc-co-carentan.fr - 9h-12h, 13h-18h (dim. 17h) - location de vélos classique et électrique - 6/32 € (à partir de 1h).*

## DÉGUSTER

### CARENTAN-LES-MARAIS

**LA FOURCHETTE SANS GÊNE**

En face du Normandy Victory Museum, ce petit restaurant à la façade très anodine cache une jolie décoration contemporaine, et propose une cuisine fraîche et raffinée, dans la bonne humeur. Mention spéciale pour les frites maison.

*7 r. de la Fourchette - 09 86 07 30 87 - fermé dim. soir et lun. - formule déj. 15 €, plats 20/30 €.*

### GRANDCAMP-MAISY

**LA TRINQUETTE**

Bien sûr, on ne voit pas la mer, cachée par le bâtiment de la criée. Peu importe, ses poissons sont dans votre assiette : en papillote avec fondue de poireaux, en cassolette ou en soupe avec rouille normande... Goûtez aussi la marmite grandcopaise, le plat des pêcheurs d'ici.

*7 rte du Joncal - 02 31 22 64 90 - www.restaurant-la-trinquette.com - fermé lun.-mar. - menus 42/52 €.*

### ARROMANCHES-LES-BAINS

**FISH & CO BY PAPPAGALL**

Un sympathique bistrot proposant, à base de produits frais, le traditionnel fish & chips, des calamars frits, du poulet croustillant ou encore des *bowls* (salades).

*2 r. Col.-René-Michel - 02 31 22 36 26 - www.hoteldarromanches.fr - plats 10/20 €.*

### CAEN

**LE CHEF ET SA FEMME**

Éric et Anne Darcy avaient envie de créer une petite affaire pour travailler tous les deux : ainsi est né Le Chef et sa Femme... On appréciera la charmante simplicité du décor et les doux parfums de la cuisine, inspirée par le marché.

*11 r. du 11-Novembre - 02 31 84 46 53 - fermé dim.-lun. et 2 sem. en août - formule 23 €, menu 25 €.*

## DORMIR

### CARENTAN-LES-MARAIS

**HÔTEL-RESTAURANT L'ESCAPADE**

Cette imposante bâtisse était sous Napoléon III un relais de poste. Elle abrite aujourd'hui des chambres de diverses tailles, toutes rénovées, et une belle salle à manger rustique au parquet ciré.

*28 av. de la Gare - 02 33 42 02 00 - hotelrestaurantescapade.e-monsite.com - 15 ch. 42 € - 9,50 €.*

### GRANDCAMP-MAISY

**CHAMBRES D'HÔTES LES PIÉRIS**

Dans cette ferme normande du 18e s., les chambres d'hôtes sont idéalement situées pour se rendre sur les lieux historiques du Débarquement, mais aussi pour découvrir la faune et la flore du Parc naturel régional des Marais du Cotentin et du Bessin. Label **Accueil Vélo**.

Thierry RYO/Getty Images Plus

*Hameau Poix - 06 51 61 75 41 - 5 ch. 72/100 €.*

### ARROMANCHES-LES-BAINS

**HÔTEL DE LA MARINE**

Cet hôtel porte bien son nom : au loin, l'horizon bleu et, à vos pieds, les vagues qui caressent la plage. Chambres confortables et rénovées, à choisir côté mer. Cuisine traditionnelle et poissons servis dans une belle salle à manger avec vue panoramique.

*Quai du Canada - 02 31 22 34 19 - www.hotel-de-la-marine.fr - 33 ch. 100/240 €.*

### CAEN

**HÔTEL LA FONTAINE**

Dans le centre-ville historique, chaque chambre de cet hôtel entièrement rénové a une décoration personnalisée. Situé dans une rue calme, il offre un cadre cosy. Label **Accueil Vélo**.

*26 r. La Fontaine - 02 31 85 31 70 - www.hotelfontaine-caen.com - 13 ch. 70/169 € - 12 € - garage à vélo à réserver.*

CARNET DE ROUTE

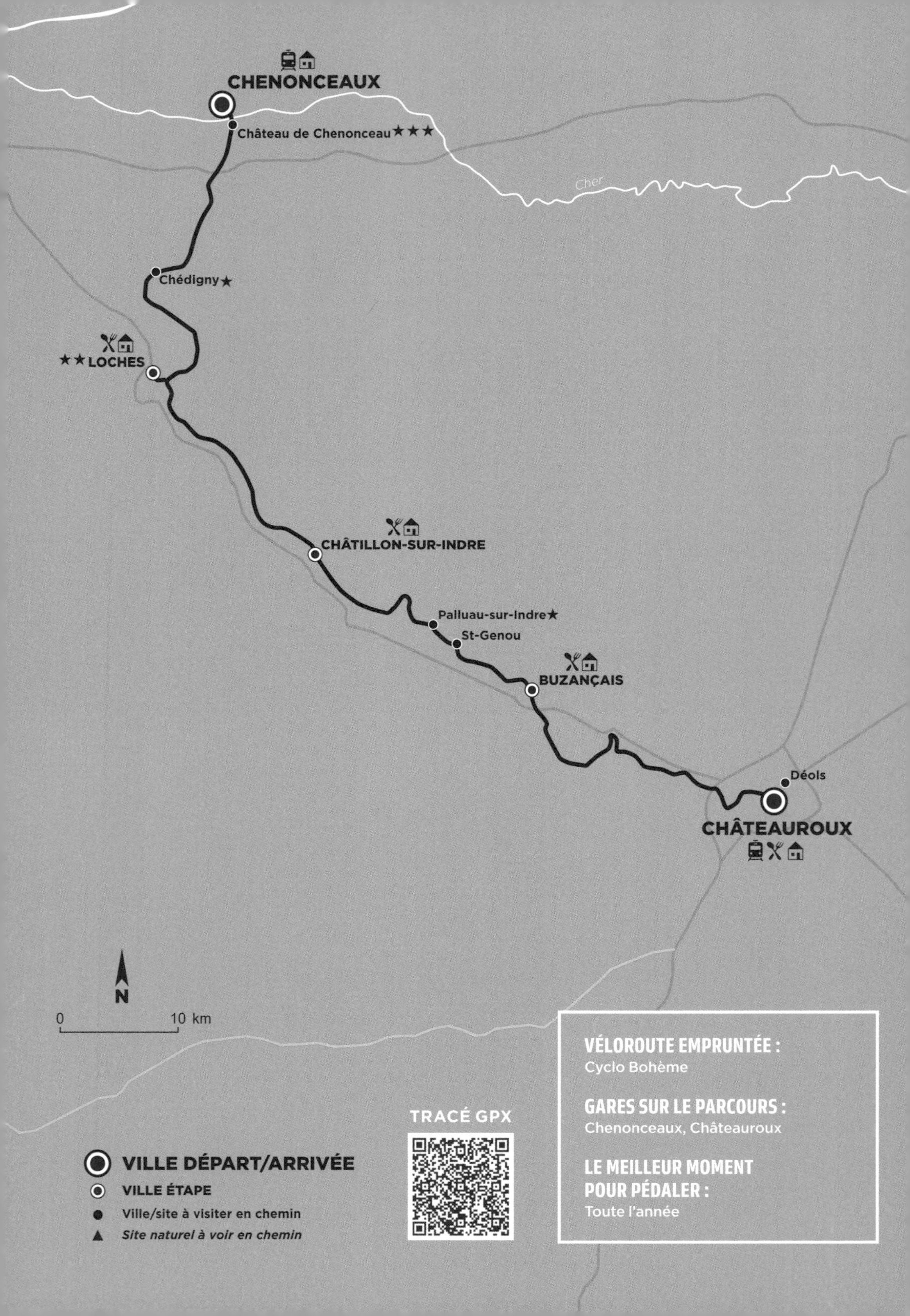
CHENONCEAUX
Château de Chenonceau★★★
Cher
Chédigny★
★★LOCHES
CHÂTILLON-SUR-INDRE
Palluau-sur-Indre★
St-Genou
BUZANÇAIS
Déols
CHÂTEAUROUX
N
0
10 km
TRACÉ GPX
VILLE DÉPART/ARRIVÉE
VILLE ÉTAPE
Ville/site à visiter en chemin
Site naturel à voir en chemin
VÉLOROUTE EMPRUNTÉE :
Cyclo Bohème
GARES SUR LE PARCOURS :
Chenonceaux, Châteauroux
LE MEILLEUR MOMENT
POUR PÉDALER :
Toute l'année

NIVEAU 2 | 120 KM | 4 JOURS

**CHENONCEAUX**
**CHÂTEAUROUX**

# Du Val de Loire à l'Indre

Au cœur de l'histoire de France, entre Touraine et Berry, la Cyclo Bohème vous invite à monter en selle pour une aventure bucolique, riche en sites patrimoniaux et villages pittoresques à explorer. Au départ du château des Dames, à Chenonceaux, remontez paisiblement le cours de l'Indre et laissez votre curiosité s'éveiller à la découverte d'un patrimoine exceptionnel tour à tour royal, religieux et médiéval. Un dépaysement garanti en retrait de l'agitation du monde !

## ÉTAPE 1

### Chenonceaux - Loches - 33 km

Cette étape de liaison balisée de la Cyclo Bohème permet de relier deux fleurons du Val de Loire et un village charmant : le château de Chenonceau, la cité royale de Loches et Chédigny. Sur les petites routes de la Champeigne tourangelle, au départ de Chenonceaux, on enjambe facilement le Cher pour rejoindre par des routes départementales (D 80, D 31, D 10, D 25) Beaulieu-lès-Loches puis Loches. Une agréable entrée en matière sur un itinéraire dont chaque étape comporte un joyau.

Chédigny.
RolfSt/Getty Images Plus

## Château de Chenonceau ★★★

**Un joyau sur l'eau.** Ses merveilleux jardins et sa longue galerie dont les reflets animent les eaux tranquilles du Cher composent un tableau unique. Le délicat édifice porte l'empreinte d'une bâtisseuse, Katherine Bohier, et de deux femmes hors du commun, Catherine de Médicis et sa rivale Diane de Poitiers. Préservé des tourmentes de la Révolution grâce à l'habileté politique de Mme Claude Dupin, Chenonceau n'a pas usurpé son surnom de château des Dames.

*✆ 0820 20 90 90 - www.chenonceau.com - juil.-août: 9h-19h; juin et sept.: 9h-18h; mi-avr.-mai: 9h-17h30; reste de l'année: se rens. - 15,50 € - réserv. obligatoire - nocturnes en juil.-août 21h30-23h30.*

## Chédigny ★

**Au nom de la rose.** Sous l'impulsion d'une mairie innovante qui souhaitait rendre la rue à ses habitants, un projet a fleuri. Ainsi les vivaces ont remplacé les trottoirs et près de 1000 rosiers arpentent désormais les façades des maisons. Point d'orgue de cette réalisation, le Festival des roses, orchestré chaque année pour le week-end de la fête des Mères, attire plus de 15000 visiteurs et 60 exposants. Quant à l'ancien « jardin de curé », il rassemble plantes vivaces, potager et arbres fruitiers.

## Loches ★★

**Cité royale.** Cette belle ville médiévale, bâtie entre les 11e et 16e s., se dresse sur un promontoire escarpé. Passez la **porte Royale** ★ et dirigez-vous vers le **logis royal** ★ qui fait revivre, avec force animations, l'époque de Charles VII, de Jeanne d'Arc et d'Anne de Bretagne. Dans la collégiale St-Ours ★★ au magnifique portail polychrome, recueillez-vous devant le gisant d'Agnès Sorel, la favorite du souverain. Clou du spectacle: la vue d'ensemble sur la cité, et bien au-delà, qui s'offre depuis le sommet du donjon (37 m).

*Cité royale - 5 pl. Charles-VII - ✆ 02 47 19 18 08 - www.citeroyaleloches.fr - avr.-sept.: 9h-19h; oct.-mars: 9h30-17h30 - 10,50 €.*

# ÉTAPE 2

### Loches - Châtillon-sur-Indre - 24 km

S'élançant depuis la majestueuse cité de Loches, cette courte étape de la Cyclo Bohème s'étire paisiblement sur de petites routes de campagne. Sur cet itinéraire balisé sur routes départementales, en remontant l'Indre et en admirant sa myriade de courbes, vous pédalez au milieu des champs. L'arrivée à Châtillon-sur-Indre, qui se précise dès la vue de son donjon dominant la ville, se fait par la D 28 puis en rejoignant la D 975 vers la droite.

## Châtillon-sur-Indre

**Donjon (et dragon ?).** En surplomb des rues tortueuses de la petite bourgade s'élève un imposant ensemble castral. Il est formé d'un donjon du 12e s., encore entouré de son enceinte; c'est l'un des plus anciens donjons cylindriques voûtés en France. Sur la même place, le château servit jadis de halte aux rois de France. Rendez-vous enfin à l'**église Notre-Dame** ★, fondée au 11e s. pour accueillir les reliques de saint Outrille, archevêque de Bourges au 7e s. Elle possède des chapiteaux décorés de feuillages, d'animaux fantastiques et de scènes bibliques.

# ÉTAPE 3

### Châtillon-sur-Indre - Buzançais - 29 km

Toujours en empruntant le réseau des routes départementales (D28, D63A, D63D et D11) et en suivant le balisage la Cyclo Bohème, l'idylle avec l'Indre se prolonge en quittant la ville de Châtillon-sur-Indre sur des routes bordées de champs et des giboyeuses forêts du Berry. À mi-chemin, mettez pied à terre pour admirer le splendide panorama sur la vallée de l'Indre depuis l'éperon rocheux du château de Palluau-sur-Indre. Après cette pause, il reste seulement quelques coups de pédale à donner avant d'atteindre Buzançais.

## Palluau-sur-Indre ★

**Belles pierres.** Impossible de rater le château de Palluau-Frontenac (13e s.) qui domine le village de ses puissantes tours, vestiges de son passé défensif *(ne se visite pas)*. L'église St-Sulpice (12e-16e s.), ancienne collégiale Ste-Menehould, est un bel édifice à nef unique couvert d'ogives flamboyantes. Ne manquez pas les fresques romanes de l'ancien prieuré St-Laurent, qui comptent parmi les plus remarquables du Berry.

## St-Genou

**Vies éternelles.** Juste avant St-Genou, au hameau d'Estrées, se dresse une lanterne des morts du 12e s. Le fanal allumé au sommet symbolise la vie éternelle des âmes. C'est aussi ici que mourut saint Genou, évêque de Cahors, envoyé par le pape Sixte II pour évangéliser la Gaule. Des épisodes de son parcours figurent sur les chapiteaux de l'**abbatiale** ★ du village, qui abrite son tombeau et un reliquaire.

La ville royale de Loches.
j-wildman/Getty Images Plus

## Buzançais

**Du Moyen Âge à la Renaissance.** Au bord de l'Indre, Buzançais traverse les époques. Remontez ainsi le temps devant la chapelle St-Lazare qui fut une léproserie au 12e s. Plus vaste, le prieuré Ste-Croix, bâti par l'ordre des Croisiers, date de 1419-1421. Enfin, jetez un œil au Pavillon des Ducs et à ses motifs Renaissance. Le bâtiment et sa tour constituent les derniers vestiges du château construit au 16e s. par un comte de Buzançais.

Ch. Goupi/age fotostock

## ÉTAPE 4

### Buzançais - Châteauroux - 34 km

Au beau milieu du territoire berrichon, la Cyclo Bohème vous entraîne doucement en dehors de Buzançais par de calmes routes agricoles (notamment la C 26) puis sur de petites routes départementales (D 67 et D 1). À noter qu'après quelques kilomètres au sud de Buzançais, il existe une liaison cyclable vers Vendœuvres et les circuits vélo de la Brenne. L'arrivée à Châteauroux se dévoile après un court intermède au cœur d'un écrin de verdure, *via* la coulée verte traversant la prairie de St-Gildas, amenant ainsi en toute sérénité au cœur de la cité castelroussine.

## À deux coups de pédale

À environ 2,5 km au nord de Châteauroux, Déols fut un important foyer chrétien : l'abbaye bénédictine de Notre-Dame y est fondée en 917. Quelques vestiges en demeurent et un film en 3D au musée en restitue la vie pendant le Moyen Âge.

*Site clunisien de Déols - 6 r. de l'Abbaye - ✆ 02 54 07 58 87 - www.ville-deols.fr - été : 9h30-12h30, 13h30-18h30, dim. 10h-12h30, 15h-18h ; reste de l'année : se rens. - fermé dim.-lun. - gratuit.*

## Châteauroux

**Capitale du Bas-Berry.** Entre la gare et l'Indre, une jolie promenade vous attend. De l'église St-André et ses deux clochers de 60 m de haut, vous passerez par les places Gambetta et St-Cyran, puis la rue Grande avec ses hôtels particuliers du 18e s. et l'église St-Martial dotée d'un clocher-porche. Allez admirer ensuite l'ancien couvent des Cordeliers, datant du 13e s., avant d'explorer le **musée-hôtel Bertrand** ★ si vous êtes amateurs de beaux-arts, d'histoire et d'archéologie. Votre visite s'achève devant le château Raoul, à l'élégance toute seigneuriale.

# LOUER UN VÉLO

## CHENONCEAUX

### BIKE RENTAL

*Sur la rive sud de la Loire à Francueil, à 4,4 km de la gare de Chenonceaux - 48 bis Grand rue de Coulommiers - ☎ 06 98 31 27 03 - 18/39 €/j, à partir de 4 j. : 9 à 20 €/j - possibilité de livraison des vélos à la gare ou à votre hôtel. Petit matériel fourni : sacoche guidon, kit de réparation, antivol, pompe...*

# DÉGUSTER

## LOCHES

### LE CAFÉ DES ARTS

Idéal pour prendre le pouls de la cité les jours de marché, ce café-brasserie propose une cuisine simple et copieuse à des prix abordables. Terrasse bondée en été. Intérieur agréable.

*4 pl. du Marché-au-Blé - ☎ 02 47 59 00 04 - tlj sf lun. - formule déj. 16,50 €, plats 9,90/22,90 €.*

## CHÂTILLON-SUR-INDRE

### AUBERGE DE LA TOUR

Le chef a travaillé dans de grandes maisons avant de s'établir ici, où il partage les saveurs de son enfance avec les gourmets de passage. Excellent rapport qualité-prix.

*2 rte du Blanc - ☎ 02 54 38 44 20 - www.auberge-de-la-tour36.fr - fermé dim. soir, lun. et mar. - plats 19/27 €.*

## BUZANÇAIS

### PÉRÉGRINATIONS

Très attentif au choix de ses produits, le chef Franck Gatefin s'approvisionne en poissons d'eau douce vivants qu'il prépare selon la méthode ikejime, en légumes bio auprès de son jardinier attitré, tandis que lui-même cultive plus de 150 herbes aromatiques. Ses belles assiettes attestent de son engagement. Accueil attentionné dans un intérieur contemporain.

*1 r. Victor-Hugo - ☎ 02 18 01 06 39 ou 06 31 30 71 86 - fermé lun.-mar. et le midi (sf dim.) - menus 58/148 €.*

## CHÂTEAUROUX

### LE P'TIT BOUCHON

Ambiance familiale dans ce bistrot « canaille » de la vieille ville. Bons crus et nombreuses animations, dont les apéros du samedi matin.

*64 r. Grande - ☎ 02 54 61 50 40 - www.leptitbouchon.fr - fermé dim.-lun. et j. fériés - menus 20/34 €.*

# DORMIR

## CHENONCEAUX

### LE RELAIS CHENONCEAUX

Cet ancien relais de poste est une étape pleine de charme, à 500 m du château. Au restaurant, cuisine traditionnelle bistronomique de qualité. Label **Accueil Vélo**.

*10 r. du Dr-Bretonneau - ☎ 02 47 23 98 11 - www.chenonceaux.com - 20 ch. à partir de 83 € - ☕ 13 € - menus 29/37 € - 🍴.*

## LOCHES

### LA CLOSERIE ST-JACQUES

Situé sur l'antique route de St-Jacques, au pied des remparts de la cité, ce relais de poste du 17e s. est un havre de raffinement et de sérénité. La chambre stendhalienne, en rouge et noir bien sûr, est propice aux rêveries littéraires. Petit jardin très coquet à l'arrière, sans oublier l'immense bibliothèque et ses nombreux livres régionaux en accès libre.

*37 r. Balzac - ☎ 02 47 91 63 12 - www.lacloseriesaintjacques.com - - 3 ch. 132/142 € ☕.*

## CHÂTILLON-SUR-INDRE

### CHAMBRES D'HÔTES ANNE-MARIE

À 2 km du centre-ville, Anne-Marie vous accueille dans sa maison nichée dans un grand jardin pour un agréable moment de détente. Les chambres sont confortables et bien tenues, le trampoline ravira les enfants et la cuisine familiale, les gourmands !

*1 Les Bigorgnes - ☎ 06 50 66 22 77 - www.chambredhoteannemarie.fr - 3 ch. 70/114 € ☕ - 🍴.*

## BUZANÇAIS

### L'HERMITAGE

Une propriété accueillante dans un jardin arboré où se glisse l'Indre. Les chambres de style rustique, bien équipées, profitent presque toutes de cette vue apaisante. Aux beaux jours, les repas sont servis sous une charmante pergola.

*Chemin de Vilaine - ☎ 02 54 84 03 90 - www.lhermitagehotel.com - 10 ch. 90/117 € - ☕ 11 € - 🍴.*

## CHÂTEAUROUX

### ÉLYSÉE HÔTEL

Cette grande maison du centre-ville offre des chambres modernes et bien équipées. L'hôtel dispose aussi d'un spa et d'un jacuzzi, parfaits pour se détendre. Label **Accueil Vélo**.

*2 r. de la République - ☎ 02 54 22 33 66 - www.elysee-hotel-chateauroux.com - 16 ch. 91/112 € - ☕ 12 €.*

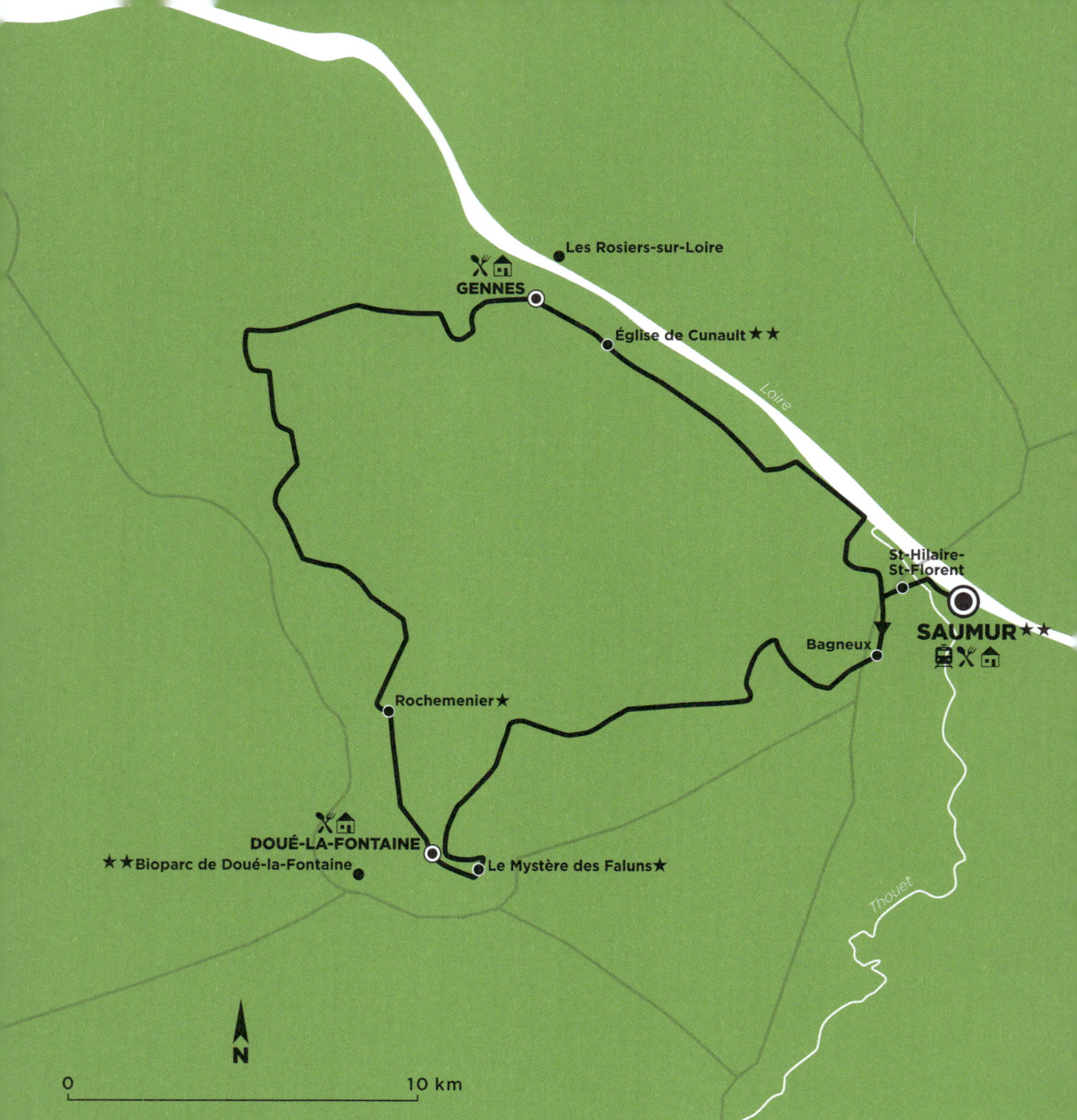


**VILLE DÉPART/ARRIVÉE**

**VILLE ÉTAPE**

Ville/site à visiter en chemin

*Site naturel à voir en chemin*

**TRACÉ GPX**

**VÉLOROUTE EMPRUNTÉE :**
La Loire à Vélo (EuroVelo 6)

**GARES SUR LE PARCOURS :**
Saumur

**LE MEILLEUR MOMENT POUR PÉDALER :**
De mars à octobre

**LIAISON POSSIBLE AVEC :**
Entre Loir et Loire (p. 174)

NIVEAU 1 85 KM 3 JOURS

**SAUMUR**
**SAUMUR**

# La boucle des troglodytes

S'appuyant en partie sur La Loire à Vélo, cette boucle cyclable de quelques jours part à la découverte des charmes du Sud-Saumurois et de ses étonnants habitats troglodytes de plaine, notamment le village de Rochemenier. Un parcours à privilégier par temps de canicule! Cet itinéraire à vélo explore une campagne jalonnée de caves, de carrières, de fermes et de petits hameaux. Cerise sur le « château », entre Gennes et Saumur, ce circuit traverse les villages typiques des bords de Loire.

## ÉTAPE 1

### Saumur - Doué-la-Fontaine - 30 km

Dans Saumur, prenez La Loire à Vélo en direction de Gennes. Une fois le Thouet franchi, à St-Hilaire-St-Florent, suivez le balisage « n° 1 - pastille orange ». Vous alternez routes départementales et communales autour de Rou-Marson avant d'arriver à Doué-la-Fontaine par la D 213. Vous essuierez quelques passages avec du dénivelé. Aussi, aménagez-vous quelques pauses fraîcheur en visitant les caves troglodytiques monumentales des Perrières – Le Mystère des Faluns – de Doué-la-Fontaine.

Habitation troglodytique près de Saumur.
wjarek/Getty Images Plus

## Saumur ★★

**La perle de l'Anjou.** C'est ici que s'élève le dernier château érigé par la dynastie des Valois, chef-d'œuvre de l'art gothique à l'histoire chaotique, où se succèdent les campagnes de restauration. Autour, les ruelles sinueuses qui sillonnent la vieille ville ont gardé leur tortueux tracé médiéval. Saumur est également la patrie du cheval et des fameux cavaliers du Cadre noir sanglés dans leurs tuniques noir et or *(voir p. 48)*.

*Château de Saumur - espl. Hubert-Landais - ✆ 02 41 40 24 40 - www.chateau-saumur.fr - juil.-août: 10h-19h; reste de l'année: 10h-13h, 14h-17h30 - fermé lun. - 9 €.*

## Bagneux

**Méga mégalithe.** Situé au centre de Bagneux, ce dolmen funéraire fut érigé il y a plus de 5000 ans. C'est l'un des plus remarquables dolmens d'Europe. D'une longueur de plus de 23 m et large de 7 m, cette allée couverte est composée de 16 dalles verticales totalisant environ 500 t et soutenant un toit à 3 m de hauteur. Sur le site sont exposées plusieurs dizaines de pierres des différentes époques préhistoriques.

*56 r. du Dolmen - ✆ 02 41 50 23 02 - ledolmendebagneux.com - juil.-août: 9h-19h; reste de l'année: tlj sf lun. et merc. 10h-19h - 4 €.*

## Le Mystère des Faluns ★

**Une cave-cathédrale.** Le site est constitué de galeries souterraines hautes de 15 à 20 m. La scénographie intelligente et sensible (jeux de lumières fluctuantes) mêle poésie et science pour entrer en résonance avec la nature et les volumes de ce patrimoine troglodytique époustouflant.

*Les Perrières - 7 r. d'Anjou - Doué-la-Fontaine - ✆ 02 41 59 71 29 - www.les-perrieres.com - de mi-juin à mi-sept.: 10h-19h; reste de l'année: tlj sf lun. 10h-12h30, 14h-18h - fermé de déb. nov. à déb. fév. - 8 € - visite libre (1h) dans des caves où la température est d'environ 12 °C (prévoyez un vêtement chaud).*

## Bioparc de Doué-la-Fontaine ★★

**Engagés pour la préservation.** Ce superbe zoo occupe le site troglodytique exceptionnel d'une ancienne carrière de falun. Avec ses grottes « en cathédrale » et ses fours à chaux, elle fournit un environnement hors du commun à plus de 1900 animaux vivant en semi-liberté. Présenter des spécimens emblématiques des milieux sauvages menacés, telle est la philosophie de ce lieu qui accueille environ 130 espèces différentes: girafes, pandas roux, manchots, vautours et condors, etc.

*103 r. de Cholet - ✆ 02 41 59 18 58 - www.bioparc-zoo.fr - avr.-sept.: 9h-19h; reste de l'année: se rens. - fermé de mi-nov. à déb. fév. (sf vac. de Noël) - 23,40/24,90 € selon saison. Services pour les cyclistes.*

# ÉTAPE 2

### Doué-la-Fontaine - Gennes - 34 km

On quitte Doué-la-Fontaine à vélo par le jardin de la coulée verte, le long des paisibles rives du Douet. Direction le village troglodytique de Rochemenier, où une visite approfondie du musée permettra de mieux comprendre l'intérêt des habitats troglodytes. Quelques côtes sur de petites routes départementales et communales vous attendent avant de retrouver la vallée de l'Avort et Gennes. Suivez toujours le balisage « n° 1 - pastille orange ».

Le château, l'église St-Pierre et l'hôtel de ville de Saumur se reflétant dans la Loire.
F. Guiziou/hemis.fr

## Rochemenier ★

**Village troglodytique.** Abandonné depuis 1930, le village souterrain de Rochemenier, creusé dans un dépôt de falun, est l'un des sites troglodytiques les plus complets et émouvants du Val de Loire. Ouvert depuis 1967, il ne cesse d'enrichir son parcours. Vous y découvrirez deux fermes, leurs logis et dépendances qui abritent des centaines d'outils paysans liés à l'histoire des troglodytes, des basses-cours et une chapelle souterraine aux volumes impressionnants.

*14 r. du Musée - ✆ 02 41 59 18 15 - www.troglodyte.fr - 9h30-17h30 - fermé lun. de mi-sept. à mi-avr.; fermé mi-nov.-janv. - 8,50 €. Température sous terre 12°C (prévoyez un pull).*

## Gennes

**Au bord de la Loire.** On y a découvert un nymphée, un aqueduc, des thermes et un amphithéâtre, ce qui laisse supposer l'existence, à l'époque gallo-romaine, d'un

### À deux coups de pédale

**Les Rosiers-sur-Loire est un village relié à Gennes par un pont suspendu. Son église à clocher Renaissance, œuvre de l'architecte angevin Jean de l'Espine, vaut le coup d'œil: sa tourelle d'escalier est percée de jolies fenêtres encadrées de pilastres. Sur la place, admirez la statue de Jeanne de Laval, seconde femme du roi René d'Anjou.**

Église de Cunault.
milosk50/Shutterstock

sanctuaire réservé au culte des eaux. Le village est campé en surplomb de la Loire. L'église St-Eusèbe n'a conservé que son transept, sa tour du 12e s. et, au nord, une petite porte du 11e s. Dans l'enclos (accessible par la cour de l'église) a été érigé un historial aux « cadets de Saumur », tombés pour la défense de la Loire en juin 1940.

## ÉTAPE 3

### Gennes - Saumur - 21 km

Sur la rive sud, dans le sens Angers vers Saumur, entre Gennes et Saumur, il faut suivre le fléchage de La Loire à Vélo par les coteaux. Une étape magique et facile pour boucler ce circuit par les coteaux viticoles avant de redescendre vers la Loire après Chênehutte-Trèves-Cunault. Prudence dans cette descente vers le fleuve, avant de retrouver une alternance de voies vertes et des sections de routes partagées dans l'arrivée sur les faubourgs de Saumur.

### Église de Cunault ★★

**Magistrale.** Construite dans la lignée des grandes abbayes bénédictines, l'église de Cunault fut conçue pour accueillir les foules venues en pèlerinage à Notre-Dame. Seule l'église des 11e-13e s. est restée debout, avec son clocher massif, couronné d'une flèche de pierre. À l'intérieur, l'ampleur et la hauteur des piliers, caractéristiques du style gothique angevin, sont stupéfiantes. L'édifice frappe par le dépouillement de ses lignes et par la richesse de ses 223 chapiteaux finement ouvragés.

### St-Hilaire-St-Florent

**Dégustations et chevaux.** Le village, aujourd'hui rattaché à la commune de Saumur, s'étire sur la rive gauche du Thouet, le long d'un coteau flanqué de nombreuses caves creusées dans le tuffeau. Les grandes maisons de production de saumur brut contribuent à l'essor et à la notoriété de cette commune depuis le 19e s.,sans oublier ses centres équestres, selliers, bottiers, écoles de dressage et le prestigieux **Cadre noir de Saumur ★**, formant les cadres supérieurs de l'équitation. La visite classique (1h) inclut un historique complet du Cadre noir et la découverte du grand manège (1200 places), des écuries et de la sellerie-musée.

*Le Cadre noir de Saumur - av. de l'École-Nationale-d'Équitation - ✆ 02 41 53 50 60 - www.ifce.fr - visite guidée (1h) des vac. de fév. aux vac. de la Toussaint - réserv. conseillée - fermé dim. - 8,50 €.*

## LOUER UN VÉLO

### SAUMUR

#### CYCL'O DE LOIRE

*1 av. du Gén.-de-Gaulle - ✆ 02 41 38 14 99 - cyclodeloire.fr - location de vélos VTC/VAE (20,50/41,50 €, dégressif) et d'équipements. Balade guidée à vélo dans le Saumurois. Possibilité de livraison à votre hôtel. Label* **Accueil Vélo**.

## DÉGUSTER

### SAUMUR

#### L'ALCHIMISTE

Les produits frais sont travaillés pour composer une cuisine créative et soignée. À la carte: filet de sandre aux artichauts, carré d'agneau rôti aux fleurs d'hibiscus.

*6 r. de Lorraine - ✆ 02 41 67 65 18 - www.lalchimiste-saumur.fr - fermé dim.-lun. - menus 29,50/44 €.*

### DOUÉ-LA-FONTAINE

#### LE CAVEAU

Belle salle médiévale creusée dans le falun. On y sert les traditionnelles fouaces cuites sous vos yeux, accompagnées entre autres de galipettes, gros champignons farcis cuits au four à bois. Une institution touristique.

*4 bis pl. du Champ-de-Foire - ✆ 02 41 59 98 28 - restaurantlecaveau.com - en sais.: tlj sf mar.; hors sais.: se rens. - menu 26 € - réserv. conseillée.*

### GENNES

#### LES DAMES BARRAU

Dans cet ancien relais de diligence tenu par la famille Barrau, le bistrot à l'ambiance chaleureuse propose une cuisine maison dont les plats évoluent au fil des saisons. Large choix de bières et de vins d'Anjou.

*9 av. des Cadets-de-Saumur - ✆ 02 41 50 58 44 - lesdamesbarrau.sitew.fr - fermé mar., merc. et dim. soir, et lun. - formule 14 €, plats 14,90/17,90 €.*

## DORMIR

### SAUMUR

#### HÔTEL ANNE D'ANJOU

Au pied du château, cet édifice du 18e s. comprend une quarantaine de chambres, rénovées et lumineuses, dans une large gamme de prix. Petite piscine, pour une baignade avec vue sur le château, jacuzzi et sauna. Le restaurant de l'hôtel, l'Essentiel, vaut également le détour. Label **Accueil Vélo**.

*32 quai Mayaud - ✆ 02 41 67 30 30 - www.hotel-anneanjou.com - 🏊 - 41 ch. 91/124 € - ☕ 15 € - ✕.*

### DOUÉ-LA-FONTAINE

#### HÔTEL LA SAULAIE

Établissement récent aux chambres spacieuses et au décor moderne et coloré. Terrasse et piscine chauffée (mai-sept.).

*104 r. des Fougerons - À 2 km par la rte de Montreuil-Bellay - ✆ 02 41 59 96 10 - www.hoteldelasaulaie.com - fermé vac. de Noël - 🏊 - 44 ch. 67/137 € ☕.*

### GENNES

#### MANOIR DU BOIS NOBLET

À l'orée d'une forêt près d'un village, cette ancienne demeure seigneuriale du 16e s. dispose de chambres au décor raffiné et au grand confort. Le petit-déjeuner, accompagné de délicieuses madeleines maison, est servi face à une cheminée monumentale.

*Louerre - À 9 km au sud-ouest de Gennes - ✆ 02 41 59 31 31 - www.leboisnoblet.com - 4 ch. dont 1 suite 150/200 € ☕ - table d'hôte sur réserv.*

Fouaces, brioches préférées de Rabelais.
L. Maisant/hemis.fr

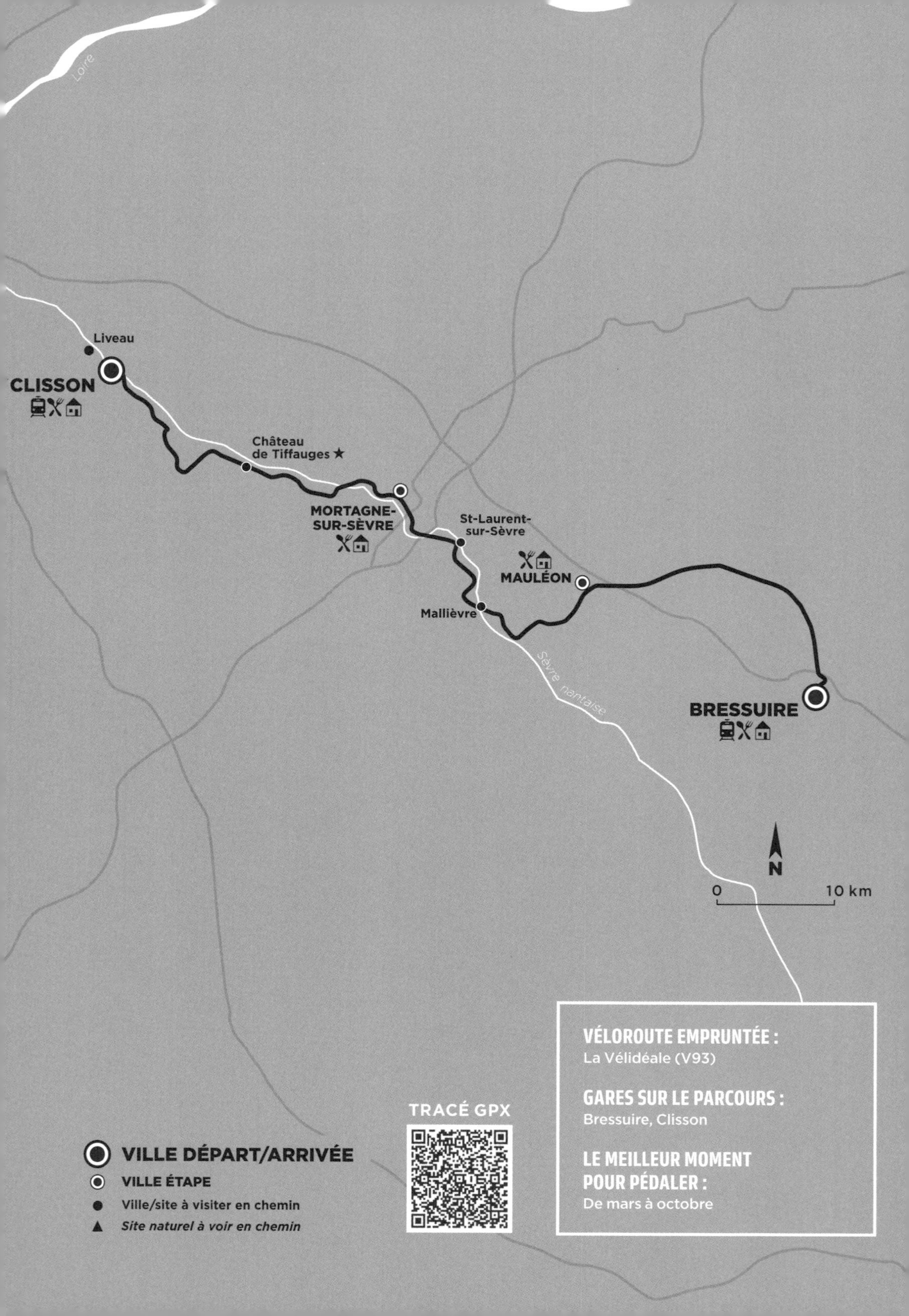
Loire
Liveau
CLISSON
Château
de Tiffauges
MORTAGNE-
SUR-SÈVRE
St-Laurent-
sur-Sèvre
MAULÉON
Mallièvre
Sèvre nantaise
BRESSUIRE
N
0
10 km
VÉLOROUTE EMPRUNTÉE :
La Vélidéale (V93)
GARES SUR LE PARCOURS :
Bressuire, Clisson
LE MEILLEUR MOMENT
POUR PÉDALER :
De mars à octobre
TRACÉ GPX
VILLE DÉPART/ARRIVÉE
VILLE ÉTAPE
Ville/site à visiter en chemin
Site naturel à voir en chemin

NIVEAU 2 | 102 KM | 3 JOURS

**BRESSUIRE**
**CLISSON**

# La voie verte de Bressuire

Du lac de Vassivière jusqu'à St-Nazaire, La Vélidéale promet une aventure cyclable au cœur de la biodiversité, reliant cinq parcs naturels régionaux et de nombreux espaces sensibles, à la croisée de multiples rivières et marais classés. Pour l'heure, quoi de mieux que le corridor naturel de la voie verte de Bressuire pour se lancer sur une partie de cette nouvelle véloroute, en direction du château de Clisson ? Entre vallée de l'Argenton et Sèvre nantaise, une belle échappée à vélo pour battre la campagne.

## ÉTAPE 1

### Bressuire - Mauléon - 32 km

Du parvis de la gare de Bressuire, vous contournez le centre-ville afin de récupérer la voie verte de l'autre côté de la N 249. Prenez la route en direction d'Argentonnay et rejoignez le lieu-dit L'Épinay des Rivières. Suivez alors le balisage VV2. Jusqu'à Nueil-les-Aubiers, vous roulez sur une voie verte interdite aux véhicules motorisés. À Nueil-les-Aubiers, prenez la direction de Mauléon au bout de la voie verte. Vous empruntez une route communale avant de suivre le chemin vert qui

Bressuire.
brunocoelhopt/Getty Images Plus

Château de Tiffauges.
Crobard/Getty Images Plus

relie Nueil-les-Aubiers à Mauléon. Attention, cette portion de l'itinéraire peut comporter des ornières.

## Bressuire

**Ruines romantiques.** Basses et coiffées de tuiles bombées, les maisons grimpent à l'assaut d'une colline bordant le Dolo. Si la ville s'est reconstruite après les guerres de Vendée, les ruines du château témoignent encore des assauts de l'époque. Jadis fief de la puissante baronnie des Beaumont-Bressuire, il comprend deux enceintes en partie ruinées, que jalonnent 38 tours semi-circulaires. Bressuire est aussi réputée pour son marché, le mardi et samedi matin.

*Château - ✆ 05 49 80 49 86 - www.ville-bressuire.fr - expositions estivales juil.-août: 14h30-18h30 - fermé lun. - accès libre aux extérieurs.*

## Mauléon

**Petite cité de caractère.** Ce village fut le théâtre de la terrible bataille de Châtillon (ancien nom de Mauléon), le 5 juillet 1793. Depuis l'esplanade de l'ancien château féodal (12e s.) s'offre une vue sur la vallée de l'Ouin et sur le coteau de Château-Gaillard, où l'armée républicaine du général Westermann fut massacrée par les Vendéens.

## ÉTAPE 2

### Mauléon - Mortagne-sur-Sèvre - 31 km

À Mauléon, prenez la direction de la Vendée en suivant le balisage de La Vélidéale qui traverse Mauléon. Une fois sorti de la commune, vous empruntez un chemin cyclable interdit aux véhicules motorisés avant de retomber sur une section de route en voie partagée. Cette partie de l'étape est très peu ombragée, avec un peu de dénivelé ; elle n'est pas conseillée aux familles. Un peu avant Mallièvre, on longe la Sèvre nantaise en direction de la vallée de Poupet. Vous passez sous l'autoroute après St-Laurent-sur-Sèvre, avant d'atteindre Mortagne-sur-Sèvre par des coteaux.

## Mallièvre

**Pour parler chiffons.** Cette ancienne cité du tissage – laine, chanvre et lin –, qui fut une place forte médiévale puis une étape sur le chemin de Compostelle, domine la vallée de la Sèvre nantaise. Posez pour un temps votre vélo pour parcourir à pied ses pittoresques ruelles et venelles *via* les circuits Génovette et Grand Mallièvre, jalonnés de bornes sonores. La cave du tisserand se visite.
*Cave du tisserand - avr.-sept. : 10h30-19h - accès libre.*

## St-Laurent-sur-Sèvre et alentours

**La ville sainte de la Vendée.** On trouve dans cet important lieu de pèlerinage de nombreuses congrégations. En sortant de la ville en direction de La Verrie, des circuits de randonnée longent la Sèvre nantaise, dominée par des collines boisées. Ne manquez pas non plus le viaduc de Barbin, perché à une trentaine de mètres au-dessus de la rivière.

## Mortagne-sur-Sèvre

**On dirait la Suisse.** À l'extrême nord de la Vendée, la ville aux ruelles escarpées est dominée par les ruines de son château médiéval, dont la courtine est jalonnée de tours. En descendant vers la rivière, remarquez à droite la tour du Trésor, du 16$^{e}$ s. Des Jardins de la Cure, bordés par une ancienne orangerie, admirez la perspective sur la vallée et la Sèvre en contrebas. L'église St-Pierre, l'une des plus grandes de Vendée, conserve un intéressant trésor.

## ÉTAPE 3

### Mortagne-sur-Sèvre - Clisson - 39 km

La Vélidéale offre une cascade de points de vue sur la vallée de la Sèvre nantaise, lors d'un parcours technique mêlant petites routes et chemins d'exploitation. Le relief est prononcé aux abords du château de Tiffauges. Attention, la traversée de la D 753 est dangereuse avant un cheminement sur petites routes en surplomb de la vallée de la Sèvre. Malgré la traversée successive des D 62 et D 755, l'itinéraire jusqu'à Cugand se fait sans réelle difficulté, alternant petites routes et chemins carrossables. Vous traversez ensuite la Sèvre nantaise par un petit pont au niveau de l'Arsenal avant l'arrivée à Clisson.

## Château de Tiffauges ★

**Le château de Barbe-Bleue.** C'est le plus grand château fort de toute la Vendée. Son sulfureux propriétaire, Gilles de Rais, aurait servi de modèle à Barbe-Bleue, l'ogre du conte de Charles Perrault. Pourtant, petits et grands adoreront cette forteresse solidement bâtie sur un piton rocheux et sa panoplie de machines de guerre médiévales qui transportent le visiteur au temps des chevaliers. Dans le camp d'entraînement, les amateurs s'essaieront au tir à l'arc ou à l'arbalète comme au Moyen Âge, sous la houlette d'animateurs expérimentés.
*✆ 02 51 67 60 00 - www.nossites.*

## À deux coups de pédale

**Le moulin à papier du Liveau (à 3,8 km au nord-ouest de Clisson), installé sur les bords de la Sèvre nantaise dans un ancien moulin à farine du 17e s., a longtemps été utilisé pour la fabrication du papier au 19e s. avant d'être réhabilité. Ses ouvertures en plein cintre évoquent les loggias italiennes. La pile à maillets est actionnée par une roue à aubes. Vous pourrez vous initier à la fabrication des feuilles de papier à la main et à l'imprimerie sur une ancienne presse à bras.**

***✆ 06 16 11 89 50 - www.lemoulinapapierdu liveau.com - visite animée (1h30 à 2h) à 14h30, 15h30, 16h30 et 17h30 (selon sais.) - 6 €.***

*vendee.fr - juil.-août: 10h-19h; juin: 10h-18h, w.-end et j. fériés 14h-19h; avr.-mai et déb. sept.: 10h-12h30, 14h-18h, w.-end et j. fériés 14h-19h - 8/9 € - fermé janv.-mars et oct.-déc.*

## Clisson ★

**Petite Italie.** D'un massif pont de pierre, la vue se dégage sur le site de Clisson baigné de verdure et sur son **château médiéval** ★, dont la puissante silhouette se reflète dans les eaux de la Sèvre nantaise. À la limite de la Vendée, cette charmante ville se distingue par la fantaisie italianisante de son architecture et offre à la visite un splendide domaine de style néoclassique: la **Garenne-Lemot** ★. Nombre de demeures et moulins à eau sont également des témoignages de cet engouement pour l'Italie.

*Château - pl. du Minage - ✆ 02 40 54 02 22 - www.chateau-clisson.fr - avr.-sept.: 10h30-13h, 14h-18h; reste de l'année: 14h-17h30 - fermé mar. et janv. - 3 €.*

*Domaine de la Garenne-Lemot - av. Xavier-Rineau - ✆ 02 40 54 75 85 - www.domaine-garenne-lemot.fr - avr.-sept.: 9h-19h30; reste de l'année: 9h-18h - gratuit.*

Clisson.
AUFORT JEROME/Getty Images Plus

# LOUER UN VÉLO

## BRESSUIRE

### VÉLO-CITÉ

*185 bd de Poitiers - ✆ 05 49 81 56 10 - fermé dim. et lun. matin - VTT/VTC 15 €/j, VAE 25 €/j - casque et kit de réparation inclus.*

# DÉGUSTER

## BRESSUIRE

### LA POPOTTE

Ici, on vous sert des plats simples faits maison à partir de produits locaux. Circuit court et « zéro déchet » sont à l'honneur sur une carte qui change tous les jours en fonction des saisons et du marché. En juillet, le petit-déjeuner déjeuner du samedi matin est concocté dans le même esprit.

*5 pl. de l'Hôtel-de-Ville - ✆ 05 17 41 30 41 - lapopotte.com - tlj sf dim. - plats 14/17 €.*

## MAULÉON

### CAFÉ DE LA POSTE

Au menu, burgers, belles pièces de bœuf et pizzas artisanales. Dans le cadre agréable du restaurant éclairé par une grande baie vitrée, l'ambiance est conviviale.

*1 r. St-Martin - ✆ 05 17 29 08 72 - cafedelaposte-mauleon.fr - menus 15/19 €.*

## MORTAGNE-SUR-SÈVRE

### MOULIN PONT VIEUX

*Voir « Dormir » ci-contre.*

## CLISSON

### RESTAURANT DE LA VALLÉE

Le restaurant se situe dans une élégante maison ancienne surplombant la Sèvre nantaise. Trois ambiances pour s'attabler et admirer le panorama : le vieux pont de la Vallée, le château de Clisson et l'église Notre-Dame. Cuisine alliant produits locaux et saveurs de voyage.

*1 r. de la Vallée - ✆ 02 40 54 36 23 - www.restaurant-delavallee.com - juil.-août : fermé lun.-dim., reste de l'année : fermé merc.-jeu. soirs et lun.-mar. - formules 30/37 €, menus 44/52 €.*

# DORMIR

## BRESSUIRE

### HÔTEL-RESTAURANT LA BOULE D'OR

Non loin de la gare, cet hôtel avec terrasse est agréable. Au restaurant, bons produits et plats simples (brochettes, salades).

*15 pl. Émile-Zola - ✆ 05 49 65 02 18 - www.hotel-la-bouledor.fr - 20 ch. 62/70 € - ☕ 8,50 € - ✕.*

## MAULÉON

### LA TERRASSE

Cet hôtel-restaurant qui donne sur une jolie place a été récemment rénové. Accueil très agréable.

*7 pl. de la Terrasse - ✆ 05 49 82 58 05 - Facebook - fermé dim. soir et lun. - 5 ch. 55 € - ☕ 9 € - ✕.*

## MORTAGNE-SUR-SÈVRE

### MOULIN PONT VIEUX

Cet ancien moulin à eau du 19e s. se niche au bord de la Sèvre nantaise, au cœur d'un vaste jardin arboré. Les chambres d'hôtes, modernes, sont joliment décorées.

*4 ch. du Pont-Vieux - ✆ 07 66 81 04 94 - www.moulinpontvieux.com - 5 ch. 75/116 € ☕ - planches repas sur commande.*

## CLISSON

### VILLA SAINT-ANTOINE

La villa Saint-Antoine vous accueille sur une grande terrasse avec vue imprenable sur la Sèvre et le château de Clisson. Le restaurant propose une cuisine contemporaine du marché à base de produits locaux. Pour prolonger votre expérience, l'hôtel et le spa vous ouvrent grand leurs portes.

*8 r. St-Antoine - ✆ 02 40 85 46 46 - www.hotel-villa-saint-antoine.com - 🏊 - 43 ch. 102/150 € - ☕ 9 € - ✕.*

**VILLE DÉPART/ARRIVÉE**

**VILLE ÉTAPE**

Ville/site à visiter en chemin

*Site naturel à voir en chemin*

**TRACÉ GPX**

**VÉLOROUTE EMPRUNTÉE :**
La Vélodyssée (EuroVelo 1)

**GARES SUR LE PARCOURS :**
St-Gilles-Croix-de-Vie,
Les Sables-d'Olonne

**LE MEILLEUR MOMENT POUR PÉDALER :**
Toute l'année

NIVEAU 1 | 92 KM | 3 JOURS

**NOIRMOUTIER-EN-L'ÎLE**
**LES SABLES-D'OLONNE**

# La côte vendéenne

Pour ne rien rater de l'arrivée des navigateurs du Vendée Globe aux Sables-d'Olonne, prévoyez un voyage à vélo sur La Vélodyssée. Au départ de Noirmoutier-en-l'Île, avec déjà la promesse dépaysante d'une île, voici un virevoltant cabotage côtier par les sentiers cyclables de Vendée jusqu'aux Sables-d'Olonne. Vent dans les roues pour ce périple entre ports de pêche, polders, marais, côte sauvage et forêt de pins. Un parcours à la lumière de la côte vendéenne pour profiter *ad libitum* de l'air du large.

## ÉTAPE 1

### Noirmoutier-en-l'Île - La Barre-de-Monts - 19 km

Depuis Noirmoutier-en-l'Île, direction le continent *via* la piste cyclable le long de la D 948. À La Guérinière, au rond-point de l'Europe, empruntez la piste cyclable le long de la D 38 jusqu'au giratoire du Bonhomme. Direction le port du Bonhomme pour longer la baie de Bourgneuf et son mythique passage du Gois, avant de prendre le pont pour gagner Fromentine. Par grand vent, il faudra veiller à ne pas faire d'écart, la piste cyclable étant à double sens.

L'estacade de la plage des Dames, sur l'île de Noirmoutier.
Crobard/Getty Images Plus

Marais salants.
Louis-Michel DESERT/Getty Images Plus

## Île de Noirmoutier ★

**Beau comme le Midi.** Son climat doux, ses criques tranquilles, ses dunes et ses bois odorants font le charme de cette île où les maisons basses s'habillent de tuiles roses et de murs blanchis à la chaux. Réservée aux cyclistes et aux randonneurs, la **jetée Jacobsen ★**, qui va jusqu'au **bois de la Chaise ★**, invite à la découverte de la faune et la flore des marais salants. Profitez de votre séjour pour remplir votre panier de sel, de pommes de terre nouvelles et de fruits de mer.

*Juil.-août (fin d'apr.-midi), plusieurs sauniers de l'île ouvrent leur marais à la visite : renseignements dans les offices de tourisme - ✆ 02 51 39 80 71.*

## Passage du Gois ★★

**Passage obligé.** Utilisée depuis le 18e s., cette magnifique chaussée submersible de 4,2 km, qui relie la côte est de l'île de Noirmoutier au continent à hauteur du goulet de Fromentine, fut la seule voie d'accès carrossable de la fin du 19e s. à 1971, date de la mise en service du pont. Aujourd'hui fréquenté par des ostréiculteurs et boucholeurs locaux, ainsi que par de nombreux pêcheurs à pied, le Gois est un endroit insolite, à voir absolument.

*Renseignez-vous sur les horaires des marées afin d'éviter tout désagrément. Pour votre sécurité, respectez la signalisation et les consignes affichées aux abords du site.*

## ÉTAPE 2

### La Barre-de-Monts - St-Gilles-Croix-de-Vie - 36 km

Cette étape sans difficulté majeure emprunte quasi exclusivement des pistes cyclables. De La Barre-de-Monts/Fromentine à St-Jean-de-Monts, vous circulez en forêt, à l'abri du vent et sur des pistes ombragées jusqu'à Sion-sur-l'Océan. Longez l'esplanade de la plage de Sion, puis continuez le long de la Corniche vendéenne. Dans le centre-ville de St-Gilles-Croix-de-Vie, la fréquentation pouvant être importante en période estivale, la vigilance est requise.

### Biotopia ★

**Les mystères de la nature.** Ce lieu d'exposition propose, grâce à un film et des jeux interactifs où l'invisible devient visible, de faire découvrir aux petits et aux grands le milieu du littoral et de la forêt. En prime, un circuit (avec location de tablette) permet de découvrir les bienfaits cachés de la forêt.
*50 av. Abbé-Thibaud - Notre-Dame-de-Monts - ✆ 02 28 11 20 93 - www.biotopia.fr - de juil. à mi-sept. : 10h-19h, w.-end 14h-19h ; avr.-juin : tlj sf mar 14h-18h ; de mi-sept. à déb. nov. : tlj sf lun.-mar. 14h-18h ; reste de l'année : se rens. - 7 € - animations et balades guidées 8 €, sur réserv.*

### Corniche vendéenne ★

**Balade iodée.** Ce sentier du littoral mène de St-Hilaire-de-Riez à St-Gilles-Croix-de-Vie. À la pointe de Grosse-Terre, près du phare, un escalier permet d'accéder au pied de la falaise. À marée basse, on peut ainsi s'aventurer parmi les rochers. À l'extrémité d'un promontoire se cache le trou du Diable. Aux grandes marées, la mer s'engouffre dans cet antre et rejaillit violemment. Le chemin offre de belles perspectives sur des rochers ruiniformes, dont les plus curieux sont les Cinq Pineaux.

### St-Gilles-Croix-de-Vie ★

**Cité maritime.** Avec ses bateaux colorés amarrés dans le port et prêts à partir pour la pêche à la sardine, ses pittoresques maisons du quartier de Petite-Île autrefois habitées par les marins, St-Gilles affiche encore sa vocation de port de pêche. Les vacanciers affectionnent la Grande Plage et la plage de sable fin de Boisvinet, bordées de villas de la Belle Époque. Les visiteurs à la recherche de calme iront flâner rive gauche dans le vieux St-Gilles ou rive droite dans le quartier du Maroc, qui doit son nom aux Maures du 17e s. ayant fui l'Espagne et s'étant installés ici.

## ÉTAPE 3

### St-Gilles-Croix-de-Vie - Les Sables-d'Olonne - 37 km

Quelle diversité de paysages sous vos yeux : forêts, plages infinies, côte sauvage, marais salants, ports, tout y passe ! Un parcours très scénique et tonique vous attend dans les dunes, avec une alternance de pistes stabilisées ou bitumées mais qui restent cependant accessibles à tous. Entre Brem-sur-Mer et les Sables-d'Olonne, vous roulez sur des pistes avec et sans voitures. Cette étape de La Vélodyssée est inoubliable !

### Brétignolles-sur-Mer

**Sur la Côte de Lumière.** Parcourue par La Vélodyssée, cette station balnéaire s'étire entre plages de sable et criques rocheuses. Le quartier de la Sauzaie, avec ses

Les Sables-d'Olonne.
PierreOlivierClementMantion/Getty Images Plus

maisons basses, est un ancien village de pêcheurs. Il est bordé par la dune de la Sauzaie, l'une des plus belles d'Europe, intégrée au dispositif Natura 2000. Le quartier des Halles, très animé, bat son plein les jours de marché deux fois par semaine. À voir aussi, le dolmen de la Pierre Levée, une sépulture tardive du néolithique.

## À deux coups de pédale

**Aujourd'hui situé à 5 km de l'océan, l'Île-d'Olonne est un ancien village insulaire bordé par le marais d'Olonne, qui constitue une halte importante pour des milliers d'oiseaux sur la voie migratoire du littoral atlantique. Des bénévoles proposent de faire découvrir au télescope les oiseaux de la réserve de chasse de Chanteloup.**

***D 38 - L'Îleau - r. de la Vertonne - ✆ 06 51 74 98 26 - www.adev-asso.fr - de mi-juin à fin août: 9h30-12h30, 16h-19h - 4,50 € la sortie guidée.***

## Les Salines ★

**Apprendre en s'amusant.** Ce passionnant parc d'aventure est installé dans les derniers marais salants des Sables-d'Olonne encore exploités, au nord de la ville, dans l'ancien village de l'Aubraie. Parcours historique (panneaux explicatifs, observatoire d'oiseaux et cabanes traditionnelles des pêcheurs, récolte de sel), animations et spectacle sur le monde des paludiers, sans oublier une promenade en bateau sur la rivière salée pour découvrir l'histoire du marais d'Olonne et rencontrer un paludier.

*Rte de l'Aubraie - Les Sables-d'Olonne - ✆ 02 51 21 01 19 - www.lessalines.fr - juil.-août: 9h30-19h; avr.-juin et sept.-oct.: tlj sf sam. 9h30-12h, 14h-18h30, dim. 14h-18h30 - parc, rencontre du saunier et récolte du sel: 16 € - parc, rencontre du saunier, récolte du sel et visite guidée en bateau (2h30): 26 €.*

## Les Sables-d'Olonne ★★

**Grands vents.** Cette station balnéaire comble ceux qui aiment les contrastes. Son vivant front de mer déborde de résidences, de boutiques et de cafés, et tranche avec les quartiers du port et de La Chaume, où vivent les pêcheurs. Optez pour une balade en longe-côte et enchaînez avec une visite de la ville et une séance de thalassothérapie. À moins que vous ne soyez là pour le départ du Vendée Globe, la célèbre course en solitaire autour du monde sans escale ni assistance, qui s'élance tous les quatre ans en automne.

## LOUER UN VÉLO

### ÎLE DE NOIRMOUTIER

**LE CYCL'HOP**

*55 av. Joseph-Pineau - ☏ 02 51 39 01 34 - www.cyclhop.fr - 9h30-18h30 - VTC/VTT 15 €/j, VAE 30 €/j. Un réseau de trois magasins dans l'île (Noirmoutier-en-l'Île, Barbâtre et La Guérinière) qui permet de prendre un vélo à un endroit pour le déposer à un autre.*

## DÉGUSTER

### ÎLE DE NOIRMOUTIER

Des ostréiculteurs proposent des assiettes d'huîtres au déjeuner. Essayez les cabanes de La Guérinière et du port du Bonhomme (Chez P'tit Louis, La Godaille...).

**CHEZ PATACOL**

Les habitués ne s'y trompent pas: à midi, ce restaurant est plein. Les produits de la mer sont à l'honneur et se dégustent en été sur l'une des deux terrasses.

*6 r. Centrale - La Guérinière - ☏ 02 51 55 38 69 - www.chez-patacol-restaurant-la-gueriniere.fr - réserv. conseillée - fermé mar. - menus 26/31 €.*

### LA BARRE-DE-MONTS

**UNE BOUTEILLE À LA MER**

Circuits courts, qualité et fraîcheur font de la cuisine de cet établissement à l'esprit bistronomique un beau moment de découverte.

*12 av. de Lattre-de-Tassigny - ☏ 02 28 10 12 68 - j. de fermeture : se rens. - menus 26,50/38,50 €.*

### ST-GILLES-CROIX-DE-VIE

**LES CABINES**

Venez vous régaler de crêpes aux garnitures originales ou de moules, avec vue sur mer, dans une ambiance familiale.

*Av. Maurice-Perray - ☏ 02 51 93 54 68 - tlj midi et soir en été; en hiver, fermé dim. et le soir lun.-jeu. - plats 15/20 €.*

### LES SABLES-D'OLONNE

**LA CUISINE DE BERTRAND**

Face au port de pêche, ce petit restaurant assez discret mérite que l'on s'y attarde pour ses produits frais et de qualité. Le chef va à l'essentiel et le fait bien. Une belle table!

*22 quai de Franqueville - ☏ 02 51 95 37 07 - fermé lun.-merc. - plats 16/18 €.*

## DORMIR

### NOIRMOUTIER-EN-L'ÎLE

**L'ÎLE Ô CHÂTEAU**

Récemment converti en hôtel contemporain, cet établissement situé au pied du château mêle le style maritime à une touche moderne et monochrome. Une piscine chauffée et un délicieux petit-déjeuner font apprécier cette délectable vie insulaire.

*11 r. des Douves - ☏ 02 51 39 02 72 - www.ileochateau.com - [piscine] - 24 ch. 102/210 € - [petit-déj.] 15 €.*

### FROMENTINE (LA BARRE-DE-MONTS)

**L'EMBARCADÈRE**

Cet hôtel bénéficie d'une localisation privilégiée près de la rue commerçante et à quelques minutes de la plage, de la gare maritime et de la forêt. Label **Accueil Vélo**.

*27 av. de l'Estacade - ☏ 02 51 68 50 08 - www.hotel-lembarcadere.fr - 22 ch. 70/100 € - [petit-déj.] 9,50 €.*

### ST-GILLES-CROIX-DE-VIE

**HÔTEL LE CEÏTYA**

Situé en centre-ville, à deux pas des ports de pêche et de plaisance, et tout près de la gare, un hôtel au charme atypique: tons chauds, décoration épurée, déco design. Label **Accueil Vélo**.

*47 r. du Gén.-de-Gaulle - ☏ 02 51 55 01 13 - www.hotel-leceitya.com - 22 ch. 74/125 € - [petit-déj.] 10 €.*

### LES SABLES-D'OLONNE

**LES EMBRUNS**

Adresse de qualité dans une ancienne conserverie, en face du port de pêche: belles chambres personnalisées avec goût et bien équipées. Accueil tout sourire. Label **Accueil Vélo**.

*33 r. du Lt-Maurice-Anger - quartier de La Chaume - ☏ 02 51 95 25 99 - www.hotel-lesembruns.com - 20 ch. 65/112 € - [petit-déj.] 12 €.*

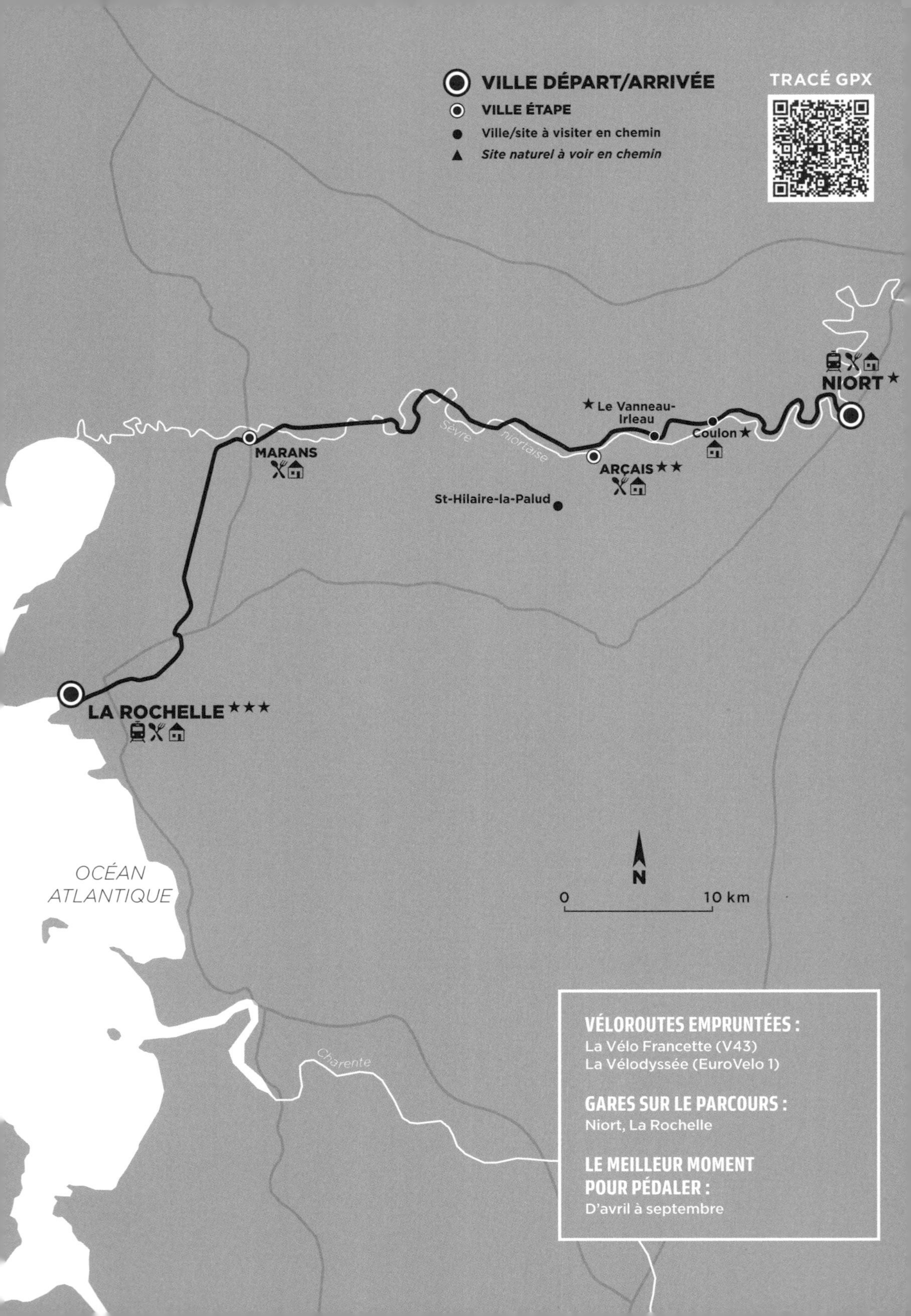


**VÉLOROUTES EMPRUNTÉES :**
La Vélo Francette (V43)
La Vélodyssée (EuroVelo 1)

**GARES SUR LE PARCOURS :**
Niort, La Rochelle

**LE MEILLEUR MOMENT POUR PÉDALER :**
D'avril à septembre

NIVEAU 1 | 91 KM | 3 JOURS

**NIORT**
**LA ROCHELLE**

# Le Marais poitevin

Pédaler de Niort à La Rochelle, c'est voyager d'une France à l'autre, l'une fluviale et baignée par la Sèvre niortaise, l'autre atlantique et battue par les vents de l'océan. De l'entrelacs de canaux du Marais poitevin aux plages de sable rochelaises, ce splendide itinéraire est tout plat : seul le vent pourra vous contrarier. Ce parcours suit l'une des plus belles portions de La Vélo Francette. Roulez jeunesse !

## ÉTAPE 1

### Niort - Arçais - 35 km

À Niort, le parcours démarre le long de la Coulée verte, avec une belle vue sur les Vieux-Ponts, seul point de passage entre les deux rives. Cet itinéraire comporte un jalonnement La Vélo Francette sur les chemins de halage, avec des passages sur routes partagées. Après Magné et son pont-levis métallique (1901), au 11e km, vous suivez les boucles de la Sèvre niortaise. Pour vous arrêter à Arçais, quittez l'itinéraire de La Vélo Francette au Vanneau-Irleau et empruntez une portion de la D 102. Ou, plus aléatoire, avant Arçais, assurez-vous que le bac à chaînes du bief Minet est opérationnel. Si c'est le cas, n'hésitez pas !

La Venise verte, à Coulon.
B. Gardel/hemis.fr

Arçais, embarcadère Au Martin-Pêcheur.
R. Mattes/hemis.fr

## Niort ★

**En souvenir de Richard Cœur de Lion.** C'est lui qui a achevé le château de Niort, initié au 12e s. par son père Henri II Plantagenêt. Il n'en reste plus aujourd'hui que le **donjon ★**, l'un des plus hauts de France après Vincennes. À l'intérieur sont conservés collections archéologiques locales et meubles régionaux.

*Donjon - r. Du Guesclin - ✆ 05 49 28 14 28 - www.niortagglo.fr - juin-sept.: 10h-13h, 14h-18h, jeu. 10h-20h, w.-end 14h-19h; reste de l'année: 10h-13h, 14h-17h, jeu. 10h-17h, w.-end 14h-18h - fermé lun. - 5 €.*

## Coulon ★

**Au sec quand même.** La petite capitale du « Marais mouillé » a bien sûr son **musée ★**, installé dans l'ancienne maison des percepteurs, qui encaissaient la redevance des bateliers de la Sèvre niortaise. De son lent aménagement à ses traditions maraîchines en passant par la pêche à l'anguille, tout, vous saurez tout !

*Maison du Marais poitevin - 5 pl. de la Coutume - ✆ 05 49 35 81 04 - www.maison-marais-poitevin.fr - juil.-août: 10h-13h, 14h-19h30; reste de l'année: 10h-13h, 14h-18h - fermé nov.-mars - 7,50 €.*

**Tout le monde à bord !** Pour explorer le Marais poitevin, le vélo est idéal. Mais la sortie en barque s'impose aussi, pour explorer les canaux au rythme silencieux d'une poussée à la pelle ou à la pigouille. Plusieurs embarcadères proposent ce type de promenades avec, peu ou prou, les mêmes formules: barque collective ou individuelle, avec ou sans guide.

*Embarcadère La Trigale - 6 r. de l'Église - ✆ 05 49 35 14 14 - www.lemaraispoitevin.fr - 9h-18h - 16,50 € pour 1h30 de balade avec batelier.*

## Le Vanneau-Irleau ★

**Grand calme.** Dans ce paisible village aux jardins fleuris, le **port** ★ ne sert qu'aux habitants: ceux-ci ont choisi de se maintenir hors du tourisme de masse… à l'exception du Marché sur l'eau, le dernier samedi de juillet, quand les visiteurs en « plate » (une petite embaration) glissent vers les étals ancrés ici et là pour remplir leurs paniers de produits locaux.

## Arçais ★★

**Passe-canal.** Le plus charmant village du Marais mouillé! En parcourant les abords de l'église, on découvre des maisons restaurées, où le bois domine, et de vastes jardins fleuris, qui invitent au farniente. Ici, le temps paraît s'écouler à la vitesse d'une plate fendant les eaux. Dans le Grand Port, les barques s'alignent au bord d'une vaste cale pavée. À chaque extrémité du port, deux grues en bois rappellent le temps où les découpes de peupliers, acheminées par voie d'eau, étaient hissées sur le quai. Au nord, le quartier de **la Garenne** ★ est remarquable pour ses fermes à double accès qui s'étirent le long du bief de la Garenne et du bief Minet.

## ÉTAPE 2

### Arçais - Marans - 31 km

Après un rythme tranquille dû au cadre apaisant du marais et aux circonvolutions de la Sèvre niortaise, le parcours se tend. En effet, après Bazoin, les boucles de la Sèvre niortaise s'effacent au profit de canaux, offrant à La Vélo Francette une trajectoire plus rectiligne vers Marans. Et c'est un itinéraire uniquement sur routes partagées pour cette étape, d'abord le long de la Sèvre niortaise, puis en suivant le canal de Digolet et le canal de Pomère. De nombreuses passerelles vous aident à franchir le réseau hydrique du marais.

## Marans

**Maritime, la Charente.** Dominé par un étrange clocher moderne (1988), ce gros bourg marque votre entrée dans des paysages atlantiques. Autrefois bourdonnant de navires de commerce, le port – à la fois fluvial et maritime – a été revitalisé par la navigation de plaisance.

## ÉTAPE 3

### Marans - La Rochelle - 25 km

Après Marans, La Vélo Francette se confond avec La Vélodyssée, au tracé plus direct, comme pressé de plonger vers le littoral. Toujours sans difficulté, la voie verte longe le canal de Marans à La Rochelle. Une magnifique arrivée est alors possible sur le vieux port pour admirer la tour St-Nicolas et la tour de la Chaîne… Il sera tentant de prolonger son séjour dans les îles toutes proches.

### + À deux coups de pédale

**À St-Hilaire-la-Palud (à 5 km au sud d'Arçais), Les Oiseaux du Marais poitevin est un parc ornithologique à découvrir en barque, seul ou avec un batelier. Une visite charmante et instructive, à la rencontre des 70 espèces d'oiseaux qui peuplent les 8 ha du parc.**

*Le Petit-Buisson - ✆ 05 49 26 04 09 - www.oiseauxmaraispoitevin.com - de mi-avr. à mi-sept.: 10h-19h; de déb. avr. à mi-avr. et de mi-sept. à déb. nov.: tlj sf lun. 14h30-19h - 9 €.*

La Rochelle, bassin à flot du Vieux-Port.
B. Gardel/hemis.fr

## La Rochelle ★★★

**L'appel du large.** Bienvenue dans une ville pionnière du vélo ! Gardé par deux tours médiévales, le Vieux-Port est réservé aux piétons et aux cyclistes. La **tour St-Nicolas** ★★ (14e s.), haute de 42 m, garde toujours la passe, même si la pacifique plaisance a depuis bien longtemps remplacé les navires de guerre. Des rues à arcades aux plaques de pierre gravées, des passages secrets, parfois voûtés, des « porches » sombres où circulent les passants : chaque détail de la vieille ville semble vouloir rappeler au visiteur la cité telle qu'elle se présentait jusqu'à la destruction des remparts en 1913. Les demeures possèdent souvent deux issues, sur la rue principale et sur une voie secondaire parallèle. Les plus anciennes (15e s.) sont à pans de bois couverts de plaques d'ardoise destinées à protéger de la pluie et des embruns.

*Tour St-Nicolas - r. de l'Archimède - ✆ 05 46 41 74 13 - www.tours-la-rochelle.fr - juil.-août : 10h-18h30 ; reste de l'année : 10h-13h, 14h15-17h30 - fermé 1er lun. du mois - 9,50 €, billet combiné 3 tours.*

**12 000 animaux sous la mer.** Grand vaisseau de verre et de bois amarré face au bassin des Grands Yachts, l'**aquarium La Rochelle** ★★ abrite de manière originale plus de 12 000 animaux marins et 600 espèces différentes... dont 20 spécimens de requins.

*Quai Louis-Prunier - ✆ 05 46 34 00 00 - www.aquarium-larochelle.com - juil.-août : 9h-23h ; avr.-juin et sept. : 9h-20h - 18 €.*

# LOUER UN VÉLO

## NIORT

### LE BEAU VÉLO DE ROBIGO

*7 quai Maurice-Métayer (20mn à pied de la gare) - 05 49 34 68 31 - www.lebeauveloderobigo.fr - fermé dim.-lun. Vélos classiques (18 €/j, 30 €/2 j), VAE (30 €/j, 55 €/2 j). Également des vélos enfants, suiveurs et remorques. Panier, casque et gilet gratuits sur demande.*

# DÉGUSTER

## NIORT

### LA VILLA

Pour prendre des forces avant le départ, voici une bonne adresse à prix raisonnables, avec une cuisine du marché inventive et savoureuse.

*1 av. de la République - 05 49 24 74 95 - www.restaurant-lavilla-niort.fr - formule déj. 14,50 €, formules bistrot 24/26 €.*

## ARÇAIS

### LE PATIO D'ARÇAIS

Cette grande salle claire ne désemplit pas. Au menu : farci poitevin, blanquette de seiche, steak de thon au lard, gratin d'écrevisses… Desserts inventifs, service adorable.

*24 r. du Marais - 05 49 24 65 85 - www.restaurantlepatiodarcais.jimdofree.com - fermé dim. soir et lun. - menus 27/35 €.*

## MARANS

### LA PORTE VERTE

On déguste ici une cuisine de qualité confectionnée selon les arrivages du marché et mettant en scène les produits des producteurs locaux. L'été, terrasse ou tonnelle, l'hiver, feu de cheminée.

*20 quai Foch - 05 46 01 09 45 - www.restaurant-laporteverte.fr - fermé dim. soir et lun.-mar. - menus 27/34/57 €.*

## LA ROCHELLE

### BAR ANDRÉ

Au pied des tours, dans dix salles au décor nautique, sont servis depuis 1974 huîtres, coquillages, poissons et crustacés. À la carte également, des plats axés sur la mer préparés par un chef meilleur ouvrier de France.

*5 r. St-Jean-du-Pérot - 05 46 41 28 24 - www.barandre.com - menus 24/29 €.*

# DORMIR

## NIORT

### MAISON D'HÔTES DU LOGIS DE SÈVRES

Si on pouvait, on arriverait un jour à l'avance pour profiter plus longtemps des superbes chambres, flâner dans le jardin à l'ombre d'une église, déguster de somptueux petits-déjeuners composés de produits locaux : tourteau, fromages de chèvre, confitures… Bref, une excellente adresse, où l'on peut même garer son vélo. Label **Accueil Vélo**.

*9 r. de Fontenay - 06 87 06 13 24 - www.logisdesevres.fr - 5 ch. 110 €.*

## COULON

### HÔTEL AU MARAIS

Bien sûr, on est ravi de savoir que le vélo dormira en sécurité, dans un garage fermé. Mais cette adresse séduit surtout par sa situation, idéale pour profiter du Marais poitevin : il n'y a qu'à descendre quelques marches pour embarquer sur la Sèvre… Les chambres sont claires et bien entretenues. Tout pour plaire ! Label **Accueil Vélo**.

*46-48 quai Louis-Tardy - 05 49 35 90 43 - www.hotel-marais-poitevin.com - 18 ch. 92/108 € - 12 €.*

## ARÇAIS

### CHAMBRES D'HÔTES DU CANAL ARÇAIS

Cette ancienne grange restaurée est décorée de meubles familiaux ou chinés. Confitures et gâteaux maison au petit-déjeuner. Piscine couverte et chauffée, solarium, local à vélos, prêt de barques et de canoës. Label **Accueil Vélo**.

*10 r. de l'Ouche - 06 29 05 81 72 - www.gite-maraispoitevin.com - - 2 ch. 70 €.*

## MARANS

### CAMPING LE BOIS DINOT

Un sympathique camping municipal posté entre deux canaux, sur un beau site arboré. Label **Accueil Vélo**.

*Rte de Nantes - 06 16 57 94 97 - www.ville-marans.fr - avr.-oct. - chalets et tentes (2 à 6 pers.) 40/90 € ; forfait Vélo Duo : 1 empl. + 1 tente + 2 vélos 15 €.*

## LA ROCHELLE

### HÔTEL LE SAINT-NICOLAS

Si vous décidez de passer la nuit sur place avant de repartir, cet hôtel est une bonne adresse, à deux pas du Vieux-Port et pourtant au calme. Les chambres sont impeccables, le parking à vélos sécurisé. Label **Accueil Vélo**.

*13 r. de la Sardinerie - 05 46 41 71 55 - www.hotel-saint-nicolas.com - 86 ch. 90/200 € - 18,95 €.*

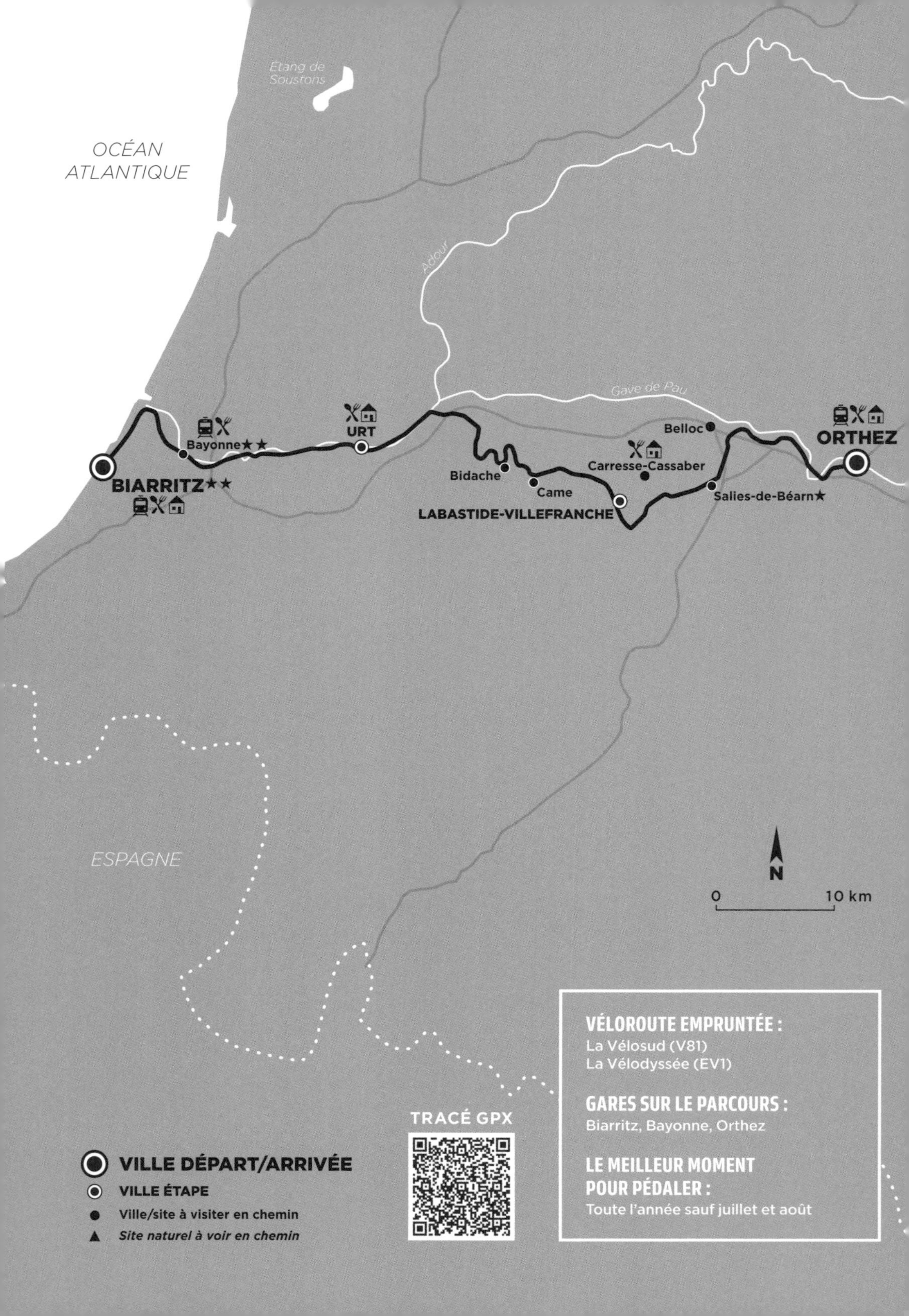


**VÉLOROUTE EMPRUNTÉE :**
La Vélosud (V81)
La Vélodyssée (EV1)

**GARES SUR LE PARCOURS :**
Biarritz, Bayonne, Orthez

**LE MEILLEUR MOMENT POUR PÉDALER :**
Toute l'année sauf juillet et août

NIVEAU 2 | 97 KM | 3 JOURS

**BIARRITZ**
**ORTHEZ**

# Les Pyrénées en pente douce

La Vélosud, c'est la promesse des Pyrénées sans difficulté, une alternative par le piémont pyrénéen pour relier l'océan Atlantique à la mer Méditerranée, en contrebas des mythiques cols. C'est la perspective d'un regard porté vers les cimes, sans se brûler les jambes à escalader les sommets. La portion entre Biarritz et Orthez offre un parcours cyclable où l'on musarde dans le creux des vallées, à l'ombre des gorges secrètes pyrénéennes, entre culture basque et traditions béarnaises. Alors, tenté par les Pyrénées à vélo ?

## ÉTAPE 1

### Biarritz - Urt - 31 km

Le démarrage est facile, avec une sortie de Biarritz sur les avenues aménagées de bandes cyclables, puis une voie dédiée aux vélos dès l'entrée dans Anglet, pour longer le littoral et l'Adour jusqu'à Bayonne. Après Bayonne, l'itinéraire est bien aménagé pour quitter l'agglomération sur la rive sud de l'Adour. Dans le dernier tiers, il se déploie entre quelques voies partagées à très faible circulation et des chemins ruraux à revêtement rugueux, toujours avec l'intention de s'éloigner au maximum des axes de circulation automobile.

Plage à Biarritz.
anouchka/Getty Images Plus

## Biarritz ★★

**Hortensias en folie.** La station aux villas Art déco doit une partie de son charme à ses jardins aménagés à flanc de falaise, sur les rochers et le long des trois principales plages, rendez-vous internationaux des surfeurs et hauts lieux de l'animation biarrote, de jour comme de nuit. L'**aquarium** ★★, attraction majeure du Pays basque, est l'un des plus grands de France. Phoques, requins, méduses et poulpe jouent les vedettes.

*Aquarium - espl. du Rocher-de-la-Vierge - ✆ 05 59 22 75 40 - www.aquariumbiarritz.com - de mi-juil. à fin août: 9h-22h; reste de l'année: 9h30-19h - 16,50 €.*

**Les plages.** Dominée par le casino municipal, de style Art déco, la Grande Plage a une allure de carte postale avec ses cabines de toile. La plus sportive, qui porte le nom de **Côte-des-Basques** ★, est devenue un spot de surf de renommée internationale. Les plages du Port-Vieux, Miramar et de la Milady sont appréciées par les Biarrots.

## Bayonne ★★

**Cité basque.** Dès le premier abord, on ne peut qu'être séduit par l'atmosphère de Bayonne, due à son unité architecturale. Enserrée dans trois ceintures de remparts, la cité s'est développée en hauteur: immeubles élevés et étroits, ruelles exiguës souvent piétonnes qui donnent au centre historique charme et caractère. Bien sûr, Bayonne est connue pour ses fêtes; mais c'est aussi la porte d'entrée de l'âme basque, sa culture, son folklore, son jambon et son chocolat. Si vous voulez observer les artisans chocolatiers à l'ouvrage, rendez-vous à l'**Atelier du chocolat** ★!

*Musée du chocolat - 7 allée de Gibéléou - ✆ 05 59 55 70 23 - www.atelierduchocolat.fr - lun.-sam. 9h30-11h, 14h-16h (attention, les chocolatiers ne sont pas présents après 16h en sem. ainsi que le sam. et les j. fériés) - 6,80 € avec dégustation.*

## Urt

**Entre terre et mer.** Voici un village typiquement basque avec son église blanche au sobre intérieur rehaussé de galeries et d'orgues. On voit encore à Urt l'ancien petit port caractérisé par sa cale à gradins qui permettait de gérer la montée et la descente du flux des marées venues de l'océan Atlantique. Les chemins de halage reconvertis en pistes cyclables longent agréablement l'Adour.

## ÉTAPE 2

### Urt - Labastide-Villefranche - 36 km

Sur la première moitié de cette étape, La Vélosud utilise des voies dédiées à travers les barthes de Vic de Sus, véritables polders aquitains, puis, après un court intermède partagé avec les véhicules dans le village de Guiche, elle retrouve une piste cyclable confortable qui remonte le cours de la Bidouze. Après le port de Came, on circule sur un réseau secondaire partagé (peu fréquenté) et quelques chemins ruraux. La traversée de Labastide-Villefranche est commune à la D 936 sur 1 km.

## Bidache

**Au pays du comte de Guiche.** Situé au sud de l'Adour, Bidache se trouve à la croisée de terres de culture gasconne et de culture basque – on y parle d'ailleurs encore les deux langues et vous verrez à l'occasion des panneaux en gascon. Les anciennes demeures rappellent aux visiteurs que Bidache fut une principauté indépendante jusqu'en 1789. À la sortie

du village, la forteresse de Gramont témoigne de la splendeur passée des lieux et présente depuis le donjon (14e s.) un magnifique panorama à 360° sur la vallée de la Bidouze et les Pyrénées.
*Château de Gramont - ✆ 05 63 94 05 26 - visite guidée (45mn) en sais., se rens. - 5 €.*

## Came

**De belles chaises.** Traversé par la Bidouze dont les berges sont aménagées en promenade, Came se consacre depuis le 19e s. à la confection artisanale de chaises, utilisant des bois comme le hêtre, le merisier, le chêne, le noyer et, pour le paillage, le jonc des marais de l'Adour. Plusieurs ateliers sont encore installés dans le village.
*Musée de la Chaise - La Chaumière - D 936 - ✆ 05 59 56 05 12 - à côté du musée, l'atelier de Jean-Jacques Lataillade a reçu le label Entreprise du Patrimoine vivant.*

## ÉTAPE 3

### Labastide-Villefranche - Orthez - 30 km

Après la traversée de Labastide-Villefranche sur 1 km de la D 936, on retrouve des voies dédiées, notamment la très agréable piste cyclable reliant Escos à Salies-de-Béarn. Dès la sortie de Salies-de-Béarn, le parcours débute à nouveau par 5,5 km de piste cyclable sur un ancien tracé ferroviaire. Par la suite, jusqu'à Orthez, La Vélosud emprunte

Bayonne.
Jean-Luc Ichard/Getty Images Plus

des voies partagées, un réseau secondaire à faible fréquentation, reliant les villages entre eux. À Orthez, l'arrivée dans le quartier de la gare par la passerelle Eiffel, enjambant le gave de Pau, est épatante.

## Salies-de-Béarn ★

**Du sel et des eaux thermales.** Le quartier ancien de Salies a conservé ses ravissantes maisons d'antan. Le Saleys s'y attarde, reflétant dans ses miroirs d'eau, de part et d'autre du pont de la Lune, un chapelet de toits bruns retroussés à la béarnaise. Impossible donc de poursuivre la route sans s'arrêter dans cette charmante station thermale, façonnée au fil du temps par le sel puissant et pur de ses eaux souterraines.

*Musée du Sel et des Traditions béarnaises - r. des Puits-Salants - ✆ 05 59 65 84 98 - horaires : se rens. - 6 €.*

### À deux coups de pédale

**Belloc (à 7 km au nord de Salies-de-Béarn) est la plus ancienne bastide du Béarn, fortifiée au 13e s. par Gaston VII de Moncade. Elle en a conservé le plan caractéristique. Sur la porte ouest de l'église figure l'une des premières représentations de béret (fin 15e s.-déb. 16e s.). À voir aussi : le château bâti au bord de la rivière sur un promontoire rocheux.**

*Château - juil.-sept. : merc. 15h-18h - participation libre.*

Orthez, le pont Vieux.
phbcz/Getty Images Plus

## Orthez

**Galants béarnais.** À quoi font penser les toits d'Orthez ? À des jupes empesées sous lesquelles dépassent des jupons de dentelle. Coquetterie que peut bien se permettre l'ancienne capitale du Béarn, où Gaston Phébus, seigneur de Béarn et poète du 14e s., tint une brillante cour. Rendez-vous sur le **Pont Vieux ★**, défendu autrefois par une tour percée d'une porte, qui couvrait l'entrée de la ville. Vous y apprécierez la très jolie vue sur le gave.

# LOUER UN VÉLO

## BIARRITZ

### TAKAMAKA

*13 av. de la Marne - ✆ 05 59 24 11 84 - biarritz.takamaka.fr. Plusieurs types de vélos à louer, de la 1/2 j. à la sem. Vélo ville 18 €/j, VAE 35 €/j. Cadenas et casque fournis.*

# DÉGUSTER

## BIARRITZ

### LE PIM'PI BISTROT

Une carte courte (c'est bon signe!) pour ce bistrot rassembleur dont le chef cuisine les produits frais et locaux avec inspiration. Et pourquoi pas un boudin noir de chez Louis Ospital et des queues de gambas snackées?

*14 av. de Verdun - ✆ 05 59 24 12 62 - @lepimpibistrot - fermé dim.-lun. - formule déj. 18 €, plats 22 €.*

## BAYONNE

### LE BAR DU MARCHÉ

Bien dans son jus, cette adresse vintage maintient le cap de la tradition avec un cochon de lait rôti, des joues de porc confites au vinaigre de cidre ou des omelettes proposées en plusieurs versions. Dans un joyeux coude-à-coude, un incontournable!

*39 r. des Basques - ✆ 05 59 59 22 66 - @lebardu marchebayonne - midi seulement - fermé dim. - plat du jour 11 €, plats 11,50/19,20 €.*

## URT

### LA GALUPE

Amarrée en bordure de l'Adour, cette ancienne auberge de mariniers arbore une pimpante façade blanche aux volets rouges. Le chef concocte une cuisine fraîche et colorée qui s'appuie sur des produits très locaux: pêcheurs, éleveurs de canards et d'agneaux, boulanger et céramiste (qui a créé les assiettes) sont tous du village!

*15 Le Port - ✆ 05 59 20 30 70 - lagalupe.fr - fermé dim. midi et lun. - formule 29 €, menus 44/60 €.*

## CARRESSE-CASSABER

*À 5,8 km au nord de Labastide-Villefranche.*

### CHEZ CAMY

Dans cette maison, la convivialité prime. Vous pourrez y manger des tapas aussi bien que des pizzas ou des plats de cuisine traditionnelle de la région. Camy est réputé aussi pour ses cocktails. Au besoin, vous pouvez dormir sur place.

*2 rte de Bayonne (D 17) - ✆ 05 59 38 46 09 - www.chezcamy.com - fermé lun.-mar. et dim. soir - plats 15/20 €, tapas 6/22 € - 5 ch. 30 €.*

## ORTHEZ

### EL CORRAL CAFÉ

Au menu de ce bistrot convivial, des recettes régionales servies dans un cadre contemporain. Des prix doux.

*10 pl. d'Armes - ✆ 05 59 67 10 60 - corralcafe.wixsite.com/el-corral-orthez - formule 14,90 €.*

# DORMIR

## BIARRITZ

### HÔTEL OXO

À moins de 500 m de la plage et du casino, au calme, cet hôtel à la décoration zen et design promet un séjour agréable. Les chambres sont parfaitement équipées et toutes différentes (une double et une triple avec terrasse privative). Terrasse pour prendre le soleil et accueil charmant.

*38 av. de Verdun - ✆ 05 59 24 26 17 - www.hotel-oxo.com - 20 ch. 74/190 € - ☕ 14 €.*

## URT

### L'ESTANQUET

Au cœur du village, cet hôtel-auberge a été récemment modernisé: les chambres sont de bon confort, la table met en valeur les produits du Pays basque.

*12 r. du Marché - ✆ 05 59 56 94 90 - aubergedelestanquet.com - 10 ch. 65/100 € - ☕ 8 € - ✕ fermé dim. soir.*

## CARRESSE-CASSABER

*À 5,8 km au nord de Labastide-Villefranche. Voir aussi « Déguster » ci-contre.*

### LA POTERIE

Les chambres d'hôtes de cette bâtisse béarnaise du 18e s. sont décorées de manière originale. Vous cherchez le calme? vous êtes à la bonne adresse. Accueil chaleureux.

*9 r. de l'Église - ✆ 06 12 05 21 01 - www.lapoterie64.fr - 🏊 - 4 ch. 75/100 € ☕.*

## ORTHEZ

### LE MOULIN DES SENS

Construit au 19e s., ce moulin joliment restauré est doté de 4 chambres d'hôtes. Sauna, jacuzzi, piscine et spa permettent de se détendre durant le séjour.

*243 ch. Eslayas - ✆ 06 10 85 75 39 - www.moulin-des-sens.fr - 🏊 - 4 ch. 80/95 € ☕ - table d'hôte.*

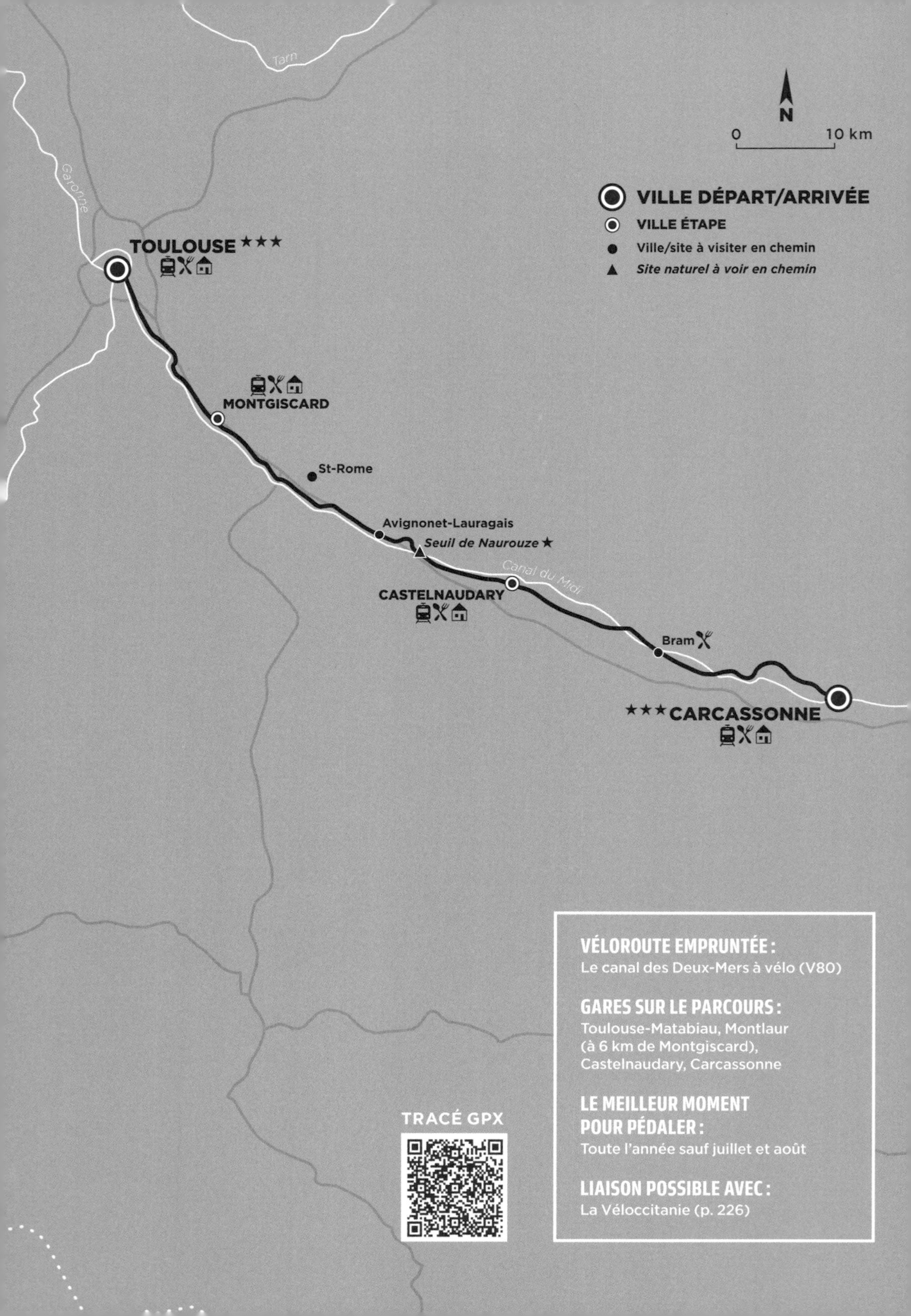


**VÉLOROUTE EMPRUNTÉE :**
Le canal des Deux-Mers à vélo (V80)

**GARES SUR LE PARCOURS :**
Toulouse-Matabiau, Montlaur (à 6 km de Montgiscard), Castelnaudary, Carcassonne

**LE MEILLEUR MOMENT POUR PÉDALER :**
Toute l'année sauf juillet et août

**LIAISON POSSIBLE AVEC :**
La Véloccitanie (p. 226)

NIVEAU 1 — 104 KM — 3 JOURS

**TOULOUSE**
**CARCASSONNE**

# Le canal du Midi

Section emblématique du canal des Deux-Mers à vélo, le canal du Midi, qui relie la Garonne à la Méditerranée, est une prouesse technique, mais c'est surtout la promesse de pédaler hors du temps. De Toulouse, la capitale du Languedoc, à Carcassonne, la plus grande forteresse d'Europe, le long de chemins de halage ourlés d'arbres centenaires, de vignobles écrasés de soleil et de cités chargées d'une histoire forte, vous vivez un périple enchanté, aux accents du Midi.

## ÉTAPE 1

### Toulouse - Montgiscard - 21 km

Une voie verte asphaltée et balisée depuis le centre de Toulouse vous amène en toute quiétude jusqu'à Montgiscard. Aucune difficulté si ce n'est parfois un cheminement très fréquenté aux abords de l'agglomération toulousaine.

### Toulouse ★★★

**Au cœur de la ville.** C'est le symbole de la « ville rose » : la **place du Capitole** ★★ (2 ha) est bordée à l'est par la majestueuse façade du Capitole (autrement dit, l'hôtel de ville) et à l'ouest par une aile avec une galerie à arcades. Au sol est incrustée une croix du Languedoc, formant un lacis de rubans de bronze. Prenez ensuite le

Dans une rue de Toulouse.
Starcevic/Getty Images Plus

Le canal du Midi, près d'Avignonet-Lauragais.
North Light Images/age fotostock

temps de pédaler tranquillement dans les ruelles du centre historique, jusqu'à la basilique et l'**hôtel d'Assézat ★★★**, qui abrite la Fondation Bemberg.
*Hôtel d'Assézat - pl. d'Assézat - ✆ 05 61 12 06 89 - www.fondation-bemberg.fr - 10h-18h - fermé lun. de août à avr. - 11 €.*

**Sacrée basilique.** Si vous n'avez le temps de faire qu'une seule visite, que ce soit celle-ci : la **basilique St-Sernin ★★★** est la plus belle des grandes églises romanes du Midi, la plus riche de France en reliques. C'était, et c'est toujours, une étape importante des chemins de St-Jacques. Ne manquez pas l'intérieur, qui frappe par son immensité.
*Pl. St-Sernin - ✆ 05 61 21 80 45 - www.basilique-saint-sernin.fr - juin-sept. : 8h30-19h (20h dim.) ; reste de l'année : 8h30-18h - cryptes et déambulatoire : 2,50 €.*

## Montgiscard

**Une bastide, quésaco ?** En Provence, le terme désigne une maison en pierre ; en Gascogne, un village construit sur un plan régulier. Vu d'ici, Montgiscard est donc bien une bastide, fondée par Alphonse de Poitiers (le frère de Saint Louis) au 13e s. Avant de garer le vélo pour l'étape, allez admirer l'église gothique du 14e s. surmontée d'un clocher-mur en brique, percé de six arcs en mitre et flanqué de deux tourelles.

## ÉTAPE 2

### Montgiscard - Castelnaudary - 40 km

La voie verte asphaltée et balisée court depuis le centre de Montgiscard jusqu'au seuil de Naurouze ; n'hésitez pas à flâner sur ce site exceptionnel. À partir du seuil de Naurouze et jusqu'à Castelnaudary, le chemin de halage est non aménagé : le revêtement y est rustique.

### Avignonet-Lauragais

**Ville frontière.** Pourquoi faire un détour de 1 km ? Parce que cette petite ville marque la fin du royaume de la brique, chère au pays toulousain. Place à la pierre, désormais ! Avignonet, qui connut la prospérité au 14e s. grâce au pastel, s'est aujourd'hui reconvertie dans l'agriculture.

### Seuil de Naurouze ★

**Entre deux eaux.** Bienvenue sur le point le plus élevé du canal du Midi ! C'est aussi la ligne de partage des eaux entre l'Atlantique et la Méditerranée. Vous verrez ici la station de pompage pour l'irrigation du Lauragais, l'épanchoir permettant d'évacuer le trop-plein du bassin vers le Fresquel (le bief de partage des eaux) et enfin l'écluse de l'Océan (1671). De là, une allée conduit (à 100 m) à l'obélisque de Pierre-Paul Riquet, l'ingénieur qui conçut le canal au 17e s., élevé en 1825 par ses descendants.

## ÉTAPE 3

### Castelnaudary - Carcassonne - 43 km

Le chemin de halage reste toujours un peu chaotique sur cette étape, même si, à partir de Bram, le revêtement repris est plus roulant jusqu'à Carcassonne, dont la vision est spectaculaire quand la silhouette de la cité fortifiée s'impose crânement sur la plaine viticole.

### À deux coups de pédale

**Au 11e km, cap sur St-Rome (à 2 km par la D 97C), un drôle de village utopique construit au 19e s. par le marquis de la Panouse, qui y a mêlé les styles d'architecture du monde entier. Caché dans un vaste parc, son château (privé) ne se visite pas. Dommage, mais on se console en admirant le reste du village.**

### Bram

**Circulade, il y a tout à voir.** Ville natale du journaliste et écrivain Jean Cau (1925-1993), Bram est typique de l'urbanisme languedocien en « circulades », villages construits en cercles concentriques autour de l'église. Elle fut le théâtre de l'un des plus terribles épisodes de la croisade contre les Albigeois. En 1210, ayant pris Bram d'assaut, Simon de Montfort fit trancher le nez et crever les yeux à 99 habitants de la ville ; plus chanceux, le 100e fut « seulement » éborgné, afin qu'il puisse conduire les autres à Cabaret et effrayer ainsi les défenseurs locaux. Charmant... Trois parcours découverte dans la ville invitent piétons et cyclistes sur les traces du passé gallo-romain de la cité.

### Carcassonne ★★★

**Ohé, du château !** C'est l'émerveillement ! Comment ne pas admirer cette ville qui s'impose d'emblée dans la plaine viticole, et derrière laquelle se profilent les Corbières ? Inscrite au Patrimoine

Carcassonne, la porte d'Aude.
J.-M. Barrere/hemis.fr

mondial de l'Unesco depuis 1997, elle reste dans la mémoire de tous ceux qui ont arpenté les petites rues de la ville fortifiée. La cité de Carcassonne est la plus grande forteresse d'Europe. Elle se compose d'un noyau fortifié, le **château comtal ★★**, entouré par une double enceinte qui englobe également la **basilique St-Nazaire ★★** et un ensemble de maisons. Ne manquez pas la visite de ce remarquable château fort, qui permet de comprendre l'histoire et l'architecture de Carcassonne. L'ancien palais des vicomtes (12^e^ s.) fut transformé en citadelle après le rattachement de Carcassonne au domaine royal en 1226. Point d'orgue : le chemin de ronde, avec une belle vue sur les toits de la cité, la basilique St-Nazaire ainsi que les remparts ouest et nord, d'où le regard embrasse la plaine de l'Aude.

*Château comtal et remparts intérieurs - 1 r. Viollet-le-Duc - ✆ 04 68 11 70 70 - www.remparts-carcassonne.fr - avr.-sept. : 10h-18h30 ; reste de l'année : 9h30-17h - 11 €.*

# LOUER UN VÉLO

## TOULOUSE

### LA MAISON DU VÉLO

*89 bd Pierre-Sémard (au bord du canal, à côté de la gare Matabiau) - ✆ 09 53 55 33 83 ou 05 34 40 64 72 - www.maisonduvelotoulouse.com - fermé dim. Ce lieu a un accord avec le Café Vélo d'Agen pour récupérer ou déposer les cycles. Vélos (53 €/3 j), VAE (105 €/3 j), remorques et matériel divers en sus.*

# DÉGUSTER

## TOULOUSE

### PÉPITE

Un coquet bistrot de quartier, sans fioritures, mais sympathique et convivial. Il draine une clientèle d'habitués qui viennent se régaler d'une goûteuse cuisine de marché, aux assiettes soigneusement dressées.

*27/29 r. Viguerie - ✆ 05 61 31 95 93 - www.pepite-toulouse.fr - fermé w.-end, lun. soir et mar. soir - menu 22 €.*

## MONTGISCARD

### L'ESCARBILLE

Maître restaurateur : une belle reconnaissance pour cette auberge gastronomique qui propose des classiques régionaux comme les foies gras, le cassoulet, le magret de canard... ainsi que des viandes grillées au feu de bois.

*N 113 - ✆ 06 81 62 70 96 - www.escarbille.fr - formule 19 €, menu déj. 22 €, menus 37/41 €.*

## CASTELNAUDARY

### AU PETIT GAZOUILLIS

Cuisine simple et bien faite, prix doux et salle aux tons pastel. Avec l'incontournable cassoulet maison. Réservation indispensable.

*5 r. de l'Arcade - ✆ 04 68 23 08 18 - fermé merc. (juil.), merc.-jeu. (basse saison) - menus 14/23,50 €.*

## BRAM

### L'ÎLE AUX OISEAUX

Une cuisine très estivale dans un cadre idyllique : le canal, le port, les bateaux, la terrasse. Au menu, de belles salades, des couteaux, du thon grillé, de la seiche à la plancha et le poisson du jour... avec des frites maison.

*Port de Bram - ✆ 04 68 24 53 66 - fermé mar.-jeu. et de mi-oct. à fin avr. - plats 23/37 €.*

## CARCASSONNE

### LA TABLE D'ALAÏS

Au cœur de la cité médiévale, deux salles décorées dans une veine contemporaine ; au bout, une cour-terrasse où l'on s'attable aux beaux jours. Tradition et modernité se côtoient à la carte, et les saveurs sont aussi au rendez-vous !

*32 r. du Plô - ✆ 04 68 71 60 63 - www.latabledalais.fr - fermé merc. et jeu. - menus 27/68 €.*

# DORMIR

## TOULOUSE

### HÔTEL D'ORSAY

À deux tours de pédale de la gare, des chambres confortables dont certaines ouvrent sur le canal : l'adresse est idéale pour une ou plusieurs nuits à Toulouse, avec en prime un box à vélos.

*8 bd Bonrepos - ✆ 05 61 62 71 61 - www.hotel-dorsay.com - 40 ch. 63/121 € - ☕ 9 € - box à vélos 4 €/j.*

## MONTGISCARD

### LA CASANAT

Bien située, à 500 m de la voie verte, cette maison d'hôtes est une étape privilégiée des cyclistes. Chambres spacieuses, décorées dans le style « retour de voyage ». Parc clos pour garer les vélos.

*18 rte départementale 813 - ✆ 07 60 08 05 34 - www.lacasanat.fr - 3 ch. 80 € ☕.*

## CASTELNAUDARY

### HÔTEL LE CENTRE

Ce petit hôtel a des chambres spacieuses, fonctionnelles et bien rénovées dans un style contemporain. Au restaurant, on se régale avec une bonne cuisine régionale, dont un fameux cassoulet mitonné dans les règles de l'art.

*31 cours de la République - ✆ 04 68 23 25 95 - www.le-centre-hotel.fr - 10 ch. 81/111 € - ☕ 11 € - ✕.*

## CARCASSONNE

### HÔTEL ASTORIA

Ce petit deux-étoiles simple et pimpant a aussi l'avantage d'être près de la gare. Garage gratuit pour les vélos.

*18 r. Tourtel - ✆ 04 68 25 31 38 - www.astoriacarcassonne.com - 19 ch. 60/95 € - ☕ 10 €.*

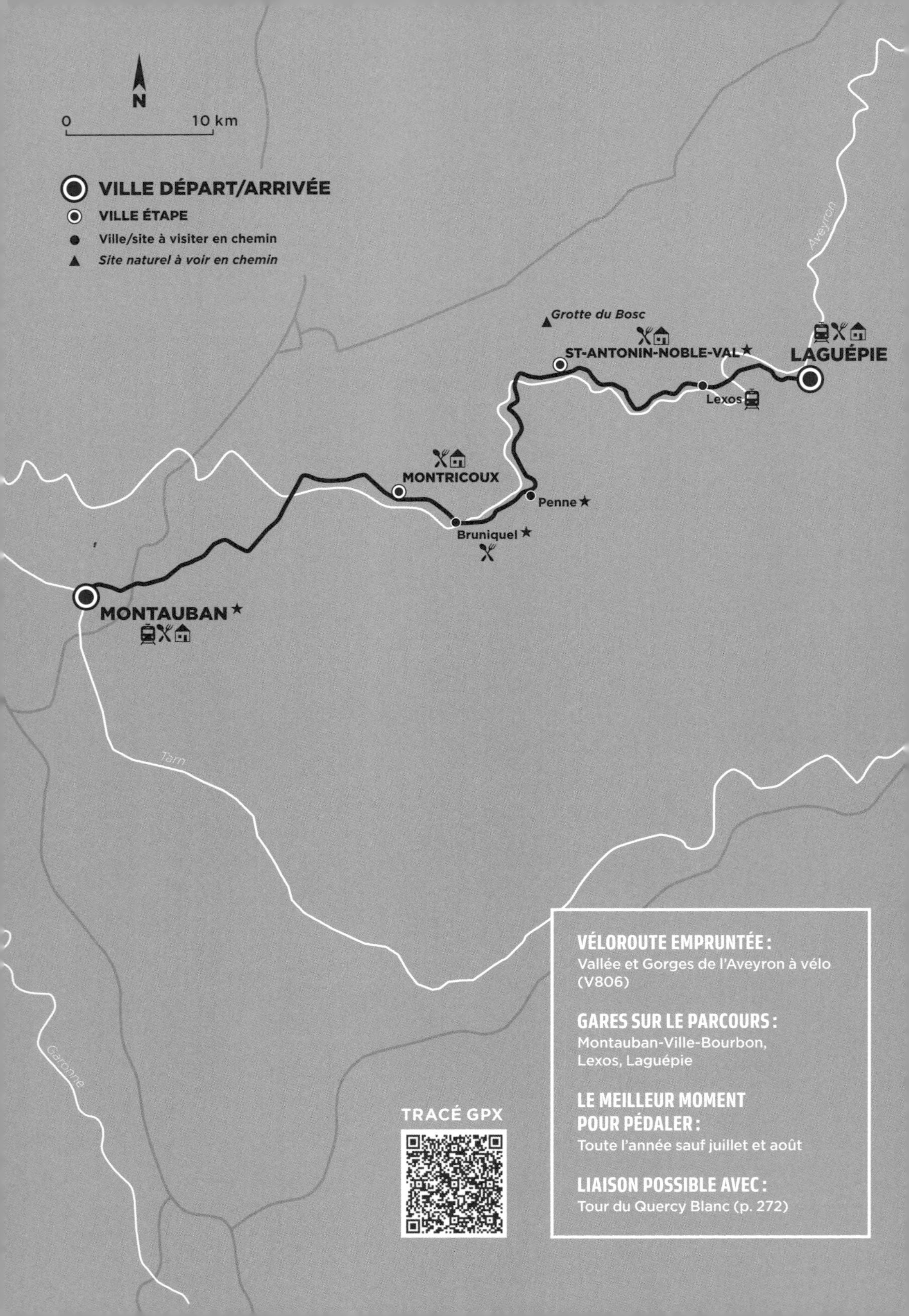


**VÉLOROUTE EMPRUNTÉE :**
Vallée et Gorges de l'Aveyron à vélo (V806)

**GARES SUR LE PARCOURS :**
Montauban-Ville-Bourbon, Lexos, Laguépie

**LE MEILLEUR MOMENT POUR PÉDALER :**
Toute l'année sauf juillet et août

**LIAISON POSSIBLE AVEC :**
Tour du Quercy Blanc (p. 272)

VAE

NIVEAU 2 | 82 KM | 3 JOURS

**MONTAUBAN**
**LAGUÉPIE**

# Les gorges de l'Aveyron

Entre Toulouse, Montauban et Cahors, découvrez les secrets du Quercy avec l'itinéraire Vallée et Gorges de l'Aveyron à vélo. Entre plaines luxuriantes et gorges impressionnantes, cette véloroute serpente autour des méandres de la rivière Aveyron. Parmi les pépites à glaner en chemin, des châteaux perchés au-dessus de la vallée ou encore le superbe village médiéval de St-Antonin-Noble-Val. Avec un bon VAE, les quelques grimpettes seront vite oubliées !

## ÉTAPE 1

### Montauban - Montricoux - 31 km

Après la traversée urbaine de Montauban fléchée près de l'office de tourisme (départ rue du Fort), l'itinéraire est majoritairement en site propre sur les premiers kilomètres. Vous empruntez ensuite des petites routes tranquilles à l'écart de la vallée et de la D 115, très fréquentée, pour retrouver la vallée de l'Aveyron à Nègrepelisse. De là, on emprunte, conformément au balisage, la route du Bridou et la D 78 pour arriver à Montricoux.

Au départ de Montauban.
A. Spani/hemis.fr

## Montauban ★

**L'autre ville rose.** C'est la star de la cité rose : le Pont Vieux (14e s.) aux sept arches. Il enjambe le Tarn et marque l'entrée dans le vieux Montauban, tout en brique rouge. Faites un petit détour jusqu'à la place Nationale, l'âme et le centre névralgique de la ville. Ensuite, direction l'ancien palais épiscopal (1664), qui abrite le **musée Ingres-Bourdelle** ★★, mettant à l'honneur deux enfants du pays : le peintre Jean-Auguste-Dominique Ingres (1780-1867), qui a légué ses collections de peintures anciennes à la ville ; et Antoine Bourdelle (1861-1929), un sculpteur qui doit beaucoup à son maître, Auguste Rodin (1840-1917).

*Musée Ingres-Bourdelle - 19 r. de l'Hôtel-de-Ville - ✆ 05 62 22 12 91 - museeingresbourdelle.com - mai-sept. : 10h-19h (jeu. 21h) ; oct.-avr. : 10h-17h30 (w.-end 10h-19h) - fermé lun. - 10 €.*

## Montricoux

**Lenoir dans la lumière.** Le **château et musée Marcel-Lenoir** ★ abrite l'œuvre originale de Jules Oury, alias Marcel Lenoir (1872-1931), peintre et grande figure du Montparnasse d'après-guerre, injustement oublié.

*Musée Marcel-Lenoir - ✆ 05 63 67 26 48 - www.marcel-lenoir.com - mai-sept. : 10h-18h - fermé mar. - 5 €.*

# ÉTAPE 2

### Montricoux-St-Antonin-Noble-Val - 28 km

L'étape est courte mais elle grimpe, avec 520 m de côtes. Mais quel spectacle ! Un causse au fond duquel coule l'Aveyron, avec ses gorges piquées de villages et châteaux perchés. Ces panoramas valent bien quelques litres de sueur !

Empruntant surtout de petites routes, l'itinéraire rejoint la D 115, très fréquentée au niveau de Bruniquel. Peu après, une forte pente oblige à grimper à Brousse (panorama) avant de rejoindre le chemin qui longe l'Aveyron jusqu'à l'entrée de St-Antonin-Noble-Val.

## Bruniquel ★

**Trouvaille.** Quelle première pause ! Un village couronné d'un château perché, au débouché des gorges de l'Aveyron. On délaisse le vélo pour flâner dans le dédale de ruelles, bordé de maisons de marchands. Parcourez en particulier les rues Mazel, Droite-de-la-Peyre et Droite-du-Trauc, (« celle qui conduit directement au trou » !). Ici, même le patrimoine a de l'humour ! Le village a par ailleurs accueilli en 1975 le tournage du film *Le Vieux Fusil*, avec Philippe Noiret et Romy Schneider. Une salle du château seigneurial y est consacrée. Il se visite, tout comme son jumeau, le vieux château (12e-18e s.)

*Château - ✆ 05 63 67 27 67 - www.bruniquel.fr - juil.-août : 10h-19h ; reste de l'année : se rens. - 5 €.*

## Penne ★

**Acrobate du vertige.** Posés sur un éperon rocheux, les vestiges du **château de Penne** ★ semblent défier les lois de l'équilibre. La croix de la Peste (17e s.), commémorant le fléau qui s'abattit à plusieurs reprises sur le village, indique le sentier qui grimpe, à flanc de rocher, en direction du château. Du haut du donjon, vous découvrirez une vue à couper le souffle sur les ruines, le village et le méandre de l'Aveyron.

*Château - ✆ 05 63 55 71 09 - www.chateau-penne.com - juil.-août : 10h-19h ; reste de l'année : se rens. - 7,50 €.*

Montauban, le pont Vieux sur le Tarn.
P. Escudero/hemis.fr

## St-Antonin-Noble-Val ★

**Ruelles cossues.** Cette charmante cité médiévale aux toits de tuiles rondes s'organise autour de l'un des plus anciens hôtels de ville de France, du 12e s. Surtout, prenez le temps d'arpenter les ruelles, un œil sur les façades : St-Antonin était fréquenté par de riches marchands de draps, de fourrures et de cuirs, qui firent bâtir de belles demeures aux 13e, 14e et 15e s. Certaines subsistent. Saurez-vous les retrouver ?

## À deux coups de pédale

**La seule grotte ouverte aux visiteurs en Tarn-et-Garonne se trouve à 4 km au nord de St-Antonin-Noble-Val : la grotte du Bosc, trésor géologique façonné par l'eau. Certes, il faut grimper, mais à l'arrivée, quelle agréable pause fraîcheur !**
***www.grottedubosc.com.***

Bruniquel.
Ludwig Deguffroy/Getty Images Plus

## ÉTAPE 3

### St-Antonin-Noble-Val - Laguépie - 23 km

Cette étape circule principalement sur des petites routes tranquilles avec de nombreux passages au plus près de la rivière. Vous profitez pleinement de cette dernière portion, tout aussi spectaculaire que la précédente.

## Lexos

**Gare fantôme.** L'itinéraire longe cette drôle de gare monumentale, comme perdue au milieu de nulle part, ultime vestige d'une époque révolue : de 1864 à 1955, Lexos fut un nœud ferroviaire important, au carrefour des voies ferrées venant de Montauban, Toulouse et Capdenac. Seule subsiste désormais la liaison Capdenac-Toulouse avec une dizaine de trains par jour. Classée aux monuments historiques, cette gare cherche un nouveau souffle. Avis aux amateurs !

## Laguépie

**Piquer une tête.** Blottie entre l'Aveyron d'un côté et le Viaur de l'autre, Laguépie offre une plage aménagée en bordure du Viaur, où se baigner face à la haute silhouette du château St-Martin (12e s.). Une belle façon de finir ce parcours !
*Plage du Viaur - surveillée en juil.-août - ✆ 05 63 30 63 47 (office de tourisme) - www.laguepie.fr - gratuit.*

# LOUER UN VÉLO

## MONTAUBAN

### LA MAISON DU VÉLO

*16 allée de l'Empereur (à 15mn à pied de la gare) - ✆ 05 63 63 52 52 - www.montm.com - fermé dim. Location de vélos classiques et électriques, à la journée ou à la semaine : classiques (6 €/sem.) ou VAE (10 €/j, 25 €/sem.). Panier compris, mais pas de casque. Attention, il faut rendre les vélos aux heures où l'agence est ouverte.*

# DÉGUSTER

## MONTAUBAN

### NOUS

Ils ne sont que deux, mais ils sont partout : au marché, à la cuisine, en salle ou sous la terrasse. Ils ont le goût des produits de saison et du pain fait maison, l'art des inventions colorées, la maîtrise des prix et le sens de l'accueil.

*7 r. Bessières - ✆ 05 63 91 97 03 - www.restaurant-nous.fr - fermé sam. (sf 1er sam. de chaque mois), dim. et soir - menus 28/34 €.*

## MONTRICOUX

### LES FRANGIPANES

Cet établissement familial (la mère en cuisine, la fille au service) déborde de convivialité. Les plats faits maison sont exécutés avec des produits frais. Prix raisonnables.

*52 Grand'Rue - ✆ 05 63 24 19 69 et 07 69 41 38 37 - Facebook - fermé merc. - pizzas 8,50/16,50 €.*

## BRUNIQUEL

### LE DÉLICE DES PAPILLES

Dans une salle à la décoration repensée dans un esprit contemporain, vous dégustez une cuisine régionale où le produit local est à l'honneur : foie gras, escargots, truffes... Notons aussi une prédilection du chef pour les saint-jacques et le homard.

*442 rte des Gorges-de-l'Aveyron - ✆ 05 63 20 30 26 - www.ledelicedespapilles.fr - fermé lun.-mar. et le soir sf vend.-sam. - formule déj. 23 €, menus 38/65 € - 6 gîtes.*

## ST-ANTONIN-NOBLE-VAL

### L'AUBERGE DES SENS

Avec ses murs en pierre colorée et sa terrasse ombragée par une tonnelle, ce bistrot ravit ses hôtes de passage comme ses habitués. Cuisine de saison avec menu « à l'improviste » et sélection intéressante de vins du Sud-Ouest. Service des plus charmants.

*6 bd des Thermes - ✆ 05 63 31 27 41 - www.aubergedessens-82.fr - fermé dim. soir, lun.-mar., vac. de la Toussaint, de déb. déc. à mi-fév. - formules déj. 17/19 €, menus 26/35 €.*

## LAGUÉPIE

### L'OUSTAL

Cette sympathique pizzeria à la décoration chinée propose de bonnes pizzas à pâte fine et à la garniture fraîche et locale. Belle terrasse ensoleillée.

*3 r. du Balat - ✆ 09 86 75 87 29 - www.oustal-laguepie.fr - menu midi 14 €, pizzas 9,50/16,50 €.*

# DORMIR

## MONTAUBAN

### HÔTEL DU COMMERCE

Sur la place de la cathédrale, cet hôtel tenu en famille perpétue la tradition et l'art du bien recevoir. L'établissement se distingue par son atmosphère sympathique et conviviale.

*9 pl. F.-Roosevelt - ✆ 05 63 66 31 32 - www.hotel-commerce-montauban.fr - 27 ch. 72/90 € - ☕ 10 €.*

## MONTRICOUX

### CHAMBRES D'HÔTES LE CHAT QUI DORT

Au cœur du village, cette maison, où se conjuguent joliment tomettes, poutres et touches contemporaines, propose deux chambres confortables. Aux beaux jours, le petit-déjeuner (confitures maison) est servi dans le patio attenant à l'église.

*26 Grand'Rue - ✆ 05 63 27 62 81 - 2 ch. 65/85 € ☕.*

## ST-ANTONIN-NOBLE-VAL

### CHAMBRES D'HÔTES LA RÉSIDENCE

Cette maison de maître du 18e s. tenue par un couple germano-hollandais dissimule un jardin arboré. Un bel escalier en tomettes conduit aux chambres, dont la plupart ouvrent sur le jardin.

*37 r. Droite - ✆ 05 63 67 37 56 - www.laresidence-france.com - 5 ch. 107/147 € ☕.*

## LAGUÉPIE

### GÎTES DE LEZ

Dans ce corps de ferme du 19e s. entièrement rénové, deux chambres d'hôtes et deux gîtes (6 pers.), tout de pierres apparentes, encadrent une belle piscine. Soirée détente absolue pour terminer l'étape !

*Hameau de Lez - ✆ 06 33 89 02 40 - www.gitesdelez.com - 🏊 - 2 ch. 75/130 € ☕.*

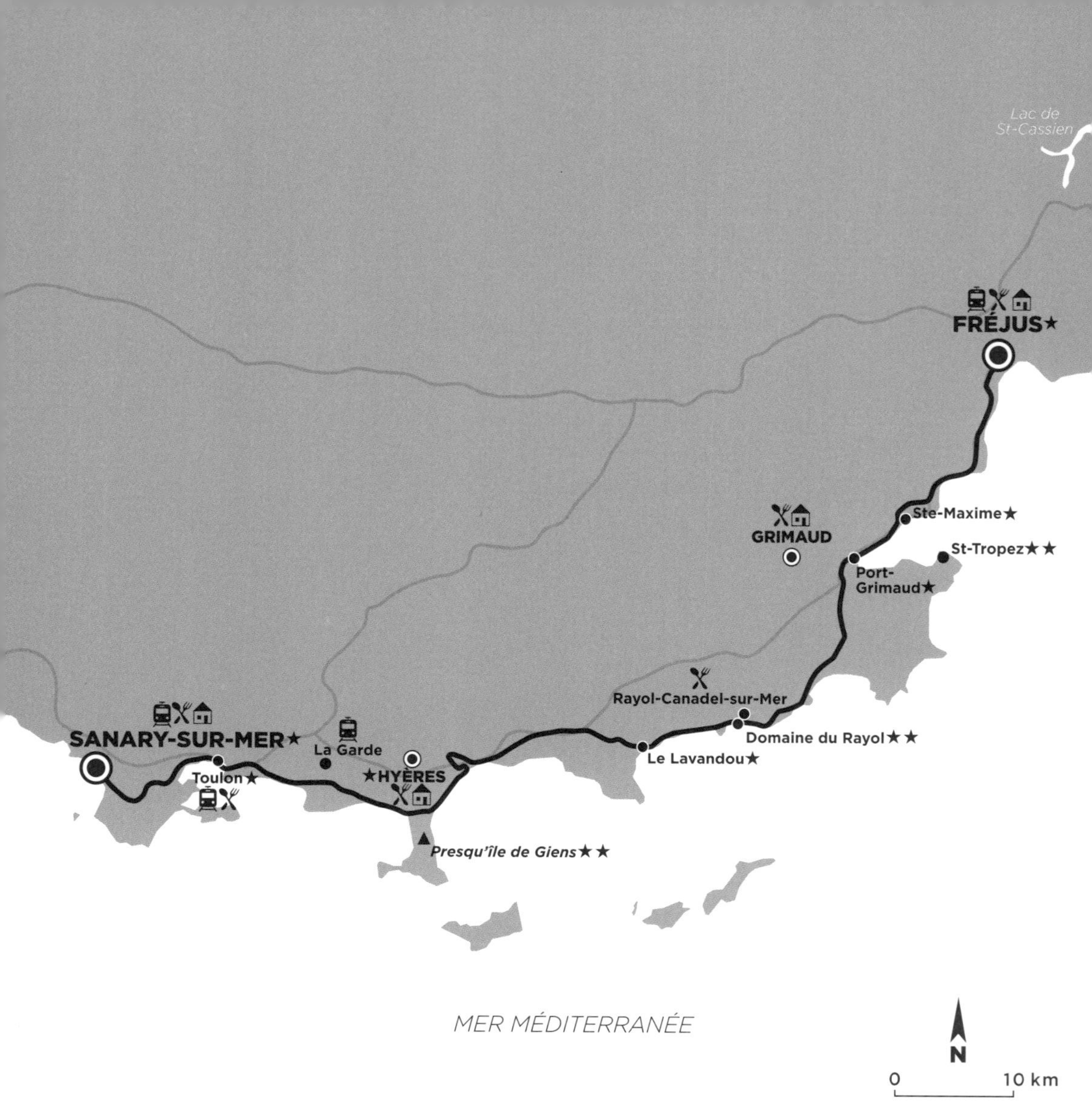


**TRACÉ GPX**

- **VILLE DÉPART/ARRIVÉE**
- **VILLE ÉTAPE**
- Ville/site à visiter en chemin
- *Site naturel à voir en chemin*

**VÉLOROUTE EMPRUNTÉE :**
La Véloroute littorale (V65)

**GARES SUR LE PARCOURS :**
Ollioules-Sanary-sur-Mer, Toulon, La Garde, Fréjus

**LE MEILLEUR MOMENT POUR PÉDALER :**
Toute l'année sauf juillet et août

NIVEAU 2 | 122 KM | 3 JOURS

**SANARY-SUR-MER**
**FRÉJUS**

# La côte varoise

Pour découvrir une future pépite en devenir, le Parcours Cyclable du Littoral (PCL pour les intimes), en voici un bel aperçu entre Sanary-sur-Mer et Fréjus. De cap en presqu'île, de petites criques en longues plages sur fond de massif des Maures, cette portion de la V65, nom de code de cette véloroute, file entre piste du littoral et tracé de l'ancienne voie des chemins de fer de Provence. Malgré des aménagements cyclables parfois interrompus, cet itinéraire se révèle charmant.

## ÉTAPE 1

### Sanary-sur-Mer - Hyères - 43 km

De Sanary-sur-Mer à Toulon, l'itinéraire évolue sur le Parcours Cyclable du Littoral de manière presque ininterrompue. Il faudra juste veiller à traverser en sécurité les giratoires. À Toulon, prudence, car la piste prend fin un instant. Du stade Mayol jusqu'à Carqueiranne, le parcours s'écarte un temps de la côte, mais évolue toujours sur la PCL qui emprunte ici l'emprise d'une ancienne voie ferrée. Et c'est pratiquement toujours plat. La voie étant toute tracée pour accéder aux plages, la véloroute est appréciée des cyclistes, à l'abri du trafic routier dense qui sévit autour.

Crique du Layet, au Lavandou.
lucentius/Getty Images Plus

La péninsule de Giens.
N. Scanella/age fotostock

## Sanary-sur-Mer ★

**Des pointus pavoisés.** Ces barques typiquement méditerranéennes colorent le quai d'honneur et donnent au petit port de Sanary un délicieux accent rétro et un air de fête. Rues piétonnes, façades roses et blanches, placettes ombragées, palmiers ébouriffés font tout le charme de cette station fréquentée en toute saison. La petite cité, appelée St-Nazaire jusqu'en 1890, et sa baie sont agréablement protégées du mistral par les collines boisées et le **massif du Gros Cerveau ★★**.

## Toulon ★

**Métamorphose.** Sortant de la gare, il faut traverser la place de la Liberté pour rejoindre le centre historique rénové. La **vieille ville ★** se serre entre la place d'Armes à l'ouest et la porte d'Italie à l'est, l'unique vestige des fortifications. Placettes et fontaines, petites boutiques, cafés et adresses gourmandes, marché du cours Lafayette : laissez-vous charmer, avant de gagner la **rade ★★**, l'une des plus belles de la Méditerranée, et l'emblématique **mont Faron ★★★**, offrant un panorama spectaculaire.

## Presqu'île de Giens ★★

**Le double effet tombolo.** Il y a plusieurs milliers d'années s'opéra un phénomène dit tombolo : un cordon de sable ou de galets relia l'île de Giens au littoral. La proximité des embouchures du Gapeau et de la Roubaud, ainsi que la présence de courants marins, ont permis la formation de deux dépôts de sédiments : le rarissime double tombolo ! Le Conservatoire du littoral préserve le site, et la route du sel qui longe le tombolo ouest, les marais et l'étang des Pesquiers est fermée aux automobilistes de la Toussaint à Pâques. La lagune est le rendez-vous d'une riche faune ailée.

### Hyères ★

**Flânerie dans la vieille ville.** Passé la porte Massillon (15e s.), à l'arche ornée d'une horloge, l'ancienne grand-rue, ponctuée de portes Renaissance, est animée par les commerces. Quant à la place Massillon, bordée de maisons aux façades colorées, elle invite à une pause. La place St-Paul offre un beau point de vue sur la ville et la presqu'île. La porte St-Paul, voûte étoilée percée dans une jolie maison Renaissance, ouvre sur le dédale des rues et traverses de la ville haute, un régal si on aime monter et descendre entre de petites maisons claires.

## ÉTAPE 2

### Hyères - Grimaud - 51 km

Passé Hyères, le PCL emprunte majoritairement l'emprise de l'ancienne voie ferrée Toulon-St-Raphaël; la voirie est en cours d'aménagement au niveau du port d'Hyères (D 42). À l'embouchure du Gapeau, on tourne à gauche vers La Londe-les-Maures sur un itinéraire provisoire. Une surlargeur cyclable existe le long de la D 559A, très passante. On retrouve le PCL et une belle piste cyclable après le rond-point D 559A/D 12. À partir du port du Lavandou, on chemine sur l'emprise de l'ancien train des Pignes, avec des passages étroits et des surfaces parfois non asphaltées. Au sortir de Cavalaire-sur-Mer, le parcours monte sur la route vers La Croix-Valmer. Entre La Croix-Valmer et Port-Cogolin, soyez attentif sur la piste cyclable le long de la D 559 : ruptures de continuité et sorties de véhicules au niveau du garage Gassin, puis, 200 m plus loin, remontées racinaires avec un asphalte détérioré. Attention, la piste cyclable s'interrompt brusquement au carrefour à feux avec les D 98 et D 98A. Continuez tout droit avant de prendre la première sortie à droite au niveau de Port-Cogolin.

### Le Lavandou ★

**Douze plages.** Elles s'étendent sur 12 km de côte ponctuée de criques. La plage de l'Anglade, qui jouxte La Favière à Bormes-les Mimosas, prolonge celle de Lavandou-centre. Vous entrez ensuite à St-Clair, belle et vaste plage, un peu à l'écart de la route. Puis viennent La Fossette, l'Aiguebelle, etc. Cavalière, bien abritée du mistral, propose de multiples activités nautiques. Enfin Pramousquier, protégée par le cap Nègre, est bordée de villas.

### Domaine du Rayol ★★

**La Méditerranée dans un jardin marin.** En lieu et place d'une villa et d'un jardin exotique (20 ha) aménagé en 1910 par un banquier parisien, le paysagiste Gilles Clément a réalisé une mosaïque de jardins présentant les végétations associées aux climats méditerranéens. Entre chaque continent, au détour des allées ou de la pinède, de belles échappées sur la mer turquoise, les îles d'Hyères et les caps. Une invitation à la contemplation.
*Av. Jacques-Chirac - Rayol-Canadel-sur-Mer - ✆ 04 98 04 44 00 - www.domainedurayol.org - 9h30-18h30 - 14 €.*

### Port-Grimaud ★

**Un rêve d'architecte.** C'est François Spoerry (1912-1999) qui, en 1966, imagina sur une zone marécageuse

Pause en bord de mer.
sergio-pazzano/Getty Images Plus

ce village destiné aux marins. Toutes les maisons colorées aux allures méditerranéennes disposent d'un anneau d'amarrage. Du haut de la tour de l'église, aux vitraux dessinés par Vasarely, belle vue sur la cité lacustre, le golfe de St-Tropez et les Maures.

## ÉTAPE 3

### Grimaud - Fréjus - 28 km

De Port-Grimaud, la piste cyclable longe la D 559 jusqu'à la plage de la Croisette à Ste-Maxime, qui marque la fin du balisage PCL. Prudence sur cette piste qui est entrecoupée de parkings et d'accès directs aux plages. Au rond-point du train des Pignes à Ste-Maxime, le parcours nous oblige à un virage à gauche périlleux, au milieu du trafic, pour prendre un trajet rétro-littoral dans la ville. En sortie de Ste-Maxime, on retrouve la piste cyclable du train des Pignes non jalonnée, qui assure une continuité jusqu'au camping de St-Aygulf. Il faut emprunter ensuite la piste cyclable le long de la D 559 jusqu'à Fréjus.

### À deux coups de pédale

**Garez votre vélo au port de Ste-Maxime et montez dans l'un des Bateaux Verts qui vous débarquera en 15mn à St-Tropez ★★! Flânez dans le quartier de la Ponche, serré entre le port et la citadelle, et poussez jusqu'à la place des Lices, très animée.**
***www.bateauxverts.com - 17,40 € AR.***

### Ste-Maxime ★

**Un air d'antan.** Avant d'arriver au centre-ville, vous longez la plage de la Croisette où vous pouvez poser votre serviette sur les galets ou sur le sable. Autrement, poursuivez pour débouler sur la longue et sableuse plage de la Nartelle! Attachez ensuite votre vélo près du port pour aller flâner dans le vieux village: ruelles pavées, placettes, fontaines, pléthore de petits restaurants, boutiques gourmandes et marché couvert (fermé lun. en hiver) en vue d'un pique-nique, architecture provençale aux façades colorées... et quelques villas Belle Époque.

### Fréjus ★

**Une lagune protégée.** À hauteur de la belle plage de sable de St-Aygulf, vous longerez les étangs de Villepey. Ces 260 ha de zone humide, de roselière, de bois et de prairie se sont développés sur des bras morts de l'Argens et du Reyran. Faune et flore y sont caractéristiques des zones d'échange entre eaux douces et eaux salées. Au printemps, envols de flamants roses, aigrettes et hérons cendrés.

## LOUER UN VÉLO

### SANARY-SUR-MER

**VÉLO & OXYGÈNE**

*670 rte de Bandol - ✆ 04 94 25 50 00 - www.velo-oxygen83.com - fermé dim. et lun. de sept. à mai. VAE (20/60 € pour 2 j). Casque et antivol inclus.*

## DÉGUSTER

### SANARY-SUR-MER

**CHEZ MICO**

Une institution locale où l'on se régale d'une cuisine méditerranéenne dans un décor d'ustensiles de cuisine, de souvenirs de voyage... Brochettes, pâtes ou pizza, un plat vous suffira!

*18 r. Barthélemy-de-Don - ✆ 04 94 74 16 73 - fermé dim. et lun. midi - moins de 20 €.*

### TOULON

**HALLES BILTOKI**

Que vous y passiez pour un café ou pour déjeuner, vous aurez l'embarras du choix parmi 25 artisans et commerçants de bouche qui attirent aussi bien les Toulonnais que les touristes. Choisissez vos mets et prenez place dans les halles, en terrasse ou sur le rooftop.

*28 pl. Vincent-Raspail - ✆ 05 59 58 11 67 - www.biltoki.com - fermé lun. et dim. soir.*

### HYÈRES

**LA JEANNETTE**

Une cuisine d'inspiration provençale, mitonnée à partir de produits du cru.

*1 r. du Maquis-Vallier - ✆ 06 15 97 00 23 - www.restaurant-la-jeannette.com - fermé merc. - plats 25/28 €.*

### RAYOL-CANADEL-SUR-MER

**MAURIN DES MAURES**

Véritable institution depuis 1920, ce grand bar-café est aujourd'hui un restaurant de poisson de qualité. Le service chaleureux et la grande baie vitrée qui ouvre sur la mer achèvent de nous convaincre.

*29 av. du Touring-Club - ✆ 04 94 05 60 11 - www.maurin-des-maures.com - formule 19 €, menu 41 €.*

### GRIMAUD

**PETIT JACQUES**

Le charme opère dès que l'on se met en marche vers les hauteurs de Grimaud pour découvrir dans une rue pavée cette adresse. Le chef québécois et sa compagne en salle régalent avec une cuisine du marché gourmande et des plats traditionnels. Tout est fait maison, même le pain!

*Pl. des Pénitents - ✆ 06 48 68 60 31 - www.restaurantpetitjacques.com - fermé midi et mar.-merc. - plats 28/37 €.*

### FRÉJUS

**KAZAAR KLUB**

Ce club sur plage privée sert toute la journée des plats issus d'une cuisine traditionnelle et du monde. Possibilité de manger sur la terrasse en bois, sur les canapés ou sur les transats.

*Bd de la Libération - ✆ 04 94 19 22 45 - kazaarklub.eatbu.com - fermé nov.-avr. - plats 22/45 €.*

## DORMIR

### SANARY-SUR-MER

**LA VILLA MADELEINE**

À l'écart du centre-ville, les chambres de cette maison d'hôtes joliment décorée donnent sur le jardin luxuriant et la petite piscine. L'accueil y est chaleureux, et le petit-déjeuner très bon.

*390 ancien chemin de Toulon - ✆ 06 11 91 32 49 - la-villa-madeleine.com - 🏊 - 3 ch. 100/130 € ☕.*

### HYÈRES

**HÔTEL LES ORANGERS**

Cet hôtel familial occupe une maison en pierre égayée de volets rouges. Chambres simples, bien tenues et insonorisées. En été, possibilité de prendre le petit-déjeuner dans la cour plantée d'orangers. Bon rapport qualité-prix.

*64 av. des Îles-d'Or - ✆ 04 94 00 55 11 - www.hotel-orangers.fr - 16 ch. à partir de 93 € - ☕ 11 €.*

### GRIMAUD

**LA MAISON DU PRINCE**

Dans cette charmante maison d'hôtes située dans l'une des ruelles principales du village, la décoration est raffinée et l'accueil familial. Grandes chambres confortables.

*22 r. des Templiers - ✆ 04 94 56 81 32 ou 06 99 90 19 68 - www.maisonduprince.com - 5 ch. à partir de 135 € ☕.*

### FRÉJUS

**ATOLL HÔTEL**

Près des plages et de la marina, un établissement familial tout simple aux chambres bien tenues et fonctionnelles, décorées dans des styles différents. Restaurant italien.

*923 bd de la Mer - ✆ 04 94 51 53 77 - www.atollhotel-frejus.com - 33 ch. 75/177 € - ☕ 11 € - 🍴.*

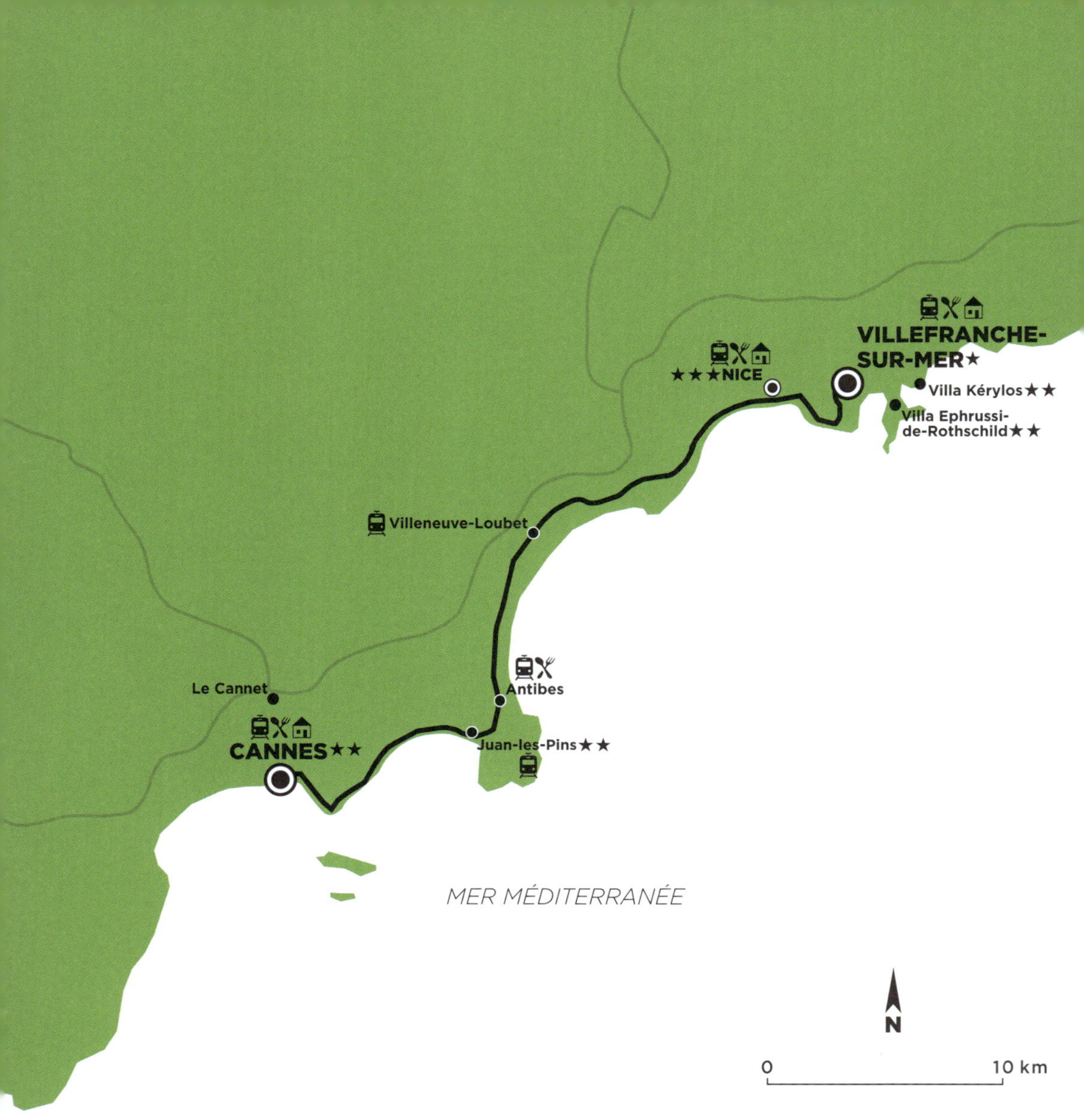


**TRACÉ GPX**

◉ **VILLE DÉPART/ARRIVÉE**

◎ **VILLE ÉTAPE**

● Ville/site à visiter en chemin

▲ *Site naturel à voir en chemin*

**VÉLOROUTE EMPRUNTÉE :**
La Méditerranée à vélo (EuroVelo 8)

**GARES SUR LE PARCOURS :**
Cannes, Juan-les-Pins, Antibes, Villeneuve-Loubet-Plage, Nice, Villefranche-sur-Mer

**LE MEILLEUR MOMENT POUR PÉDALER :**
Toute l'année sauf juillet et août

NIVEAU 2 42 KM 2 JOURS



CANNES
VILLEFRANCHE-SUR-MER

# La Riviera

Bleu de la mer, vert des collines, touches colorées des bougainvilliers, plumbago ou lauriers-roses... Si Bonnard, Picasso ou Matisse ont élu un temps domicile sur la Riviera et dans son arrière-pays, ce n'est pas par hasard. De Cannes à Nice, l'EuroVelo 8 suit le littoral, puis, de Nice à Menton, elle prend de la hauteur. Vous rejoindrez la Grande Corniche pour un parcours panoramique avant de retrouver la côte à Villefranche-sur-Mer.

## ÉTAPE 1

### Cannes - Nice - 36 km

Ce parcours ne présente aucune difficulté majeure jusqu'à Nice. Toutefois, votre vigilance doit être accrue aux nombreuses intersections avec le réseau routier et avec les autres usagers en tout genre (piétons, joggeurs, rollers...), souvent nombreux sur la Croisette à Cannes et sur la promenade des Anglais à Nice. La véloroute présente une alternance de sections en pistes cyclables, de bandes cyclables et de passages sur voies partagées. Quelques tronçons sont des promenades et les cyclistes doivent respecter une vitesse limitée pour une bonne cohabitation avec tous les usagers.

Juan-les-Pins.
C. Moirenc/hemis.fr

## À deux coups de pédale

**Séjournant au Cannet dès les années 1920, Pierre Bonnard (1867-1947) s'y fixe en 1939. Dans une villa Belle Époque dotée d'une extension contemporaine est installé un musée ★ qui présente une partie de ses tableaux, surtout des paysages. Belles expos.**

*Musée Bonnard - 16 bd Sadi-Carnot - Le Cannet - 3 km au nord de Cannes - ✆ 04 93 94 06 06 - www.museebonnard.fr - tlj sf lun. 10h-18h (20h juil.-août) - 5/7 € avec expo.*

## Cannes ★★

**La Croisette en goguette.** Hors festival, vous jouerez les stars au pied du tapis rouge du Palais des Festivals, au bout de la **Croisette** ★ (selfie oblige!), puis, filant fièrement sur votre monture, vous jetterez un œil au Carlton Belle Époque, reconnaissable à ses deux coupoles en hommage à la poitrine de la Belle Otéro. L'architecte niçois Charles Delmas dessina ce tout premier palace aux salles de bains privatives à la demande du grand-duc Michel, émigré russe. Plus loin, le Martinez (fin des années 1920) affiche un style Art déco.

## Juan-les-Pins ★★

**Un plouf?** Les plages de sable se faisant rares, ne manquez pas de vous arrêter à Juan-les-Pins. En saison, les plages privées s'installent, mais vous aurez encore la place d'étendre votre serviette. Après Antibes, le galet règne.

## Antibes

**Picasso au château.** Reconstruit au 16e s. à l'emplacement du château du 12e s., il a gardé de l'édifice primitif la tour romaine carrée et un chemin de ronde crénelé. Devenu **musée** ★★ en 1925, son conservateur invita Pablo Picasso (1881-1973), établi depuis peu sur la Côte d'Azur, à utiliser une partie du château comme atelier. En une seule saison, l'artiste va produire la plupart des 23 tableaux et 44 dessins exposés, qu'il offrit à la ville en partant, dont *La Joie de vivre ou Antipolis*.

*Musée Picasso - pl. Mariejol - ✆ 04 92 90 54 26 - www.antibes-juanlespins.com - de mi-juin à mi-sept.: 10h-18h; reste de l'année: 10h-13h, 14h-18h - fermé lun. - 12 €.*

## Villeneuve-Loubet

**Archi vintage.** Passé le fort Carré retouché par Vauban à la sortie d'Antibes, vous la verrez de loin, courbes dressées le long du littoral. Ses détracteurs crient à la monstruosité, et pourtant la Marina-Baie-des-Anges, dessinée par André Minangoy à la fin des années 1960, a été reconnue par le ministère de la Culture « Patrimoine architectural du 20e s. ».

## Nice ★★★

**Merci les Anglais!** Cyclistes, promeneurs et contemplatifs, alignés sur les fameuses chaises bleues, se partagent l'arc qui épouse la baie des Anges. Comment imaginer la côte ici difficile d'accès en 1820? À l'époque, la colonie anglaise, nombreuse depuis le 18e s., se plaint de ne pas disposer d'une promenade le long du bord de mer pour conjuguer admiration du paysage et bienfaits du bon air de l'hiver. Un pasteur anglican lance alors une souscription auprès de ses compatriotes et la promenade voit le jour. Au 19e s., élargie et éclairée aux becs de gaz, la **promenade des Anglais** ★★★ devient le centre de la vie mondaine. C'est le temps de la

La promenade des Anglais, à Nice.
R. Mattes/hemis.fr

villa Masséna (fin 19e s.) au n° 35 et des palaces avec l'hôtel Negresco (1913) au n° 37. Dès les années 1920, avec ses nouveaux loisirs balnéaires et ses sports nautiques, la saison d'été prend le pas sur l'hiver.

**Cours Saleya.** Venant de la Prom', c'est en passant sous une arcade des Ponchettes, reste de l'artère élégante et mondaine qu'elle fut au 18e s., que vous aborderez ce cours. Il est aujourd'hui animé le matin par un marché qui rassasie le flâneur du mardi au samedi, tandis que le lundi les chineurs viennent dénicher l'objet insolite. L'animation est continue, assurée par les bars et restaurants.

**Côté vieille ville.** Blottie au pied de la colline du Château, son dédale de venelles, abritées du vent en hiver, procure une délicieuse sensation de fraîcheur en été. Son charme tout méridional vous séduira à coup sûr : vous apprécierez ses façades à persiennes, qui déclinent les teintes de l'ocre à l'infini, et ses édifices baroques. Le « vieux » Nice ne cesse pourtant pas de se renouveler, avec ses adresses gourmandes florissantes, ses galeries d'art et ses bars.

## ÉTAPE 2

### Nice - Villefranche-sur-Mer - 6 km

Juste après le port de Nice, à partir de l'avenue Jean-Lorrain, la route s'élève et on retrouve la route de Monaco et sa bande cyclable qui se transforme en piste cyclable à l'approche de Villefranche-sur-Mer. Sur cette route M 6098, appelée « Basse Corniche » et qui longe la mer, le trafic est important et il faudra redoubler de vigilance.

## À deux coups de pédale

La villa Kérylos ★★ et la villa Ephrussi-de-Rothschild ★★, deux édifices exceptionnels, ont toutes deux été construites dans les années 1900, sur des sites magnifiques évoquant les rivages de la mer Égée ou de luxuriants jardins exotiques. La première est le pastiche d'une maison grecque antique tandis que la seconde a l'allure d'un palais rose à l'italienne donnant sur des jardins splendides. À voir absolument !

*Villa Kérylos - à 3 km à l'est de Villefranche-sur-Mer - imp. Gustave-Eiffel - Beaulieu-sur-Mer - ☏ 04 93 01 01 44 - www.villakerylos.fr - 10h-18h (17h sept.-avr.) - 13 €, 24 € avec la villa Ephrussi-de-Rothschild.*

*Villa Ephrussi - à 3,5 km au sud-est de Villefranche-sur-Mer - 1 av. Ephrussi-de-Rothschild - St-Jean-Cap-Ferrat - ☏ 04 93 01 33 09 - www.villa-ephrussi.com - 10h-18h (19h en juil.-août - 18 €.*

## Villefranche-sur-Mer ★

**En rade mais pas en reste.** Cette station balnéaire est connue pour sa rade abritée entre la presqu'île du cap Ferrat et les hauteurs du **mont Boron** ★. Fondée au 13e s., la ville tient son nom des « franchises » commerciales qui lui furent accordées. Avec ses couleurs, ses ruelles imbriquées et sa citadelle élevée en 1557 par le duc de Savoie, elle recèle un certain charme. Ceux qui aiment le trait de Jean Cocteau (1889-1963) visiteront la chapelle St-Pierre qu'il décora en 1957.

*Chapelle St-Pierre - 4 quai de l'Am.-Courbet - ☏ 04 93 76 90 70 - 9h30-12h30, 14h-18h - fermé lun.-mar. et de mi-nov. à mi-déc. - 4 €.*

Jardins de la villa Ephrussi-de-Rothschild.
H. Lenain/hemis.fr

## LOUER UN VÉLO

### CANNES

**BIKE TRIP**

*10 pl. de la Gare - 04 93 99 39 93 - www.rent-bike.fr - fermé dim. de sept. à mai. Vélo et VAE (20/60 €/2 j), vélos de route et enfant. Casque et antivol inclus.*

**CANNES 2 ROUES**

*16 r. de Mimont - 09 82 34 24 04 ou 06 66 14 22 26 - www.cannes2roues.com. Vélos de ville (20 €/j), VTT/VTC (25 €/j), vélos de route (35 €/j), VAE (40 €/j), modèles enfant. Antivol inclus.*

## DÉGUSTER

### CANNES

**MARCHÉ DE FORVILLE**

Si vous prévoyez de pique-niquer, ce marché couvert (fermé lun.) regorge d'étals de primeurs et de produits régionaux. La rue Meynadier parallèle est aussi bordée d'alléchantes vitrines d'alimentation.

### ANTIBES

**LE BISTROT DU COIN**

Un bistrot resté dans son jus au cœur du vieil Antibes. Une vingtaine de couverts (pensez à réserver) pour s'attabler devant de copieux plats du jour et, le vendredi et le samedi, pour déguster un aïoli d'anthologie. Les produits corses (charcuterie, fromages) sont aussi à l'honneur. Ambiance conviviale et sans façons.

*7 r. de la Pompe - 06 23 48 84 71 - fermé lun.-merc. et soir - plat du jour 16 €, aïoli 27 €.*

### NICE

**OLIVE ET ARTICHAUT**

Originaire de Nice, le jeune chef est revenu s'installer dans la région avec son épouse, bretonne, après plusieurs expériences à l'étranger. Soucieux d'élaborer une cuisine proche et respectueuse de la nature, il met les produits locaux et de saison à l'honneur dans des plats « entre mer et montagne ».

*6 r. Ste-Réparate - 04 89 14 97 51 - www.oliveartichaut.com - fermé dim.-lun. - plats 23/28 €, menu 39 €.*

**LE SAFARI**

Sa terrasse sur le cours Saleya garantit l'animation. Comme son nom ne l'indique pas, ce restaurant propose des spécialités locales qu'on ne trouve presque plus ailleurs (calamars aux artichauts, risotto de saint-jacques) et une généreuse carte de poissons. Labellisé cuisine nissarde.

*1 cours Saleya - 04 93 80 18 44 - www.restaurantsafari.fr - plats 19/36 €, menus 35/58 €.*

### VILLEFRANCHE-SUR-MER

**LA GRIGNOTIÈRE**

Si l'enseigne peut induire en erreur, les assiettes gargantuesques vous rassureront. On vient ici pour la qualité des produits, 100 % frais, et les portions généreuses.

*3 r. du Poilu - 04 93 76 79 83 - www.la-grignotiere-restaurant-villefranche-sur-mer.com - fermé sam. et midi sf dim. - plats 19,50/27 €.*

## DORMIR

### CANNES

**LE MISTRAL**

Un hôtel de poche situé derrière le Palais des Festivals (à 50 m de la Croisette donc !). Les jolies chambres contemporaines sont plus ou moins spacieuses. Accueil prévenant.

*13 r. des Belges - 04 93 39 91 46 - www.mistral-hotel.com - 10 ch. 104/209 € - 11 €.*

### NICE

**NICE GARDEN HOTEL**

Ce petit établissement central dissimule un beau jardin planté d'orangers, de rosiers, de jasmins, de lierre couvrant le muret... À l'intérieur, décoration d'inspiration *british*, avec chambres parquetées et salles de bains modernes : l'une d'elles (la n° 4) a conservé des restes de fresque aux murs et un joli sol en mosaïque.

*11 r. du Congrès - 09 66 82 15 80 - www.nicegardenhotel.com - 9 ch. 45/200 € - 10 €.*

### VILLEFRANCHE-SUR-MER

**HÔTEL SAINT-MICHEL**

Installé sur les hauteurs de la ville, cet hôtel bénéficie du calme paisible d'un quartier résidentiel. Grand jardin.

*2000 av. Olivula - 04 93 01 80 42 - www.hotel-saint-michel.com - 20 ch. 90/150 € et 5 appart. (2-5 pers.) 170/370 € - 12 €.*

**VÉLOROUTES EMPRUNTÉES :**
La Méditerranée à vélo (EuroVelo 8)
Autour du Luberon à vélo (V863)

**GARES SUR LE PARCOURS :**
Cavaillon, Manosque

**LE MEILLEUR MOMENT POUR PÉDALER :**
Toute l'année sauf juillet et août

**LIAISON POSSIBLE AVEC :**
Tour du comtat Venaissin (p. 244)

TRACÉ GPX

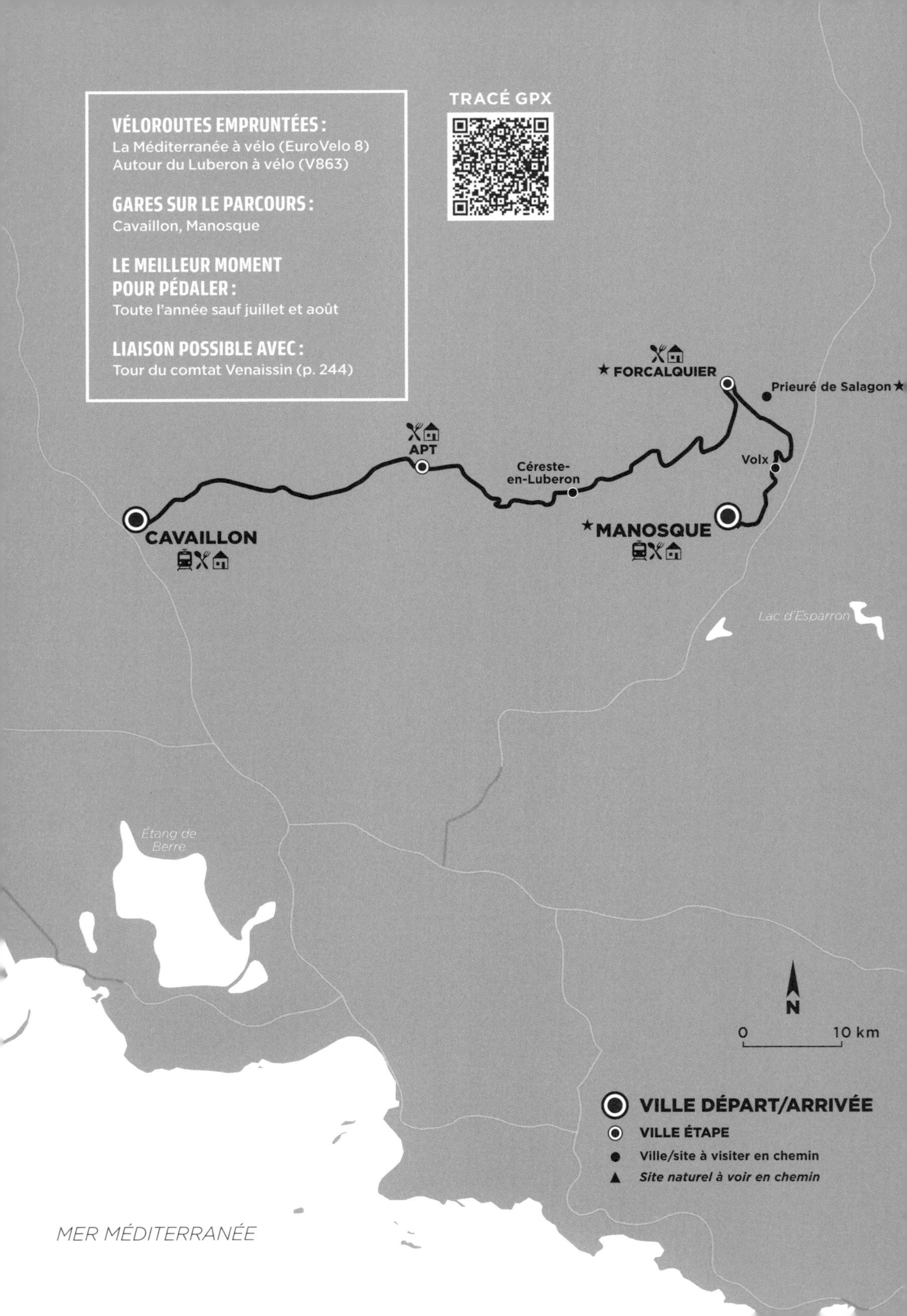

VAE

NIVEAU 3 · 117 KM · 3 JOURS



**CAVAILLON**
**MANOSQUE**

# Villages perchés du Luberon

Le Parc naturel régional du Luberon est un espace riche d'une biodiversité exceptionnelle. Autour du Luberon à vélo est une boucle à vélo grand format à savourer en itinérance, avec en arrière-plan le massif du Luberon, les plaines maraîchères de la vallée de la Durance et les contreforts des Préalpes. Vous profiterez de l'authenticité de villages provençaux haut perchés et baignés de soleil. À votre rythme : à vous d'inventer votre aventure à vélo dans ce territoire attachant...

## ÉTAPE 1

### Cavaillon - Apt - 33 km

Entre Cavaillon et Robion, pour pédaler en douceur, on suit un itinéraire de liaison dans Cavaillon avant de retrouver, en sortie de ville, la voie verte aménagée et balisée Véloroute du Calavon. Aucune difficulté sur cette section de La Méditerranée à vélo ; il faut juste redoubler de vigilance lors des quelques ruptures de continuité de la voie verte à Coustellet, Beaumettes, et Gargas. L'itinéraire officiel Autour du Luberon sera récupéré en sortie d'Apt après cet échauffement en terrain plat !

Ménerbes.
Celli07/Getty Images Plus

Melons de Cavaillon.
FactoryTh/Getty Images Plus

## Cavaillon

**Capitale du melon, mais pas que.**
Occupée dès la préhistoire, point de passage stratégique depuis l'Antiquité, cité épiscopale à partir du 4$^{e}$ s., mise à sac par les milices protestantes en 1562 avant de se reconstruire au cours des 17$^{e}$ et 18$^{e}$ s., la ville conserve un riche patrimoine historique et architectural. À commencer par un petit arc romain sculpté, construit au 1$^{er}$ s., qui enjambait à l'origine la voie Domitienne, au cœur de la ville antique, mais fut déplacé en 1880 quand on étendit la ville au sud. En parcourant les ruelles de son centre ancien, vous verrez une cathédrale romane remaniée flanquée d'un charmant petit cloître, le dernier exemple de synagogue de style baroque provençal du comtat Venaissin, et la porte d'Avignon, vestige des remparts disparus.

## Apt

**À l'écart des chemins fréquentés.**
La ville reste cependant le point de ralliement du Luberon le samedi matin, jour de marché sur la place de la Bouquerie et alentour. C'est là que vous sentirez l'âme de cette petite cité. Sur la place Gabriel-Péri, remarquez la belle façade classique de la sous-préfecture flanquée de deux fontaines à dauphins. La Maison du Parc naturel régional du Luberon, excellente introduction pour partir à la découverte de la région, est installée dans un ancien hôtel particulier. Entrez-y si vous voulez faire le plein d'informations avant de poursuivre votre périple.

*Maison du Parc naturel régional du Luberon - 60 pl. Jean-Jaurès - ☎ 04 90 04 42 00 - www.parcduluberon.fr - 8h30-12h, 14h-17h30 - fermé w.-end et j. fériés - gratuit.*

## ÉTAPE 2

### Apt - Forcalquier - 56 km

Cette étape présente un relief très marqué une fois sorti de la voie verte du Calavon à St-Martin-de-Castillon. Le parcours emprunte les D 8, D 48 et D 223 au cœur de la lavande avant de filer vers Forcalquier *via* Céreste-en-Luberon. La route de Carluc entre Céreste et Reillanne est très pentue et les derniers kilomètres pour atteindre le village sont bien âpres. À Reillanne, alors que le parcours emprunte la D 14 vers Vachères, une autre option *via* La Méditerranée à vélo évite St-Michel-l'Observatoire. Après l'ascension vers ce village, l'itinéraire file vers St-Maime avant de monter progressivement vers Forcalquier par la D 16.

### Céreste-en-Luberon

**Fort pittoresque.** Cette ancienne cité romaine a conservé une partie de ses fortifications. Au détour du lacis des ruelles, vous découvrirez des maisons médiévales ou du 17e s., le four à pain et la fontaine. Après avoir remonté la rue de la Bourgade, poursuivez jusqu'à l'église. La largeur étonnante de la façade et le clocher coiffé d'un élégant campanile lui donnent un air nettement provençal, encore accentué par la placette herbue devant le parvis.

### Forcalquier ★

**Capitale comtale.** Cette petite ville est aujourd'hui le phare culturel du pays : ne se contentant pas d'être le point de départ de mille escapades, elle a aussi tout pour retenir les visiteurs entre ses murs. Ses rues très étroites, bordées de hautes maisons, ont été conçues pour protéger du mistral. Quel que soit le chemin emprunté pour parcourir la **cité comtale ★**, ouvrez l'œil pour ne pas manquer les belles façades à baies géminées, les portes et portails de styles gothique, Renaissance ou classique. À quelques kilomètres de la montagne de Lure, Forcalquier entretient également la tradition de cueillette et de culture de plantes à parfum, aromatiques et médicinales, que l'on découvrira à l'Artemisia Museum, installé dans l'ancien couvent des Cordeliers.

*Artemisia Museum - bd des Martyrs-de-la-Résistance - ✆ 04 92 72 50 68 - www.artemisia-museum.fr - horaires variables, se rens. - fermé de mi-oct. à fin mars - 6,70 €.*

## ÉTAPE 3

### Forcalquier - Manosque - 28 km

De Forcalquier, la véloroute Autour du Luberon à vélo descend tranquillement vers le lit de la Durance par la D 216, offrant de superbes paysages. Après St-Jean, en sortie de ville, on emprunte une section sur chemin pour franchir la vallée du Largue sur un pont couvert. L'itinéraire passe ensuite devant l'écomusée de l'Olivier à Volx et emprunte une rue tranquille parallèle à la D 13. La traversée du village se fait *via* un réseau d'aménagements cyclables

### À deux coups de pédale

**À 4 km au sud-ouest de Forcalquier, le prieuré de Salagon ★ est un site enchanteur avec son église romane restaurée, dotée de vitraux contemporains, et ses remarquables jardins à thème regroupant plus de 2 500 variétés de plantes harmonieusement ordonnées.**

*✆ 04 92 75 70 50 - www.musee-de-salagon.com - 10h-18h - fermé de mi-déc. à fin janv. - 6/8 €.*

avant que l'on retrouve l'un des bras canalisés de la Durance. Le parcours file sans difficulté sur un réseau de petites routes jusqu'à Manosque.

## Volx

**L'olivier de A à Z.** Installé dans un ancien four à chaux du 20e s., un écomusée à la muséographie attractive invite à un voyage sensoriel. Des origines de la culture aux différents usages de l'olive, de la récolte des fruits à la fabrication de l'« or vert », c'est toute la « civilisation » de l'olivier qui nous est ici contée.
*Écomusée de l'Olivier - 1355 ancienne route de Forcalquier (D 13) - ✆ 06 64 10 05 88 - mb-1830.com - mar.-sam. 10h-18h - gratuit.*

## Manosque ★

**Un centre ancien labyrinthique.** À deux pas de la Durance, de longues avenues bordées de platanes mènent à la cité originelle, toute ronde, sur les derniers coteaux du Luberon. Passé la **porte Saunerie** ★, haute façade médiévale avec ses mâchicoulis et ses quatre fenêtres géminées, vous pénétrez au cœur du sujet par la Rue Grande. L'artère principale de la vieille ville recèle de belles portes, cages d'escalier et cours intérieures. Poussez jusqu'à la porte Soubeyran, du 12e s., décorée d'une fine balustrade de pierre et d'une tour couronnée par un bulbe de fer forgé (1830). Mais surtout, flânez à votre gré dans le lacis de ruelles pour apprécier tout le charme de la Provence ! Manosque garde le souvenir de l'écrivain Jean Giono, enfant du pays, notamment au centre Jean-Giono : l'exposition permanente, composée d'interviews et d'extraits de films, de photographies, de lettres et d'objets donne les clés d'un parcours de vie et de création.
*Centre Jean-Giono - 3 bd Élémir-Bourges - ✆ 04 92 70 54 54 - centrejeangiono.com - avr.-sept. : 10h-12h30, 14h-18h ; reste de l'année : 14h-18h - fermé dim.-lun. - 6 €.*

Le Luberon, entre lavande et vieilles pierres.
MicheleVacchiano/Getty Images Plus

# LOUER UN VÉLO

## CAVAILLON

### CYCLIX

*166 cours Gambetta (à 550 m de la gare) - ✆ 04 90 71 72 48 ou 06 07 42 21 91 - www.velocyclixluberon.com. VTC et VTT électriques (120/160 € pour 3 j), VTC/VTT (68/89 € pour 3 j). Casque, antivol, kit de réparation et bidon fournis. Location de remorques. Réservation en ligne.*

# DÉGUSTER

## CAVAILLON

### L'ENVOL

Niché dans une ruelle, ce restaurant paré d'une jolie terrasse sous treille propose une excellente cuisine à base de produits frais et de saison. En prime, un accueil très sympathique.

*35 r. Gustave-Flaubert - ✆ 04 90 78 15 27 - lenvolcavaillon.fr - fermé midi et dim. (sf juin-août) - plats 29/30 €.*

## APT

### L'INTRAMUROS

Un intérieur aux airs de boutique d'antiquaire où vous dégusterez des recettes italo-provençales élaborées avec des produits du marché, ainsi que des cocktails délicieux.

*120-124 r. de la République - ✆ 04 90 06 18 87 - fermé dim.-lun. - plats 16/25 €.*

## FORCALQUIER

### L'ESPERLUETTE

Une carte volontairement (très) courte – un menu du jour auquel s'ajoutent tout au plus un ou deux plats – permet de proposer des produits de saison de qualité, travaillés avec créativité. Belle salle voûtée et agréable terrasse ombragée à l'arrière, loin des bruits du boulevard. Un bon rapport qualité-prix.

*28 bd Latourette - ✆ 04 92 72 53 57 - Facebook - fermé sam.-dim. et lun. soir. - menu 21 €.*

## MANOSQUE

### LA LOGE BERTIN

Cet hôtel situé sur une jolie place du centre ancien de Manosque n'a de cesse d'améliorer son confort. Chambres correctement insonorisées et climatisées ; certaines arborent un décor provençal. Accueil sympathique.

*21 pl. du Terreau - ✆ 04 92 72 15 50 - www.hotelmanosque.fr - garage pour les 2 roues - 18 ch. 65/80 € - ☕ 9 €.*

# DORMIR

## CAVAILLON

### HÔTEL TOPPIN

Au cœur de la ville, cet hôtel à l'esprit familial constitue un point de chute très convenable, avec des chambres agréables, une grande terrasse et un accueil fort sympathique. Préférez les chambres donnant sur l'arrière. Label **Accueil Vélo**.

*70 cours Léon-Gambetta - ✆ 04 90 71 30 42 - www.hotel-cavaillon.com - 32 ch. 75/90 € - ☕ 9,50 € - garage gratuit pour les vélos.*

## APT

### HÔTEL SAINTE-ANNE

À deux pas du centre, mais de l'autre côté du Calavon, cet hôtel coquet dispose de chambres pimpantes remises au goût du jour. Quand le temps le permet, le petit-déjeuner se prend dans une agréable cour intérieure. Accueil charmant de la propriétaire. Label **Accueil Vélo**.

*62 pl. du Fbg-du-Ballet - ✆ 04 90 74 18 04 - www.apt-hotel.com - 7 ch. 85/165 € (3 nuits mini en sais.) - ☕ 12 €.*

## FORCALQUIER

### AUBERGE CHAREMBEAU

Une ferme du 18e s. dans un charmant parc vallonné, engagée dans une démarche écoresponsable. Tennis, piscine : comme une invitation à la détente... Label **Accueil Vélo**.

*À 3 km au sud-est du centre-ville - 1730 chemin du Milieu - ✆ 04 92 70 91 70 - www.charembeau.com - 🏊 - fermé de mi-nov. à fin fév. - 25 ch. 92/153 € - ☕ 18 €.*

## MANOSQUE

### HÔTEL LE PRÉ SAINT-MICHEL

Cette bâtisse régionale abrite des chambres spacieuses, de style provençal. Préférez celles avec terrasse privative. En prime, vue sur les toits de Manosque.

*À 1,5 km au nord du centre-ville - 435 montée de la Mort-d'Imbert - ✆ 04 92 72 14 27 - www.presaintmichel.com - 🏊 - 24 ch. 80/125 € - ☕ 15 € - ✕.*

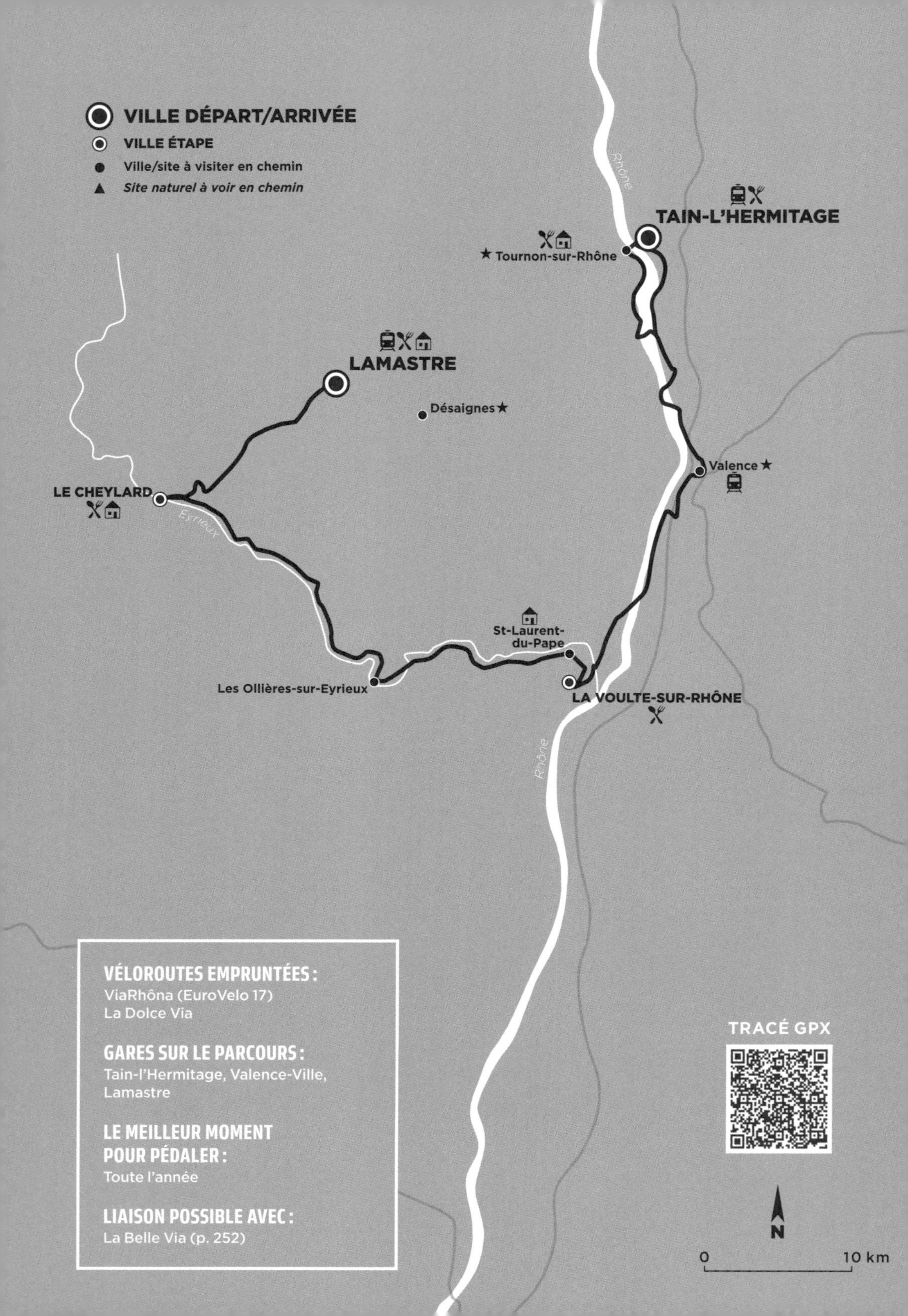


**VÉLOROUTES EMPRUNTÉES :**
ViaRhôna (EuroVelo 17)
La Dolce Via

**GARES SUR LE PARCOURS :**
Tain-l'Hermitage, Valence-Ville, Lamastre

**LE MEILLEUR MOMENT POUR PÉDALER :**
Toute l'année

**LIAISON POSSIBLE AVEC :**
La Belle Via (p. 252)

NIVEAU 1 | 119 KM | 3 JOURS

**TAIN-L'HERMITAGE**
**LAMASTRE**

# Ardèche sauvage

Cette boucle emprunte les véloroutes ViaRhôna et La Dolce Via, voie verte pénétrant au cœur de la vallée de l'Eyrieux. D'une escale à l'autre, vous pourrez louer un canoë, vous baigner, déjeuner en terrasse, découvrir les villages médiévaux... Au retour, vous monterez à bord du train à vapeur de l'Ardèche, où un wagon spécialement affrété embarquera votre vélo. À bord, au son du tatactatoum, vous profitez tranquillement de la vue sur les inaccessibles gorges du Doux.

## ÉTAPE 1

### Tain-l'Hermitage - La Voûlte-sur-Rhône - 53 km (alternative côté Drôme : 50 km)

De Tain, on traverse le Rhône par une passerelle pour rouler en Ardèche sur la véloroute ViaRhôna. Sinon, côté Drôme, de Tain au pont de La Roche-de-Glun, on peut emprunter en alternative une voie verte en stabilité le long du fleuve. La sortie de Valence sur voie verte balisée et aménagée s'effectue dans le parc Jouvet, puis le long du Rhône. Au sud du port de l'Épervière, l'itinéraire emprunte le pont des Lônes. Vous aurez ensuite une alternance de voies vertes et de voies partagées à très faible trafic pour rejoindre Soyons, Charmes-sur-Rhône puis Beauchastel, avant de filer jusqu'à La Voulte-sur-Rhône. Au

La Dolce Via, à proximité des Ollières-sur-Eyrieux.
Ph. Blanchot/hemis.fr

Passerelle sur le Rhône entre Tain et Tournon.
Luis Lopez Pastor/Getty Images Plus

niveau de la rue Thiers, on poursuit sur La Dolce Via pour s'enfoncer dans les gorges de l'Eyrieux.

## Tournon-sur-Rhône ★

**Perle du Rhône.** De l'autre côté du Rhône, en face de Tain-l'Hermitage, on rejoint Tournon *via* la passerelle Marc-Seguin, réservée aux piétons et cyclistes. Située au pied de superbes coteaux granitiques, Tournon est une ville commerçante animée. Des quais ombragés, les **terrasses d'un vieux château** ★ et des ruines perchées composent un paysage rhodanien caractéristique. Si vous êtes fan de chocolat, vous penserez à visiter la **Cité du chocolat Valrhona** ★ à Tain, avant de traverser le Rhône.

*La Cité du chocolat - 12 av. du Prés.-Roosevelt - Tain-l'Hermitage - ☏ 04 75 09 27 27 - www.citeduchocolat.com - lun. 10h-12h, 13h-18h30, mar.-sam. 9h-12h, 13h-18h30, dim. et j. fériés 10h-12h, 13h-17h30 - 11,50 €.*

## Valence ★

**Plein les yeux !** Créé en 1850, puis installé en 1911 dans le palais épiscopal, le **musée de Valence, art et archéologie** ★★ a été complètement réaménagé par Jean-Paul Philippon (à qui l'on doit aussi la réhabilitation de la Piscine de Roubaix). Sur cinq niveaux, 400 000 ans d'histoire archéologique et six siècles d'histoire de l'art, dans un édifice admirablement mis en valeur et une muséographie moderne. Du Belvédère au 5e étage se déploie une vue à 360° du Vercors à l'Ardèche. Époustouflant !

*Musée de Valence - 4 pl. des Ormeaux - ☏ 04 75 79 20 80 - www.museedevalence.fr - 10h-12h, 14h-18h - fermé lun.-mar. et j. fériés - 6 €.*

## La Voulte-sur-Rhône

**Passé industriel.** Posée sur la rive droite du Rhône, La Voulte a conservé un agréable centre ancien, très animé aux beaux jours, constitué de ruelles bordées de vieilles demeures. Montez jusqu'aux remparts et crapahutez sur le chemin qui fait le tour du château pour admirer de beaux panoramas sur le Rhône et les anciennes fonderies, dont les hauts fourneaux témoignent du passé industriel de la commune.

# ÉTAPE 2

### La Voûlte-sur-Rhône - Le Cheylard - 46 km

Avec un dénivelé infime (1 % de pente maximum), le parcours balisé La Dolce Via est aménagé sur une ancienne voie ferrée. Il alterne entre sections en voies vertes au revêtement de type sable de granite ou bitumeux bien roulant, et des routes à faible trafic. Les beaux garde-corps rappellent le passé ferroviaire de l'itinéraire. Attention lors de la traversée de la D 120 en arrivant aux Ollières-sur-Eyrieux avant de rejoindre la gare. L'itinéraire continue ensuite tranquillement vers Le Cheylard sur le même type d'aménagements.

## Les Ollières-sur-Eyrieux

**Piquer une tête dans la rivière.** Moins célèbre que sa consœur méridionale, l'Ardèche, l'Eyrieux a néanmoins donné son nom à une vallée accueillante qui offre de belles occasions de baignade et de jeux nautiques. Aux Ollières, la plage de la Théoule (sable) est le spot idéal. Aire de pique-nique et surveillance assurée l'été. Pour les plus sportifs, un loueur propose canoës-kayaks et paddles.
*Eyrieux Sport - ✆ 06 69 39 86 08 - www.eyrieuxsport.fr.*

## Le Cheylard

**Industrieuse vallée.** L'Arche des métiers, installée dans l'ancienne tannerie du Cheylard, présente un panorama instructif des activités industrielles d'hier et d'aujourd'hui dans la vallée : bijouterie industrielle, fibres techniques, eau minérale naturellement gazeuse d'Arcens, fruits surgelés, etc. L'occasion de découvrir, entre autres, René Perrier, fondateur du groupe du même nom, qui commença sa carrière dans la région par l'invention de la première machine à homogénéiser la limonade (1962).
*L'Arche des métiers - 6 pl. des Tanneurs - ✆ 04 75 20 24 56 - www.arche-des-metiers.com - juil.-août : 10h-12h, 14h-18h ; reste de l'année : se rens. - fermé lun. - 6 €.*

# ÉTAPE 3

### Le Cheylard - Lamastre - 20 km

Toujours sur La Dolce Via, on alterne les voies vertes au revêtement type sable compacté ou bitumeux bien roulant avec un dénivelé qui s'élève gentiment jusqu'à 3 % maximum. Comme sur les autres étapes du parcours, les anciens garde-corps de la voie ferrée parent tout risque de chute le long de la voie verte. Lamastre est le terminus de cette échappée à vélo. Enfin, pas tout à fait, car il vous faudra prendre le train touristique à vapeur pour rentrer à Tain-l'Hermitage. Pensez à réserver, c'est obligatoire.

## Lamastre

**Tout le monde descend !** Le mardi, c'est jour de marché, qui attire la foule des habitants du coin. Sur les bords du Doux se développe la ville basse, le Savel. Située en haut de la ville, dans le vieux quartier de Marcheville, l'église

## À deux coups de pédale

**Des maisons gothiques, des ruelles étroites que dominent le temple et le château du 14e s., voici le décor de Désaignes ★ (à 7 km à l'ouest de Lamastre). Le temple, construit en 1822 sur le site d'une ancienne forteresse du 11e s., a gardé pour clocher le donjon avec ses belles fenêtres à colonnettes romanes. En prime, le plan d'eau des Salins sera le prétexte à de rafraîchissantes baignades familiales.**

de Lamastre est une construction moderne (seule l'abside, décorée extérieurement d'une baie polylobée, date du 12e s.). De la terrasse, vue plongeante sur la ville, dominée par les vestiges du château médiéval de Peychelard.

*Marché de Lamastre - mar. matin, centre-ville. Marché du terroir sam. matin pl. Seignobos.*

## RETOUR EN TRAIN

### Train de l'Ardèche ★

**Un voyage dans le temps.** Pour rejoindre Tournon, montez à bord du train à vapeur, appelé Mastrou. Il part de la gare de Lamastre et rejoint celle de Tournon-St-Jean-de-Muzols (à 3 km à l'ouest de Tournon), reconstruite à partir de photographies anciennes. Vous voyagez à bord de voitures panoramiques qui laissent tout loisir d'admirer la nature sauvage, les gorges du Doux, les vergers et châtaigneraies. Grâce à un fourgon équipé (bornes de recharge pour les VAE, kits de réparation, etc.), vous embarquez votre vélo. Pensez à bien réserver pour ces derniers, les places sont limitées.

*04 75 06 07 00 - calendrier de circulation (mar., jeu. et dim.) : voir www.trainardeche.fr/mastrou - aller simple : 19,50 €.*

Train de l'Ardèche au pont des Étroits.
J. Knott/age fotostock

## LOUER UN VÉLO

### TAIN-L'HERMITAGE

**WINE AND RIDE**

*Gare de Tain-l'Hermitage - ☏ 06 98 32 66 07 - www.wineandride.com/fr/tain - vélo 25 €/j.*

### TOURNON-SUR-RHÔNE

**TOURNON CYCLES**

*7 av. Mar.-Foch - ☏ 09 86 41 37 00 - www.tournon-cycles.fr - fermé dim. - VTC 20 €/j, VAE 39 €/j - tarif dégressif sur la durée.*

## DÉGUSTER

### TAIN-L'HERMITAGE

**LA CAGE AUX FLEURS**

Joyeuse et savoureuse découverte que ce restaurant à la cuisine inventive et colorée. Ici, on cuit à la braise dès que le produit le permet et l'on ose une entrée toute en carotte ou un dessert où le moelleux aux marrons et sa marmelade à l'orange sont rehaussés d'une crème fumée. On en redemande.

*13 av. Jean-Jaurès - ☏ 09 73 88 29 35 - www.restaurant-lacageauxfleurs.com - fermé dim.-lun. - formule 29,50 €.*

### TOURNON-SUR-RHÔNE

**LE TOURNESOL**

Cuisine au goût du jour, produits frais et belle sélection de côtes-du-rhône dans ce restaurant au cadre moderne, tout de pierre et de bois. Terrasse.

*44 av. Mar.-Foch - ☏ 04 75 07 08 26 - www.letournesol.net - fermé sam. midi, dim., mar. et merc. - formule 28 €, plats 25/38 €.*

### LA VOULTE-SUR-RHÔNE

**RIVE DROITE**

C'est surtout pour sa terrasse aménagée que l'on vient le midi dans ce petit restaurant sans prétention au bon rapport qualité-prix. Seul bémol: on est au bord du Rhône, mais on ne le voit pas à cause de la route! Dommage.

*6 quai Anatole-France - ☏ 04 75 55 01 30 - fermé mar. soir et merc. - plats env. 15/20 €.*

### LE CHEYLARD

**LA CANTINE DES ANGES**

Un bon bistrot, où le chef propose une cuisine du terroir faite maison, mais ose aussi des saveurs originales. L'accueil y est chaleureux.

*2 av. de Chabannes - ☏ 04 75 29 65 06 - fermé lun.-mar. et dim. soir - formule 16,90 €, plats 15,50/23 €.*

### LAMASTRE

**LE CHÂTAIGNIER**

Installé sur la place principale, ce restaurant met les produits ardéchois à l'honneur. Châtaigne sur le gâteau: les horaires de fermeture s'adaptent aux arrivées et aux départs du train de l'Ardèche.

*14 pl. Charles-Seignobos - ☏ 04 75 06 30 96 - lechataignier.fr - menus 19/22 €.*

## DORMIR

### TOURNON-SUR-RHÔNE

**BED & BICYCLE - LA PÉNICHE**

Dormir bercé par le bruit du Rhône qui s'écoule paisiblement, c'est possible sur cette péniche amarrée dans le centre de Tournon. L'intérieur moderne et tout confort assure au visiteur un séjour de rêve: spa sur le pont, belle terrasse où siroter un verre, vaste salon entouré de baies vitrées, cuisine équipée et même local à vélo pour les cyclistes.

*2 bis prom. Léon-Perrier - ☏ 04 69 11 00 75 - www.lapeniche.biz - 5 ch. 149/219 € - ☕ 17 € - ✕ Slow Food Café.*

### ST-LAURENT-DU-PAPE

**DOMAINE DE L'AMIRAL**

Cette demeure de charme est entourée d'un grand parc planté de cèdres. Les chambres sont spacieuses et meublées avec des lits anciens en bois.

*À 5,6 km après La Voulte-sur-Rhône via La Dolce Via - 75 rte de Vernoux - ☏ 04 75 62 42 12 - domainedelamiral.com - 5 ch. à partir de 85 € - ☕ 9 € - possibilité de dîner sur place.*

### LE CHEYLARD

**HÔTEL DES VOYAGEURS**

Les chambres confortables à la décoration contemporaine sont pourvues de douches à jets hydromassants. Parfait pour se remettre de la journée à vélo! Label **Accueil Vélo**.

*2 r. du Temple - ☏ 04 75 30 03 12 - www.hotelcheylard.com - 10 ch. 96 € - ☕ 13 €.*

### LAMASTRE

**HÔTEL LES NÉGOCIANTS**

Quel plaisir de s'attabler sur cette terrasse fleurie! Mais le bonheur est aussi dans l'assiette pour qui veut découvrir la gastronomie ardéchoise à des prix très abordables. Chambres propres et bien entretenues. Garage fermé gratuit pour les cyclistes.

*14 pl. Rampon - ☏ 04 75 06 12 20 - www.hoteldesnegociants.fr - fermé déc.-janv. - 🏊 - 17 ch. 84/112 € - ☕ 9,80 € - ✕.*

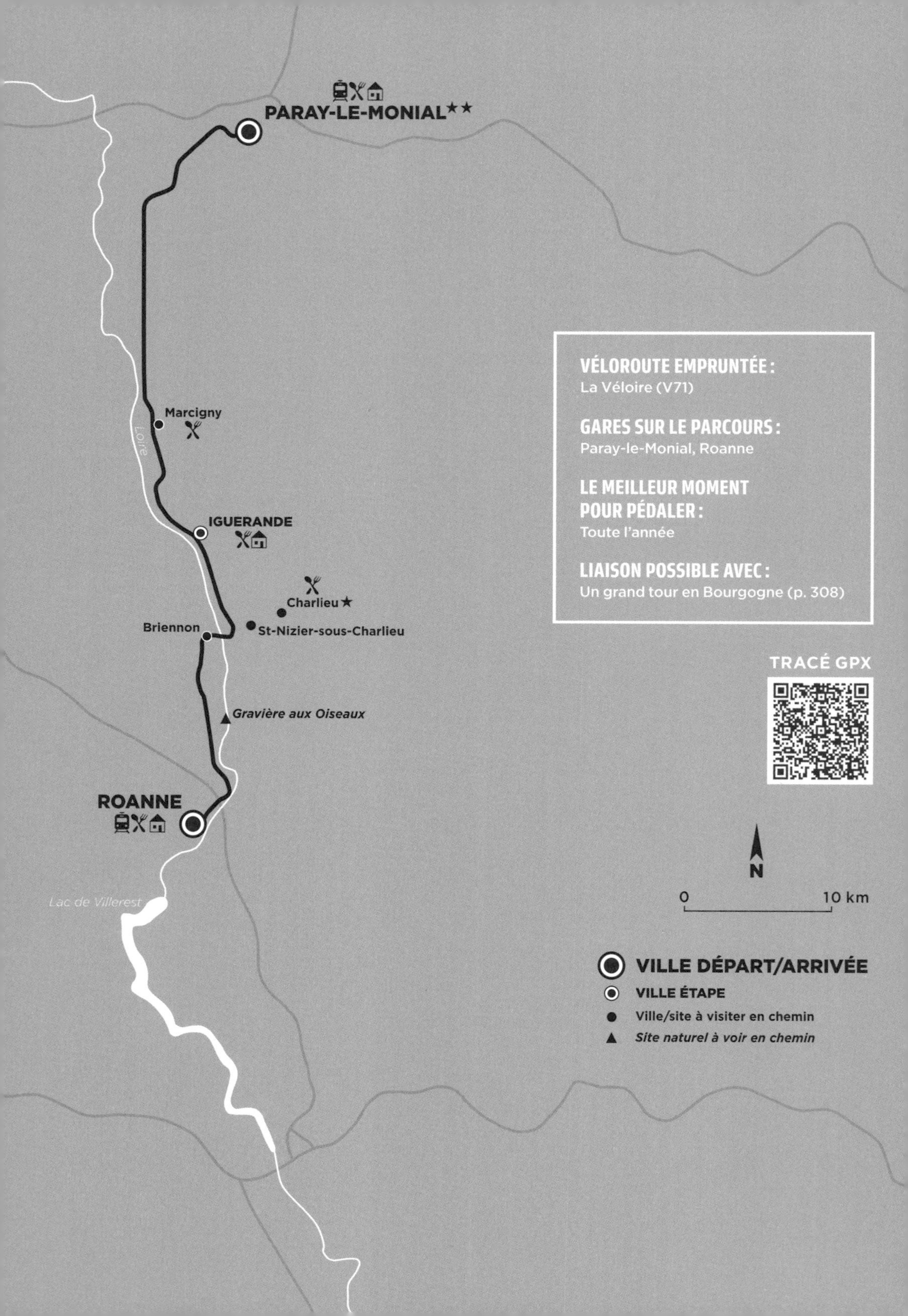


**VÉLOROUTE EMPRUNTÉE :**
La Véloire (V71)

**GARES SUR LE PARCOURS :**
Paray-le-Monial, Roanne

**LE MEILLEUR MOMENT POUR PÉDALER :**
Toute l'année

**LIAISON POSSIBLE AVEC :**
Un grand tour en Bourgogne (p. 308)

NIVEAU 1 | 58 KM | 2 JOURS

**PARAY-LE-MONIAL
ROANNE**

# En remontant la Loire

À rebours du courant, en attendant de pouvoir remonter à sa source, l'itinéraire de La Véloire vous invite à découvrir à vélo la partie amont du dernier fleuve sauvage d'Europe. Il propose un autre visage de la Loire, une véritable échappée verte et intimiste. Ici, un condensé en deux étapes entre Paray-le-Monial et Roanne ; mais cette véloroute s'apprivoise aussi sur la totalité de ses 140 km au départ de Montrond-les-Bains. Qu'importe le kilométrage, pourvu qu'on ait l'ivresse… du voyage à vélo !

## ÉTAPE 1

### Paray-le-Monial - Iguerande - 34 km

La première étape se fait sur un parcours plat, accessible à tous, qui évolue sur une magnifique voie verte en enrobé aménagée sur l'emprise de l'ancienne voie ferrée reliant Paray-le-Monial à Roanne. À partir de Marcigny, en allant vers le sud, de très scéniques passages en balcons avec vue sur la Loire agrémentent la véloroute. La grande variété des séquences paysagères, avec des passages en forêt, les prairies et cultures, et les nombreux parkings

Près de Marcigny.
T. et B. Morandi/hemis.fr

et aires de repos (bancs, tables de pique-nique) sont idéaux pour des échappées en famille, le temps d'un week-end.

## Paray-le-Monial ★★

**Haut lieu de pèlerinage.** Dédié au culte du Sacré-Cœur, c'est aussi un joyau d'art roman et une cité tournée vers la mosaïque contemporaine. Sa **basilique** ★★ est considérée comme le plus bel exemple conservé d'architecture clunisienne. Construite d'un jet entre 1092 et 1109, sous la direction de saint Hugues, abbé de Cluny, l'église peut être considérée comme un modèle réduit de la célèbre abbaye contemporaine de Cluny III.

*Av. Jean-Paul-II - ✆ 03 85 81 10 92 - www.tourisme-paraylemonial.fr - 9h-19h - gratuit.*

## Marcigny

**De belles céramiques.** La ville agréablement située à proximité de la Loire, sur les dernières pentes du Brionnais, a conservé autour de son église des maisons à pans de bois du 16e s. (la plus ancienne date du début du 15e s. et se situe impasse des Bouchers). Marcigny est le siège, depuis 1850, d'une fabrique de poterie culinaire artisanale renommée, Émile Henry (magasin sur place), et abrite également un jardin de Sculptures contemporaines.

*Jardin de Sculptures - 28 r. Marius-Avril - ✆ 03 85 25 10 71 - www.collectionrex.com - de mi-mai à mi-août sur RV - 3,50 €.*

## Iguerande

**Pur art roman.** Impossible de manquer l'église romane qui occupe le sommet d'une butte dominant la vallée de la Loire, le Forez à gauche et les monts de la Madeleine à droite. Ne manquez pas les modillons sculptés du chevet et, dans la nef et le chœur, de curieux chapiteaux dont celui du « cyclope » musicien (1er pilier de gauche). Dans le musée, bien mis en scène, des « personnages » évoquent la vie brionnaise entre 1850 et 1950 : la fanfare, la pêche, le travail de la vigne et les costumes.

*Musée Reflet brionnais - pl. de l'Église - ✆ 03 85 84 15 69 - musee.reflet-brionnais.fr - visite guidée (1h20) mai-oct. : tlj sf lun.-mar. 14h30-18h - 5 €.*

## ÉTAPE 2

### Iguerande - Roanne - 24 km

Vous repartez pour cette étape au niveau de l'esplanade de l'ancienne gare d'Iguerande. La Véloire emprunte la voie verte jusqu'à Pouilly-sous-Charlieu. Le parcours traverse un pont avec une bande cyclable pour récupérer à Briennon l'ancien chemin

Paray-le-Monial.
Agnieszka Glowala/Getty Images Plus



de halage du canal. Il reste à suivre tranquillement le balisage de La Véloire jusqu'au port de plaisance de Roanne. Il est conseillé de signaler sa présence, notamment sous les ponts, et de redoubler de prudence aux croisements avec les voiries.

## St-Nizier-sous-Charlieu

**Chapiteaux énigmatiques.** Du **couvent des Cordeliers** ★, bâti au 13e s. par les franciscains, il reste aujourd'hui le cloître, l'église et la chapelle funéraire du 16e s. Les chapiteaux de la galerie nord du cloître sont les plus intéressants, bien qu'on s'interroge encore sur leur signification. Ils pourraient représenter les vices et les vertus : l'hermine (la pureté), le félin (la prudence), le porc-épic (la justice), l'agneau (la douceur), le coq et l'écureuil (le travail), le chien (la fidélité). Mais il en existe encore plein d'autres. À vous de jouer pour trouver leur signification !

*Chemin des Cordeliers - ✆ 04 77 60 07 42 - www.couventdescordeliers.fr - juin-août : 10h-18h30 ; avr.-mai et sept.-oct. : tlj sf mar. 10h-13h, 14h-18h ; reste de l'année : se rens. - 4 €.*

### À deux coups de pédale

**Charlieu ★ (à 4,4 km à l'est de St-Nizier-sous-Charlieu) est connue pour son abbaye bénédictine ★, fondée vers 870 et rattachée à Cluny vers 930. Ne manquez pas de vous arrêter devant le grand portail du 12e s., véritable chef-d'œuvre d'art roman. Bien que toutes les têtes aient été brisées ou martelées à la Révolution, il continue d'éblouir par la qualité de sa décoration sculptée.**

***✆ 04 77 60 09 97 - www.loire.fr - juin-août : 10h-18h30 ; avr.-mai et sept.-oct. : tlj sf mar. 10h-13h, 14h-18h ; reste de l'année : se rens. - 4 €.***

## Briennon

**Impressionnante église.** Le vestige de cette abbaye cistercienne, construite au tournant du 12e et du 13e s., est couvert d'une superbe toiture à tuiles vernissées disposées en losanges, datant de 1460. Dans le bas-côté droit sont réunies de belles œuvres du 15e s. : stalle, statues en pierre du Père éternel et de sainte Anne, la Vierge et l'Enfant. La chapelle de la Vierge, à droite en entrant, abrite une belle Vierge en marbre blanc.

## Gravière aux Oiseaux à Mably

**Découvertes naturalistes.** Cette zone humide de 30 ha est devenue un site privilégié pour l'observation des oiseaux. Un sentier a été aménagé avec des pontons surplombant les étangs et plusieurs observatoires. La Maison de la gravière présente l'écosystème local et propose un programme d'animations.

*✆ 04 77 78 54 29 - avr.-oct. : merc., w.-end 14h-18h.*

## Roanne

**Trois bonnes raisons d'y aller.** Pour sa gastronomie qui est l'un de ses attraits, boostée par la célèbre maison Troisgros et confirmée par les tables de qualité installées alentour. Ajoutez-y sa proximité avec la Côte roannaise (vins AOC) et les rives de la Loire et du canal aménagées pour la promenade, tandis que l'extrémité sud du port de plaisance a été transformée en une esplanade verte, où il fait bon se promener à vélo. Une étape agréable et gourmande pour terminer votre périple à vélo !

Les bords de Loire, près de Roanne.
Wirestock/Getty Images Plus

## LOUER UN VÉLO

### PARAY-LE-MONIAL

**OFFICE DE TOURISME**

*www.tourisme-paraylemonial.fr - vélo 11 €/h, 20 €/2h; VTC 14 €/j; vélos électriques 25 €/j. Réservation obligatoire.*

## DÉGUSTER

### PARAY-LE-MONIAL

**LE DOMAINE DES MARGUERITES**

Restaurant moderne et sympathique avec une cuisine maison mettant en avant les produits du terroir.

*25-27 av. de la Gare - ✆ 06 28 42 37 74 - www.domaine-des-marguerites.fr - sur réserv. uniquement - formules 16/19,50 €, menus 27/33,50 € - 14 ch. 85/95 €.*

### MARCIGNY

**LE VIEUX PUITS**

La viande charolaise gouverne ici la cuisine bourguignonne. En sus, une carte brasserie assez éclectique.

*11 pl. du Cours - ✆ 03 85 25 11 05 - www.restaurant-levieuxpuits.fr - fermé lun. soir, mar. soir et dim. - menu 21 €.*

### IGUERANDE

**LE FIACRE**

Dans ce petit restaurant, on sert de bonnes pizzas, mais aussi de bonnes viandes charolaises, des andouillettes, des ardoises de charcuterie, etc.

*38 Grande-Rue - ✆ 03 85 26 46 81 - restaurant-lefiacre.fr - menus 18/28,50 €.*

### CHARLIEU

*À 4,4 km à l'est de St-Nizier-sous-Charlieu.*

**L'ATELIER DE RONGEFER**

Carine et Fabien Gauthier ont investi ce superbe atelier – une ancienne usine textile – avec poutrelles métalliques, verrière et élégant décor au classicisme très contemporain. Cuisine créative.

*22 r. Jean-Jaurès - ✆ 04 77 60 01 57 - www.atelierrongefer.fr - midi seult (sf sam., et vend. en juil.-août) - fermé dim. soir et mar.-merc. - menus 21/49 €.*

### ROANNE

**LES REMPARTS**

L'emplacement : au cœur de Roanne. Le décor : poutres et pierres apparentes, plancher et chaises colorées. Et, dans l'assiette : des produits frais, bien cuisinés.

*25 pl. du Mar.-de-Lattre-de-Tassigny - ✆ 04 77 72 33 95 - www.lesremparts-restaurant.fr - fermé merc. soir, sam. midi et dim. - formules 17/19,50 € (déj.), menus 35/41 €.*

## DORMIR

### PARAY-LE-MONIAL

*Voir aussi « Déguster » ci-contre.*

**HÔTEL DE LA BASILIQUE**

Depuis cinq générations, la même famille tient cet hôtel dont les chambres sont tournées en partie vers la basilique. Repas servis dans une salle à manger lumineuse fleurant bon la campagne et la tradition. Label **Accueil Vélo**.

*18 r. de la Visitation - ✆ 03 85 81 11 13 - www.hotelbasilique.com - avr.-oct. - 40 ch. 80/172 € - ☕ 12 € - ✕. Garage à vélo privé.*

### IGUERANDE

**CLOS MARIE**

Dans un magnifique parc arboré, cette maison de maître propose des chambres modernes et confortables, décorées avec goût. Excellente table d'hôtes sur demande. Label **Accueil Vélo**.

*R. du Four-à-Chaux - Bas d'Iguerande - ✆ 07 71 03 67 71 - www.closmarie.com - 🏊 - 7 ch. 65/100 € ☕ - ✕.*

### ROANNE

**BRIT HOTEL - LE GRAND HÔTEL**

Situé en face de la gare de Roanne, cet hôtel du début du 20e s. est bien tenu. Chambres de différentes tailles.

*54 cours de la République - Face à la gare - ✆ 04 77 71 48 82 - roanne.brithotel.fr - 31 ch. 61/93 € - ☕ 12 €.*

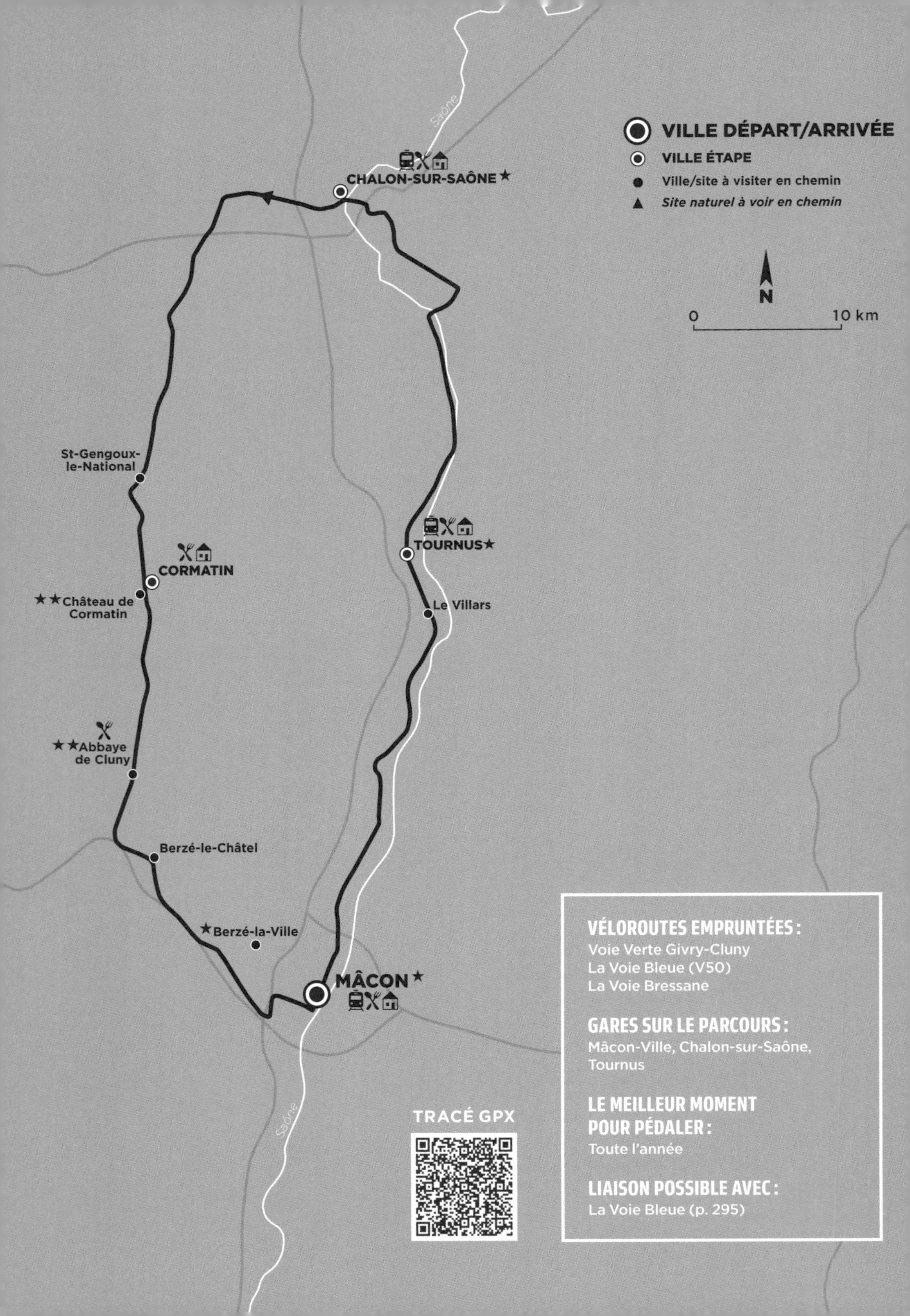


**VÉLOROUTES EMPRUNTÉES :**
Voie Verte Givry-Cluny
La Voie Bleue (V50)
La Voie Bressane

**GARES SUR LE PARCOURS :**
Mâcon-Ville, Chalon-sur-Saône, Tournus

**LE MEILLEUR MOMENT POUR PÉDALER :**
Toute l'année

**LIAISON POSSIBLE AVEC :**
La Voie Bleue (p. 295)

TRACÉ GPX

NIVEAU 1 | 145 KM | 4 JOURS

**MÂCON**
**MÂCON**

# Boucle de Bourgogne Sud

La Boucle de Bourgogne du Sud à vélo vous permet, entre autres, de découvrir l'iconique Voie Verte Givry-Cluny : un véritable terrain de jeu pour des séjours à vélo en famille. Cette superbe boucle cyclable est proposée de Mâcon à Chalon-sur-Saône *via* la voie verte de la côte chalonnaise, avec retour par La Voie Bleue au fil de la Saône, de Chalon-sur-Saône à Mâcon. Gastronomie, œnologie et patrimoine sont omniprésents sur ce parcours à vélo très singulier. Un tracé idéal pour un long week-end ou de petites vacances !

## ÉTAPE 1

### Mâcon - Cormatin - 42 km

La voie verte de Mâcon jusqu'à Charnay-lès-Mâcon comporte quelques passages très vallonnés et est rustique sur certaines sections. Attention en préparant votre itinéraire, le tunnel du Bois-Clair est fermé du 15 octobre au 31 mars ; heureusement, un itinéraire alternatif par le circuit n° 14 est proposé. Après Berzé-le-Châtel et le tunnel du Bois-Clair, le parcours file en toute facilité sur la voie verte jusqu'à Cluny et au château de Cormatin.

Berzé-le-Châtel.
DoucetPh/Getty Images Plus

## Mâcon ★

**C'est déjà le Sud.** Le charme des places et des ruelles de la plus méridionale des villes de Bourgogne, étendue le long de la Saône, ainsi que son dynamisme culturel et ses bonnes tables en font un lieu agréable où séjourner. Promenez-vous sur le quai Lamartine, aux façades colorées et bordé de terrasses de cafés, puis longez la rue Carnot, très commerçante. Enfin, découvrez le vignoble de la région à la Cité des Climats et vins de Bourgogne, dans le bâtiment en forme de vis de pressoir.
*Cité des Climats et vins de Bourgogne - 21 av. Charles-de-Gaulle - ☏ 03 79 47 21 00 - www.citeclimatsvins-bourgogne.com - juin-sept. : 10h-19h ; avr.-mai et oct.-nov. : 10h-18h ; janv.-mars : 10h-17h - 14,50 €.*

## Berzé-le-Châtel

**Splendide forteresse.** Dominant sur son éperon rocheux la vallée de Solutré et la voie verte, cette **forteresse** ★ est mentionnée dès l'an 991. Au 13e s., afin de défendre la route de l'abbaye de Cluny, les fortifications sont consolidées et le château agrandi, avant d'être modernisé au 15e s. Les terrasses mettent en évidence son impressionnant système défensif : treize tours et deux donjons. Après la visite des parties anciennes, promenez-vous dans les jardins étagés. La vue sur la vallée est splendide.
*☏ 03 85 36 60 83 - www.berze.fr - juil.-août : 10h-19h (dim. 18h) ; avr.-juin et sept.-oct. : tlj sf lun. 14h-18h - 8 €.*

## Abbaye de Cluny ★★

**La plus grande église de la chrétienté.** À l'origine de l'ordre monastique clunisien, l'abbaye de Cluny exerça une influence considérable sur la vie religieuse, intellectuelle, politique et artistique de tout l'Occident. Elle fut saccagée à la Révolution, puis démontée et vendue pierre par pierre ; il n'en reste aujourd'hui que des fragments. La visite et le film projeté permettent malgré tout d'avoir une vision précise de ce haut lieu du christianisme, bâti de 1088 à 1130.
*Pl. du 11-Août-1944 - ☏ 03 85 59 15 93 - www.cluny-abbaye.fr - avr.-sept. : 9h30-18h (19h en juil.-août) ; reste de l'année : 9h30-17h - 11 €.*

## Château de Cormatin ★★

**Chez les précieuses.** Ce château du 17e s. décline, dans un écrin baroque et opulent, l'univers raffiné des précieuses, alors très en vogue. Conçu par un architecte des bâtiments du roi Henri IV, on y rend hommage à Louis XIII. Tandis qu'à Paris, la plupart des décors du 17e s. ont disparu, ceux de Cormatin ont été préservés grâce à de minutieuses restaurations. Ils font de ce château une attraction « souveraine » !
La promenade dans les jardins et le labyrinthe valent que l'on y déambule.
*1 Grande-Rue - ☏ 03 85 50 16 55 - www.chateaudecormatin.com - visite guidée (1h) des apparts. - avr.-mi-juil. : 10h-12h, 14h-17h30 ; mi-juil.-mi-août : 10h-18h ; reste de l'année : se rens. - fermé de déc. à mi-mars - 13 € - visite libre du parc.*

### À deux coups de pédale

**Faites un détour à Berzé-la-Ville ★ (à 16 km au nord-ouest de Mâcon). La chapelle romane du prieuré est célèbre pour ses peintures murales, magnifique exemple de l'art clunisien.**

***Chemin-des-Moines - ☏ 03 85 36 66 52 - www.chapelle-des-moines.fr - mai-août : 9h15-12h15, 14h15-18h ; avr. et sept.-oct. : 9h15-12h15, 14h15-17h - fermé nov.-mars - 5 €.***

Jardins du château de Cormatin.
A. Pistolesi/hemis.fr

## ÉTAPE 2

### Cormatin - Chalon-sur-Saône - 37 km

À côté de l'élégant château Renaissance de Cormatin, cette étape roulante de La boucle de Bourgogne du Sud à vélo suit le tracé de l'ancienne voie ferrée qui serpente au pied des vignes de la côte chalonnaise. Autour de la voie verte, ce sont mille occasions de découvrir un riche patrimoine composé d'églises romanes et de villages hors du temps. L'arrivée dans Chalon-sur-Saône s'effectue sans difficulté.

## St-Gengoux-le-National

**Bonne ville du royaume.** La cité médiévale, renommée « Jouvence » après la Révolution, témoigne de son passé clunisien. Dès l'entrée du village, on remarque l'imposant donjon qui toise le grand **lavoir ★**. Le signe le plus visible est bien sûr l'église paroissiale, avec son clocher roman octogonal à trois étages. Ne manquez pas la **maison à pans de bois ★** rue du Mouton et, dans la rue du Moulin-à-Cheval, rue pavée d'andouilles (pavés non conformes), les fenêtres géminées, à trilobes ou en accolade…

## Chalon-sur-Saône ★

*Voir p. 304.*

## ÉTAPE 3

### Chalon-sur-Saône - Tournus - 33 km

Quittant Chalon-sur-Saône, on traverse la Saône pour rejoindre le faubourg St-Marcel et La Voie Bleue, commune ici avec La Voie Bressane, jusqu'à Ouroux-sur-Saône. Là, l'aménagement cyclable vous ramène vers la Saône, que vous traversez à hauteur de Marnay. L'itinéraire cyclable se poursuit sur un chemin de halage spécialement aménagé pour la sécurité et le confort des cyclistes jusqu'à Tournus.

Abbaye de Tournus.
Borisb17/Getty Images Plus

## Tournus ★

**Chef-d'œuvre roman.** La star de Tournus est l'**abbaye St-Philibert ★★** et son église, bâtie aux 10e et 11e s. Surprenante, la façade se présente comme une sorte de donjon percé d'archères. À l'intérieur, la nef est couverte d'une suite de berceaux transversaux juxtaposés qui reposent sur des arcs doubleaux, aux claveaux alternativement blancs et roses. Après cela, partez à la découverte des maisons gothiques, des hôtels particuliers et des jolies places de la ville, qui sont l'un des autres attraits de Tournus, porte nord du vignoble du Mâconnais.

## ÉTAPE 4

### Tournus - Mâcon - 33 km

Le parcours, ici commun avec La Voie Bleue, est très facile. On longe paisiblement la rivière à Fleurville. L'arrivée à Mâcon se fait *via* les quais de Saône et le port de plaisance situé au nord de la ville.

## Le Villars

**Du haut de son éperon rocheux.** Ce village eut des hôtes célèbres : le pianiste Alfred Cortot (1877-1962) et l'ingénieur Gabriel Voisin (1880-1973) qui fut, avec son frère, le premier à construire industriellement des avions en France. L'église, curieux édifice des 11e et 12e s. à deux nefs (l'une, aujourd'hui condamnée, était réservée aux religieuses d'un prieuré contigu), est précédée d'un vaste porche et contient quelques sculptures.

## LOUER UN VÉLO

### MÂCON

**MACÔN SUR L'O**

*1 esplanade Lamartine - ✆ 03 71 49 12 17 - fermé lun.-mar. et sam. mat. - vélo 12 € la demi-journée, VAE 25 € la demi-journée.*

## DÉGUSTER

### MÂCON

**LA PART DES ANGES**

Sur le quai Lamartine, ce restaurant très fréquenté par les Mâconnais propose une cuisine bistronomique à l'accent régional. Une courte carte, des produits frais assurés: un régal!

*253 quai Lamartine - ✆ 03 85 38 51 08 - www.restaurant-lapartdesanges.fr - fermé dim.-lun. - formule 18 €, menus 20/42 €.*

**MA TABLE EN VILLE**

Voilà peut-être l'archétype du bistrot du 21e s. Un intérieur contemporain et coloré, avec son éclairage composé d'ampoules suspendues à une ancienne tuyauterie... Le chef, épaulé par son épouse, a le souci du bon produit et réalise une cuisine saine et lisible, renouvelée chaque semaine. Bon choix de vins de la région et accueil tout sourire.

*50 r. de Strasbourg - ✆ 03 85 30 99 91 - www.matableenville.fr - le soir uniquement - fermé mar.-merc. - plats 25/29 €, menus 26/59 €.*

### CLUNY

**LA NATION**

Restaurant-brasserie au décor moderne. Spécialités régionales – bœuf bourguignon, escargots, andouillette – et viandes charolaises. Vous pourrez également déguster de belles salades en terrasse.

*21 r. Lamartine - ✆ 03 85 59 05 45 - restaurant-la-nation.eatbu.com - menus 24/29 €.*

### CORMATIN

**LE COMPTOIR**

Dans ce bistrot à l'ancienne, il faut prendre le temps de se restaurer avec une bonne cuisine maison. Accueil soigné du patron.

*58 Grande Rue - ✆ 03 85 30 35 77 - fermé lun. et tous les soirs - menu 20 €.*

### CHALON-SUR-SAÔNE

*Voir p. 306.*

### TOURNUS

**LA BRASSERIE DU REMPART**

La brasserie de cet hôtel, bien connue à Tournus, propose une cuisine traditionnelle régionale de qualité: au menu, terrine maison, quenelles de brochet et soufflé au Grand Marnier. Tout est fait maison à partir de produits de saison, évidemment.

*2 av. Gambetta - ✆ 03 85 51 10 56 - www.lerempart.com - formules 16/20 €, plats 22/30 €, menus 25/32 € - 10 ch. 70/110 €.*

## DORMIR

### MÂCON

**BRIT HÔTEL - MÂCON CENTRE GARE**

Décoration sobre et accueil agréable dans cet hôtel idéalement situé en amont du centre-ville historique. Les chambres sont calmes et le petit-déjeuner met l'accent sur les produits locaux. Label **Accueil Vélo**.

*1 r. Bigonnet - ✆ 03 85 38 18 10 - www.hotel-macon.brithotel.fr - 58 ch. 93/104 € - ☕ 13,50 €.*

### CORMATIN

**CHAMBRES D'HÔTES LA FILATERIE**

Aménagées dans un ancien moulin, les chambres sont vastes, au calme et fraîchement décorées. Petit-déjeuner buffet à volonté.

*25 r. de la Filaterie - ✆ 03 85 50 15 69 ou 06 10 90 66 48 - www.la-filaterie-cormatin.fr - fermé de mi-nov. à mars - 5 ch. 69/91 € ☕.*

### CHALON-SUR-SAÔNE

*Voir p. 307.*

### TOURNUS

*Voir aussi « Déguster » ci-contre.*

**VILLAGE MOTEL**

Un peu à l'écart de la ville, ce motel entouré de verdure abrite des chambres de plain-pied simples et fonctionnelles. Label **Accueil Vélo**.

*19 r. des Lauriers - ✆ 03 85 51 07 45 - village-motel.com - 🏊 - 41 ch. 75/95 € - ☕ 12 €. Local pour les vélos.*

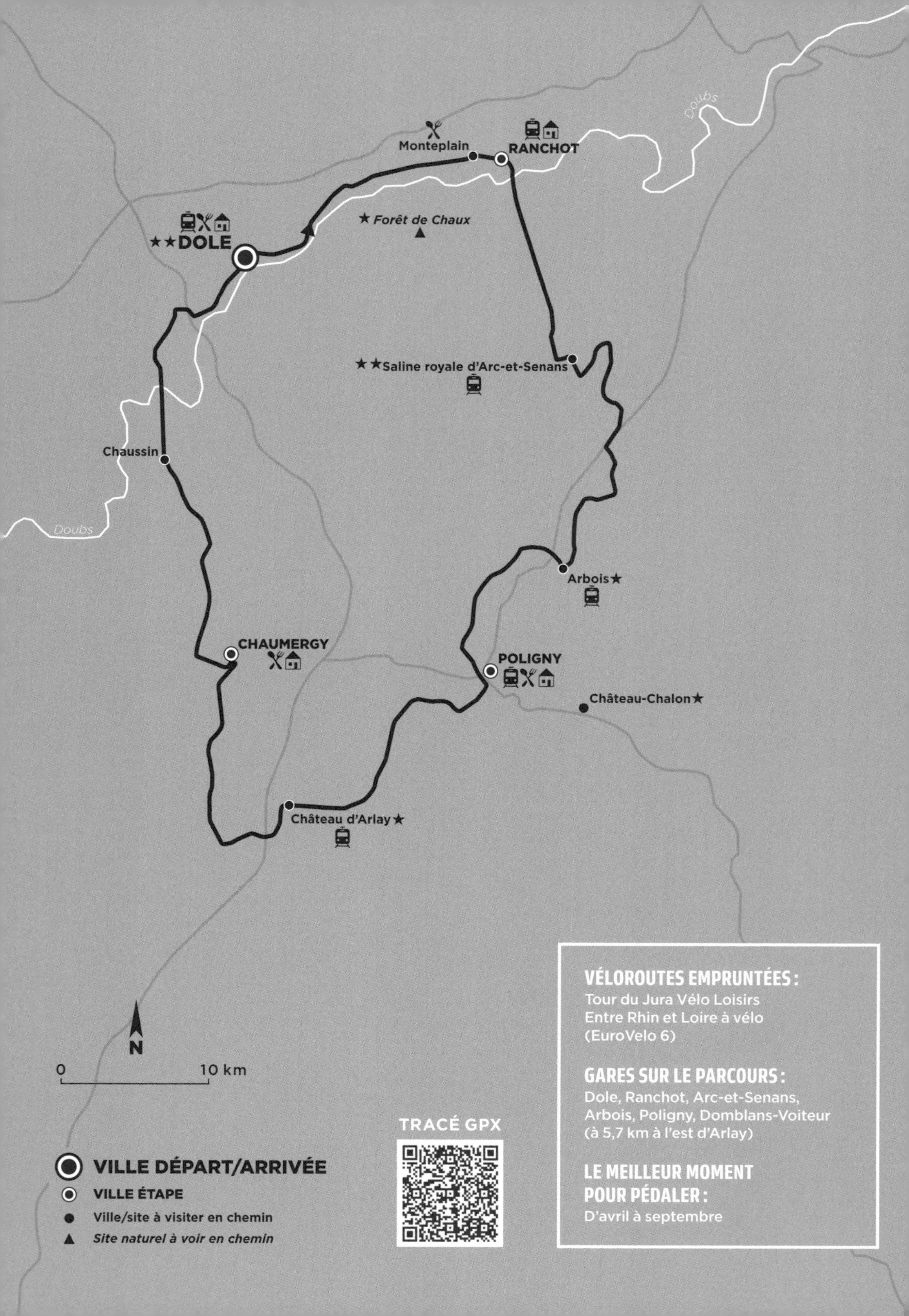


**VÉLOROUTES EMPRUNTÉES :**
Tour du Jura Vélo Loisirs
Entre Rhin et Loire à vélo
(EuroVelo 6)

**GARES SUR LE PARCOURS :**
Dole, Ranchot, Arc-et-Senans, Arbois, Poligny, Domblans-Voiteur (à 5,7 km à l'est d'Arlay)

**LE MEILLEUR MOMENT POUR PÉDALER :**
D'avril à septembre

NIVEAU 2 | 157 KM | 4 JOURS

DOLE
DOLE

# Le Jura gourmand

Bucolique et dépaysant, le Tour du Jura à vélo, version Loisirs, est un véritable appel à la flânerie. Parfait équilibre entre culture, nature et gastronomie, ce parcours à réaliser en plusieurs jours traverse quelques-uns des plus beaux sites naturels et quelques-unes des plus étonnantes villes du Jura. Sur le Tour du Jura Vélo Loisirs, la richesse du patrimoine et la beauté des paysages se mêlent à des rencontres inattendues qui vous laisseront d'impérissables souvenirs.

## ÉTAPE 1

### Dole - Ranchot - 21 km

Ce parcours facile évolue sur le chemin de halage du canal du Rhône au Rhin à vélo, commun avec l'EuroVelo 6. Restez sur la véloroute jusqu'à Ranchot. À Orchamps, vous quittez les bords du Doubs et prenez un peu de hauteur en passant par La Barre. Attention à la traversée de la D 673 un peu avant Ranchot : il faudra sûrement mettre pied à terre.

### Dole ★★

**Sur le Doubs.** La vieille ville est blottie autour de la **collégiale Notre-Dame** ★. Ses rues sont étroites et tortueuses ;

Dole.
Delpixart/Getty Images Plus

Saline royale d'Arc-et-Senans.
phbcz/Getty Images Plus

ses maisons, du 15e au 18e s., serrées les unes contre les autres, présentent des détails intéressants : portails blasonnés, tourelles rondes, carrées ou hexagonales, cours intérieures à arcades, escaliers de toutes formes, puits, niches abritant autrefois des statuettes, grilles de fenêtres et rampes en fer forgé.

### Forêt de Chaux ★

**Envoûtant et mystérieux.** Cet océan d'arbres – deuxième massif forestier de France – s'étend sur plus de 20 000 ha à l'est de Dole, entre le Doubs et la Loue. À Étrepigney, point de départ du sentier du Guépier, ne manquez pas d'aller voir le baccu (reconstitué) construit en bois couchés, qui servait d'habitat temporaire au bûcheron charbonnier. À voir aussi dans ce village : le petit musée de la Poterie, installé dans un ancien lavoir.

*Musée de la Poterie Joseph-Martin - r. Fardée - Étrepigney - sur RV uniquement au 03 84 71 32 20 - 3 €.*

## ÉTAPE 2

### Ranchot - Poligny - 58 km

Cette étape du Tour du Jura Vélo Loisirs vous plonge dans un tout autre univers que la précédente en suivant La Voie des Salines, piste cyclable qui permet, depuis l'EuroVelo 6, de rejoindre la Saline royale d'Arc-et-Senans et Salins-les-Bains. Un peu avant Arc-et-Senans, ce Tour du Jura quitte la piste cyclable pour le réseau des routes secondaires. Entre Port-Lesney et Pagnoz, une piste cyclable permet d'éviter la N 83. On roule ensuite sur de petites routes partagées, à flanc de coteau, pour gagner Poligny par la D 245.

## Saline royale d'Arc-et-Senans ★★

**Un site qui ne manque pas de sel.** Une pépite de l'EuroVelo 6 ! La saline royale fut construite au 18e s. par Claude-Nicolas Ledoux, afin d'augmenter la production de la ville voisine de Salins. Si le lieu perdit vite sa fonction première, l'ensemble grandiose demeure aujourd'hui l'un des fleurons de l'architecture industrielle française, inscrit au Patrimoine mondial de l'Unesco.

*℘ 03 81 54 45 45 - www.salineroyale.com - juil.-août : 9h-19h ; reste de l'année : se rens. - 15 €.*

## Arbois ★

**Au seuil d'une reculée.** Cadre de l'enfance de Louis Pasteur, qui contribua par la suite à la renaissance de son vignoble dévasté par le phylloxéra, Arbois occupe un site splendide. La ville, dont le **clocher** ★ se dresse fièrement au-dessus des vignes, abrite de nombreuses caves viticoles : le classement AOC de ses vins en 1936 a consacré le succès du vignoble jurassien. Son musée du Vin mérite que l'on s'y arrête.

*Musée de la Vigne et du Vin du Jura - château Pécauld - ℘ 03 84 66 40 45 - mars- oct. : 10h-12h, 14h-18h ; nov.-fév. : 14h-18h - fermé mar. sf juil.-août - 4 €.*

## Poligny

**Pour le plaisir des yeux et des papilles.** Deux visites s'imposent à Poligny : celle de la **collégiale St-Hippolyte** ★, qui recèle une superbe collection de statues de l'école bourguignonne du 15e s., puis celle de la Maison du comté pour découvrir, toucher, sentir, goûter ce merveilleux produit du terroir. Pour le plus grand plaisir des gastronomes avertis, Poligny associe avec bonheur la production de vins réputés à celle du comté.

*Maison du comté - 1 r. de la Maison du Comté - ℘ 03 84 37 78 40 - www.maison-du-comte.com - 9h30-18h - 8,90 €, billet comprenant une dégustation de 2 comtés.*

### À deux coups de pédale

**À 12 km au sud-est de Poligny, sur un éperon rocheux, voilà Château-Chalon ★. Ce superbe village règne sur un territoire de 50 ha au renom prestigieux : le royaume du vin jaune. C'est un terroir atypique dont les pentes ensoleillées sont couvertes de vignes. Mais la magie opère aussi dans le secret des caves, où s'élabore lentement ce « vin en or massif » qui semble se jouer des outrages du temps.**

## ÉTAPE 3

### Poligny - Chaumergy - 40 km

Depuis Poligny, le parcours prend la direction de Miéry par la D 259, puis oblique à droite sur la D 194 en direction de St-Lothain. Il emprunte la D 57 pour rejoindre Passenans puis Frontenay et enfin Domblans. À Domblans, en sortie de village, on tourne à gauche en direction de la Muyre pour rejoindre St-Germain-lès-Arlay par une petite route étroite. Arlay est atteint *via* la D 120, relativement passante. À la sortie d'Arlay, l'itinéraire prend la direction de Juhans pour arriver à Villevieux. Là, vous récupérez La Voie de la Bresse Jurassienne pour ne plus la quitter jusqu'à Chaumergy.

## Château d'Arlay ★

**Domaine viticole.** Ce château du 18e s. a été réaménagé en 1830 par le prince d'Arenberg, dont l'appartement est ouvert aux

Affinage du comté.
DjelicS/Getty Images Plus

visiteurs. La bibliothèque convexe et la salle à manger au décor de colonnes en marbre jurassien sont impressionnantes. Poursuivez avec la promenade dans le **parc** ★ jusqu'aux ruines médiévales de la forteresse. Ne manquez pas la bergerie au pied des ruines. Par la disposition des végétaux, le jardin des Jeux, proche de la sortie, reconstitue un jeu de cartes et un damier.

*2 rte de Proby - ✆ 03 84 85 04 22 - www.chateau-arlay.com - juil.-août: 10h-12h (parc), 14h-19h (parc et château); juin et sept.: 10h-12h (parc), 14h-18h (parc et château); mai et oct.: 10h-12h, 14h-18h (parc) - fermé dim. (sf apr.-midi en juil.-août) - 12 € parc et château, 7 € parc.*

## ÉTAPE 4

### Chaumergy - Dole - 38 km

À Chaumergy, l'itinéraire continue sur La Voie de la Bresse Jurassienne, qui emprunte des petites routes partagées jusqu'à Pleure. Restez vigilant lors de la traversée de la D 468 à La Chassagne. À Pleure, rejoignez Gatey sur une voie en site propre. Soyez prudent dans la traversée de Chaussin, notamment sur le rond-point à l'entrée du village. Puis continuez sur la véloroute jusqu'à Molay. À Tavaux, où la vigilance est de mise, le parcours rejoint l'EuroVelo 6 pour rallier Dole par Choisey, le long du canal du Rhône au Rhin à vélo.

### Chaussin

**Capitale des gaudes.** Arrêtez-vous à Chaussin pour acheter et grignoter ses fameuses gaudes, des biscuits fabriqués avec de la farine de maïs torréfié. C'est bon et nourrissant: idéal pour une rando à vélo! Rendez-vous au Moulin Taron, dernier moulin de fabrication artisanale, pour acheter les biscuits, mais aussi la farine.

*Moulin Taron - 2 r. du Moulin-Taron - ✆ 03 84 81 81 06 - www.gaudes-de-chaussin.com - fermé le w.-end.*

# LOUER UN VÉLO

## DOLE

### UNE BELLE AVENTURE

*Av. de Lahr - ✆ 06 82 99 78 99 - www.unebelleaventure.fr - de Pâques à oct. - location VAE 25 €/4h, 37 €/9h.*

# DÉGUSTER

## DOLE

### GRAIN DE SEL

Un cadre zen, une terrasse ombragée et des recettes originales et savoureuses (queue de homard sur son lit de quinoa aux zestes d'agrumes; côte de porc rôtie au foin, aux pommes nouvelles et aux fèves...): le jeune chef fait des merveilles.

*79 rte Nationale - ✆ 03 84 71 97 36 - www.restaurant-graindesel.fr - fermé mar.-merc. - formule 30 €, menus 41/71 €.*

## MONTEPLAIN

### LE RELAIS DU MOULIN

Un relais routier où l'on mange des plats de cuisine traditionnelle, cuisinés avec des produits frais: magret de canard, blanquette de veau à l'ancienne, crème caramel...

*À 2 km au nord-ouest de Ranchot - Moulin des Malades - ✆ 03 84 71 32 10 - fermé sam. soir - formule 13,50 €, plat du jour 21,90 €, menu 24,90 €.*

## POLIGNY

### LA MUSE BOUCHE

Un restaurant élégant à la hauteur de la réputation gastronomique de la ville de Poligny. De bons produits frais et locaux pour une cuisine moderne et inventive agrémentée d'une belle carte des vins du Jura.

*60 Grande-Rue - ✆ 03 84 37 13 88 - la-muse-bouche.fr - fermé jeu. soir et dim.-lun. - formule 22,50 €, plats 26/30 €.*

## CHAUMERGY

### LES MARRONNIERS

Le restaurant de l'hôtel Les Marronniers à Chaumergy propose des spécialités régionales: sandre au vin du Jura, saumon aux morilles, terrine d'esturgeon, choucroute... Une bonne adresse.

*14 pl. Carrouge - ✆ 03 84 48 62 10 - hotel-marronniers-jura.jimdofree.com - fermé dim. soir et lun. - formule 16,50 €, menus 26/41 € - 2 ch. 75 €.*

# DORMIR

## DOLE

### HÔTEL DE LA CLOCHE

Stendhal aurait séjourné dans cette maison voisine du cours St-Mauris. Les chambres, de tailles diverses, sont toutes rénovées et climatisées. Accueil sympathique.

*1 pl. Grévy - ✆ 03 84 82 06 06 - www.la-cloche.fr - 35 ch. 68/137 € - ☕ 16 €.*

## RANCHOT

### CAMPING DE L'ÎLE

Entre le canal Rhin-Rhône et le Doubs, tout proche de la forêt de Chaux, ce camping familial a un accès direct à la rivière, mais aussi à une piscine. Il dispose d'un cyclo-tente. Label **Accueil Vélo**.

*1 impasse de l'île - ✆ 03 84 71 13 56 - juracampingdelile.fr - 🏊 - ouv. tte l'année - 1 cyclo-tente 35/40 € (2 pers.); empl. 15 € (1 pers.); mobile home et chalet 55 € (4 à 5 pers.) 2 nuits mini - ✕ sur place les soirs en juil.-août.*

## POLIGNY

### JURAROOM CHAMBRES D'HÔTES

Des chambres de charme, bien équipées pour passer un moment agréable en plein centre-ville.

*Pl. des Déportés - ✆ 06 70 21 84 45 - juraroom.fr - 3 ch. 95 € ☕ - 2 restaurants à proximité.*

## CHAUMERGY

*Voir aussi « Déguster » ci-contre.*

### MAISON D'HÔTES LE MEIX

Qu'est-ce qu'un meix? En Franche-Comté, c'est une maison avec dépendances et jardin. Vous avez trouvé votre nid douillet pour une belle halte en Bresse jurassienne! Certaines chambres sont en soupente. Label **Accueil Vélo**.

*5 Grande rue de la Bresse - ✆ 03 84 47 29 91 - www.lemeixjura.fr - 🏊 - 5 ch. 65/100 € ☕ - table d'hôtes sur réserv.*

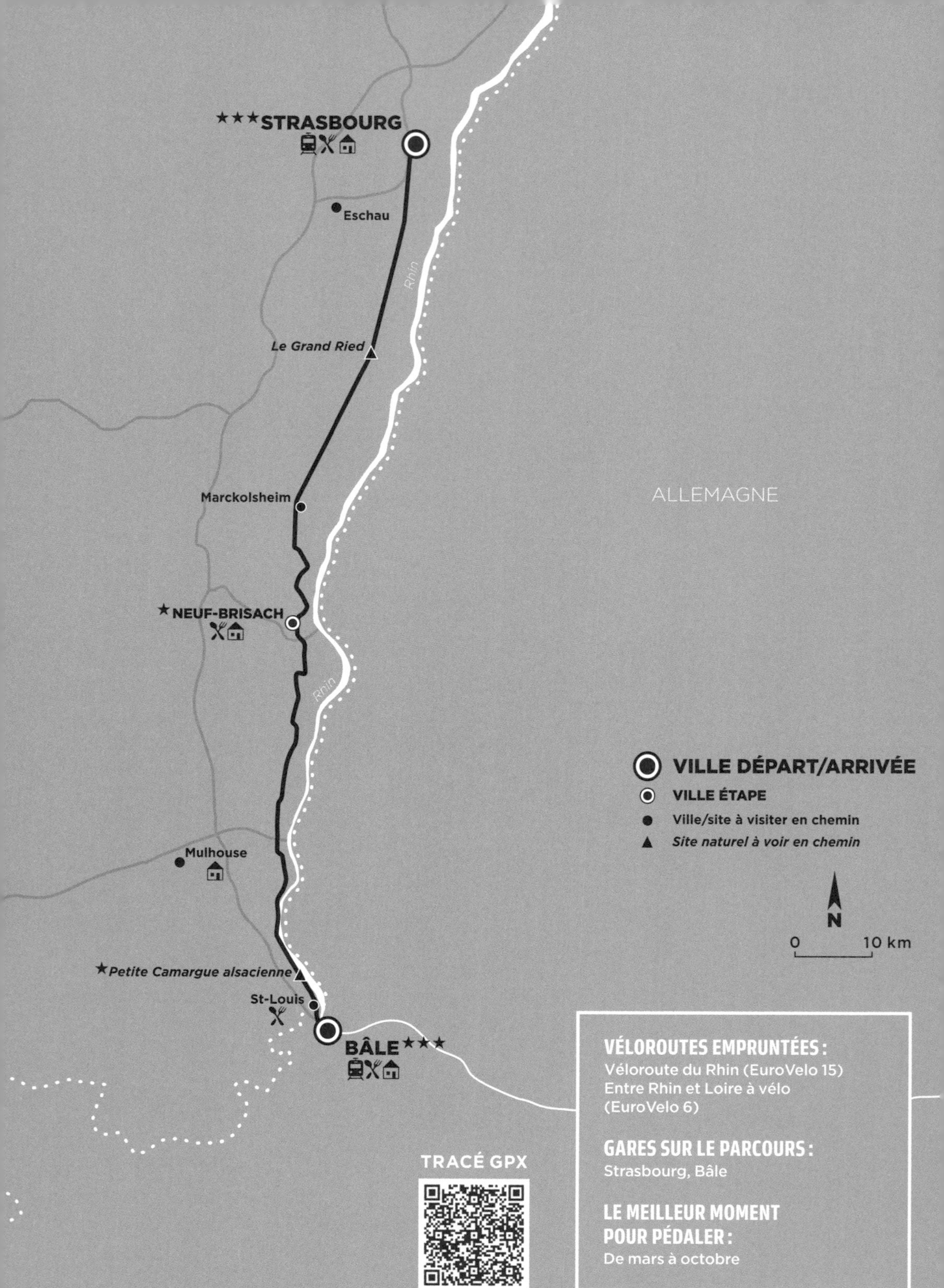


**VÉLOROUTES EMPRUNTÉES :**
Véloroute du Rhin (EuroVelo 15)
Entre Rhin et Loire à vélo (EuroVelo 6)

**GARES SUR LE PARCOURS :**
Strasbourg, Bâle

**LE MEILLEUR MOMENT POUR PÉDALER :**
De mars à octobre

**TRACÉ GPX**

NIVEAU 1 · 130 KM · 2 JOURS

**STRASBOURG
BÂLE (SUISSE)**

# La vallée du Rhin supérieur

La Véloroute du Rhin, ou EuroVelo 15, relie la source du Rhin en Suisse à la mer du Nord aux Pays-Bas. Dans sa dimension européenne, l'itinéraire cyclable longe le fleuve sur plus de 1320 km. En Alsace, voici ici un bel extrait de ce parcours : de Strasbourg *via* Neuf-Brisach et sa citadelle Vauban à Bâle, en Suisse. Trois villes au patrimoine emblématique, avec la symbolique passerelle des Trois Pays en clap de fin de cette balade européenne à vélo.

## ÉTAPE 1

### Strasbourg - Neuf-Brisach - 72 km

La voie cyclable que vous empruntez est balisée EuroVelo 15. Elle propose depuis Strasbourg une voie verte intégralement aménagée sur le chemin de halage le long du canal du Rhône au Rhin, jusqu'à Artzenheim. Ensuite, d'Artzenheim à Neuf-Brisach, vous découvrez une alternance de routes peu circulantes et de sites propres. Ce parcours est entièrement revêtu, avec notamment de belles sections ombragées en « couloir végétal » entre Boofzheim et Artzenheim.

Quartier historique de la Petite France, à Strasbourg.
olrat/Getty Images Plus

## Strasbourg ★★★

**Cathédrale Notre-Dame ★★★.** C'est le bijou du **centre historique ★★★**, tous deux classés par l'Unesco au Patrimoine mondial de l'humanité. Sa construction a duré quatre siècles (11$^{e}$-15$^{e}$ s.), l'ensemble mêlant les styles roman et gothique. À vélo, gagnez la rue Mercière, d'où profiter de la meilleure vue sur l'impressionnante façade. Le tympan du portail central, le plus richement décoré, comprend quatre registres, dont les trois premiers, du 13$^{e}$ s., sont remarquables par leur réalisme. Le quatrième est moderne. À l'intérieur, admirables vitraux des 12$^{e}$, 13$^{e}$ et 14$^{e}$ s.

**La Petite France ★★.** On a testé pour vous : les pavés ne gâchent pas la promenade en deux-roues. Au contraire, quel bonheur d'explorer en pédalant la Petite France, nom de l'ancien quartier des pêcheurs, des tanneurs et des meuniers, l'un des mieux conservés du vieux Strasbourg. Le quai longe le canal de navigation, offrant un coup d'œil romantique sur les façades des vieilles maisons médiévales qui se reflètent dans l'eau. Mais rien ne vous empêche de vous laisser guider, au fil de l'eau, le temps d'une croisière commentée sur l'Ill (1h10), sur les bateaux-mouches locaux.

*Croisières sur l'Ill - 18 pl. de la Cathédrale - ✆ 03 69 74 44 04 - www.batorama.com - juil.-août : 9h15-22h15 ; reste de l'année : se rens. - 15,70 €.*

## Le Grand Ried

**Paradis des roseaux et des oiseaux.** Cette plaine alluviale, l'une des plus vastes d'Europe, s'étend entre Strasbourg et Colmar, bornée par le Rhin et l'Ill. Le terme *ried* découle de dialectes alémaniques où *rieth* désigne le roseau, et par extension la zone inondable. Le long de la rivière l'Ill, les terres fertiles déroulent des champs cultivés à perte de vue ; notez les digues édifiées le long de certains villages pour les protéger de la montée des eaux.

## Marckolsheim

**Mémorial.** La petite ville de Marckolsheim a gardé quelques traces de son passé. Son musée-mémorial de la ligne Maginot du Rhin conserve des armes et des objets se rapportant à la lutte du 15 au 17 juin 1940 : la casemate fut défendue par 30 hommes pendant trois jours. Hitler la visita après la bataille. À l'extérieur, un canon soviétique, un char Sherman, une automitrailleuse et un half-track sont exposés sur l'esplanade.

*Musée de la ligne Maginot du Rhin - 20 rte du Rhin - ✆ 03 88 92 56 98 - de mi-juin à mi-sept. : 9h-12h, 14h-18h ; de mi-mars à mi-juin et de mi-sept. à mi-nov. : dim. et j. fériés 9h-12h, 14h-18h - fermé de mi-nov. à mi-mars - 4 €.*

## Neuf-Brisach ★

**Le plus beau diamant de France.** Le plan de cette forteresse de plaine, conçue au 17$^{e}$ s. par Vauban, apparaît de façon saisissante sous la forme d'une parfaite étoile octogonale. Depuis 2008, ce chef-d'œuvre d'architecture militaire est classé au Patrimoine mondial de l'Unesco. Il se

### ⊕ À deux coups de pédale

**À Eschau (à 13 km au sud de Strasbourg), l'abbatiale St-Trophime ★, datée du 10$^{e}$ s., est un joyau du premier art roman en Alsace du Nord (architecture ottonienne). Elle possède un riche mobilier liturgique et quelques belles sculptures. Face à cette église se trouve un jardin monastique de plantes médicinales.**

Petite Camargue alsacienne.
D. Delfino/hemis.fr

parcourt à pied, en prenant son temps pour en saisir toute la diversité. Niché dans les entrailles de la forteresse, le surprenant **MAUSA** ★ – musée des Arts urbains et du Street art – assure le lien entre le passé et un présent bien vivant...

*MAUSA Vauban - 15 r. d'Angoulême - ✆ 07 49 64 13 39 - mausa.fr - mar.-vend. 11h-19h (merc. 14h-19h) - 10 €. Prévoyez un pull.*

## ÉTAPE 2

### Neuf-Brisach - Bâle - 58 km

Vous pédalez ici sur une alternance de sections sur des routes peu passantes et en voies vertes (sur une ancienne voie ferrée), de Neuf-Brisach jusqu'à Niffer. Au niveau de l'écluse de Niffer, le parcours emprunte sur une quinzaine de kilomètres le canal de Huningue pour traverser le Rhin vers Bâle par la passerelle des Trois Pays. Un parcours facile et agréable qui longe de superbes espaces préservés, comme la réserve naturelle de la Petite Camargue alsacienne.

## Petite Camargue alsacienne ★

**Première réserve naturelle d'Alsace.** L'association de milieux humides et secs, résultat des mouvements du Rhin avant sa régularisation, a favorisé un développement exceptionnel de la faune et de la flore. Près de 150 espèces d'oiseaux, 40 espèces de libellules, rainettes et sangliers cohabitent parmi les roselières, étangs, marais et landes sèches de la réserve (904 ha). Six sentiers balisés permettent de les observer. Les bâtiments de l'ancienne pisciculture impériale (1852) abritent un centre d'initiation à la nature.

*Réserve naturelle - 1 r. de la Pisciculture - ☏ 03 89 89 78 59 - www.petitecamarguealsacienne.com - Maison de la Réserve ouv. de mars à oct. : 9h-17h, fermé lun. et sam. matin - gratuit.*

## St-Louis

**Aux confins de trois nations.** Une étape sous le signe de la culture, puisque cette ville transfrontalière a installé son musée d'art contemporain dans les locaux des anciennes distilleries Fernet-Branca. Le vaste bâtiment de la **Fondation Fernet-Branca** ★, encore surmonté de l'aigle-emblème de la marque, a été élégamment aménagé pour accueillir de grandes expositions temporaires.

*Fondation Fernet-Branca - 2 r. du Ballon - ☏ 03 89 69 10 77 - www.fondationfernet-branca.org - merc.-dim. 13h-18h - 8 €.*

## Bâle ★★★

**Une cité culturelle.** Ne vous fiez pas à son air sage. Élégante et un peu austère, la troisième ville de Suisse abrite, dans ses ruelles médiévales, une intense activité culturelle, nourrie par une quarantaine de musées ! Portée sur les beaux-arts, les antiquités, mais aussi le design et l'architecture, Bâle accueille chaque année « Art Basel », la plus grande foire internationale d'art contemporain du monde, rendez-vous incontournable des grands collectionneurs. Cerise sur le gâteau, la Limmat, rivière qui traverse la ville, se transforme l'été venu en base nautique géante. Tout pour plaire !

Y. Idir/Alamy/hemis.fr

### À cheval sur trois pays

**Pour arriver à Bâle, vous emprunterez nécessairement la passerelle des Trois Pays, qui enjambe le Rhin entre Huningue et Weil am Rhein. C'est la passerelle piétonne et cycliste qui a la plus longue portée au monde avec 238 m. Conçue par l'architecte franco-autrichien Dietmar Feichtinger, son nom vient de sa localisation entre la France, l'Allemagne et la Suisse.**

# LOUER UN VÉLO

## STRASBOURG

### L'INCREVABLE

*3 pl. de Zurich - ✆ 09 83 52 86 44 - www.lincrevable-cycles.fr - fermé lun. mat. d'avr. à oct. - w.-end et j. fériés sur RV. Location de VTC (25 €/j) et casques. Service de livraison à votre hôtel.*

### ALSA CYCLO TOURS

*✆ 03 69 45 92 70 - www.alsacyclotours.alsace - avr.-nov. 9h-18h, sur réserv. reste de l'année. Location de VTC (25 €/j, tarif dégressif) et VAE (à partir de 45 €/j), organisation de séjours sur mesure avec livraison ou récupération des vélos et transfert des bagages.*

# DÉGUSTER

## STRASBOURG

### PFIFFERBRIADER

On se sent bien dans cette *winstub* (bar à vin chauffé), avec son plafond bas, ses boiseries et ses vitraux ornés de scènes viticoles. Au menu, spécialités régionales et plats plus classiques, tous élaborés avec des produits frais. Bon choix de vins locaux.

*14 pl. du Marché-aux-Cochons-de-Lait - ✆ 03 88 24 46 56 - www.winstublepfiff.com - menus 32/40 €, spécialités 19/22 €.*

## NEUF-BRISACH

### LES REMPARTS

Une carte simple pour des produits de saison, que l'on déguste dans une salle à manger aux couleurs vives ou en terrasse à la belle saison.

*9 r. de l'Hôtel-de-Ville - ✆ 03 89 86 07 41 - fermé lun. soir, merc. soir et jeu. - formule 16 €, plats 20/30 € - racks pour les vélos.*

## ST-LOUIS

### YAM

Toute la saveur de la cuisine gastronomique thaïlandaise, parfumée et colorée, dans votre assiette! Belle carte de cocktails et grande terrasse.

*4 r. d'Altkirch - ✆ 03 89 91 27 28 - restaurant-yam.com - fermé dim.-lun. - formule 29 €, menus 59/69 €.*

## BÂLE

### MARKTHALLE BASEL

À proximité de la gare, la halle en forme de rotonde de l'ancien marché couvert abrite une multitude de comptoirs où vous pourrez déguster les cuisines du monde entier. De longues tables, une foule de jeunes et des concerts en font l'un des lieux incontournables de la scène alternative bâloise.

*Steinentorberg 20 - www.markthalle-basel.ch - tlj.*

# DORMIR

## STRASBOURG

### HÔTEL DU DRAGON

Avec sa décoration raffinée, dans un édifice du 17e s., ce charmant quatre-étoiles a tout du boutique-hôtel, sauf les prix, qui restent plutôt abordables à ce niveau. La situation séduit aussi, dans le quartier de la Krutenau. Il y a un garage à vélos fermé, avec... un atelier de réparation!

Label **Accueil Vélo**.

*12 r. du Dragon - ✆ 03 88 35 79 80 - www.dragon.fr - 36 ch. 101/251 € - ☕ 18 €.*

## NEUF-BRISACH

### HÔTEL-RESTAURANT AUX 2 ROSES

Votre regard sera sûrement attiré par cette façade bleue en centre-ville. Chambres confortables, restaurant *winstub* et petits-déjeuners buffet. Belle terrasse dans le jardin d'été.

Label **Accueil Vélo**.

*11 r. de Strasbourg - ✆ 03 89 72 56 03 - www.alsace2roses.com - 41 ch. 58/93 € - ☕ 10,50 € - ✕.*

## BÂLE

### MOTEL ONE

Un hôtel *low-cost* qui a tout bon: chambres calmes et confortables, situation hypercentrale, décoration design. L'une des meilleures adresses premier prix de la ville.

*Barfüssergasse 16 - ✆ 061 226 22 00 - www.motelone.com - 143 ch. 148/203 CHF - ☕ 19,90 CHF.*

## MULHOUSE

### HÔTEL BERTI

Un conseil: l'hôtellerie à Mulhouse étant moins chère qu'à Bâle, passez la frontière pour la nuit. Ce superbe hôtel situé dans une rue calme à deux pas de la gare propose des chambres à la déco originale, un somptueux petit-déjeuner et une table d'hôtes pour le dîner.

*3 r. de l'Est - ✆ 03 89 42 24 05 - bertihotel.com - 36 ch. à partir de 100 € - ☕ 14 €.*

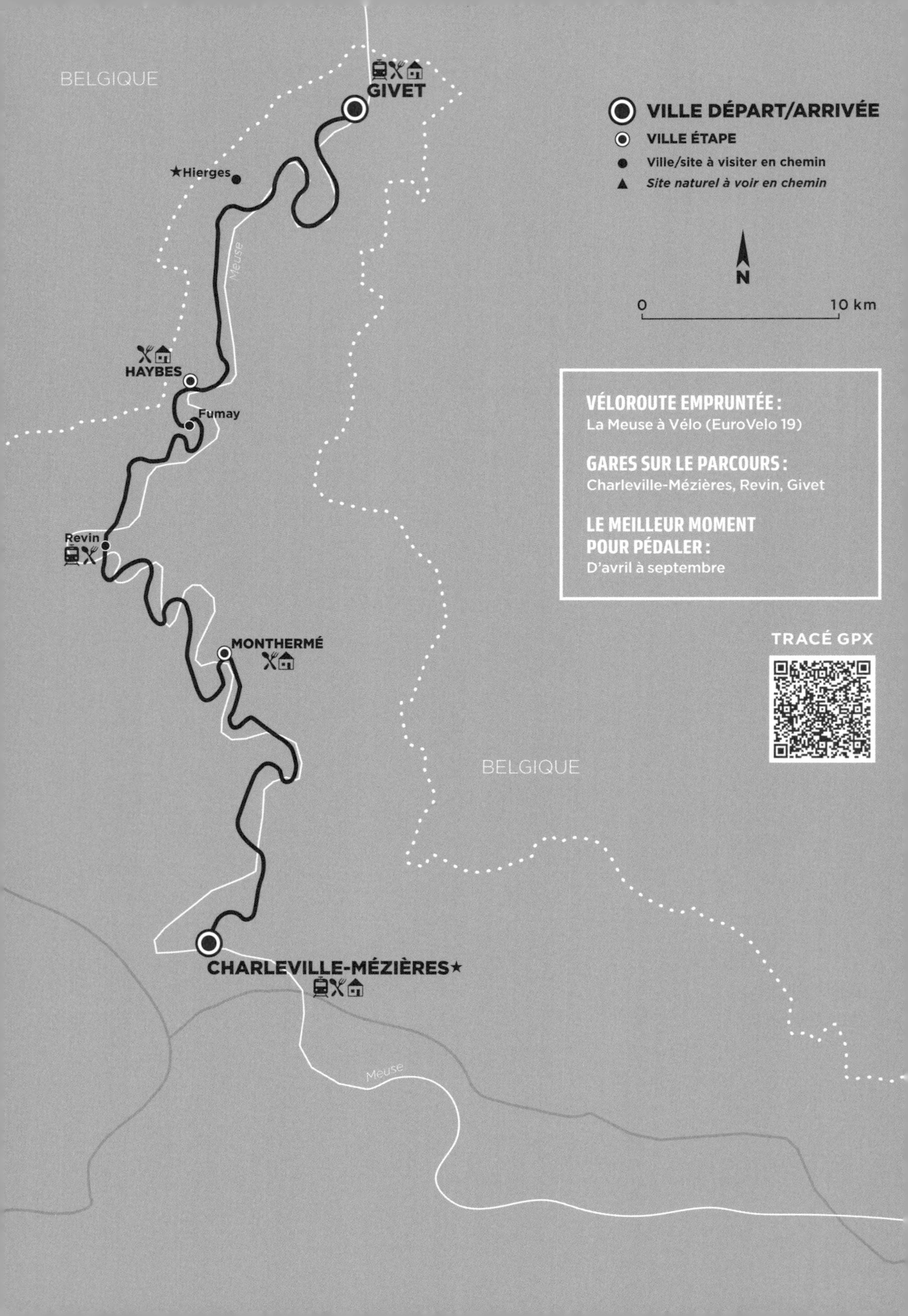
BELGIQUE
GIVET
★Hierges
Meuse
HAYBES
Fumay
Revin
MONTHERMÉ
BELGIQUE
CHARLEVILLE-MÉZIÈRES★
Meuse
VILLE DÉPART/ARRIVÉE
VILLE ÉTAPE
Ville/site à visiter en chemin
Site naturel à voir en chemin
N
0
10 km
VÉLOROUTE EMPRUNTÉE :
La Meuse à Vélo (EuroVelo 19)
GARES SUR LE PARCOURS :
Charleville-Mézières, Revin, Givet
LE MEILLEUR MOMENT POUR PÉDALER :
D'avril à septembre
TRACÉ GPX

NIVEAU 1 · 87 KM · 3 JOURS



**CHARLEVILLE-MÉZIÈRES**
**GIVET**

# Les méandres de la Meuse

La Meuse à vélo longe sur plus de 1000 km ce fleuve européen et propose en France 443 km d'itinéraire cyclable. Depuis Charleville-Mézières, il se faufile à travers le massif des Ardennes, entraînant avec lui les cyclistes vers la Belgique voisine. Le vert sombre d'épaisses forêts de résineux où se tapit le gros gibier, la roche schisteuse qui donne à l'eau sa couleur d'encre et aux villages médiévaux leurs toits d'ardoise confèrent au paysage une beauté presque austère.

## ÉTAPE 1

### Charleville-Mézières - Monthermé - 21 km

La sortie de Charleville peut se faire par le chemin longeant la Meuse depuis le camping du Mont-Olympe. De la place Ducale, descendez la rue du Moulin, puis empruntez la passerelle située à côté du musée Rimbaud. En arrivant face au pont à la fin de la boucle, prenez à gauche en direction de Nouzonville/Givet (nord). Le reste de l'itinéraire longe la Meuse, sans aucune difficulté, sur l'ancien chemin de halage appelé localement voie verte Trans-Ardennes.

Place Ducale, Charleville-Mézières.
R. Soberka/hemis.fr

## Charleville-Mézières ★

**Sur les traces du poète.** Traversées par la Meuse qui roule des eaux paisibles le long d'une vallée souriante et densément arborée, ces deux villes, aujourd'hui réunies, ont conservé leur identité et le souvenir de leur riche passé. Charleville déploie ses rues commerçantes et ses maisons anciennes autour de l'harmonieuse **place Ducale ★★**, tandis qu'en bordure de ses quais flotte, comme un bateau ivre, le souvenir de Rimbaud. Son aînée, Mézières, aligne fièrement ses façades Art déco et ses remparts médiévaux au cœur d'un large méandre du fleuve. Un circuit libre sur les traces d'Arthur Rimbaud parcourt toute la ville (dépliant à l'office de tourisme).

*Musée Arthur-Rimbaud - quai Rimbaud - ✆ 03 24 32 44 65 - www.musear.fr - mai-sept. : 9h30-12h30, 13h30-18h, w.-end 11h-13h, 14h30-18h ; reste de l'année : 9h-12h, 13h30-17h30, w.-end 14h30-17h30 - fermé lun. - 8 €.*

## Monthermé

**Gravir les roches.** Dans la vieille ville, une rue bordée de maisons anciennes épouse le méandre de la Meuse et mène à l'**église St-Léger ★**. En belle pierre de Meuse, elle est l'écrin d'une cuve baptismale romane du 12e s. et d'un décor peint très dense du 16e s. Le relief alentour offre de nombreux belvédères sur la vallée. Parmi les plus beaux, la **Roche à Sept Heures ★** (à 2 km par la D 989 vers Hargnies, puis au sommet à gauche) offre une belle vue plongeante sur Monthermé, tandis que de la **Roche aux Sept Villages ★★** (à 3 km au sud par la D 989) l'on jouit d'une vue remarquable sur les sinuosités de la Meuse, jalonnée de sept villages, entre Braux au sud et Deville au nord.

# ÉTAPE 2

### Monthermé - Haybes - 34 km

On ne peut pas faire plus simple ! Il suffit de suivre la voie verte Trans-Ardennes le long de la Meuse, aménagée sur l'ancien chemin de halage. Même si cet itinéraire est très majoritairement à l'écart du trafic routier, quelques courtes sections peuvent être partagées avec les véhicules motorisés.

## Revin

**Vous avez dit « voyettes » ?** Revin se niche au creux d'un site grandiose, formé par deux méandres de la Meuse, presque fermés, qui entaillent le massif des Ardennes. Sur le quai des bateliers, des maisons à pans de bois (16e s.) témoignent du temps où Revin était une ville tampon entre les Pays-Bas espagnols et la France. Témoins de ce riche passé, la Maison espagnole (première moitié du 16e s.) est aujourd'hui un musée consacré au patrimoine local (musée du Vieux-Revin), tandis que le « château des Hirondelles » fut, de 1685 à 1688, le refuge des protestants français contraints d'émigrer après la révocation de l'édit de Nantes (1685). Prenez le temps de flâner dans les voyettes (ruelles) où s'alignent des maisons basses et des cafés conviviaux. Rue Étienne-Dolet, remarquez la pompe Lavoye, une fontaine publique du 18e s.

*Musée du Vieux-Revin - 2 r. Victor-Hugo - ✆ 03 24 42 13 73 - www.ville-revin.fr - juin-août : 10h-12h, 14h-18h ; mai et sept. : merc.-dim. 14h-18h ; avr. et oct. : merc.-sam. 13h30-17h30 - gratuit.*

## Fumay

**Vénérer sainte Barbe.** Ancienne capitale de l'ardoise, la vieille ville, où la veine schisteuse affleure en maints

Monthermé, blottie dans un méandre de la Meuse.
Ch. Goupi/age fotostock

endroits, occupe un site original, à cheval sur le pédoncule d'un méandre de la Meuse. Au pied des ruelles et des escaliers enchevêtrés, les quais de la halte fluviale accueillent d'agréables terrasses. Rue des Rochettes, sur la droite vers l'église, subsiste l'entrée d'une ancienne ardoisière. Fumay conserve aussi de nombreuses maisons du 18e s. aux toitures bleutées et quelques « verdaux », monticules de déchets issus du façonnage de l'ardoise. La chapelle Ste-Barbe est dédiée à la patronne des ardoisiers, que certains fêtent encore le 4 décembre.

## ÉTAPE 3

### Haybes - Givet - 32 km

Vous suivez majoritairement la voie voie verte Trans-Ardennes, en site propre le long de la Meuse, jusqu'à Givet. L'itinéraire se poursuit dans le centre de Givet par une signalétique en place. Là encore, de courtes sections sont parfois partagées avec les véhicules motorisés. Pour ceux qui veulent continuer au-delà de Givet, La Meuse à vélo se poursuit en Belgique par des petites routes puis sur le RAVeL (Réseau Autonome des Voies Lentes) à partir de Dinant.

## À deux coups de pédale

Dans un site vallonné, à 3 km sur la rive opposée à la voie verte, Hierges ★ est l'un des petits villages des plus charmants des Ardennes. Il conserve quelques maisons du 17e s. et un moulin du 13e s. Sur la place, la Croix du Duel témoigne d'une rixe qui tourna mal en 1579. Hierges se blottit sous les ruines du château (ne se visite pas), d'abord édifié au 9e s. puis rebâti au 16e s. Son aspect de forteresse est tempéré par l'influence de la Renaissance mosane, comme en témoigne la décoration en brique des tours.
Si vous voulez rallonger votre périple, rendez-vous sur les hauteurs de la ville par le circuit de la Croix du Duel (12 km), pour admirer les belles perspectives sur le château et le village.

## Givet

**À l'abri des remparts.** Prenez le temps de vous perdre dans les ruelles tortueuses de cette ville toute proche de la frontière belge, où se mêlent la brique et la pierre bleue. Flânez sur les quais, le long de la halte fluviale et sur le pont enjambant lestement la Meuse : la vue s'étend sur le labyrinthe formé par la vieille ville et sur le **fort de Charlemont** ★. La cité fut fortifiée par Charles Quint en 1555, puis ses défenses renforcées par Vauban en 1680. De nombreuses maisons anciennes ont été restaurées, notamment rue du Puits, rue d'Anjou et rue d'Orléans (17e-19e s.).

*Fort de Charlemont - pl. du Château - ☏ 03 24 56 96 87 - www.charlemont-citadelle-de-givet.fr - juil.-août : merc.-lun. 10h30-18h30 ; juin et sept. : merc.-dim., oct. : w.-end - 7 €.*

Givet.
Jon Arnold Images/hemis.fr

## LOUER UN VÉLO

### CHARLEVILLE-MÉZIÈRES

**ARENAM**
*12 av. de l'Industrie - ✆ 03 10 43 42 75 - www.arenam.fr - fermé lun. Association solidaire, location de vélos (5 €/j + 2 €/j suppl., 8 €/w.-end) et atelier de réparation.*

## DÉGUSTER

### CHARLEVILLE-MÉZIÈRES

**CHEZ TOSHI**
Une cuisine gastronomique raffinée à base de produits de saison et une belle carte des vins. Le tout à des prix très raisonnables.
*33 r. du Moulin - ✆ 03 24 3 56 17 50 - cheztoshi.eatbu.com - fermé merc. et dim. - formule 29 €, menus 36/75 €.*

### MONTHERMÉ

**LES BOUCLES DE MEUSE**
Bien situé, cet hôtel-restaurant propose à la carte des plats avec des touches provençales. Les chambres simples ont été récemment rénovées.
*1 quai A. Briand - ✆ 03 24 35 79 47 - www.lesbouclesdemeuse.fr - plats 18/22 € - 10 ch. 78/85 € - ☕ 10 €. Location de vélos.*

### REVIN

**LA BONNE SOURCE**
Une cuisine traditionnelle et gastronomique à petit prix, dans une ambiance décontractée, c'est le pari de ce restaurant qui joue la dualité jusque dans sa salle, à la fois moderne et feutrée. Également bar à tapas.
*187 r. Waldeck-Rousseau - ✆ 03 24 40 14 86 - www.la-bonne-source-08.com - plat du jour 15€, menus 17/25 €.*

### HAYBES

**ERMITAGE DU MOULIN LABOTTE**
Il fait bon s'attabler dans la salle à manger de ce moulin du 18e s. entièrement rénové, installé au bord d'une petite rivière et entouré de forêts, pour déguster une cuisine du terroir.
*52 r. Edmond-Dromart - ✆ 03 24 41 13 44 - www.moulinlabotte.com - fermé dim.-lun. en oct.-avr. - formules 22/27 €, menus 36/48 € - 10 ch. 77 € - ☕ 10 €.*

### GIVET

**L'AUBERGE DE LA TOUR**
Le chef de cette jolie auberge tournée vers la Meuse réalise une cuisine plutôt traditionnelle, mais ouverte aux influences venues d'ailleurs. Terrasse d'été.
*6 quai des Fours - ✆ 03 24 40 41 71 - www.aubergedelatour.fr - fermé lun. - formules 25/29 €, menus 36/88 €.*

## DORMIR

### CHARLEVILLE-MÉZIÈRES

**LE DORMEUR DU VAL**
Hôtel design installé dans une ancienne imprimerie où se mêlent le bois, le fer et le verre. Trois gammes de chambre – « rime », « strophe » et « poème » – allient couleurs et luminosité.
*32 bis r. de la Gravière - ✆ 03 24 42 04 30 - domaine-arthur-rimbaud.com - 17 ch. 80/110 € - ☕ 15 €.*

### MONTHERMÉ

*Voir aussi « Déguster » ci-contre.*

**CHAMBRES D'HÔTES CHEZ MANY**
Cette maison est située à côté de l'église St-Léger, au cœur de la boucle de la Meuse, à moins de 500 m de la voie verte. Une adresse de charme. Les chambres confortables sont joliment meublées.
*12 r. du Gén.-de-Gaulle - ✆ 06 22 44 80 23 - 4 ch. 60/65 € - ☕ 9 €.*

### HAYBES

*Voir aussi « Déguster » ci-contre.*

**LE SAINT-HUBERT**
Les chambres personnalisées offrent au choix une vue sur le charmant village de Haybes ou sur les reposants bords de la Meuse.
*47 r. André-Cunin - ✆ 03 24 41 11 38 - www.hotelrestaurantsainthubert.com - 10 ch. 65/80 € - ☕ 11 € - ✕.*

### GIVET

**HÔTEL LES REFLETS JAUNES**
Près du centre historique, cet hôtel en brique rouge de 1685 dispose de chambres spacieuses et confortables (baignoire-jacuzzi pour certaines). Copieux petit-déjeuner buffet.
*2 r. du Gén.-de-Gaulle - ✆ 03 67 10 91 79 - www.les-reflets-jaunes.com - 17 ch. 65/98 € - ☕ 13,50 €.*

P Parking PC 2

# 1 SEMAINE

Beynac-et-Cazenac, dans la vallée de la Dordogne. 

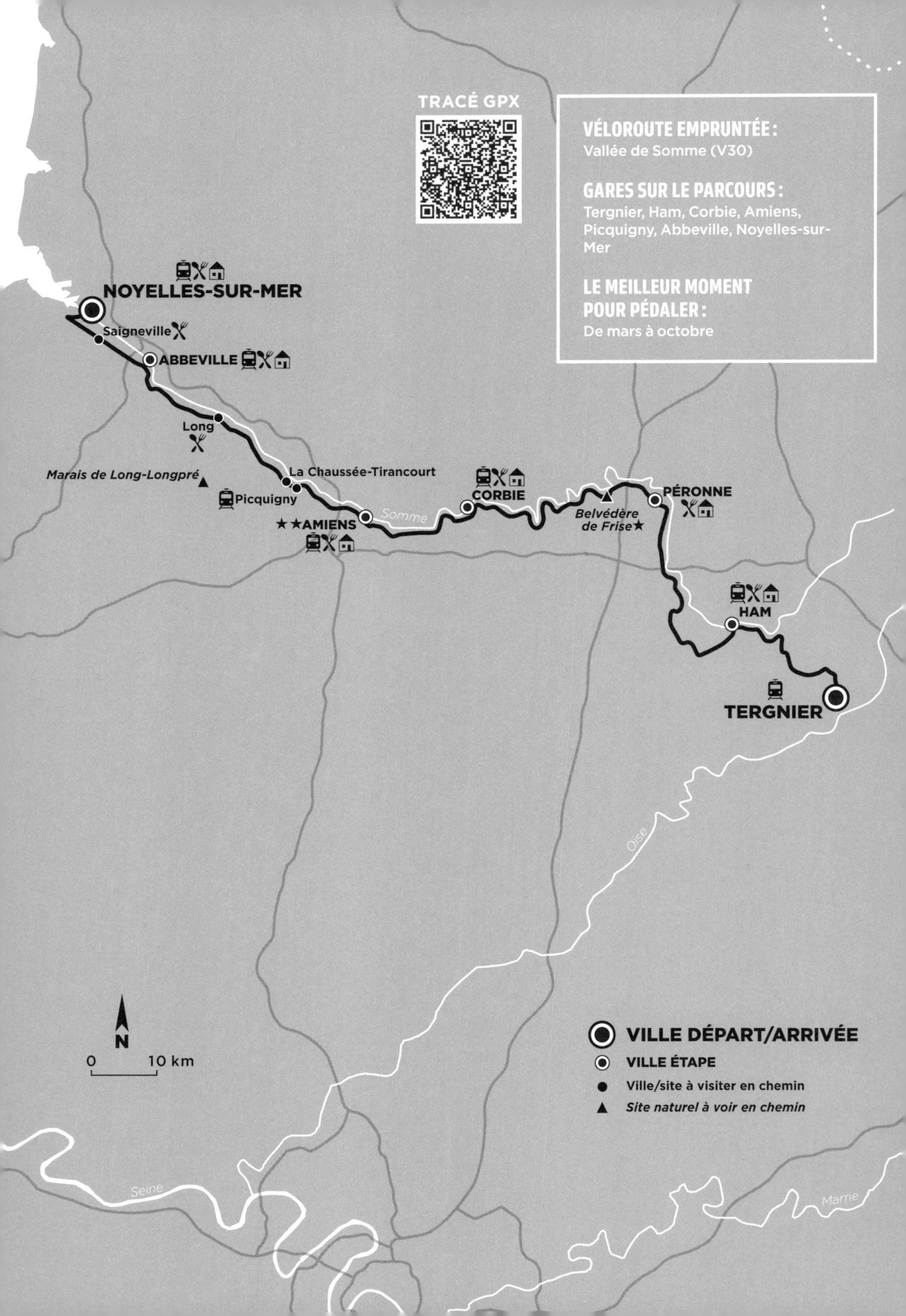
TRACÉ GPX
VÉLOROUTE EMPRUNTÉE :
Vallée de Somme (V30)
GARES SUR LE PARCOURS :
Tergnier, Ham, Corbie, Amiens, Picquigny, Abbeville, Noyelles-sur-Mer
LE MEILLEUR MOMENT POUR PÉDALER :
De mars à octobre
NOYELLES-SUR-MER
Saigneville
ABBEVILLE
Long
Marais de Long-Longpré
La Chaussée-Tirancourt
Picquigny
★★AMIENS
Somme
CORBIE
Belvédère de Frise★
PÉRONNE
HAM
TERGNIER
Oise
Seine
Marne
N
0
10 km
VILLE DÉPART/ARRIVÉE
VILLE ÉTAPE
Ville/site à visiter en chemin
Site naturel à voir en chemin

NIVEAU 1 | 199 KM | 6 JOURS

**TERGNIER**
**NOYELLES-SUR-MER**

# La vallée de la Somme

Indéfinissable plaisir que de suivre à vélo l'apaisant cours de la Somme vers sa baie éponyme et ses horizons infinis. En 200 km, la véloroute Vallée de Somme, égrenée de sites naturels d'exception, relie Tergnier à St-Valery-sur-Somme. Aménagée le long du canal de la Somme, cette véloroute est l'occasion, notamment à Péronne, de se mettre en première ligne pour marcher sur les traces indélébiles laissées par la Grande Guerre. Arrivée inoubliable en mode 16/9e pour admirer la faune de la baie!

## ÉTAPE 1

### Tergnier - Ham - 29 km

De Tergnier à Mennessis, l'itinéraire à vélo emprunte le chemin de halage le long du canal de St-Quentin. Au pont de Mennessis, il faut quitter le canal, le chemin de halage n'étant pas praticable et la circulation interdite. Le balisage continu (panneaux verts sur fond blanc avec l'indication V30) vous guide alors sur d'agréables petites routes secondaires. Même si la circulation y est faible, n'oubliez pas que vous pouvez croiser d'autres véhicules, surtout en automne, en période de récolte des betteraves.

Le chemin de halage le long de la Somme, à Amiens.
S. Bouilland/hemis.fr

## Tergnier

**Entrée en résistance.** L'hôtel de ville de Tergnier a été reconstruit en 1930 dans le style Art déco par l'architecte Albert-Paul Müller. Détruite en grande partie durant la Première Guerre mondiale, la ville a été un pôle de résistance important durant la Seconde Guerre mondiale. S'il a rouvert, visitez son musée de la Résistance et de la Déportation de Picardie, installé dans un bâtiment Art déco de 1925. Au sous-sol, la reconstitution d'une cellule de prisonniers contient de poignantes archives.

*5 pl. Carnégie - ✆ 03 23 57 93 77 - www.ville-tergnier.fr - 10h-12h, 14h-18h - fermé lun. et dim. matin - 5 €. Momentanément fermé pour travaux.*

## Ham

**Une ville où s'évader!** Ham est une ancienne place forte située dans la haute vallée marécageuse de la Somme. Au cœur d'une région agricole, cette cité sucrière conserve une abbatiale avec une très belle crypte, et un port fluvial actif, liant les canaux de la Somme et de St-Quentin. Ham est aussi connue pour sa prison, dont le futur Napoléon III s'évada en 1846.

# ÉTAPE 2

### Ham - Péronne - 35 km

Depuis le centre de Ham, dirigez-vous vers le fleuve. Le chemin de halage n'étant pas encore aménagé pour la circulation à vélo, le début de cette étape vous mène, sur quelques kilomètres, par les petites routes, en direction d'Esmery-Hallon, puis Hombleux et Buverchy. À la sortie de Buverchy, il faut traverser la voie d'eau puis reprendre le chemin de halage en repassant sous le pont vers le nord. Jusqu'à Péronne, on suit ce grand canal où les péniches transportent toutes sortes de matériaux.

## Historial de la Grande Guerre ★★ à Péronne

**Sur les champs de bataille.** Le musée se trouve sur l'ancienne ligne de front de la bataille de la Somme. Mieux qu'un manuel scolaire, cet historial évoque la Première Guerre mondiale sous tous ses aspects, à la fois militaires, sociaux et culturels. Indispensable pour comprendre la Grande Guerre, ce saisissant musée a su prendre du recul en multipliant les points de vue, civil et militaire, des victorieux et des vaincus.

*Château de Péronne - pl. André-Audinot - ✆ 03 22 83 14 18 - www.historial.org - avr.-sept.: 9h30-18h; reste de l'année: tlj sf merc. 9h30-17h - 10 €.*

# ÉTAPE 3

### Péronne - Corbie - 44 km

À Péronne, la signalétique de la véloroute Vallée de Somme et le chemin de halage se retrouvent au niveau du port de plaisance en rive gauche. Peu après Péronne, le halage se poursuit naturellement le long de la Somme canalisée. À Éclusier-Vaux, suivez la signalétique qui vous emmène à Cappy *via* Suzanne, puis reprenez le halage à Cappy. À Méricourt-sur-Somme, deux options s'offrent à vous: à droite vers Chipilly et le belvédère du camp César avec un peu de dénivelé, à gauche vers le centre de Méricourt-sur-Somme puis Morcourt. Enfin, poursuivez à vélo sur le halage en rive gauche de Cerisy jusqu'à Sailly-Laurette, puis en rive droite jusqu'à Corbie.

Amiens.
J. A. Moreno/age fotostock

## Belvédère de Frise ★

**Dans les pas d'un soldat-poète.** Voilà un autre beau panorama sur le fleuve. Outre les panneaux d'interprétation thématiques, deux circuits au départ du belvédère permettent de découvrir le patrimoine naturel (« La montagne de Frise », 2,3 km) et les traces laissées par la Grande Guerre en partant « Sur les pas de Blaise Cendrars » (8 km). Le poète et écrivain Blaise Cendrars (1887-1961), qui s'était engagé dans la Légion étrangère, fut en position à Frise de la mi-décembre 1913 jusqu'en février 1914, aux lieux-dits de La Grenouillère et du Bois de la Vache.

## Corbie

**Prenez la porte.** Entre la Somme et l'Ancre, entre falaises et étangs, Corbie a grandi près de son abbaye bénédictine, dont les tours se repèrent depuis les crêtes des deux vallées. De la place de la République, franchissez la porte monumentale (18e s.), ancienne entrée principale de l'abbaye, dont le cloître et les bâtiments conventuels ont été rasés sous la Révolution.

*Abbatiale St-Pierre - ✆ 03 22 96 95 76 - de juin à mi-sept.: merc. et sam. 14h-18h - 6 €.*

## ÉTAPE 4

### Corbie - Amiens - 20 km

Sur cette étape de la véloroute Vallée de Somme entièrement en voie verte, on aperçoit plusieurs usines qui utilisaient autrefois la voie d'eau pour le transport des marchandises. On traverse le village d'Aubigny, puis Daours. La Maison éclusière de Lamotte-Brebière, aménagée en

## À deux coups de pédale

**Le marais de Long-Longpré est idéal pour observer les oiseaux! Ces paysages de marécages et d'îlots suspendus, étendus sur 6 000 ha, sont un havre pour les oiseaux (hérons, grèbes huppés, balbuzards) et un paradis pour les pêcheurs. Le must: découvrir ces richesses avec un guide nature en barque électrique!**

***Maison des Marais - à 2,6 km au sud-est de Long par les D 32 et D 3 - ✆ 03 22 31 86 93 - www.tourisme-baiedesomme.fr - avr.-sept.: merc.-dim. 9h30-12h30, 13h30-18h.***

café, propose une halte bienvenue avant de rejoindre Amiens. Le tracé de la véloroute s'écarte sur quelques centaines de mètres du chemin de halage et emprunte la route de La Canardière, entourée d'étangs jusqu'à Camon. De Camon, le parcours reprend la rive droite et traverse les hortillonnages jusqu'au centre-ville d'Amiens.

### Amiens ★★

**Flâner et s'émerveiller.** Capitale de l'ancienne Picardie, Amiens offre une passionnante diversité d'architectures et d'activités. Elle possède la plus vaste **cathédrale gothique** ★★★ de France, deux fois plus grande que Notre-Dame de Paris, inscrite au Patrimoine mondial de l'Unesco. Autour, les ruelles pavées donnent à la ville une allure médiévale. Au nord, les **canaux de St-Leu** ★ évoquent une petite Amsterdam, tandis qu'au sud, le centre-ville hésite entre alignements du 19e s. et urbanisme d'après-guerre, dont la **tour Perret** ★ reste le symbole. Enfin, les **hortillonnages** ★★, charmant damier de jardins que l'on peut visiter en barque, constituent un autre de ses attraits.

*Cathédrale Notre-Dame - www.amiens-tourisme.com - 8h30-17h30 (18h30 avr.-sept.); tours: avr.-sept. 14h, 14h45, 15h30, 16h15, 17h; reste de l'année: se rens - fermé mar. - 7 €.*

*Maison des Hortillonnages - 54 bd Beauvillé - ✆ 03 22 92 12 18 - www.leshortillonnages-amiens.com - visite guidée en barque mai-sept.: 9h-12h30, 13h30-18h15 - reste de l'année: se rens. - 10 €.*

## ÉTAPE 5

### Amiens - Abbeville - 49 km

La véloroute de la Vallée de Somme suit le chemin de halage aménagé en voie verte tantôt en rive gauche, tantôt en rive droite. Le revêtement alterne entre un enrobé et un sable compacté dans les milieux naturels. Le balisage est continu et indique les services à retrouver dans les villes et villages qui jouxtent l'itinéraire à vélo. Des aires de pique-nique sont aménagées autour des écluses et le long du canal, pour des pauses au bord de l'eau.

### La Chaussée-Tirancourt

**Apprendre à tailler des silex.** Le plus grand parc de France consacré à la préhistoire (30 ha), le **parc Samara** ★, est aménagé au pied d'un oppidum celtique d'où la vue s'étend sur la vallée de la Somme. Des reconstitutions de huttes néolithiques aux échanges avec des archéologues, il vous plonge dans la vie des premiers hommes à travers des démonstrations de tisserands, forgerons et autres tailleurs de silex. L'arboretum est riche de nombreuses essences, tandis que le labyrinthe végétal abrite environ 600 plantes à fleurs, certaines rares et protégées. Le sentier continue et forme une boucle à travers le marais, ancienne tourbière en voie de comblement,

Le marais de Picquigny, à côté de La Chaussée-Tirancourt.
S. Bouilland/hemis.fr

invitant à la découverte de divers écosystèmes. Voici une visite qui ravira certainement petits et grands !
*Rue d'Amiens - ✆ 03 22 51 82 83 - www.samara.fr - juil.-août : 10h-18h30 ; avr.-juin et sept.-nov. : 9h30-17h30 - 12,50 €.*

## Long

**De long en large.** Ce charmant village entouré de marais de toute beauté mérite une halte pour les pépites qu'il abrite. L'église St-Jean-Baptiste gothique, reconstruite au 19e s., conserve son clocher du 16e s. et un orgue de Cavaillé-Coll. À flanc de coteau, le **château** ★ d'époque Louis XV présente une belle façade de brique rose et de pierre blanche. Le domaine conserve sa cour de ferme, son pigeonnier, une orangerie et un parc de 20 ha, à l'anglaise, agrémenté d'un vaste plan d'eau. Témoin d'une autre époque, la centrale hydroélectrique, construite vers 1900, a gardé en état son admirable la machinerie.
*Château - ✆ 03 21 31 34 53 - www.chateaudelong.fr - juil.- août : tlj sf dim. 10h-12h, 14h-18h ; mars-juin et sept.-oct. : sur RV - visite libre du parc 10h-18h - 11 €.*

## Abbeville

**Une riche histoire.** Rebâtie après la guerre, la ville présente quelques réalisations architecturales audacieuses, comme l'hôtel de ville et son beffroi moderne abritant une partie des collections de l'intéressant **musée Boucher-de-Perthes** ★ (art et archéologie). Pourtant, la ville est

Le Crotoy.
kodachrome25/Getty Images Plus

encore riche d'un patrimoine ancien, comme la flamboyante **collégiale royale de St-Vulfran** ★ ou le **château de Bagatelle** ★. Cette « folie », en bordure de la ville, s'inscrit dans un parc de 11 ha.

*Ancienne collégiale royale de St-Vulfran - ✆ 03 22 24 27 92 - avr.-oct.: mar.-sam. 10h-18h, dim.-lun. 14h-18h; reste de l'année: se rens.*

*Château de Bagatelle - 133 rte de Paris - ✆ 06 86 17 87 22 ou 03 64 24 62 71 - www.chateaudebagatelle.com - visite guidée sur RV - 10 €.*

## ÉTAPE 6

### Abbeville - Noyelles-sur-Mer - 22 km

La traversée d'Abbeville à vélo n'est pas encore achevée. La requalification du boulevard Voltaire près de la gare est en cours de réaménagement. Après l'écluse d'Abbeville, la véloroute se poursuit vers la rue Cité-de-l'Arsenal sur quelques mètres pour rejoindre, à gauche, la rive gauche que l'on ne quitte plus jusqu'à St-Valery-sur-Somme. Soyez attentif, une fois arrivé dans la commune de St-Valery, à la traversée des voies du petit train de la baie de Somme et aux très nombreux promeneurs.

### Noyelles-sur-Mer

**Déchiffrer les idéogrammes au cimetière chinois de Nolette.** C'est la plus grande nécropole chinoise de France, avec ses 825 stèles blanches gravées d'idéogrammes. En 1916, des milliers de Chinois s'engagèrent à servir l'armée anglaise en échange d'un salaire. Travaillant dans des conditions éprouvantes, aussi bien à la construction des voies ferrées qu'au nettoyage des champs de bataille, ils ne pouvaient circuler librement en dehors du camp. Beaucoup furent fauchés par la guerre, et surtout par l'épidémie de grippe espagnole de l'automne 1918.

**S'évader en train à l'ancienne.** Ce petit train lancé en 1887 pour transporter les estivants en baie de Somme a repris du service. Les voitures à plates-formes, tractées par des locomotives à vapeur ou Diesel, circulent à 20 km/h entre Le Crotoy, Noyelles-sur- Mer, St-Valery-sur-Somme et Cayeux-sur-Mer, permettant de découvrir la baie. Possibilité de faire un aller simple pour revenir à vélo, en bateau ou à pied en traversant la baie.

*Chemin de fer de la baie de Somme - ✆ 03 22 26 96 96 - www.chemindefer-baiedesomme.fr - fermé déc.-janv. - 18 € AR.*

# DÉGUSTER

## HAM

### LE SAINT SULPICE

Une brasserie chaleureuse avec une carte qui change tous les jours. Au menu, toujours des valeurs sûres : petits farcis, paupiettes, moules marinières…

*59 r. Salvador-Allendé - ✆ 03 23 81 22 33 - ferme à 19h en sem. - fermé le soir sam. et dim. - formule midi 15,90/18,90 €.*

## PÉRONNE

### LE BISTROT D'ANTOINE

Cuisine saine à base de produits saisonniers de qualité cuisinés avec soin. Service en salle ou terrasse.

*8 pl. André-Audinot - ✆ 03 22 85 84 46 - www.bistrot-antoine.fr - fermé dim.-lun. - formule déj. 22 €, menu 33,50 €.*

## CORBIE

### L'ABBATIALE

Voilà une très belle surprise. Ici, la carte fait la part belle aux produits frais et régionaux. Service très chaleureux. Et on apprécie l'agréable terrasse accessible dès les beaux jours de l'été.

*9 pl. Jean Catelas - ✆ 03 22 48 40 48 - www.hotelrestaurant-labbatiale.fr - fermé dim. soir - plats 23 €.*

### HÔTEL-RESTAURANT LA CAROLINE

*Voir « Dormir » p. 150.*

## AMIENS

### LE T'CHIOT ZINC

À deux pas de la tour Perret, dans une rue piétonne du centre, une institution amiénoise. Sur un rythme cadencé, les serveurs envoient flamiche, cochon de lait et autres spécialités picardes. Le tout dans un cadre atypique, hérité du 17e s.

*18 r. de Noyon - ✆ 03 22 91 43 79 - fermé dim. et j. fériés - plats 11/19 €.*

### HYACINTHE

Le chef de ce restaurant vintage pratique une cuisine respectueuse de la nature et des hommes, en se fournissant en légumes dans les hortillonnages d'Amiens en agneau pré-salé de la baie de Somme, en poissons de ligne de la Côte d'Opale… Ses assiettes un brin créatives jonglent avec les préparations, les bons produits et les goûts.

*11 r. Dusevel - ✆ 07 69 60 85 61 - www.restaurant-hyacinthe.fr - fermé lun., mar., dim. - formules déj. 23/29 €, menus 50/70 €.*

## LONG

### AU FIL DE L'EAU

On s'installe dans une belle salle ouverte sur le canal, ou sur la terrasse s'étageant face à l'écluse. Plats soignés. Service amical. Une excellente adresse.

*3 Grande-Rue - ✆ 09 55 28 99 67 - Facebook - fermé dim. - plat du jour 13 €, plats 20/25 €.*

## ABBEVILLE

### LE CROQUENBOUCHE

C'est une véritable institution abbevilloise ! Ce traiteur-restaurateur excelle aussi bien dans les plats salés (burgers) que dans les desserts et gourmandises (macarons). Pour tous les goûts et toutes les faims !

*3 pl. Jacques-Becq - ✆ 03 60 04 23 53 - fermé dim.-lun. et le soir mar.-jeu. - formule 15 €, menus 20/35 € le soir.*

### LA CORNE

La façade bleue de cette vieille maison abbevilloise dissimule un agréable intérieur rétro où l'on apprécie de généreux plats bistrotiers : ris de veau, andouillette et nombreux poissons selon arrivage.

*32 chaussée du Bois - ✆ 03 22 24 06 34 - Facebook - fermé 3 sem. en août, vac. de Noël, merc. soir, sam. midi et dim. - formule 19 €, menu 23 €.*

## SAIGNEVILLE

*À 6 km au nord-ouest d'Abbeville.*

### AU REPOS DES PÊCHEURS

Vous passerez devant ce très authentique bistrot, tenu par la même famille depuis trois générations, en bordure de la Somme et de la véloroute. Esprit guinguette dans le jardin aux tonnelles ombragées, pour une cuisine simple à tout petits prix. Ouvert toute la journée, pour une halte entre deux coups de pédale.

*2 r. Principale - Hameau de Petit-Port - ✆ 03 22 24 07 94 - de déb. avr. à déb. sept. : fermé lun. - 5/15 €.*

## NOYELLES-SUR-MER

### FERME DES PRÉS SALÉS

Dans la boutique, vous trouverez les produits de la ferme (fraises, tomates) et de nombreux produits régionaux (cidre fermier, fromages picards) à emporter en pique-nique. Cueillette de fraises de plein champ (10 variétés).

*13 r. du Gén.-de-Gaulle - ✆ 03 22 23 25 83 - Facebook - fermé dim.*

# DORMIR

## HAM

### LES CANARDS DE LA GERMAINE

Faute d'offre hôtelière à Ham, nous vous suggérons

de pédaler 15mn pour vivre une expérience insolite dans cette ferme d'élevage. La maison familiale (1925) a été transformée en maison d'hôtes. Deux hébergements insolites, des kotas finlandais, complètent l'offre. Dîner avec les produits de la ferme sur réservation.

*3 r. de l'Église - Sancourt - ✆ 03 23 81 01 57 - www.lescanardsdelagermaine.fr - 6 ch. 40/75 €, kotas 135/169 € - ☕ 8 € - ✕ 25 €.*

## PÉRONNE

### L'AUBERGE DES REMPARTS

Situé dans un ancien hôtel, cet établissement est en réalité un habitat collectif avec 118 lits répartis dans des chambres et un dortoir de 19 lits. Outre le Label **Accueil Vélo**, cet établissement durable est aussi un bâtiment basse consommation labellisé La Clef Verte. Pas de cuisine collective, mais une cellule de réchauffage.

*17 r. Beaubois - ✆ 03 22 88 41 10 - www.aubergedesremparts.fr - 24 ch et 1 dortoir de 19 lits 62 €.*

### CAMPING DU PORT DE PLAISANCE

Près du port, outre des emplacements où planter sa tente, ce camping propose des options intéressantes comme des tentes « prêtes à camper » avec tout l'équipement fourni, des tentes insolites et des chalets en dur. Parmi les autres prestations : un bar, une épicerie d'appoint et une agréable piscine. Label **Accueil Vélo**.

*Rte de Paris - ✆ 03 22 84 19 31 - camping-plaisance.com - ouv. mars-oct. - piscine - tentes insolites et chalets à partir de 65 € pour 2 pers.*

## CORBIE

### HÔTEL-RESTAURANT LA CAROLINE

C'est le seul établissement avec le Label **Accueil Vélo** à Corbie (avec un abri à vélos sécurisé). Côté restaurant, une agréable cuisine qui privilégie les plats faits maison et le terroir.

*6 pl. Roger-Salengro - ✆ 03 22 48 01 51 - la-caroline-restaurant.eatbu.com - 7 ch 71 € - ☕ 8,50 € - ✕ (fermé le soir lun.-merc. et le dim.).*

## AMIENS

### IBIS BUDGET CENTRE AMIENS

Bon hôtel situé près de la gare, à côté de la halle Freyssinet. Les chambres sont simples, modernes et confortables, avec un bon petit-déjeuner en option. Possibilité de garder son vélo dans sa chambre (se rens.).

*15r. Dejean - ✆ 08 92 70 06 65 - all.accor.com - 88 ch. 60/80 € - ☕ 8,90 €.*

### LA CHAMBRE D'AMIENS

Cet hôtel moderne est tenu avec simplicité et rigueur. Outre un plateau d'accueil (thé, café), il propose un excellent petit-déjeuner buffet en option. Parking gratuit et possibilité de laisser son vélo dans un local sécurisé.

*1 av. de l'Hippodrome - ✆ 03 22 22 50 50 - www.lachambredamiens.com - 25 ch. 100/141 € - ☕ 11 €.*

## ABBEVILLE

### MERCURE ABBEVILLE CENTRE

Cette bâtisse en briques rouges, en plein centre-ville, est représentative du style architectural du Ponthieu. Label **Accueil Vélo** (avec un espace sécurisé dans le garage).

*19 pl. du Pilori - ✆ 03 22 24 00 42 - all.accor.com - 72 ch. 130 € - ☕ 8,50/19 €.*

### AU PERRON DE LA BAIE

Au calme mais à 5mn à pied seulement du centre et des restaurants, Véronique et Jean-Marie vous accueillent dans leur maison des années 1900. Abbevillois depuis plusieurs générations, ils sauront vous renseigner sur la ville. Label **Accueil Vélo** et garage fermé.

*39 r. Philéas-Lebesgue - ✆ 03 22 19 10 16 - www.chambres-hotes-abbeville-velo.com - 2 ch. 88 € ☕.*

## NOYELLES-SUR-MER

### HALTE EN B

Cette maison d'hôtes vous attend près de la gare. Vous y trouverez 5 chambres parfaitement équipées qui fleurent bon le littoral. Restauration sur demande, bocaux de plats cuisinés picards Vrai & Bon.

*24 r. du Maréchal-Foch - ✆ 06 33 58 58 31 - www.halte-en-b-chambresdhotes.fr - 5 ch. 80/90 € ☕ - ✕ sur réserv. 48h à l'avance.*

### LE RELAIS DE LA BAIE

Ce « bistrot-brocante-estaminet » associatif, installé dans l'ancien hôtel de la Gare, est meublé vintage. Vous y trouverez des objets anciens à vendre, des jeux en accès libre, un salon avec des livres… Un sympathique lieu de vie, pour boire un verre accompagné d'une planche apéritive (terrines, produits bio et locaux) et y passer la nuit. Label **Accueil Vélo** (local sécurisé).

*9 rte du Crotoy - ✆ 06 24 98 53 23 - www.lerelaisdelabaie.com - ouv. uniquement en été, sinon le w.-end (se rens.) - 4 ch. 65 € - ☕ 7,50 €.*

Le train à vapeur de la baie de Somme, entre Le Crotoy et St-Valery-sur-Somme.
S. Bouilland/hemis.fr

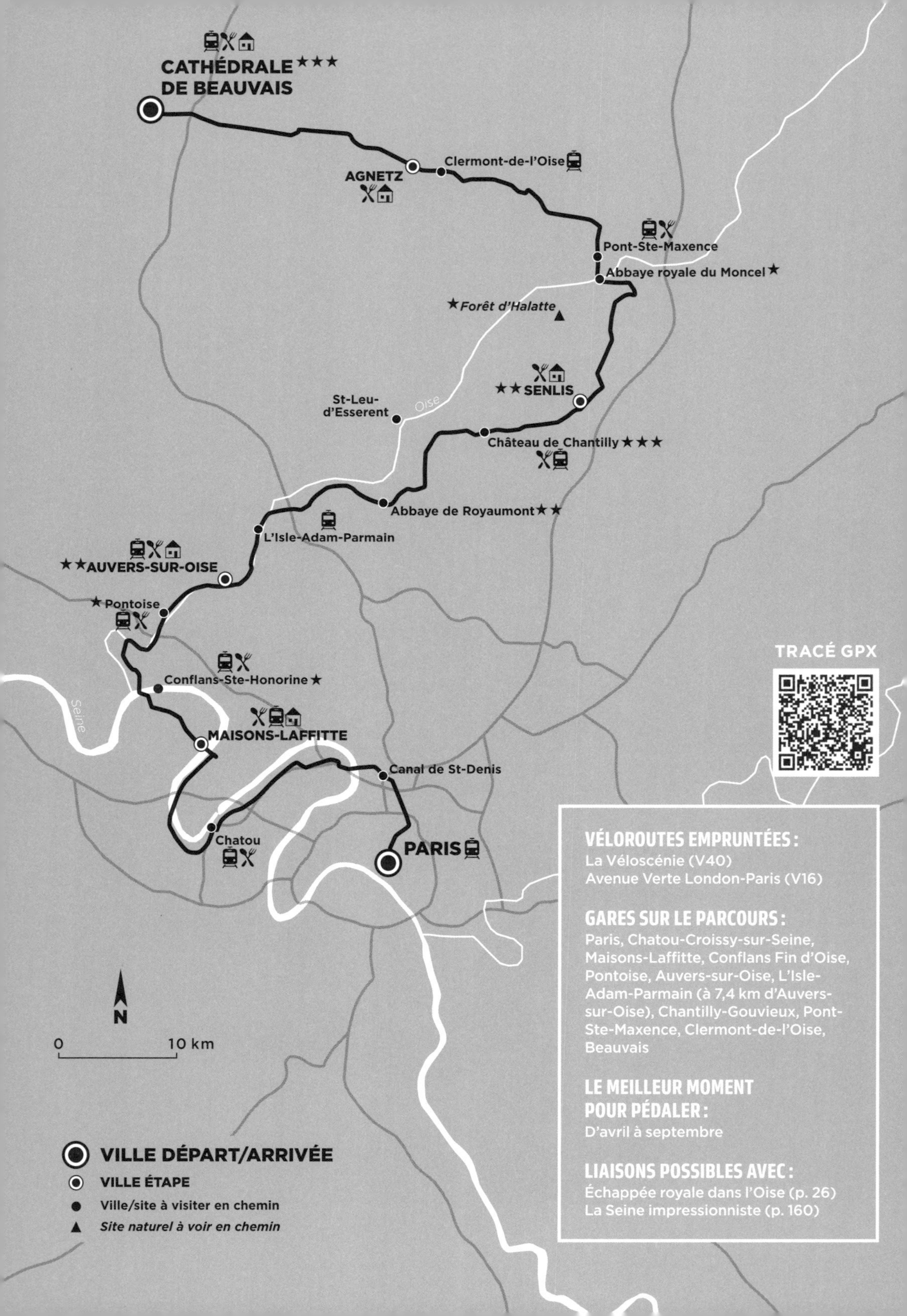


**VÉLOROUTES EMPRUNTÉES :**
La Véloscénie (V40)
Avenue Verte London-Paris (V16)

**GARES SUR LE PARCOURS :**
Paris, Chatou-Croissy-sur-Seine, Maisons-Laffitte, Conflans Fin d'Oise, Pontoise, Auvers-sur-Oise, L'Isle-Adam-Parmain (à 7,4 km d'Auvers-sur-Oise), Chantilly-Gouvieux, Pont-Ste-Maxence, Clermont-de-l'Oise, Beauvais

**LE MEILLEUR MOMENT POUR PÉDALER :**
D'avril à septembre

**LIAISONS POSSIBLES AVEC :**
Échappée royale dans l'Oise (p. 26)
La Seine impressionniste (p. 160)

NIVEAU 2 | 183 KM | 5 JOURS



**PARIS
BEAUVAIS**

# Les bords de l'Oise

Il y a de l'art dans l'air le long du parcours cyclable de l'Avenue Verte London-Paris. En quelques coups de pédale, vous y verrez défiler les bords de l'Oise chers aux impressionnistes, faisant bientôt place aux abbayes et aux châteaux royaux, aux villes médiévales et aux forêts centenaires, dont les hautes cimes n'égalent que les sommets hérissés de la cathédrale de Beauvais. Une belle échappée artistique de 140 km à vélo pour s'évader dare-dare de la capitale.

## ÉTAPE 1

### Paris - Maisons-Laffitte - 45 km

De l'île de la Cité, vous filez d'abord sur le boulevard Sébastopol sur une piste cyclable bidirectionnelle. Vous bifurquez ensuite à droite dans la rue de Turbigo pour une diagonale vers la place de la République, puis, la statue de Marianne derrière vous, vous rejoignez le canal St-Martin, côté quai de Jemmapes. Vous remontez l'enchanteur canal St-Martin sur près de 2 km jusqu'à la place Stalingrad et le bassin de la Villette. Vous êtes cette fois côté gauche, sur le quai de la Seine, et poursuivez pendant 1,5 km. Le quai de la Seine devient quai de l'Oise. La piste cyclable vous emmène

Cyclistes en bord d'Oise.
Michael Derrer Fuchs/Getty Images Plus

L'abbaye de Royaumont.
A. Chicurel/hemis.fr

jusqu'au canal de St-Denis. Entre St-Denis et Argenteuil, le parcours coupe à travers le méandre avant de retrouver la Seine comme fil d'Ariane jusqu'à Maisons-Laffitte.

## Canal de St-Denis

**Déjà de l'eau...** Ce canal a été créé suite à un décret de 1802 par lequel Napoléon Bonaparte ordonnait la construction de canaux parisiens. Les travaux débutèrent en 1805 pour une mise en service en 1821. D'une longueur de 6,6 km, il relie le rond-point des canaux, près du **parc de La Villette ★**, à la Seine au niveau de l'Île-St-Denis, dont les guinguettes, aujourd'hui disparues, étaient un lieu de détente apprécié des Parisiens au 19e s.

## Chatou

*Voir p. 162.*

## Château de Maisons ★★

**Chef-d'œuvre de François Mansart!** Manifeste de l'art classique, le château a conservé l'élégance de sa façade et l'équilibre de sa composition qui servit de modèle dès son achèvement en 1646. Même si le parc ne représente plus que 1 % de sa surface d'origine, il offre une belle perspective en direction de la Seine, encadrée par des tilleuls.

*2 av. Carnot - ✆ 01 39 62 01 49 - www.chateau-maisons.fr - de mi-mai à mi-sept.: tlj sf mar. 10h-18h; reste de l'année: se rens. - 9 €.*

## ÉTAPE 2

### Maisons-Laffitte - Auvers-sur-Oise - 28 km

Le parcours traverse la forêt de St-Germain-en-Laye avant de longer l'Oise dans une alternance de petites routes et de voies cyclables. De Neuville à Pontoise, l'itinéraire emprunte des allées et voies cyclables aménagées près de l'Oise. Depuis Pontoise, vous suivez de petites routes tranquilles surplombant la rivière jusqu'à Auvers, sur le parcours du chemin des impressionnistes.

## Conflans-Ste-Honorine ★

*Voir p. 163.*

## Pontoise ★

**Un tableau inattendu.** Encerclée par des remparts qui dominent la rivière, Pontoise a conservé un petit centre ancien autour de sa **cathédrale** ★. Ici, l'Oise serpente en une large boucle, et ménage étangs et bois. On y trouve deux musées consacrés à l'art : le musée Tavet-Delacour est consacré aux œuvres de l'artiste non figuratif allemand Otto Freundlich (1878-1943) ; un autre, dédié au peintre Camille Pissarro (1830-1903), qui travailla à Pontoise, occupe une maison bourgeoise rénovée, à l'emplacement du château détruit en 1742.

*Musée Tavet-Delacour - 4 r. Lemercier - ✆ 01 30 38 02 40 - www.ville-pontoise.fr - fermé pour travaux au moment de la rédaction.*

*Musée d'Art et d'Histoire Pissarro-Pontoise - 17 r. du Château - ✆ 01 30 73 90 77 - www.ville-pontoise.fr - tlj sf lun.-mar. 11h-12h30, 13h30-18h - 5 €.*

## Auvers-sur-Oise ★★

**Vincent, Théo et les autres.** Vincent Van Gogh passa les deux derniers mois de sa vie à Auvers-sur-Oise, avant de se suicider et d'y être enterré auprès de son frère Théo. Son activité artistique y fut intense : Van Gogh immortalisa notamment la petite église Notre-Dame. D'autres peintres paysagistes et impressionnistes y avaient avant lui cherché l'inspiration. Aujourd'hui, le village, très touristique, regroupe plusieurs musées valorisant ce passé.

# ÉTAPE 3

### Auvers-sur-Oise - Senlis - 44 km

La véloroute suit de tranquilles petites routes jusqu'à L'Isle-Adam. De là, l'itinéraire cyclable chemine au bord de l'Oise, pour partie avec un revêtement rustique. De Mours à Asnières-sur-Oise, vous pédalez sur une alternance de chemins et de routes avec un peu de trafic. Depuis l'abbaye de Royaumont, on alterne entre des routes tranquilles, des allées et des chemins jusqu'à Chantilly, puis une petite route jusqu'à Senlis.

## Abbaye de Royaumont ★★

**Une abbaye artistique.** Cette abbaye cistercienne fondée par Saint Louis en 1228 donne une idée de la prospérité des grands ensembles monastiques du Moyen Âge. Après avoir connu plusieurs destins, dont celui de filature après la Révolution, les bâtiments conventuels accueillent aujourd'hui

## + À deux coups de pédale

**Saviez-vous que la plus grande plage fluviale d'Île-de-France se trouve à L'Isle-Adam ? Elle a même des airs de Deauville avec ses cabines de bain et ses transats rayés, autour de trois bassins. Vous y trouverez de nombreuses activités (pédalos, ping-pong, volley, etc.).**

***Plage de L'Isle-Adam - à 8 km après Auvers - 1 av. du Gén.-de-Gaulle - ✆ 06 63 61 96 83 - www.ville-isle-adam.fr.***

## À deux coups de pédale

**L'église de St-Leu-d'Esserent ★ (à 6,3 km à l'ouest de Chantilly) est le plus important site clunisien de l'Oise. Le chœur et les deux premières travées de la nef appartiennent encore au 12e s., le reste de la nef au 13e s.**

***☏ 03 75 19 01 70 - de juin à mi-sept. : dim. 14h30-18h - le reste du temps, l'intérieur est visible derrière un sas en verre.***

des artistes en résidence. On y admire le parc, le cloître et le réfectoire gothique, dans lequel des concerts sont organisés.
*Asnières-sur-Oise - ☏ 01 30 35 59 00 - www.royaumont.com - avr.-oct. : 10h-18h ; nov.-mars : se rens. - 10 €.*

### Château de Chantilly ★★★

**Art, histoire et crème fouettée.** Le château, serti dans un superbe parc de Le Nôtre, vit dans le souvenir des fastes des princes de Condé, et notamment de ceux de la table du célèbre chef Vatel. Son **musée ★★★** renferme la deuxième collection de peintures anciennes en France, après celle du musée du Louvre, et ses superbes **écuries ★★** accueillent un remarquable musée dédié au cheval. Une visite grandiose, avant de prendre le vert dans le **parc ★★**.
*1 r. du Connétable - ☏ 03 44 27 31 80 - chateaudechantilly.fr - de fin mars à fin oct. : 10h-18h ; reste de l'année : 10h30-17h - fermé mar. - 18 € château, parc et Grandes Écuries (9 € parc et jardins seuls).*

### Senlis ★★

**Musarder chic.** Ville royale au Moyen Âge, Senlis conserve de nombreuses traces de son passé médiéval, de l'activité des évêques bâtisseurs et de l'intérêt des rois de France. Dans cette cité de caractère dont la **cathédrale ★★** est le joyau, il fait bon flâner dans les ruelles, bordées de belles demeures et de boutiques tendance.

## ÉTAPE 4

### Senlis - Agnetz - 41 km

La sortie de Senlis se fait sur une piste cyclable avant de rejoindre la forêt d'Halatte. On emprunte la route forestière pour partie réservée à la Trans'Oise, où il faut être prudent dans la descente vers Pontpoint. Une belle piste cyclable court le long de la D 1017 de Pont-Ste-Maxence à St-Martin-Longueau. Ensuite, vous roulerez sur de petites routes départementales avec, ponctuellement, un trafic important. Prudence ! Des canaux de la Brèche à Clermont, il faut se dresser sur les pédales dans une montée sèche avant de rejoindre Agnetz.

### Forêt d'Halatte ★

*Voir p. 29.*

### Abbaye royale du Moncel ★

**Trouver une paix royale.** Fondée en 1309 par Philippe le Bel à côté d'un château royal (en cours de restauration), cette abbaye est un joyau serti dans un écrin de 6 ha verdoyants. On voit notamment une galerie du cloître du 16e s., le réfectoire du 14e s. orné de croisées d'ogives, le chartrier de style gothique et ses vitraux armoriés ainsi que les impressionnantes charpentes (14e s.), en chêne de la forêt d'Halatte, des anciens dortoirs des clarisses.
*5 r. du Moncel - Pontpoint - ☏ 03 44 72 33 98 - www.abbayedumoncel.fr - avr.-oct. : merc.-vend. et dim. 10h-12h, 14h-18h -7 €.*

La cathédrale St-Pierre de Beauvais.
guy-ozenne/Getty Images Plus

## Pont-Ste-Maxence

**Sacré pont.** Dans le passé, la ville dut son importance à son ancien pont sur l'Oise, qui en faisait une ville-étape pour les rois et les marchands sur la route des Flandres (actuelle D 1017). Son nom évoque une sainte irlandaise, martyrisée ici au 5$^{e}$ s.

## Agnetz

**Prière de visiter.** Au patrimoine d'Agnetz, on compte un ancien château, devenu aujourd'hui mairie, mais aussi l'église St-Léger. Elle dépendait d'un prieuré de l'abbaye de St-Germer-de-Fly, d'où ses dimensions. Le puissant clocher (14$^{e}$ s.) est allégé sur chaque face par trois baies gothiques géminées, de style rayonnant. L'abside flamboyante est un ajout du 16$^{e}$ s.

## ÉTAPE 5

### Agnetz - Beauvais - 25 km

La voie verte Trans'Oise le long de la D 931 est en site propre tout du long. L'arrivée à Beauvais, dominée par sa cathédrale, est spectaculaire.

## Cathédrale de Beauvais ★★★

**Virtuosité gothique.** Récompense après tous ces kilomètres à pédaler, la cathédrale est un chef-d'œuvre gothique et un ensemble architectural unique et inachevé, aux dimensions exceptionnelles. Prenez le temps de découvrir aussi d'autres témoins de l'histoire millénaire de la ville, comme le quartier épiscopal et son **ancien palais** ★, la **maladrerie** ★, l'institution qui avait pour vocation d'accueillir et de soigner les lépreux, ou la manufacture de tapisserie.

## LOUER UN VÉLO

### PARIS

**PARIS À VÉLO**

*22 r. Alphonse-Baudin - Paris 11e - ✆ 01 48 87 60 01 - parisavelo.fr. Un parc d'environ 150 vélos à réserver en ligne sur un ou plusieurs jours. VTT et VTC (32 €/j), VAE (42 €/j), mais aussi tandems, vélos-cargos... Accessoires en option. Tarifs dégressifs.*

## DÉGUSTER

### CHATOU

*Voir p. 166.*

### MAISONS-LAFFITTE

**LA PLANCHA DE KIKO**

Ambiance « voyage » dans ce restaurant à deux pas de la gare du RER A. La carte, assez originale, propose des recettes combinant avec succès les produits français, espagnols et japonais.

*5 av. de St-Germain - ✆ 01 39 12 03 75 - laplanchadekiko.eatbu.com - fermé mar., merc. et dim. soir - plats 34/38 €, menus 43/50 €.*

### CONFLANS-ST-HONORINE

*Voir p. 166.*

### PONTOISE

**L'OR Q'IDÉE**

Une petite folie ? La cheffe Naoëlle d'Hainaut a choisi cette petite rue du centre-ville de Pontoise, en contrebas de sa jolie église, pour ouvrir son premier restaurant. Partout, une même maîtrise technique et de belles harmonies gustatives.

*14 r. Marcel-Rousier - ✆ 01 34 35 47 10 - www.lorqidee.fr - fermé sam.-lun. et merc. soir, et 3 sem. en août - plats 36/52 €, menu 110 € - réserv. conseillée..*

### AUVERS-SUR-OISE

**AUBERGE RAVOUX**

Ambiance attachante et généreuse cuisine dans l'auberge où Van Gogh logea au crépuscule de sa vie. La petite chambre du peintre se visite.

*Pl. de la Mairie – ✆ 01 30 36 60 60 - www.maisondevangogh.fr - fermé de fin nov. à déb. mars, le soir et lun.-mar. - planches de charcuterie à partager 29/49 €, plats 17/35 €.*

**LE CHEMIN DES PEINTRES**

Au pied de l'église, une cuisine bistrot élaborée avec des produits locaux ou bio. Salon de thé l'après-midi et le week-end.

*3 bis r. de Paris - ✆ 01 30 36 14 15 - www.le-chemin-des-peintres.fr - fermé le soir, lun.-mar. et de mi-juil. à déb. août - formule déj. 27 €, plats 20 €, menu 34 €.*

### CHANTILLY

**LA CAPITAINERIE**

Difficile de trouver lieu plus prestigieux que ce restaurant installé sous les voûtes des cuisines de Vatel. C'est dans un cadre plaisant (cuivres, porcelaines, vieux fourneaux, cheminée d'origine) que l'on vous dévoilera les secrets de la crème Chantilly... Plats du jour à l'ardoise, salon de thé l'après-midi.

*Château de Chantilly - ✆ 06 11 07 01 56 - chateaudechantilly.fr - fermé mar., le soir et de nov. à mars - réserv. conseillée - plats 19/24 €.*

### SENLIS

**LE COMPTOIR SENLISIEN**

Un peu en retrait de la rue commerçante, installez-vous, en fonction de la saison, sur la terrasse adossée au rempart ou dans la cave voûtée. Au menu : pâtisseries maison alléchantes, brunch ou plats plus consistants au déjeuner.

*2 imp. de la Chaufferette - ✆ 03 44 60 62 02 - fermé soir - plats 10/21 €.*

**BISTROT DE LA PLACE**

Cette chaleureuse maison à la devanture en bois peint propose une jolie cuisine de saison pleine de fraîcheur. Terrasse tournée vers la cathédrale.

*4 pl. Notre-Dame - ✆ 03 44 71 41 30 - www.bistrotdelaplace-senlis.fr - fermé mi-août-déb. sept., dim. soir, lun. et mar. soir - plats 19/28 €.*

### PONT-STE-MAXENCE

*Voir p. 31.*

### AGNETZ

**AUBERGE DU J'Y COURS**

Au menu de cette sympathique adresse, une cuisine au goût du jour : tomates anciennes, mozzarella et fraises ; pavé de thon et frites d'aubergine... Les assiettes, goûteuses et soignées, sont servies dans une salle bistrot chic, lumineuse et accueillante.

*466 av. Philippe-Courtial - ✆ 03 44 51 15 19 - auberge-du-j-y-cours.webnode.fr - fermé merc. soir, dim. soir et lun. - formules déj. 22/28 €, menus 29/69 €.*

### BEAUVAIS

**SENSO**

Sur la place du marché, ce restaurant joue la carte de la simplicité. Quelques touches créatives animent les assiettes du chef, soucieux des dressages.

*25 r. d'Agincourt - ✆ 03 64 19 69 06 - www.sensobeauvais.*

*fr - mar.-sam. - formules déj. 21/26 €, menu carte blanche (6 services) 65 €.*

**AUTREMENT**
Légèrement à l'écart du centre-ville (juste à 2 km), une petite adresse tranquille qui permet de voir la vie... autrement. Le chef, originaire de la région, maîtrise parfaitement cuissons et assaisonnements et travaille de bons produits. Une cuisine originale et colorée. Son dessert signature, le paris-brest, fait toujours mouche !
*128 r. de Paris - ✆ 03 44 02 61 60 - www.autrement-restaurant.fr - fermé dim.-lun. et mar. midi - menus 26 (déj.)/46 €.*

Auberge Ravoux, à Auvers-sur-Oise.
jptinoco/Getty Images Plus

## DORMIR

### MAISONS-LAFFITTE

**HÔTEL IBIS MAISONS-LAFFITTE**
À 100 m du château, à proximité de l'Avenue Verte. Restaurant labellisé **Accueil Vélo**. Local à vélo à disposition.
*6 r. de Paris - ✆ 01 39 12 20 20 - www.hotel-maisonslaffitte.com - 89 ch. 80/105 € ☕ - 🍴.*

**HÔTEL QUALITY SUITES**
Un autre établissement fonctionnel au cœur de la ville, près de centre historique. Dans cette résidence hôtelière, les studios disposent aussi d'une kitchenette bien utile. Local à vélo sécurisé. Label **Accueil Vélo**.
*16-18 r. de Paris - ✆ 01 39 62 11 91 - 93 ch. à partir de 130 € - ☕ 16,50 €.*

### AUVERS-SUR-OISE

**HÔTEL DES IRIS**
En face de la maison de Van Gogh, un hôtel de charme installé dans une ancienne poste intégralement restaurée. Cet établissement comprend aussi un salon de thé avec des glaces artisanales. Possibilité de laisser son vélo sous un patio. Label **Accueil Vélo**.
*21 r. du Gén.-de-Gaulle - ✆ 01 30 37 79 18 - www.hoteldesiris.com - 8 ch 129/209 € - ☕ 16 € - salon de thé tous les matins et les merc., sam. et dim. apr.-midi.*

### SENLIS

**LA PORTE BELLON**
À quelques pas du centre-ville, cet ancien relais de poste accueille ses hôtes dans des chambres agréables et bien équipées. Sa ravissante cour pavée et ombragée donne sur le jardin. On y déjeune dès que le temps le permet. Joli cellier voûté. Possibilité de garer son vélo sur place. Label **Accueil Vélo**.
*51 r. Bellon - ✆ 03 44 53 03 05 - www.portebellon.fr - 16 ch. 98/115 € - ☕ 12 € - 🍴.*

### AGNETZ

**LOGIS CLERMOTEL**
Des chambres au confort impeccable et un restaurant sur place avec des produits frais, du terroir et de qualité. Label **Accueil Vélo**. Garage fermé à disposition.
*60 r. des Buttes - ✆ 03 44 50 09 90 - www.clermotel.fr - 37 ch. 90/139 € - ☕ 12 € - 🍴.*

### BEAUVAIS

**LA SALAMANDRE**
En plein centre-ville, cette maison du 19e s. entièrement restaurée et confortable vous offrira une agréable détente dans le calme de son parc fleuri. Label **Accueil Vélo**.
*10 r. Marcelle-Geudelin - ✆ 06 14 87 59 53 - www.lasalamandre-beauvais.fr - 5 ch. 130/150 € ☕.*

**LE RHINO RAYÉ**
Cette autre maison bourgeoise du 19e s., elle aussi dans le centre et entièrement restaurée, est une autre belle option labellisée **Accueil Vélo**. Borne de recharge électrique sur place et local à vélo sécurisé.
*6 r. Jules-Michelet - ✆ 06 75 83 44 66 ou 09 72 57 93 27 - www.gites-de-france-oise.fr - 4 ch. à partir de 100 € ☕.*

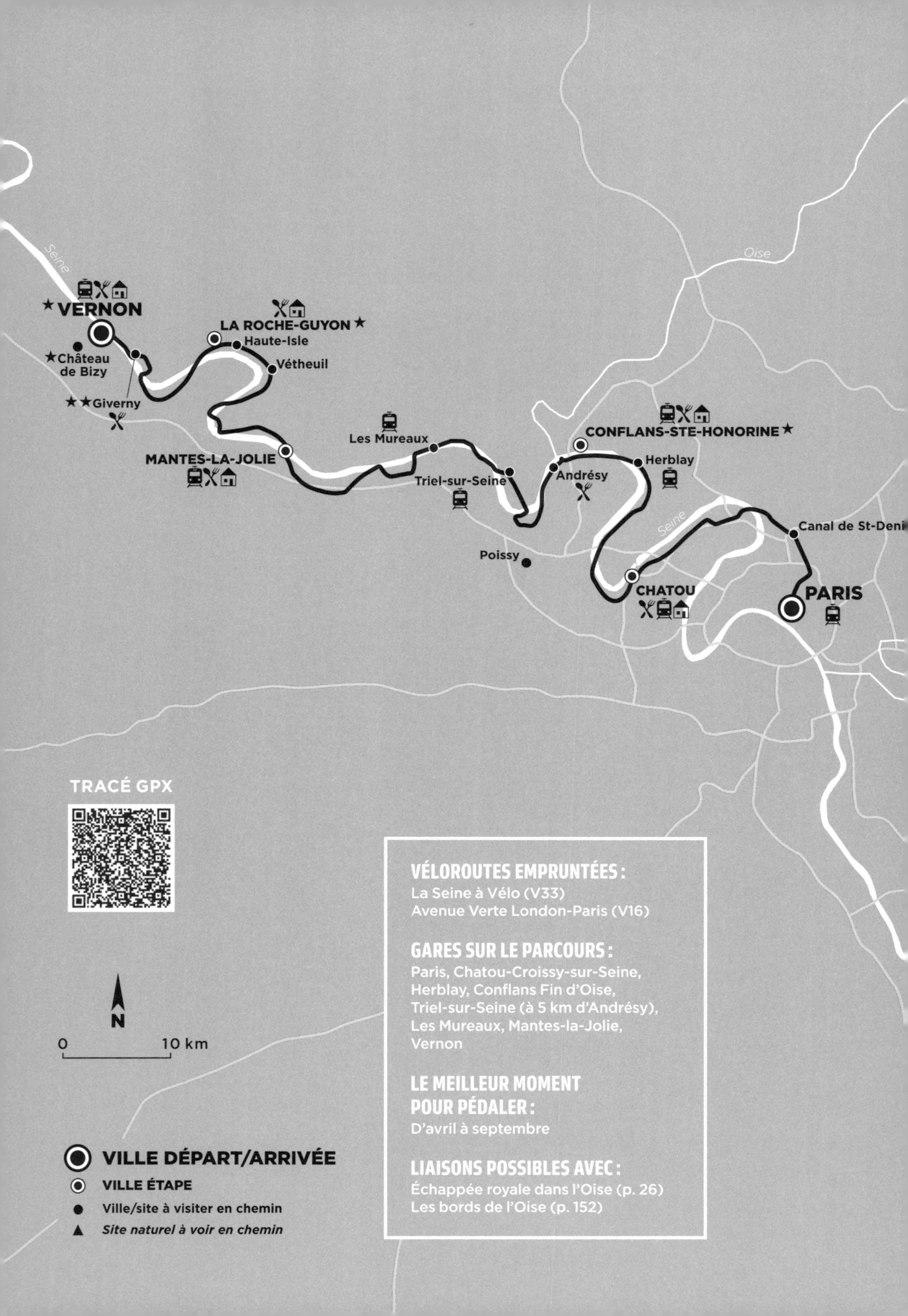


**VÉLOROUTES EMPRUNTÉES :**
La Seine à Vélo (V33)
Avenue Verte London-Paris (V16)

**GARES SUR LE PARCOURS :**
Paris, Chatou-Croissy-sur-Seine, Herblay, Conflans Fin d'Oise, Triel-sur-Seine (à 5 km d'Andrésy), Les Mureaux, Mantes-la-Jolie, Vernon

**LE MEILLEUR MOMENT POUR PÉDALER :**
D'avril à septembre

**LIAISONS POSSIBLES AVEC :**
Échappée royale dans l'Oise (p. 26)
Les bords de l'Oise (p. 152)

NIVEAU 2 — 148 KM — 5 JOURS

**PARIS**
**VERNON**

# La Seine impressionniste

La Seine à Vélo propose plus de 510 km de voies cyclables qui permettent de relier Paris au Havre ou à Deauville. Cette véloroute ouverte en 2020 vous conduit à la mer en évoluant autour des méandres de la Seine. Un parcours iconique à travers le chic ouest parisien qui mêle patrimoine culturel, historique et industriel. (Re)découvrez la vallée de la Seine en deux-roues et laissez-vous surprendre par ses pépites et éblouissantes surprises picturales, sur cette partie de la véloroute qui vous mène aux portes de la Normandie.

## ÉTAPE 1

### Paris - Chatou - 30 km

Sur cette étape, La Seine à Vélo partage la route avec l'itinéraire de l'Avenue Verte London-Paris. Du parvis de Notre-Dame, vous rejoignez le canal St-Martin en empruntant le boulevard Sébastopol, puis la rue de Turbigo jusqu'à République. Le parcours longe ensuite le canal de St-Denis. Au niveau de la gare de St-Denis, vous passez sous le bâtiment pour rejoindre l'Île-St-Denis, puis la rive gauche de la Seine. L'itinéraire longe alors la Seine sur des aménagements cyclables et sur

Le canal St-Martin.
B. Gardel/hemis.fr

La collégiale Notre-Dame, à Mantes-la-Jolie.
A. Chicurel/hemis.fr

quelques sections de voirie apaisées. Le contournement du bassin de Gennevilliers, premier port d'Île-de-France, s'effectue avec prudence.

## Canal de St-Denis

*Voir p. 154.*

## Chatou

**Sacré tableau!** Chérie au 19e s. par les impressionnistes, la ville vit naître le fauvisme avec Derain et Vlaminck au début du 20e s. La maison Fournaise, repaire des peintres sur la petite île des Impressionnistes, est aujourd'hui restaurée. Renoir disait qu'elle était « l'endroit le plus joli des alentours de Paris ». C'est là qu'il a peint l'un de ses chefs-d'œuvre, *Le Déjeuner des canotiers*, restituant avec bonheur son atmosphère champêtre et conviviale.

*Musée Fournaise - 3 r. du Bac - île des Impressionnistes - ✆ 01 34 80 63 22 - www.musee-fournaise.com - tlj sf lun.-mar. 10h-12h30, 14h-18h - 9 €.*

## ÉTAPE 2

### Chatou - Conflans-Ste-Honorine - 25 km

Entre Chatou et Sartrouville, l'itinéraire de La Seine à Vélo est aménagé en voie verte sans dénivelé. La transition entre Sartrouville et Val Parisis se fait en milieu urbain sans aménagement cyclable. Sur l'itinéraire entre Cormeilles-en-Parisis et Herblay-sur-Seine (communauté d'agglomération Val Parisis), la circulation des cycles se fait sur route partagée avec les véhicules motorisés. Des dispositifs ont été installés ponctuellement pour faire ralentir la circulation automobile.

À terme, les berges disposeront d'une voie verte dédiée à la circulation douce. Sur cette section, le tracé est plat.

## Herblay

**Paysages inspirants.** La ville se dresse sur une terrasse qui s'achève de façon abrupte au-dessus d'une boucle de la Seine et jouxte la commune de La Frette-sur-Seine. Les bords de Seine de ces deux bourgs étaient très appréciés de peintres tels que Cézanne, Pissarro, Vlaminck ou encore Albert Marquet (1875-1947), qui vécut là.

## Conflans-Ste-Honorine ★

**Entre deux eaux.** Située au confluent de la Seine et de l'Oise, la ville est juchée sur un coteau surplombant le deuxième méandre de la Seine, en aval de Paris. Conflans demeure aussi la capitale de la batellerie en France, comme en témoignent les nombreuses péniches le long des quais. Parmi ces bateaux, le *Jacques*, bâti en 1904, est sans doute le plus ancien remorqueur à vapeur encore à flot. Quant au *Je Sers* (quai de la République), il s'agit d'un chaland en ciment armé, aménagé en chapelle en 1936. C'est l'un des six bateaux-chapelles existant en France, et l'un des plus anciens. Il comporte une église, avec parquet et vitraux.

*Le Jacques - port St-Nicolas - ✆ 01 34 90 89 89 - si ouvert : dim. 15h-18h - 5 €.*
*Le Je Sers - quai de la République - ✆ 01 34 90 17 12 - www.bateaujesers.org.*

## ÉTAPE 3

### Conflans-Ste-Honorine - Mantes-la-Jolie - 47 km

Sur cette étape, vous êtes à la fois sur des portions aménagées pour les cyclistes et d'autres en voies partagées. Certaines sections sont encore provisoires, avec quelques passages sur chemin de terre ou enherbés. Des aménagements seront réalisés progressivement entre le pont de Triel-sur-Seine et la D 113, au niveau de Mézières-sur-Seine. Le tracé actuel provisoire vous oblige à vous éloigner de la Seine sur quelques kilomètres à plusieurs reprises.

### + À deux coups de pédale

**À Poissy (à 15 km à l'ouest de Chatou), une collégiale ★ témoigne encore du passé médiéval de la cité. Et sa célèbre villa Savoye ★, construite à la fin des années 1920 par Le Corbusier, compte parmi les chefs-d'œuvre de l'architecture moderne.**

*Villa Savoye - 82 r. Villiers - ✆ 01 39 65 01 06 - www.villa-savoye.fr - tlj sf lun. mai-août : 10h-18h ; sept.-avr. : 10h-17h - 9 €.*

## Andrésy

**La possibilité d'une île.** Les Romains installèrent à Andrésy, située elle aussi au confluent de la Seine et de l'Oise, leur flotte censée protéger Lutèce. L'église St-Germain-de-Paris (13e s.) abrite de beaux vitraux Renaissance. Mais c'est l'île Nancy, longue de 3 km et accessible uniquement par bateau, qui offre le plus de dépaysement.

*Embarcadère Julien-Green - 4 bd Noël-Marc - mai-sept. : navettes gratuites le merc., w.-end et j. fériés de 11h à 18h - vélos interdits.*

## Collégiale de Mantes-la-Jolie ★★

**Digne d'un tableau.** Cette église a inspiré l'une des plus belles toiles de Corot (exposée au musée des Beaux-Arts de Reims). Elle fut bâtie par le chapitre d'une collégiale qui possédait des domaines dans la région. La construction, qui débuta en 1170, s'étendit jusqu'au 13e s. pour les nefs et le chœur. Les chapelles furent ajoutées au 14e s.

## ÉTAPE 4

### Mantes-la-Jolie - La Roche-Guyon - 26 km

Arrivé à Mantes-la-Jolie, vous traversez la Seine par une passerelle piétons/cyclistes pour rejoindre l'île aux Dames. Continuez sur le pont pour atteindre Limay et poursuivre sur le chemin de halage en rive droite. À Follainville-Dennemont, dans l'attente d'un aménagement, les cyclistes doivent emprunter la D 148 jusqu'à Guernes : prudence avec le trafic, particulièrement aux heures de pointe. Le parcours coupe ensuite le méandre par la rue de Sandrancourt avant de se retrouver sur les rives de Seine au port de plaisance de l'Ilon, puis à Sandrancourt, le long des anciennes sablières. Une petite route mène à St-Martin-la-Garenne et il faut privilégier la route au-dessus de la D 147 pour rejoindre Vétheuil. De là, vous devez partager la route avec les véhicules sur la D 913 jusqu'à La Roche-Guyon.

Giverny, fondation Claude Monet, le jardin japonais.
A. Chicurel/hemis.fr

## Vétheuil

**De Monet à Mitchell.** Cet ancien village de vignerons, joliment situé au bord de la Seine, offre un ensemble caractéristique de maisons rurales du Vexin français, construites en pierre jaunâtre. Les impressionnistes ont apporté à Vétheuil la notoriété, surtout Monet, qui y séjourna trois ans (sa femme Camille y mourut en 1879). Plus récemment, la peintre américaine Joan Mitchell (1925-1992) y vécut et y travailla de la fin des années 1960 à sa mort.

## Haute-Isle

**Dans la roche.** Dans ce village troglodytique se répartissaient cinq étages de cavernes, ou boves, creusées dans la falaise. Les maisons de l'unique rue ne sont apparues qu'au 18e s. Derrière un petit cimetière en terrasse, l'église, creusée en 1670 aux frais du neveu de Boileau, représente le premier étage d'excavations pratiquées dans la falaise. Son minuscule clocher émerge seul du roc.

### La Roche-Guyon ★

**Château en duplex.** Enchâssé entre la Seine et le plateau du Vexin, ce bourg est bâti au pied du château, ou plutôt des **châteaux** ★ : le médiéval, avec son donjon du 12e s., érigé sur un éperon rocheux, et celui du siècle des Lumières, en bas, les deux étant reliés par un escalier taillé dans la roche. Vous découvrirez une chapelle troglodytique et des abris de la Seconde Guerre mondiale, creusés dans la falaise.

*Château - ✆ 01 34 79 74 42 - www.chateaudelarocheguyon.fr - du 1er w.-end de fév. au dernier w.-end de nov. : 10h-18h (19h le w.-end) - 9,50 €.*

## ÉTAPE 5

### La Roche-Guyon - Vernon - 20 km

Depuis La Roche-Guyon, La Seine à Vélo longe le fleuve sur la D 100 qui traverse plusieurs villages. Après Limetz-Villez, la véloroute emprunte la rue du Port. On rejoint la rue du Paradis et la D 201, où la prudence est de mise à cause des vitesses élevées. La D 201 se termine au niveau du pont qui enjambe l'Epte pour rejoindre ensuite la D 5 dans l'Eure. L'itinéraire cyclable emprunte pendant quelques centaines de mètres cette route dans le centre-bourg de Giverny et passe devant le jardin de Claude Monet. Vigilance dans ce premier carrefour (intersections D 201 et D 5). Arrivé au parking de la Prairie, le tracé emprunte une voie verte en enrobé sur 5 km. Vous arrivez par les berges de la Seine au château des Tourelles.

### Giverny ★★

**Tableau vivant.** Bienvenue dans le village de Claude Monet, au royaume des couleurs vibrantes. La maison rose aux volets verts, où l'artiste résida de 1883 à sa mort en 1926, et surtout ses délicieux extérieurs vous transportent dans les plus belles œuvres du peintre. C'est ici, dans l'incroyable jardin de l'artiste, qu'a fleuri l'impressionnisme. Dans la campagne environnante, le peintre exécuta sa série des *Peupliers* et des *Meules* (1891), et immortalisa de nombreuses scènes de bonheur familial devant sa maison.

*Maison et jardins de Claude Monet - 84 r. Claude-Monet - ✆ 02 32 51 28 21 - fondation-monet.com - 9h30-18h - fermé nov.-mars - 11 €.*

### Vernon ★

**Balade entre deux rives.** Au milieu du pont qui enjambe la Seine, profitez d'une jolie vue sur Vernon. Côté rive droite, le pittoresque Vieux-Moulin (19e s.) a inspiré Claude Monet pour ses *Maisons sur le vieux pont à Vernon* (1883). Dans la verdure se profilent les tours du château des Tourelles (12e s.), qui faisait partie des défenses du Vieux-Pont. Au bord du fleuve, sur la rive gauche, le pavillon Bourbon-Penthièvre, du nom du dernier duc de Vernon, est un hôtel du 18e s. Par la rue Bourbon-Penthièvre, on entre dans le vieux Vernon. L'**église Notre-Dame** ★ se dresse au bout de cette jolie rue où s'alignent quelques maisons à un étage en saillie et combles en encorbellement.

### ➕ À deux coups de pédale

**Le château de Bizy ★ (à 2 km au sud-ouest de Vernon), bâti à partir de 1740 par Coutant d'Ivry pour le duc de Belle-Isle, maréchal de France, petit-fils de Fouquet, vaut le détour.**

***Av. des Capucins - ✆ 02 32 51 00 82 - www.chateaudebizy.com - visite guidée (45mn) avr.-nov. : tlj sf lun. - 9 € - visite libre des jardins.***

## LOUER UN VÉLO

### PARIS

*Voir p. 158.*

## DÉGUSTER

### CHATOU

**LES RIVES DE LA COURTILLE**

Partez à la découverte de cette reconstitution d'une gare d'eau sur l'île des Impressionnistes. À l'intérieur, déco bistrot contemporain. De belles terrasses dominent la Seine. L'accueil est charmant et la cuisine actuelle.

*R. du Bac - île des Impressionnistes - ✆ 01 34 80 92 62 - www.lesrivesdelacourtille.fr - fermé dim. soir et lun. - formules déj. 25/31 €, plats 19/24 €, menu 31 €.*

**MAISON FOURNAISE**

La maison Fournaise a rouvert en avril 2022. Vous pouvez à nouveau vous installer sur le balcon du *Déjeuner des canotiers* peint par Renoir et y admirer la vue sur la Seine. Cuisine française et traditionnelle avec, par exemple, cuisses de grenouille, ris de veau en croûte de comté et baba au rhum géant.

*3 r. du Bac - île des Impressionnistes - ✆ 01 30 09 05 30 - www.maisonfournaise.com - fermé dim. soir et lun. - formules déj. semaine 29/36 €, plats 23/45 €.*

### CONFLANS-STE-HONORINE

**O'PARIS**

Ce restaurant propose pour le déjeuner des spécialités franco-orientales. Large choix de tajines, méchouis, couscous (dont un végétarien) et grillades ainsi qu'une sélection de recettes hexagonales traditionnelles.

*36 r. Maurice-Berteaux - ✆ 01 39 72 60 24 - fermé le soir et dim. à partir de 13h - formules déj. 14/19,90 €.*

### ANDRÉSY

**AUBERGE LA GOÉLETTE**

On vient vous chercher sur la berge pour dîner sur l'île, en pleine nature. Cuisine élaborée qui fait la part belle aux poissons et fruits de mer.

*Île du Devant - ✆ 01 39 74 70 35 - la-goelette.oxatis.com - fermé lun., mar. soir et dim. soir - plats 25/36 €.*

**L'AVANT-SEINE**

Située en bord de Seine, cette guinguette utilise un maximum de produits frais locaux. Une belle terrasse invite à la paresse et de nombreuses animations rythment l'année. Restauration sur place ou à emporter (jusqu'à 17h).

*46 bd Noël-Marc - ✆ 01 39 74 46 99 - fermé lun. soir et dim. soir - plats 12/20 €.*

### MANTES-LA-JOLIE

**LE MOULIN DE LA REILLÈRE**

À moins de 3 km au sud de Mantes-la-Jolie, près du Parc de la Vallée, une auberge aménagée dans un moulin du 18e s. On aime la salle bourgeoise, la terrasse, le jardin fleuri et la cuisine de tradition. Accueil convivial.

*171 rte de Houdan - Mantes-la-Ville - ✆ 01 30 92 22 00 - www.lemoulindelareillere.fr - fermé lun. et le soir sf vend.-sam. - formule déj. en sem. 35 €, plats 19/42 €, menu 45 €.*

### LA ROCHE-GUYON

**BORDS DE SEINE**

Cette grande maison aux volets bleus jouit d'une situation très agréable en bordure de Seine. Ses chambres neuves, son restaurant décoré façon intérieur de bateau et ses agréables terrasses en font une étape de choix. Si vous restez dormir, une salle permet de ranger son vélo.

*21 r. du Dr-Duval - ✆ 01 30 98 32 52 - www.bords-de-seine.fr - plats 16/33 € - réserv. conseillée - 15 ch. 89/109 € - ☕ 9,90 €.*

### GIVERNY

**AU COIN DU PAIN'TRE**

Cette boulangerie-bistrot sert, dans une cour bucolique, des sandwichs, des quiches, des planches de charcuterie…

*73 bis r. Claude-Monet - ✆ 02 32 71 01 70 - Facebook - fermé merc., le soir et de fin oct. à fin mars.*

**ANCIEN HÔTEL BAUDY**

Cet ancien hôtel accueillait les peintres impressionnistes. Vous vous attablerez pour déguster une cuisine française au milieu de leurs tableaux, avant de pousser la porte du jardin de roses anciennes.

*81 r. Claude-Monet - ✆ 02 32 21 10 03 - www.restaurantbaudy.com - fermé dim. soir et lun. - réserv. conseillée le soir - menu 38 €.*

### VERNON

**L'ESTAMPILLE BY ERISAY**

Ce restaurant, proche des quais de Seine, sert une cuisine au goût du jour, émaillée de trouvailles, tel le menu Claude Monet, adapté aux amoureux de l'impressionnisme en pèlerinage à Giverny, comme aux appétits classiques. À déguster sur la jolie terrasse.

*6 pl. de Paris - ✆ 02 77 19 00 12 - www.restaurantlestampille.fr - fermé dim. soir - formules sem. 23/33,50 €, menu 45 €.*

**LE BISTROT DES FLEURS**
Cet ancien bar a conservé son comptoir, aujourd'hui réservé aux clients pressés. Carte courte, traditionnelle et alléchante, qui atteste le parti pris de la cheffe : rien que du frais, au gré du marché et de ses inspirations. Excellent choix de vins au verre.
*73 r. Sadi-Carnot - ✆ 02 32 21 29 19 - fermé dim.-lun. - menus 27/30 €.*

## DORMIR

### CHATOU

**HÔTEL CERISE**
Des chambres et appartements dans un établissement tout confort. Laverie automatique et petit-déjeuner constitué de saveurs de la région, charcuteries, variétés de fromage, ainsi que de viennoiseries. Parking vélo payant. Label **Accueil Vélo**.
*2 r. Marconi - ✆ 01 34 80 85 00 - www.cerise-hotels-residences.com/cerise-paris-chatou - 64 ch. 70/104 € - ☕ 12 €.*

### CONFLANS-STE-HONORINE

**HÔTEL CAMPANILE**
D'élégantes chambres très fonctionnelles, avec de belles prestations. Coin salon, buffet à volonté au petit-déjeuner et demi-pension possible. Label **Accueil Vélo** (parking sécurisé et gratuit, kits de réparations et entretien à disposition). Et un bon restaurant sur place.
*91 r. de Cergy - ✆ 08 92 23 48 12 - conflans-sainte-honorine.campanile.com - 51 ch. 84/105 € - ☕ 13,90 € - ✕.*

### MANTES-LA-JOLIE

**CHAMBRES D'HÔTES FERME DES VALLÉES**
Blotties au cœur d'une exploitation agricole, ces anciennes dépendances abritent trois chambres d'hôtes. Yaourt et confiture maison au petit-déjeuner. Joli gîte pour 4 personnes (w.-end 2 nuits 325/450 €). Label **Accueil Vélo**.
*20 bis r. Henri-Duverdin, à Soindres - à 5,9 km au sud-ouest de Mantes-la-Jolie - ✆ 06 78 79 51 48 - www.fermedesvallees.com - 3 ch. 85 € ☕.*

### LA ROCHE-GUYON

*Voir aussi « Déguster » ci-contre.*

**GREEN HOME VEXIN**
On retrouve dans cette grande demeure des années 1920 l'atmosphère authentique et douillette d'une maison familiale. Décor simple et chaleureux. C'est le seul établissement labellisé **Accueil Vélo** de la ville. Réservation recommandée.
*3 rte de Gasny - ✆ 09 86 63 40 21 - greenhome-vexin.com - 5 ch. 110/150 € ☕.*

### VERNON

**HÔTEL LE NORMANDY**
Cet hôtel du centre-ville propose des chambres bien tenues, équipées d'un mobilier fonctionnel. Salon et bar à l'ambiance cosy. Au restaurant, cuisine traditionnelle à déguster dans un décor de style brasserie-pub. Label **Accueil Vélo** (garage sécurisé).
*1 av. Pierre-Mendès-France - ✆ 02 32 51 97 97 - normandy-hotel.fr - 50 ch. 140/162 € - ☕ 15,50 € - ✕ fermé dim.*

La Roche-Guyon.
N. Durango/hemis.fr

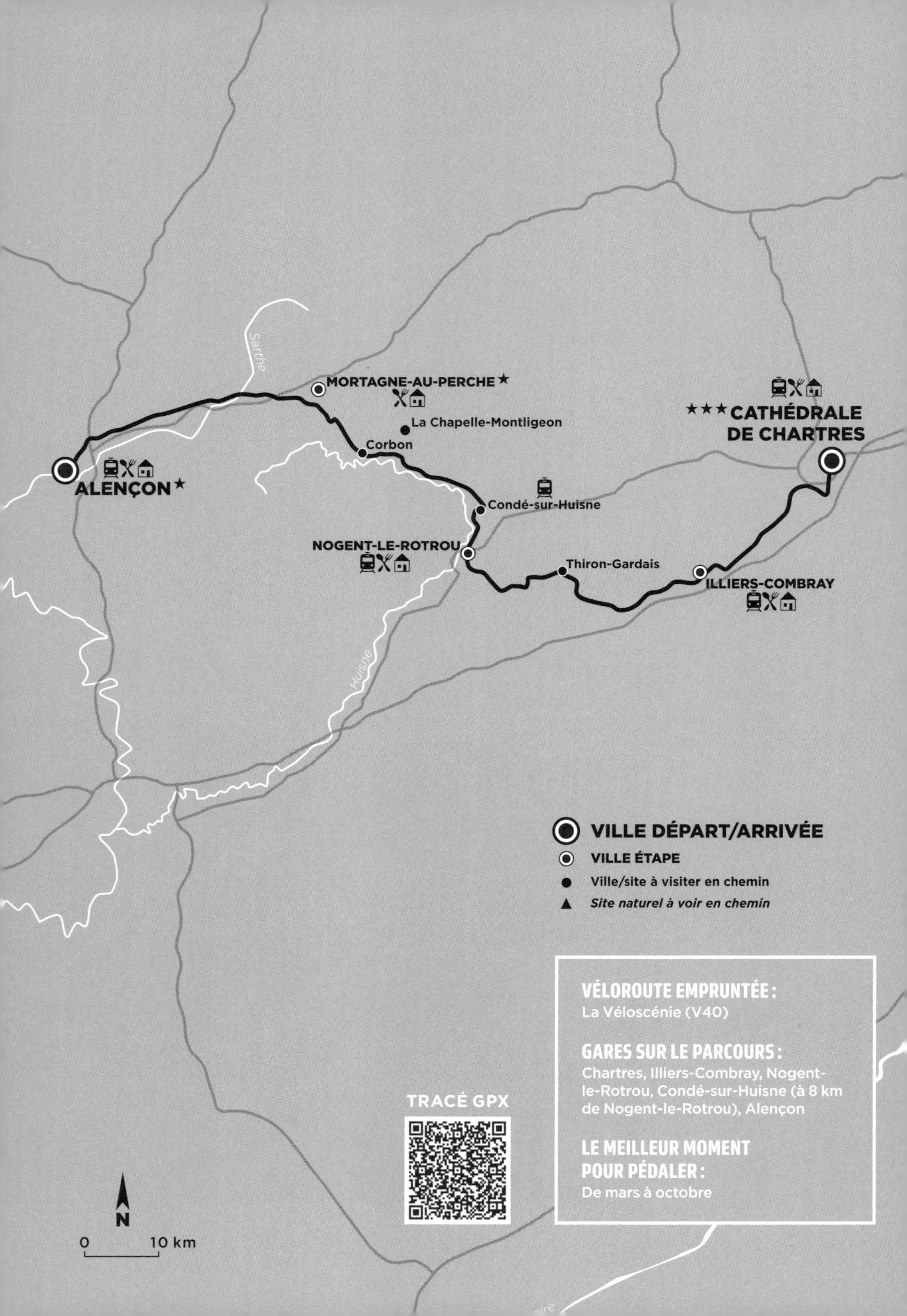

MORTAGNE-AU-PERCHE ★
La Chapelle-Montligeon
Corbon
ALENÇON ★
Sarthe
Condé-sur-Huisne
NOGENT-LE-ROTROU
Thiron-Gardais
ILLIERS-COMBRAY
★★★ CATHÉDRALE DE CHARTRES
Huisne
VILLE DÉPART/ARRIVÉE
VILLE ÉTAPE
Ville/site à visiter en chemin
Site naturel à voir en chemin
TRACÉ GPX
N
0
10 km
VÉLOROUTE EMPRUNTÉE :
La Véloscénie (V40)
GARES SUR LE PARCOURS :
Chartres, Illiers-Combray, Nogent-le-Rotrou, Condé-sur-Huisne (à 8 km de Nogent-le-Rotrou), Alençon
LE MEILLEUR MOMENT POUR PÉDALER :
De mars à octobre

NIVEAU 1 · 157 KM · 4 JOURS



CHARTRES
ALENÇON

# Le Perche

Cette proposition d'échappée à vélo suit La Véloscénie et emprunte, entre Condé-sur-Huisne et Alençon, sur quasiment tout son parcours, une bucolique voie verte abritée par un rideau d'arbres. Assurément champêtre, sans grande difficulté hormis quelques montées pour découvrir les villages bordant cette ancienne voie ferrée, la traversée du Perche est l'occasion de découvrir les paysages de bocage et de forêts de ce Parc naturel régional. Et de rencontrer une star internationale : le percheron !

## ÉTAPE 1

### Chartres - Illiers-Combray - 33 km

Vous quittez Chartres par la vallée de l'Eure et empruntez un réseau de pistes cyclables sur le plateau de la Beauce jusqu'à Fontenay-sur-Eure. Des petites routes vous mènent à Illiers-Combray, dans un environnement agricole typique de la Beauce.

### Cathédrale de Chartres ★★★

**Chef-d'œuvre gothique.** Celle que Rodin appelait « l'Acropole de la France » est renommée dans le monde pour ses portails sculptés, ses statues-colonnes et ses magnifiques vitraux ; œuvre majeure du Moyen Âge français, la cathédrale est toujours un lieu de pèlerinage. Prenez

La cathédrale de Chartres.
Ch. Goupi/age fotostock

aussi le temps de vous promener à pied (ça grimpe trop pour le vélo !) dans les ruelles du **centre-ville** ★ et au bord de l'Eure, pour découvrir maisons à pans de bois et jolies places.
*www.cathedrale-chartres.org - entrée libre - visite guidée tlj à 15h - don suggéré 10 €.*

## Illiers-Combray

**À la recherche de Proust.** La madeleine de l'écrivain se savoure ici, dans la ville natale de son père. Plus exactement dans la maison de Jules et Élisabeth Amiot (« tante Léonie »), où le jeune Marcel passa ses vacances. L'intérieur, restauré depuis peu, a retrouvé, autant que possible, l'aspect que Proust a connu et qu'il évoque dans *À la recherche du temps perdu*. Certaines pièces suivent les descriptions du romancier (les chambres et la cuisine), d'autres présentent le mobilier restauré de Marcel Proust à Paris. La maison historique est doublée d'un petit musée présentant des œuvres d'artistes que Proust a connus.
*Musée Marcel-Proust - 4 pl. Lemoine - ☏ 02 37 24 30 97 - www.amisdeproust.fr - juil.-août : 11h-18h ; reste de l'année : se rens. - 7/9 €.*

# ÉTAPE 2

### Illiers-Combray - Nogent-le-Rotrou - 44 km

Vous quittez Illiers-Combray par une courte piste cyclable qui franchit un cours d'eau, puis par une petite route menant au croisement de la D 922, jusqu'à Méréglise. Les passages en sous-bois permettent de se rafraîchir, tandis que se profile au loin le spectaculaire château médiéval de Frazé, tout en douves et mâchicoulis. À partir de Thiron-Gardais, les petites routes qui mènent à Nogent-le-Rotrou sont aussi pittoresques que vallonnées.

## Thiron-Gardais

**Belle abbaye.** Elle a été fondée par saint Bernard de Ponthieu en 1114, sur les lieux mêmes de la paroisse de Gardais créée en 544. La visite des jardins de l'abbaye offre un joli point de vue sur l'église abbatiale et une bonne introduction à la vie monastique bénédictine à travers une série de panneaux explicatifs.
*☏ 02 37 49 49 49 - www.ledomainedelabbaye.net - 10h-18h - gratuit.*

## Nogent-le-Rotrou

**Le fief des comtes du Perche.** Dans la vieille ville de Nogent, jetez un œil au tombeau du duc de Sully (1642), ministre de Henri IV, avant de grimper au château, dressé sur un éperon rocheux. Il ressemble à un château médiéval avec ses murailles jalonnées de tours en demi-lune, ses fossés et ses tours massives. L'énorme donjon rectangulaire (30 m de haut), où logeaient les Rotrou, abrite un musée consacré à l'histoire du Perche. De la cour, on profite d'une jolie vue sur la ville.
*Château des comtes du Perche - ☏ 02 37 52 18 02 - www.ville-nogentlerotrou.fr - mai-oct. : 10h-12h, 14h-18h (17h nov.-avr.) - fermé mar. - 4,50 €.*

# ÉTAPE 3

### Nogent-le-Rotrou - Mortagne-au-Perche - 41 km

Cette section débute sur route (D 23), avec une montée assez raide en forêt suivie d'une descente, à Condeau. Juste après, à partir de Condé-sur-Huisne, vous progressez sur une ancienne voie ferrée transformée en voie verte (revêtement stabilisé

Marché à Mortagne-au-Perche.
Ch. Goupi/age fotostock

compacté), qui file jusqu'à Alençon, *via* Rémalard. Profitez du paysage, vous êtes en plein Parc naturel régional du Perche ! À St-Langis-lès-Mortagne, quittez la voie verte pour rejoindre Mortagne-au-Perche.

## Corbon

**Attelage percheron.** Changez de monture et venez rencontrer la star du Perche dans cette ferme d'élevage où l'on prépare les chevaux aux concours complets. Au cours de la visite ou d'une balade en attelage, les guides en écotourisme vous dévoileront les richesses naturelles et l'histoire du Perche.

*Ferme de l'Absoudière - ✆ 02 33 83 91 40 - percherons.maudet@free.fr - www.parc-naturel-perche.fr - visite 8 €.*

## Mortagne-au-Perche ★

**Commune perchée.** L'ancienne capitale du comté du Perche s'élève sur une butte dominant une campagne verdoyante et vallonnée, que l'on admire depuis le jardin près de l'hôtel de ville. S'il ne subsiste pas grand-chose de son passé de place

### À deux coups de pédale

**À 4,5 km de Corbon par la D 5, on atteint La Chapelle-Montligeon, immense basilique néogothique (1896-1911) bâtie par l'abbé Paul Buguet pour accueillir les pèlerins. À l'intérieur, illuminé par des vitraux modernes très colorés, les transepts abritent des autels de style Art déco.**

Une belle rencontre !
Ch. Goupi/age fotostock

forte, le bourg conserve ses rues médiévales aux maisons modestes, resserrées en grappes.

## ÉTAPE 4

### Mortagne-au-Perche - Alençon - 39 km

Vous quittez Mortagne-au-Perche et rejoignez la voie verte qui vous accompagnera tout au long de cette dernière étape. L'air de rien, la piste monte un peu, mais rassurez-vous, cela ne va pas durer ! Sur une quinzaine de kilomètres, la voie verte file tout droit en direction d'Alençon. Les seules variétés du tronçon sont l'alternance des faux plats, les croisements de route et la traversée de la forêt de Bourse. L'étape se termine avec quelques petits passages sur route pour rejoindre le joli centre-ville d'Alençon.

## Alençon ★

**Dentelles de pierre et de coton.** La construction de la **basilique Notre-Dame** ★ a débuté au 14e s., sous l'occupation anglaise, pour s'achever au 19e s. Passé le porche à trois pans, on est saisi par l'envolée de la nef, où le regard s'élève pour contempler les splendides vitraux du 16e s. Sinon, l'art de la dentelle, qui a fait la renommée d'Alençon, est à l'honneur dans un **musée** ★ qui évoque les principaux centres de création européens. Y sont aussi présentées des peintures, françaises principalement, du 15e au 19e s. Dentelle que l'on retrouve aussi... en fer forgé sur les balcons du centre-ville !

*Musée des Beaux-Arts et de la Dentelle - cour Carrée de la Dentelle - ✆ 02 33 32 40 07 - museedentelle.cu-alencon.fr - 10h-12h, 14h-18h, w.-end 10h-12h30, 13h30-18h - fermé lun. (sf juil.-août) - 6 €.*

# LOUER UN VÉLO

## CHARTRES

### VACANCES À VÉLO

*3 r. de Bethléem - ☎ 02 37 21 57 10 - vacancesavelo.com - VTC 21,50 €/j, VAE 31,50 €/j.*

# DÉGUSTER

## CHARTRES

### LE PICHET 3

Près de la cathédrale, ce petit bistrot, où règne une ambiance de brocante et d'épicerie fine, raisonne bio avant tout. Dans l'assiette, cuisine traditionnelle avec des produits régionaux. Salon de thé et terrasse.

*10 bis r. de l'Étroit-Degré - ☎ 02 37 21 08 35 - Facebook - fermé mar.-merc. - plats 15/18 €.*

## ILLIERS-COMBRAY

### LES AUBÉPINES

*Voir « Dormir » ci-contre.*

## NOGENT-LE-ROTROU

### BROCÉLIANDE

À la carte de cette jolie crêperie située à deux pas du tombeau de Sully ne figurent pas de galette complète, mais de savoureuses et copieuses compositions (andouille-camembert, saint-jacques…).

*28 r. de Sully - ☎ 02 37 81 83 76 - 12h15-13h30, 19h15-20h30 - fermé lun.-merc. - galettes 15 €.*

## MORTAGNE-AU-PERCHE

*Voir aussi « Dormir » ci-contre.*

### LES PIEDS DANS L'EAU

À 5mn à vélo, une belle découverte : après avoir fait leurs armes à Paris et Lyon, les propriétaires originaires de la région proposent ici une cuisine bistronomique qui met en avant les produits locaux et notamment les légumes des maraîchers voisins.

*28 chemin de la Folle-Entreprise - St-Langis-lès-Mortagne - ☎ 02 33 25 31 44 - www.restaurant-lespiedsdansleau.com - fermé merc. soir, dim. et lun. - formules 19 € (déj.)/29/39 €.*

## ALENÇON

### AU PETIT VATEL

Cette institution a pris un grand coup de jeune en 2019, tant pour le décor que pour la cuisine. La cuisine actuelle et de saison est élaborée avec des produits locaux de qualité. Les préparations goûteuses et la générosité sont dignes de cette belle région de l'Orne.

*72 pl. du Cdt-Desmeulles - ☎ 02 33 28 47 67 - www.aupetitvatel.fr - fermé dim. soir, mar.-merc. - menus 25/35 €.*

# DORMIR

## CHARTRES

### L'HÔTEL DES POÈMES

Des chambres impeccables et confortables, avec poutres apparentes et mobilier de style ancien. Sa situation toute proche de la gare en fait une adresse bien pratique. La direction gère aussi le restaurant Le Molière, à 300 m de l'hôtel.

*5 pl. Pierre-Semard - ☎ 02 37 21 43 27 - www.hotel-poemes-chartres.com - 29 ch. 70/199 € - ☕ 14 €.*

## ILLIERS-COMBRAY

### HÔTEL LES AUBÉPINES

Un hôtel et un restaurant à la fois dans cette élégante bâtisse du 19e s. Cuisine de terroir et demi-pension possible sur réservation. Label **Accueil Vélo**.

*17 av. Georges-Clemenceau - ☎ 02 37 24 49 49 - www.hotel-lesaubepines.com - 12 ch. 85/115 € ☕.*

## NOGENT-LE-ROTROU

### HÔTEL SULLY

Cet hôtel paisible du centre-ville propose des chambres fonctionnelles et bien tenues. Idéal pour faire étape, amis cyclistes !

*51 r. des Viennes - ☎ 02 37 52 15 14 - www.hotelsullynogent.fr - 42 ch. 75/99 € - ☕ 10 €.*

## MORTAGNE-AU-PERCHE

### HÔTEL-RESTAURANT LE TRIBUNAL

Côté restaurant, le décor, élégant et cossu, ne manque pas d'attraits, mais c'est la cuisine qui interpelle : portés par son entrain et son inventivité, les produits du terroir n'en sont pas moins tendance… Côté hôtel, les chambres allient calme et confort. Une belle étape, dans une demeure ancienne (16e-18e s.).

*4 pl. du Palais - ☎ 02 33 25 04 77 - www.hotel-tribunal.fr - 21 ch. 120/150 € - ☕ 15/19 € - formules déj. 21,50/29 €, menus 41/57 €.*

## ALENÇON

### HÔTEL DES DUCS

Un hôtel agréable au design épuré, avec jardin et terrasse. Ses chambres fonctionnelles sont parfaites pour reprendre des forces après une journée à vélo.

*50 av. Wilson - près de la gare - ☎ 02 33 29 03 93 - www.hoteldesducsalencon.com - 28 ch. 94/120 € - ☕ 13 €.*

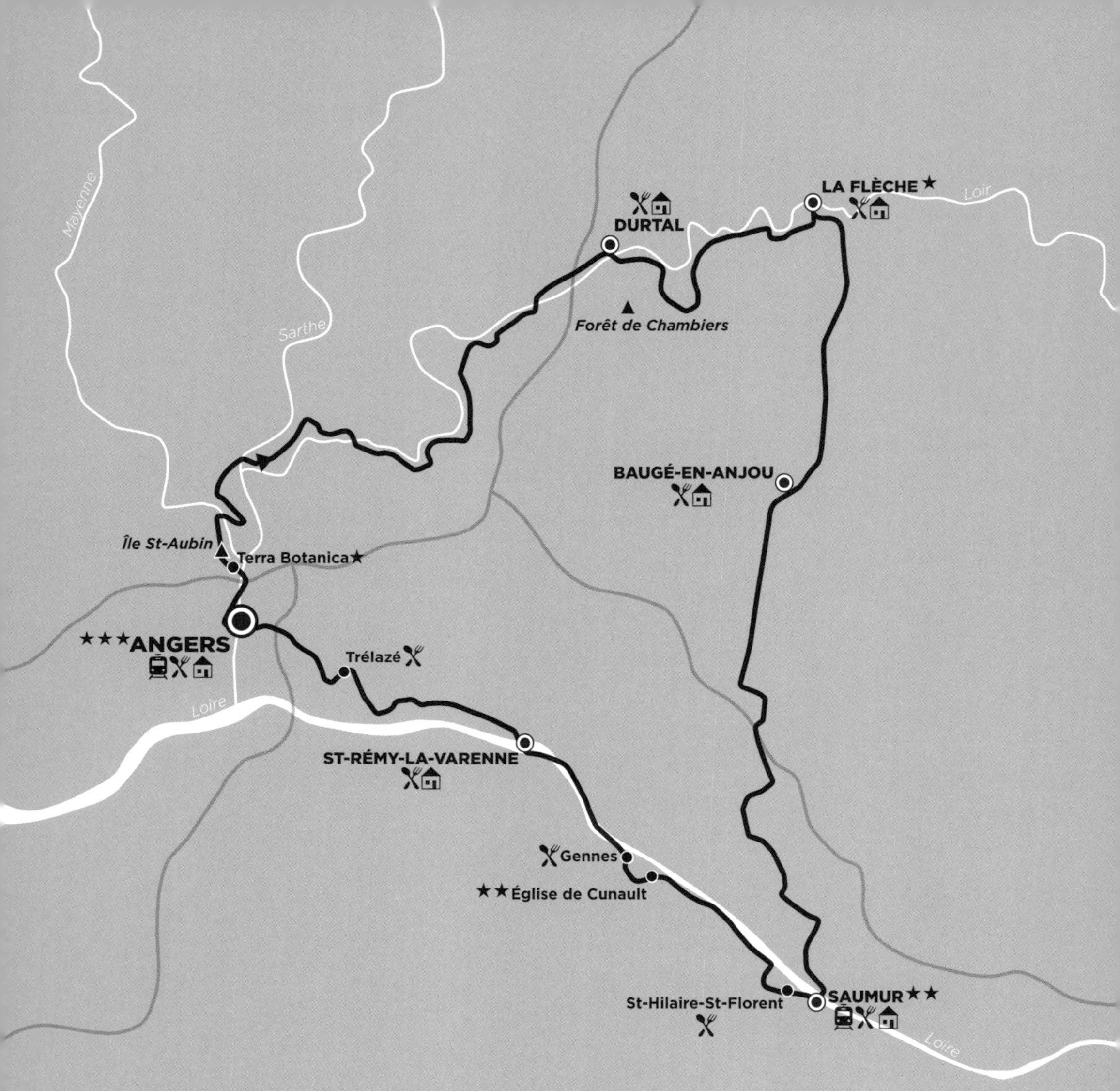


**VILLE DÉPART/ARRIVÉE**
**VILLE ÉTAPE**
Ville/site à visiter en chemin
*Site naturel à voir en chemin*

**TRACÉ GPX**

**VÉLOROUTES EMPRUNTÉES :**
La Vélo Francette (V43)
La Vallée du Loir à Vélo (V47)
La Vélobuissonnière (V44)
La Loire à Vélo (EuroVelo 6)

**GARES SUR LE PARCOURS :**
Angers St-Laud, Saumur

**LE MEILLEUR MOMENT POUR PÉDALER :**
D’avril à septembre

**LIAISON POSSIBLE AVEC :**
La boucle des troglodytes (p. 44)

NIVEAU 1 | 202 KM | 6 JOURS



**ANGERS**
**ANGERS**

# Entre Loir et Loire

Une escapade à vélo de 200 km entre la vallée du Loir, intimiste et sinueuse, et la majesté du fleuve royal. Au départ d'Angers, voici une inédite combinaison de véloroutes mêlant La Vélo Francette, La Vallée du Loir à Vélo, La Vélobuissonnière et La Loire à Vélo. Après avoir profité des rues piétonnes de la capitale de l'Anjou, il faudra bien vous élancer vers Durtal et La Flèche. Ensuite, cap au sud, pour revenir sur les bords de Loire à Saumur et profiter de cette lumière si caractéristique du grand fleuve sauvage...

## ÉTAPE 1

### Angers - Durtal - 58 km

Au départ d'Angers, on profite de la rive droite de la Maine, de sa confluence avec la Mayenne, des aménagements cyclables et du balisage de La Vélo Francette pour gagner sereinement Cantenay-Épinard. Ensuite, en alternant rives gauche et droite du Loir, il faut pédaler *fortissimo* en suivant le balisage La Vallée du Loir à Vélo sur des routes partagées à faible trafic jusqu'à Durtal. Son château vous fournit l'excuse pour une pause méritée!

La cale de la Savatte, à Angers.
P. Avenet/hemis.fr

## Angers ★★★

**Un château colossal.** Au cœur de la ville, du haut de son promontoire rocheux, le château d'Angers impose sa silhouette noire et pesante. Flanquée de 17 hautes tours, cette prodigieuse **forteresse** ★★★ fut édifiée au 13e s. pour affirmer la puissance militaire du roi Saint Louis. Derrière ses portes se révèle un ensemble d'édifices harmonieux, entourés de jardins, témoins de l'époque où Angers fut la résidence de princes éclairés et amateurs d'art ; la **tenture de l'Apocalypse** ★★★, fleuron de l'art médiéval, en est le brillant emblème. Hors les murs, les rues des anciens quartiers débouchent sur la cité d'aujourd'hui, où règne la légendaire douceur angevine.

*Château - 2 prom. du Bout-du-Monde - ✆ 02 14 86 48 77 - www.chateau-angers.fr - de déb. mai à déb. sept. : 10h-18h30 ; reste de l'année : 10h-17h30 - 9,50 €.*

## Terra Botanica ★

**Se mettre au vert.** Terra Botanica est le premier parc à thème dédié au végétal en Europe, avec ses 15 ha de jardins, espaces aquatiques et serres organisés en cinq espaces. Dans chaque univers, des attractions, projections 4D ou animations interactives rendent la visite dynamique et ludique, aussi bien pour les petits que pour les grands. Ne manquez pas d'arpenter les jardins et potagers, où se côtoient plus de 275 000 espèces végétales.

Détail de la tenture de l'Apocalypse, à Angers.
World History Archive/Ann Ronan Collection/age fotostock

*Rte d'Épinard - Angers - ☏ 02 41 25 00 00 - www.terrabotanica.fr - juil.-août : 10h-19h ; reste de l'année : se rens. - fermé nov.-mars - 23 €.*

## Île St-Aubin

**Un morceau de nature préservée.** C'est aux beaux jours qu'on s'y promène, quand ses terres sont au sec. La très courte traversée de la Mayenne en bac mérite à elle seule le détour ! Une fois arrivé, le dépaysement est total. On peut faire le tour de l'île sur les chemins balisés à pied ou à vélo, profiter de ses paysages verdoyants, apercevoir les oiseaux qui y nichent et les vaches qui y paissent. Après l'effort, le réconfort ! Direction la Maison du Cœur de l'Île pour une sieste dans un hamac, ou direction la guinguette pour y boire un verre.
*Bac au port de l'île, à 1 km de Terra Botanica - accès d'avr. à nov., selon les crues - gratuit.*

## Durtal

**Stratégique et bucolique.** Au pied d'un château, ce village hérissé de maisons aux toits pointus mérite une halte. Rempart stratégique entre l'Anjou et le Maine, le promontoire rocheux de Durtal fut choisi dès 1040 par le comte Foulques Nerra pour poser les fondations du château. Les tours rondes à mâchicoulis et toits en poivrière ainsi que le donjon à six étages datent des 15e et 16e s., tandis que les autres bâtiments et le grand pavillon relèvent du style Louis XIII. Du chemin de ronde s'offre une agréable vue sur la vallée du Loir et la forêt de Chambriers. La balade se poursuit sous le charme des rives du Loir bordées de moulins.
*Château - 15 pl. des Terrasses - ☏ 02 41 69 92 60 - www.leschateauxdelaloire.org - visites guidées (1h) à heures fixes de Pâques à la Toussaint - 9 €.*

### À deux coups de pédale

**Au sud de Durtal, la forêt de Chambiers (1300 ha) permet d'agréables promenades pédestres (et cyclistes !) à travers chênes et pins. De la « Table au roy » rayonnent de larges allées. Aux alentours, les vergers de pommiers et de poiriers sont nombreux.**

## ÉTAPE 2

### Durtal - La Flèche - 23 km

Toujours sur de petites routes balisées La Vallée du Loir à vélo, l'itinéraire se poursuit en rive gauche du Loir jusqu'à la Flèche, où zoo et Prytanée vous attendent pour une visite. Une étape qui laisse le temps de flâner !

## La Flèche ★

**Pour devenir philosophe...** Au bord du Loir, la mairie est aujourd'hui installée dans le château des Carmes, dont les bâtiments du 17e s. sont accolés à un vestige de la forteresse du 15e s. Quant à son prestigieux **Prytanée national militaire** ★, bel édifice fondé en 1603 par Henri IV, collège royal puis lycée militaire, il accueillit jadis le philosophe René Descartes ou encore, plus récemment, le spationaute Jean-François Clervoy.

## Zoo de La Flèche ★★

**Chez les lémuriens.** S'étendant sur 21 ha, le parc zoologique abrite près de 1500 animaux issus de 160 espèces différentes (fauves, singes, cervidés, éléphants, phacochères, oiseaux, reptiles, etc.). L'île des lémuriens vivant en totale liberté est particulièrement fascinante pour les plus jeunes spectateurs. Comme nombre de zoos aujourd'hui, les spectacles exploitant les animaux

cèdent le pas à des animations pédagogiques plus respectueuses. Une démarche écoresponsable tend à bannir du site tous produits dont l'exploitation et l'importation sont néfastes à la survie des espèces animales concernées.
*À 5 km au sud-est de La Flèche - Le Tertre-Rouge - ✆ 02 43 48 19 19 - www.zoo-la-fleche.com - juil.-août: 9h30-19h30; reste de l'année: se rens. - 26,50 €.*

## ÉTAPE 3

### La Flèche - Baugé-en-Anjou - 21 km

Changement d'itinéraire puisqu'ici il faut suivre La Vélobuissonnière sur une voie verte asphaltée pendant 4 km depuis l'ancienne gare de La Flèche. Le revêtement change ensuite en stabilisé jusqu'à Baugé-en-Anjou. Une étape très facile pour gagner en roue libre cette petite cité de caractère.

### Baugé-en-Anjou

**Quel cachet!** À l'orée de la forêt de Chandelais, où petit gibier et sangliers « se vautraient dans leur bauge », Baugé est une petite cité de caractère, au joli clocher tors. Ce n'est d'ailleurs pas un hasard si le roi René (1409-1480), chasseur et esthète, s'y fit construire un château dans le goût de la première Renaissance. Devenu le siège de juridictions royales au 17e s., Baugé s'enrichit ensuite d'hôtels particuliers et de logis qui lui confèrent aujourd'hui un cachet ancien. Construit à la même époque, l'**hôtel-Dieu** ★ a conservé son apothicairerie avec ses faïences de Nevers et sa poudre de cloporte.
*Hôtel-Dieu - r. Anne-de-Melun - ✆ 02 41 84 00 74 - www.chateau-bauge.fr - de mi-juin à mi-sept.: 10h-12h30, 13h30-18h30; mi-avr.-mi-juin et mi-sept.-déb. nov.: 14h-18h; reste de l'année: se rens. - 9 € - billet combiné avec le château 15 €. L'accès à l'apothicairerie se fait uniquement en visite guidée.*

## ÉTAPE 4

### Baugé-en-Anjou - Saumur - 41 km

Toujours en suivant le balisage de La Vélobuissonnière, on traverse le centre-ville de Baugé-en-Anjou avant de retrouver la voie verte en stabilisé jusqu'à Brion. Ensuite, l'itinéraire emprunte des petites routes jalonnées jusqu'à la gare de Saumur.

### Saumur ★★

*Voir p. 46.*

## ÉTAPE 5

### Saumur - St-Rémy-la-Varenne - 30 km

On retrouve ici La Loire à Vélo, mère de toutes les véloroutes de France! L'itinéraire serpente un peu dans St-Hilaire-St-Florent, avant de suivre en majorité des routes partagées avec de courtes portions de voies vertes. Suivez bien le balisage et évitez les heures de pointe sur la D 751. Sinon, prenez la variante plus sauvage en rive droite de la Loire.

### St-Hilaire-St-Florent

*Voir p. 48.*

### Église de Cunault ★★

*Voir p. 48.*

### Gennes

*Voir p. 47.*

### St-Rémy-la-Varenne

**Les trésors d'un prieuré ★.** Le prieuré bénédictin (domaine rural légué à l'abbaye de St-Aubin d'Angers) fut

Château de Saumur.
saiko3p/Getty Images Plus

l'un des plus riches d'Anjou. Grâce à une association qui œuvre depuis une trentaine d'années à sa sauvegarde et à sa restauration, il retrouve au fil des ans son aura d'autrefois. Fondé au 10e s., il fut agrandi et enrichi au 12e s. puis remanié aux 16e et 17e s. La salle capitulaire conserve une fresque du 12e s., l'une des plus anciennes d'Anjou, redécouverte fortuitement en 1954 lors de travaux. Au tympan, la Crucifixion, entre les fenêtres, dévoile la Vierge à l'Enfant et, dans les embrasures, des représentations de saints. L'élément le plus spectaculaire est, dans la grande salle du logis principal, une cheminée monumentale polychrome du 15e s., récemment restaurée.

*Prieuré - pl. Édouard-Meslier - ✆ 02 41 57 32 32 - www.prieure-saint-remy.fr - mai-sept.: merc.-dim. 10h-12h30, 14h-18h - 4 €.*

## ÉTAPE 6

### St-Rémy-la-Varenne - Angers - 29 km

Essentiellement des petites routes et quelques chemins sur cette étape qui se déroule principalement dans la plaine agricole. Tenez-vous sur vos gardes pour la traversée du pont à St-Rémy-la-Varenne. L'arrivée à Angers se fait soit par la levée de la Belle Poule aux Ponts-de-Cé, soit par le site des ardoisières de Trélazé.

Traversée des ardoisières à Trélazé.
P. Avenet/hemis.fr

N'hésitez pas à sortir de l'itinéraire par les nombreuses petites routes qui mènent à la Loire pour profiter de nombreux points de vue sur le fleuve, ici particulièrement large et spectaculaire.

## Trélazé

**Terminer avec une ardoise.**
L'exploitation des ardoises est connue à Trélazé depuis le début du 12e s. Au temps de la navigation sur la Loire, elles remontaient son cours par bateau pour aller couvrir de leur chape bleutée les églises, châteaux, manoirs ou simples maisons qui bordaient le fleuve et ses alentours. Près d'une carrière désaffectée à ciel ouvert, sur un site de 3 ha (magnifique promenade à faire), le musée de l'Ardoise présente des éléments de géologie, les anciennes techniques d'extraction, la vie des ardoisiers et des procédés d'exploitation plus récents, mais définitivement condamnés en 2015 en raison de leur coût. Les gisements de schiste étant désormais trop profonds (750 m), les ardoises sont importées d'Espagne.

*Musée de l'Ardoise - pôle Hervé-Bazin - 32 ch. de la Maraîchère - ✆ 02 41 69 04 71 - www.lemuseedelardoise.fr - juil.-août: 9h-12h, 14h30-18h30, w.-end 14h30-18h30; reste de l'année: se rens. - 8 €.*

# LOUER UN VÉLO

## ANGERS

### ESPACE 2 ROUES

*45 r. Beaurepaire - ☎ 02 41 87 69 46 - velolocationangers.fr - fermé dim.-lun. VTC/VTT de ville à partir de 17 €/j, VAE à partir de 40 €/j. Tarifs dégressifs. Casque, sacoche et accessoires en option. Préréservation possible en ligne.*

### VÉLOC'OUEST

*Pas de boutique à Angers mais possibilité de livraison et de reprise à votre point d'arrivée - ☎ 06 46 85 31 41 - www.velocouest.fr. Vélo de balade à partir de 14 €/j, VAE à partir de 33 €/j. Tarifs dégressifs. Casque, sacoche et de nombreux accessoires en option.*

# DÉGUSTER

## ANGERS

### LES CASSE-CROÛTE DE SUZY

Premier restaurant certifié biologique à Angers, la petite cantine de Suzy propose de délicieux sandwichs, salades, quiches, soupes et desserts sur place ou à emporter. Le tout bio, fait maison, et servi avec le sourire. Au menu également : des options végétariennes et véganes.

*4 r. de l'Espine - ☎ 02 41 19 68 82 - www.lescassecroutedesuzy.fr - fermé dim.-lun. et le soir - formules 12,30/14,80 €.*

### L'ARDOISE

Après un parcours dans des restaurants étoilés parisiens, Brice Sanchez est revenu à ses origines angevines et a ouvert L'Ardoise, à deux pas de la Maine. Grande attention aux produits locaux et belle cave tournée vers le bio.

*7 pl. Molière - ☎ 02 72 73 11 91 - lardoise-angers.fr - fermé dim.-lun. - formules midi sem. 22/25 €, plats 20/26 €.*

### LE RELAIS

Banquettes rouges, boiseries, comptoir en bois et fresques murales sur le thème du vin caractérisent le sobre décor contemporain de ce sympathique restaurant apprécié des gourmets. Appétissante cuisine actuelle et belle sélection de vins de la Loire.

*9 r. de la Gare - ☎ 02 41 88 42 51 - www.le-relais-restaurant-angers.fr - fermé dim.-lun. et jeu. soir - formules déj. 18/21 €.*

## DURTAL

### RESTAURANT DES PLANTES

Presque caché à la sortie du village, ce restaurant connaît un succès tel qu'il vaudra mieux réserver. La formule du midi et la carte du soir évoluent tous les jours en fonction du marché. Cadre sobre agrémenté d'une terrasse.

*54 av. d'Angers - ☎ 02 41 76 41 57 - www.restaurantdesplantes.com - fermé dim. soir, mar. soir et merc. - menus midi 22/29 €, menus 36/67 €.*

### LE MARIGNY

Pour une halte et une collation sur le pouce, un petit bar-restaurant comme on les aime, tout près du château. Pour un croque-monsieur, une salade ou la formule du jour.

*34 r. Saint-Pierre - ☎ 02 41 76 04 21 - fermé à 20h et dim. - formules midi 13,50/14,90 €.*

## LA FLÈCHE

### LE MOULIN DES QUATRE SAISONS

Ce moulin du 17ᵉ s. posé sur une petite île du Loir propose une cuisine actuelle assortie d'une très belle carte des vins, dont certains crus autrichiens ou hongrois.

*14 r. Gallieni - ☎ 02 43 45 12 12 - www.moulindes4saisons.fr - fermé dim. soir, lun. et merc. soir - menus déj. sem. 25/29,90 €, menus 51,90/58,90 €.*

### L'ANTI PASTA

Voilà une autre bonne adresse, italienne. Une carte courte, avec des plats savoureux et bien présentés. Mention spéciale pour les desserts.

*6 r. de la Dauversière - ☎ 02 43 94 73 60 - fermé dim.-lun. - formule 13 €.*

## BAUGÉ-EN-ANJOU

### LES DÉLICES DU CHÂTEAU

Des tables bien placées dans le centre, avec une vue imprenable sur le château. Dans l'assiette, une attention particulière aux produits de saison et spécialités du Maine-et-Loire.

*9 av. Jeanne-d'Arc - ☎ 06 80 36 52 52 - lesdelicesduchateau.metro.rest - fermé dim. soir et mar. - formule midi 16 €, plats 13,50/16 €.*

## SAUMUR

*Voir p. 49.*

## ST-HILAIRE-ST-FLORENT

### LES TERRASSES DE SAUMUR

Dominant Saumur et le château, cet hôtel renferme aussi un excellent restaurant et un bar panoramique. Cuisine bistronomique servie dans une salle en rotonde avec vue sur le château.

*Chemin de l'Alat - ☎ 02 41 67 28 48 - www.lesterrassesdesaumur.fr - formule midi semaine 22 €, menus 27/49 €.*

## GENNES

*Voir p. 49.*

### ST-RÉMY-LA-VARENNE

**Ô SAINT AUBIN**

Une belle découverte ! Ici, l'accueil est très chaleureux et tout ou presque est fait maison avec des produits frais. Aux beaux jours, on se pose en terrasse sous la glycine.

*20 r. St-Aubin - 02 85 35 91 16 - www.osaintaubin.com - fermé lun.-mar., merc. soir et dim. soir - formules midi sem. 15,50/18,50 €, menu 32 €.*

### TRÉLAZÉ

**AUBERGE DE LA MAIRIE**

Magali et Vincent vous accueillent dans leur salle chaleureuse et sur leur terrasse aux beaux jours. Cuisine traditionnelle (entrecôtes, îles flottantes) mais aussi respectueuse des saisons.

*84 r. Louis Pasteur - 02 41 69 01 03 - aubergedelamairie.wixsite.com/aubergedelamairie - ouv. le midi en sem. - menus du jour 15/18 €.*

## DORMIR

### ANGERS

**HÔTEL LE PROGRÈS**

À deux pas de la gare, une adresse accueillante et des chambres actuelles, claires et pratiques. Avant de visiter le château, requinquez-vous grâce au copieux buffet du petit-déjeuner servi devant une courette fleurie. Label **Accueil Vélo** (local sécurisé).

*26 r. Denis-Papin - 02 41 88 10 14 - www.hotelleprogres.com - 38 ch. 76/100 €- 12 €.*

**BON PASTEUR HOSTELLERIE**

Cet établissement magnifiquement rénové se love dans le vaste parc arboré de la maison-mère de la congrégation des sœurs de N.-D. de Charité du Bon Pasteur. Un lieu peu connu, propice au calme et à la sérénité, et doté de chambres modernes et confortables parfaitement tenues. Label **Accueil Vélo** (garage fermé).

*18 r. Marie-Euphrasie-Pelletier - 02 41 72 12 80 - www.bonpasteur-hostellerie.org - 93 ch. 73/88 €- 9,50 € -.*

### DURTAL

**CLOS SAINT-LÉONARD**

Une demeure de charme en plein cœur du quartier historique de Durtal, avec un jardin arboré doté de tables extérieures. Pour les cyclistes, un menu unique à base de produits frais de saison est servi à 20h sur réservation. Séjour de 2 nuits minimum parfois demandé en haute saison et le w.-end. Label **Accueil Vélo**.

*45 r. St-Léonard - 06 11 25 84 78 - leclossaintleonard.com - 1 gîte et 5 ch. à partir de 100 € - sur réserv.*

### LA FLÈCHE

**LE VERT GALANT**

En centre-ville, non loin du Prytanée, voici un ancien relais postal du 18e s. Mobilier traditionnel ou contemporain dans les chambres et véranda où l'on propose le petit-déjeuner. Hôtel bien tenu et bon accueil. Label **Accueil Vélo** : un local à vélo est à disposition pour tous les cyclistes.

*70 Grande-Rue - 02 43 94 00 51 - www.vghotel.com - 25 ch. 79/104 € - 13 €.*

**CAMPING DE LA ROUTE D'OR**

Disposant d'un espace très bien entretenu et d'une superficie plus que correcte, cette structure propose aussi des mobile homes, bungalows toilés et une bulle. Piscine 2 bassins et base de canoë-kayak à côté. Label **Accueil Vélo** : espaces sécurisés, recharge de batterie et aussi kits de réparation.

*Allée du Camping - 02 43 94 55 90 - www.camping-lafleche.com - fermé entre nov. et mi-mars - - 12 mobile homes à partir de 92 €, couchages insolites à partir de 29 €.*

### BAUGÉ-EN-ANJOU

**LE LOGIS DE LA CHOUETTE**

Cette magnifique ancienne ferme du 18e s. entièrement restaurée vous ouvre ses portes en pleine campagne. Petit-déjeuner maison, grand jardin et piscine. 2 nuits minimum parfois demandées en saison. Label **Accueil Vélo**.

*Le Grand Mandon Bocé - 02 41 89 23 39 ou 06 16 66 81 80 - - 3 ch. 100 €.*

### SAUMUR

*Voir p. 49.*

### ST-RÉMY-LA-VARENNE

**CASA MILA & SPA**

Faute d'hôtel à St-Rémy, vous pouvez vous poser tout près, dans ces splendides chambres d'hôtes, juste de l'autre côté de la Loire. Un superbe espace spa se cache au sous-sol de la maison. Et il y a une piscine !

*118 levée du Roi-René - St-Mathurin, à 2,5 km - 06 79 85 85 48 - casamilaloire.com - - 5 ch. et 2 gîtes à partir de 175 € accès à l'espace spa inclus (de 17h à 20h).*

NIVEAU 1 — 284 KM — 8 JOURS



**PONTORSON**
**NANTES**

# Les Marches de Bretagne

La Régalante, c'est le nom de la véloroute qui trace une ligne nord-sud, formée par les petites et grandes forteresses médiévales qui formaient autrefois la zone frontalière entre la Bretagne et la France. Des détours acrobatiques existent sur ce parcours emprunté à l'histoire pour fureter hors des sentiers battus, à la recherche des pittoresques pépites essaimées dans cette belle campagne. Relier à vélo le Mont-St-Michel à Nantes, telle est la promesse de La Régalante, pour rouler en toute sécurité sur les Marches... de Bretagne !

## ÉTAPE 1

### Pontorson - Mont-St-Michel - Fougères - 75 km (avec aller-retour au Mont-St-Michel)

Après un aller-retour sur le chemin de halage du Couesnon pour visiter le Mont-St-Michel, il faut être vigilant lors de la traversée de Pontorson. Puis on continue sur la route des marais, à très faible trafic, jusqu'à Antrain. À partir d'Antrain, une courte montée sur la route de St-Ouen-la-Rouërie permet de rejoindre une première section de voie verte. On traverse une route départementale, puis c'est la suite de la voie verte

Balade à vélo vers le Mont-St-Michel.
olrat/Getty Images Plus

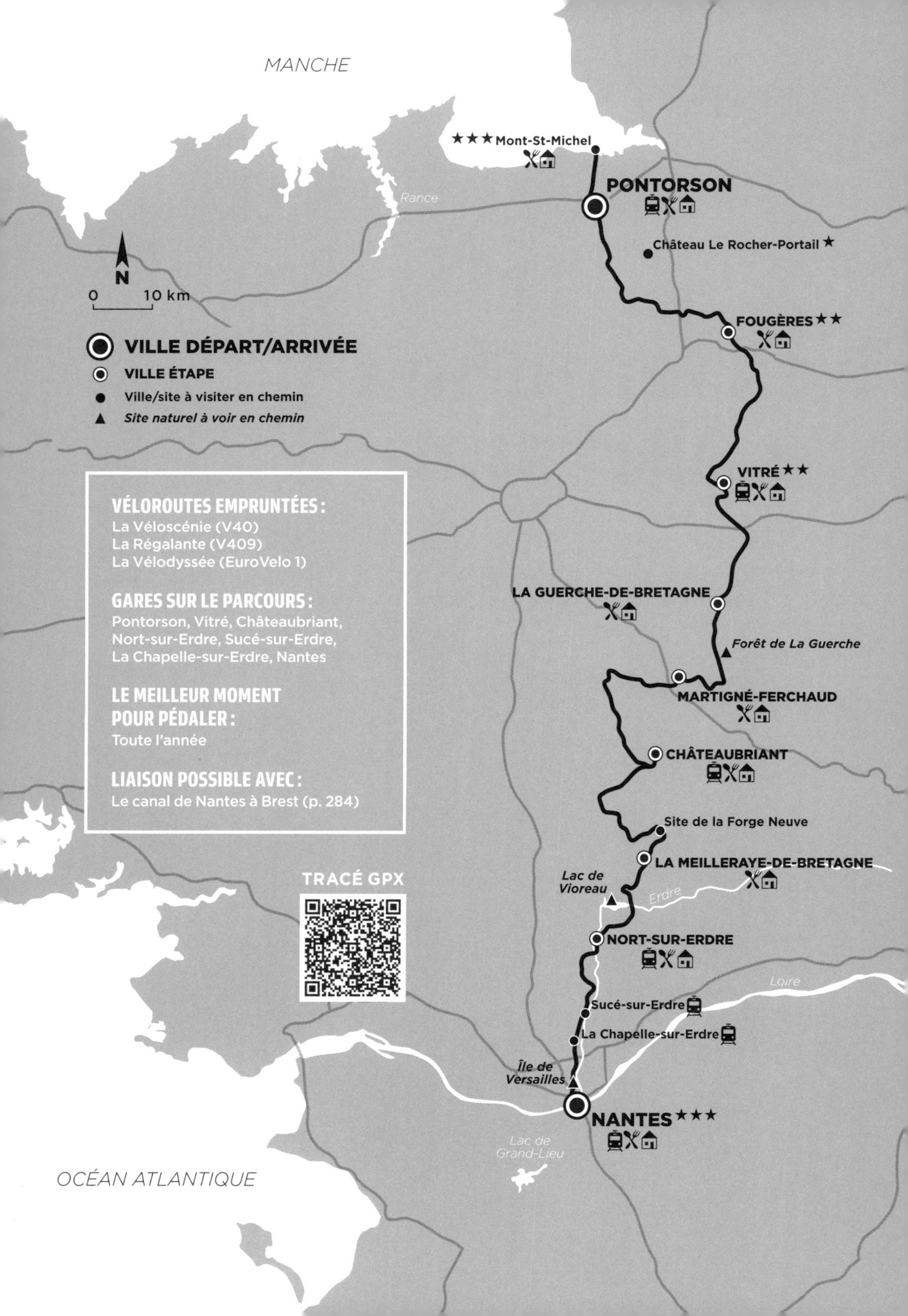
MANCHE
★★★ Mont-St-Michel
Rance
PONTORSON
Château Le Rocher-Portail ★
N
0 10 km
VILLE DÉPART/ARRIVÉE
VILLE ÉTAPE
Ville/site à visiter en chemin
Site naturel à voir en chemin
FOUGÈRES ★★
VITRÉ ★★
VÉLOROUTES EMPRUNTÉES :
La Véloscénie (V40)
La Régalante (V409)
La Vélodyssée (EuroVelo 1)
GARES SUR LE PARCOURS :
Pontorson, Vitré, Châteaubriant, Nort-sur-Erdre, Sucé-sur-Erdre, La Chapelle-sur-Erdre, Nantes
LE MEILLEUR MOMENT POUR PÉDALER :
Toute l'année
LIAISON POSSIBLE AVEC :
Le canal de Nantes à Brest (p. 284)
LA GUERCHE-DE-BRETAGNE
Forêt de La Guerche
MARTIGNÉ-FERCHAUD
CHÂTEAUBRIANT
Site de la Forge Neuve
LA MEILLERAYE-DE-BRETAGNE
Lac de Vioreau
Erdre
TRACÉ GPX
NORT-SUR-ERDRE
Loire
Sucé-sur-Erdre
La Chapelle-sur-Erdre
Île de Versailles
NANTES ★★★
Lac de Grand-Lieu
OCÉAN ATLANTIQUE

jusqu'à Maen Roch après avoir quitté le hameau du Medrouet. Jusqu'à Fougères, seule une section de 2,5 km en voie partagée sur routes peu fréquentées pour contourner l'autoroute A 84 interrompt la voie verte.

## Pontorson

**Cap sur le Mont-St-Michel!** La gare de Pontorson/Mont-St-Michel se situe à 10 km au sud du Mont-St-Michel. La passerelle pour accéder au Mont est autorisée aux cyclistes.

## Mont-St-Michel ★★★

**Un chef-d'œuvre universel.** Dans l'écrin de l'une des plus belles baies du monde, cet îlot-abbaye demeure le site le plus populaire en dehors de la région parisienne. Doublement classé sur la liste du Patrimoine mondial de l'Unesco (le rocher et la baie!), il est aussi le théâtre des plus grandes marées d'Europe, jusqu'à 15 m de marnage, « à la vitesse d'un cheval au galop » comme le dit l'adage. Prenez le temps de flâner dans la **Grande-Rue** ★ bordée de maisons anciennes avant de rejoindre les **remparts** ★★ puis l'abbaye.

*Stationnement vélo gratuit à la Caserne, au niveau du barrage (3 zones entre le parking P9 et la place du Barrage; privilégiez le P3, le plus pratique et le plus proche). Puis accès à pied (2,5 km - 35mn) ou en navette (50 pers. maxi - 12mn - gratuit pour les cyclistes).*

**Une merveille d'abbaye** ★★★.

L'abbaye du Mont-St-Michel, d'origine carolingienne, fut tour à tour un haut site de pèlerinage, une prison pour les détenus de droit commun avant de retrouver sa vocation religieuse. L'église abbatiale, construite au sommet du rocher, offre un contraste saisissant entre la nef romane, sévère

Le cloître de l'abbaye du Mont-St-Michel.
CAHKT/Getty Images Plus

et sombre, et le chœur, reconstruit en style gothique flamboyant après son effondrement en 1421. Le cloître, suspendu entre ciel et mer, occupe le sommet de la Merveille, superbe ensemble gothique, sans conteste le point d'orgue de l'abbaye. Enfin, n'oubliez pas de profiter de la magnifique vue sur l'ensemble de la baie depuis la terrasse de l'ouest.

*✆ 02 33 89 80 00 - www.abbaye-mont-saint-michel.fr - mai-août: 9h-19h; reste de l'année: 9h30-18h - 13 €.*

### À deux coups de pédale

**Le château Le Rocher-Portail ★ (à 20 km au sud de Pontorson), érigé à partir de 1596, est l'un des plus beaux de Bretagne. Après une rénovation et transformation en « Nouvelle École des Sorciers », le château n'est plus ouvert au public que six semaines par an, avec des visites théâtralisées et des animations.**

***✆ 02 99 97 26 83 - lerocherportail.fr.***

## Fougères ★★

**Imposant château fort.** Sa **forteresse ★★**, parmi les plus grandes d'Europe, sa rivière (le Nançon), ses **vieilles ruelles ★** en pente du haut desquelles la vue est splendide, ses belles demeures de granit... Fougères est une invitation au voyage! Le premier château a été construit au tournant de l'an mil pour assurer la défense du duché de Bretagne. L'enceinte aujourd'hui est complète avec ses courtines et ses 13 tours. Mais on ne voit plus l'imposant donjon qui, du point le plus élevé du rocher, commandait toutes les défenses: il fut rasé en 1166 par le roi d'Angleterre. Le grand logis, qui occupait une partie de la cour intérieure, a été également ruiné au début du 19e s. Une scénographie, à la fois sobre et design, ponctue la visite du château. Entre tours et courtines, le parcours invite à comparer l'architecture d'hier et d'aujourd'hui en se glissant dans la visière de personnages historiques.
*Château - pl. Pierre-Symon - ✆ 02 99 99 79 59 - www.chateau-fougeres.com - juin-sept.: 10h-19h; reste de l'année: se rens. - fermé janv. - 6 €.*

## ÉTAPE 2

### Fougères - Vitré - 35 km

Cette étape est essentiellement sur voie verte en stabilisé et avec un dénivelé quasi nul. Des points de vigilance sont à signaler à plusieurs intersections, notamment avec la D 178, après la traversée de Dompierre-du-Chemin. Un autre point d'attention se situe à hauteur du lieu-dit Ribert, juste avant d'arriver au lac de la Cantache: passage de 500 m en voie partagée sur la D 305. À hauteur de La Ville-en-Bois, prenez à gauche pour traverser le lac sur la piste cyclable bordant la D 794 et rejoindre la voie verte. À l'arrivée dans Vitré, restez vigilant au rond-point pour la traversée de la D 178. Une piste cyclable mène ensuite dans le centre historique.

## Vitré ★★

**Encore un château!** Aux portes de la Bretagne, Vitré a longtemps défendu la région du haut de son éperon rocheux où s'élève le **château ★★**. Aujourd'hui, riche de son histoire, elle accueille ceux qui veulent explorer ses remparts, ses ruelles, ses maisons à porche et toits d'ardoises, et sa forteresse, bien sûr! Depuis le 11e s.,

Les remparts de Fougères.
smartin69/Getty Images Plus

le château veille sur les remparts, les ruelles et la campagne environnante. Transformé aux 13e, 14e, 15e et 16e s., il a conservé tout son lustre que l'on observe dès l'entrée, laquelle est défendue par un pont-levis et un puissant châtelet flanqué de deux grosses tours à mâchicoulis. À l'angle sud se dresse la tour St-Laurent, du haut de laquelle la vue sur l'enchevêtrement des toits d'ardoises de la ville permet de saisir l'étroitesse des rues.

*Château - pl. du Château - ✆ 02 99 75 04 54 - chateau.vitre.bzh - juil.-août: 10h-18h; reste de l'année: se rens. - musée 7 €.*

## ÉTAPE 3

### Vitré - La Guerche-de-Bretagne - 26 km

Une grande partie de l'itinéraire se fait en voie verte stabilisée, 19 km jusqu'à Moutiers. Il faut être vigilant au niveau du Pont-d'Étrelles, au croisement de la D 178 avec la voie verte. Même chose un peu avant Moutiers: il faut ralentir à la sortie de la voie verte pour traverser la D 178. À partir du lieu-dit La Maison Neuve, le parcours est partagé sur la D 111 jusqu'à La Guerche-de-Bretagne.

Le château de Vitré.
Manel Vinuesa/Getty Images Plus

## La Guerche-de-Bretagne

**Ville de caractère.** Aux confins de la Bretagne et de la Mayenne, La Guerche-de-Bretagne est une ancienne baronnie, dont Du Guesclin fut le seigneur. De sa collégiale, fondée en 1206, ne subsistent que le chœur, son abside et la tour romane. La nef et le collatéral sud ont été reconstruits au 16e s. Le bas-côté nord et le clocher à galeries hautes datent de la fin du 19e s. Notez aussi une quinzaine de maisons à porches et à pans de bois (16e-17e s.), place du Gén.-de-Gaulle, près de l'église, rue du Cheval-Blanc et rue de Nantes.

## ÉTAPE 4

### La Guerche-de-Bretagne - Martigné-Ferchaud - 28 km

Cette étape de La Régalante se fait uniquement sur voie partagée sur la D 95, depuis le lieu-dit Le Pavillon à Drouges jusqu'à Chelun (traversée de la forêt de la Guerche). Ensuite, l'itinéraire continue en voie partagée sur de petites routes de campagne peu fréquentées entre Chelun, Éancé et Martigné-Ferchaud. À noter qu'il faudra composer avec un peu de relief dû à quelques vallons.

## Forêt de la Guerche

**L'histoire derrière les arbres.** Composée de chênes, de hêtres et de pins, cette forêt privée s'étend sur 2900 ha sur la commune de Rannée. On peut se balader dans ces allées sinueuses. Côté histoire, pendant la Seconde Guerre mondiale, elle fut occupée, fin 1943, par une unité allemande spécialisée. Son poste de commandement était installé dans le château du 19ᵉ s. situé au centre de la forêt. Des produits pétroliers arrivaient par le rail jusqu'à la gare de la forêt. Le site a été bombardé par les Alliés les 16 et 31 juillet 1944. Il n'y eut aucune victime, mais beaucoup de secousses dans les fermes environnantes...

## ÉTAPE 5

### Martigné-Ferchaud - Châteaubriant - 37 km

De Martigné-Ferchaud à Malaunay (mines de la Brutz), La Régalante évolue sur de petites routes de campagne peu fréquentées. De Rougé à Châteaubriant, une belle voie verte de 13 km prend le relais.

## Châteaubriant

**Bijou Renaissance.** Au centre d'une région boisée et parsemée d'étangs, cette ancienne ville fortifiée se situe aux marches de la Bretagne et de l'Anjou. Capitale du pays de la Mée, elle constitue avant tout une étape sur la route des stations balnéaires bretonnes, mais, en vous attardant un tant soit peu, vous découvrirez une ville au riche passé historique et culturel. Fait de brique, de tuffeau et de schiste, son **château** ★ est particulièrement bien mis en valeur par la région. Édifié sur un château médiéval, il s'est mué en demeure Renaissance à la fin du 15ᵉ s. Un espace multimédia présente l'histoire architecturale du site en 3D.

*Château - pl. Charles-de-Gaulle - ✆ 02 40 28 20 20 - www.chateau-chateaubriant.fr - accès libre aux jardins - avr.-sept.: 9h-19h30 (sinon 18h).*

## ÉTAPE 6

### Châteaubriant - La Meilleraye-de-Bretagne - 42 km

De Châteaubriant à Louisfert, une voie verte vous transporte sur 6 km. De Louisfert à la Meilleraye-de-Bretagne, en passant par St-Vincent-des-Landes, Issé et Moisdon-la-Rivière, La Régalante évolue sur de petites routes de campagne.

## Site de la Forge Neuve

**Patrimoine industriel.** On peut faire une halte intéressante à Moisdon-la-Rivière. On y découvre ses forges du 17ᵉ s. très bien conservées, et on en apprend un peu plus sur l'histoire industrielle du site. On peut aussi y flâner, pêcher, pique-niquer ou partir en randonnée (plusieurs départs de sentiers fléchés). Dans l'ancienne halle à charbon est installé le musée des Forges.

*Moisdon-la-Rivière - ✆ 02 40 28 20 90 - site en accès libre - musée mai-sept.: vend. 14h-19h, w.-end 10h-12h, 14h-19h.*

## La Meilleraye-de-Bretagne

**Prière de s'arrêter.** Fondée en 1142 près d'un étang, l'ancienne abbaye cistercienne N.-D. de Melleray est occupée par un groupe œcuménique chrétien (Communauté du Chemin Neuf) depuis 2016. Dans l'église (1183) est conservée une statue en bois polychrome de la Vierge (17ᵉ s.). Accessoirement, vous trouverez aussi dans la boutique de l'abbaye du miel, des jus de fruits et des confitures

produits sur place. Outre de nombreux articles religieux (icônes, livres, etc.), on trouve aussi fromages, liqueurs ou chocolats artisanaux provenant d'autres monastères.
*Rte de Riaillé - 2,5 km à l'est de La Meilleraye-de-Bretagne - ✆ 02 40 55 26 00 - melleray.chemin-neuf.fr - ouv. durant les offices.*

## ÉTAPE 7

### La Meilleraye-de-Bretagne - Nort-sur-Erdre - 24 km

Sur cette étape de La Régalante, vous empruntez principalement de petites routes de campagne à faible trafic, en voie partagée. Cette étape est relativement plate et facile, mais avec un beau dénivelé au niveau du Vault : attention lors de fortes pluies, le passage du pont est condamné – une information est donnée en bordure de la D 178. À noter, un dénivelé important entre les lieux-dits Le Gué et Le Creux Chemin, en amont de Nort-sur-Erdre.

### Lac de Vioreau

**Se poser ou piquer une tête.** Voilà une halte fraîcheur bienvenue aux beaux jours ! Au niveau de Joué-sur-Erdre, deux circuits (7,5 et 8 km) font le tour de ce lac artificiel de 200 ha créé en 1811. Activités nautiques, baignade (surveillée juil.-août), VTT, pêche et animation musicale l'été.
*101 Vioreau - Joué-sur-Erdre - accès libre tte l'année - aire de pique-nique, restaurant.*

## ÉTAPE 8

### Nort-sur-Erdre - Nantes - 39 km

La Régalante fait route commune avec La Vélodyssée à hauteur du Plessis-Pas-Brunet, dans une alternance de petites routes en voie partagée et de sections de voies vertes. Au lieu-dit La Blanchetière, veillez à bien traverser le canal, car l'itinéraire se poursuit sur l'autre rive, dans la direction d'où l'on arrivait. Une piste cyclable située en bordure de la D 69 permet de connecter Sucé-sur-Erdre à Nantes en toute sécurité. À partir de La Chapelle-sur-Erdre, le balisage à suivre est celui de La Vélodyssée, avec quelques rappels de La Régalante.

### La Chapelle-sur-Erdre

**Rendez-vous à la ferme.** Exploitée depuis 1810 par la même famille, la ferme fruitière de la Hautière abrite un domaine (1,5 ha) aménagé en huit thèmes : jardin des Fraises, jardin de la Loire-Atlantique, jardin du Monde, jardin des Fruits nouveaux (tel le *loganberry*, issu de la mûre et de la framboise), jardin des Fruits sauvages (telle l'arbouse), jardin du Néolithique évoquant des cueillettes venues du fond des âges... Un jardin méditerranéen abrite merisier, caroubier et pistachier. Le jardin des Botanistes montre des espèces situées à la frontière entre fruits et légumes, tel le potiron. Les fruits tropicaux ont trouvé abri et chaleur dans une serre.
*Ferme de La Hautière - Jardin des Hespérides - ✆ 02 40 72 03 83 - www.fermefruitierelahautiere.com - mai-sept. : mar.-dim. 9h-12h30, 14h30-19h - accès libre.*

### Île de Versailles

**Sauvée des eaux !** Cette île artificielle bâtie sur des marécages a été réalisée avec des matériaux de dragage lors du creusement du canal de Nantes à Brest au début du 19e s., puis a été occupée par diverses activités artisanales. Sa réhabilitation en lieu de loisirs date de la fin des années 1980.

Un jardin japonais y a été aménagé avec ses rocailles, cascades, camélias et cerisiers japonais.

*Quai Henri-Barbusse - Nantes - ✆ 02 40 41 65 09 - nature.metropole.nantes.fr.*

## Nantes ★★★

**Douceur de vivre.** Élégante, bourgeoise et dynamique, l'ancienne capitale de la Bretagne semble à l'équilibre parfait entre son riche passé et le vent de modernisme qui souffle sur la cité depuis une quinzaine d'années. On découvre son patrimoine historique et sa vitalité culturelle en flânant dans les rues du centre et en empruntant le tramway, qui fut le premier à être rétabli en France. Le **quartier Bouffay** ★, centre névralgique de la ville au Moyen Âge, proche du château, est devenu l'un des hauts lieux des soirées nantaises. Sans oublier le formidable **passage Pommeraye** ★★ et la réhabilitation de l'**île de Nantes** ★, où les anciens hangars côtoient des immeubles d'habitation rivalisant de contemporanéité. On prendra le temps d'aller visiter, outre le **château des ducs de Bretagne** ★, le superbe **musée d'arts** ★★ dédié à la peinture européenne du 13e s. à nos jours, à côté du **jardin des Plantes** ★, qui mérite lui aussi un arrêt pour ses vénérables sujets et ses serres tropicales.

*Musée d'arts de Nantes - 10 r. Georges-Clemenceau - museedartsdenantes.nantesmetropole.fr - tlj sf mar. 11h-19h (21h jeu.) - 9 €.*

*Jardin des Plantes - en face de la gare (côté nord) - nature.metropole.nantes.fr - 8h30-17h30/22h (selon saison).*

La grue Titan jaune et les nouveaux aménagements de l'Île de Nantes.
R. Mattes/hemis.fr

# LOUER UN VÉLO

## PONTORSON

### IRIS SPORT

*Gare de Pontorson - www.iris-sport.fr - vélos classiques (18 €/j), VTT (20 €/j), VAE (35 €/j), VTT électriques (40 €/j), entre autres, avec tarifs dégressifs. Réparation de votre vélo en cas de pépin.*

# DÉGUSTER

## PONTORSON

### CRÊPERIE DU COUESNON

Une petite crêperie au bon rapport qualité-prix. Service agréable.

*21 r. Couesnon - ✆ 02 33 60 16 67 - fermé lun.-merc. - galettes 2,40/7,50 €.*

## MONT-ST-MICHEL

### LA FERME SAINT-MICHEL

Dans une ancienne ferme, une belle salle à manger aux murs de pierres apparentes, dotée d'une grande cheminée. On y déguste l'agneau de pré-salé (ici, on dit le « grévain »), rôti au feu de bois dans un ancien four à pain. Œuvres d'artistes locaux sur les murs. Quelques gîtes.

*Beauvoir - Le Bas-Pays, à 2,5 km au sud du Mont-St-Michel dir. Pontorson par D 976 – ✆ 02 33 58 46 79 - www.restaurantferme saintmichel.com - fermé dim. soir - plats 17/42 €, menus 28/45 €.*

## FOUGÈRES

### CRÊPERIE TIVABRO

Dans une belle maison à pans de bois du quartier médiéval, cette crêperie affiche 15 cidres à la carte pour accompagner crêpes et galettes préparées avec soin.

*13 pl. du Marchix - ✆ 02 90 80 39 30 - fermé lun., dim. soir et merc. soir, 1 sem. pdt les vac. scol. de Pâques et de la Toussaint - galettes 6,50/12,80 €.*

## VITRÉ

### COPAINS COMME COCHONS

Ce troquet à l'ambiance vintage et chaleureuse anime la petite rue Neuve et sa terrasse. Sa salle et son comptoir ne désemplissent pas (mieux vaut réserver). Cuisine bistrotière, élaborée à partir de produits frais et de saison, qui revisite avec brio des plats classiques. La carte est courte – souvent un bon signe!

*26 r. Neuve-Vitré – ✆ 09 84 42 52 04 - fermé le soir (sf vend.) et w.-end - formule déj. 15 €, menu 18 €.*

## LA GUERCHE-DE-BRETAGNE

### LES MARCHANDS

Derrière une belle façade à colombages (et devant, sur sa terrasse, aux beaux jours), l'une des meilleures adresses de la ville. Une bonne et honnête cuisine qui fait honneur aux produits du marché voisin.

*Pl. Charles-De-Gaulle - ✆ 02 99 96 45 03 - www.restaurant-les-marchands.com - fermé lun., mar. soir, merc. soir et dim. soir - formules midi 15,90/16,90 €, menus 29/34 €.*

## MARTIGNÉ-FERCHAUD

### LE POURQUOI PAS

Beaucoup de cyclistes découvriront ce petit restaurant bien situé par hasard. Il propose un menu du midi délicieux et très abordable, avec des produits frais et de saison. Tout est fait maison et les recettes sont souvent originales.

*8 r. Émile-Bridel - ✆ 02 99 47 93 06 - fermé dim. et tous les soirs (sf vend.) - menu du jour 16 €.*

## CHÂTEAUBRIANT

### LE BILIG

Dans cette maison ancienne, chaleureuse avec ses petites salles aux murs de pierres apparentes, on vous régale de galettes bien tournées et de petits plats de tradition. Accueil sympathique et service rapide.

*1 r. Joseph-Hervouet - ✆ 02 40 81 48 49 - fermé dim.-lun., mar. et merc. soir - galettes 9,50/19,50 €.*

## LA MEILLERAYE-DE-BRETAGNE

### L'AQUARIUS

Une bonne adresse sur le parcours, avec des assiettes belles et généreuses. Service impeccable et agréable terrasse.

*58 r. des Frères-Temple - ✆ 02 28 04 08 49 - fermé w.-end et le soir (sf vend.) - formules 13/15 €.*

## NORT-SUR-ERDRE

### LE BRETAGNE

Une belle cuisine gastronomique animée par le jeune chef Hugues Lorin, qui est passé par le Ritz à Paris et la Bastide de Moustiers chez Alain Ducasse. Plats cuisinés à partir de produits bruts, frais et de saison.

*41 r. Aristide-Briand - ✆ 02 40 72 21 95 - www.restaurantlorin.com - fermé dim.-lun., mar.-merc. soir - ardoise du jour 22 €, menus 45/75 €.*

## NANTES

### CHEZ MAMAN

Dans le quartier Bouffay, ce restaurant-brocante est décoré d'objets vintage des années 1950-1980 qui sont tous à vendre. Dans les assiettes: produits frais et recettes de grand-mère.

*2 r. de la Juiverie - ✆ 02 51 72 20 63 - www.chez-maman.com - plats 19/25 €.*

# DORMIR

## PONTORSON

### BEST WESTERN MONTGOMERY

Ce manoir du 16e s. en plein centre-ville est repérable à sa façade recouverte de vigne vierge. Chambres coquettes et confortables. Agréable jardin où l'on peut s'attabler pour un petit-déjeuner. Garage fermé à disposition pour les vélos.

*13 r. du Couesnon - ✆ 02 33 60 00 09 - www.hotel-montgomery.com - fermé de mi-nov. à mi-déc. - 32 ch. 91/113 € - ☕ 14 €.*

## MONT-ST-MICHEL

*Voir aussi « Déguster » ci-contre.*

### CHAMBRES D'HÔTES LES VIEILLES DIGUES

Jolie maison en pierre abritant des chambres aménagées avec soin; celle avec vue sur le Mont-St-Michel est très demandée. Plaisante salle des petits-déjeuners agrémentée de colombages. Jardin paysager (où l'on peut laisser son vélo).

*Rte du Mont-St-Michel, à 3 km au sud du Mont-St-Michel dir. Pontorson - ✆ 02 33 58 55 30 - www.lesvieillesdigues.com - fermé de mi-nov. à mi-fév. - 5 ch. à partir de 115 € ☕.*

## FOUGÈRES

### BEST WESTERN HÔTEL DES VOYAGEURS

Derrière une façade à colombages, au cœur du centre historique de Fougères, des chambres confortables. Label **Accueil Vélo**.

*10 pl. Gambetta - ✆ 02 99 99 08 20 - www.hotel-fougeres.fr - 32 ch. 74/98 € - ☕ 12 €.*

## VITRÉ

### HÔTEL IBIS CENTRE

Cet hôtel récent, situé à proximité du centre médiéval, dispose de chambres au mobilier fonctionnel. Celles donnant sur le parc à l'arrière sont plus calmes. Label **Accueil Vélo**.

*1 bd Chateaubriant - ✆ 02 99 75 51 70 - ibis.accor.com - 62 ch. 78/100 € - ☕ 12,90 €.*

## LA GUERCHE-DE-BRETAGNE

### HOTEL LE FAUBOURG

Une halte pratique au-dessus d'un bar PMU. Si vous aimez le luxe, passez votre chemin. Mais si vous appréciez la tranquillité, les accueils chaleureux et dormir dans des chambres simples, propres et pas chères, cette adresse est parfaite pour vous. Possibilité de ranger son vélo près de la salle du petit-déjeuner.

*2 r. de Rennes - ✆ 06 15 42 97 44 - 6 ch. 70 € - ☕ 7 €.*

## MARTIGNÉ-FERCHAUD

### LA CLÉ DES CHAMPS

Bienvenue dans une authentique ferme laitière bio. Claude et Olivier gèrent aussi ici trois agréables gîtes, les seuls hébergements labellisés **Accueil Vélo** dans la commune. Un espace détente avec bain à remous est à votre disposition à proximité des gîtes.

*La Boulière - ✆ 06 86 95 68 34 - www.gites-lacledeschamps.fr - 85/120 € la nuit dans le gîte Chez Lucien conçu pour 2 pers.*

## CHÂTEAUBRIANT

### HOTEL INN DESIGN

Des chambres confortables dans un établissement avec restaurant. Et fraîchement labellisé **Accueil Vélo** (depuis août 2024).

*75r. du Gén.-Patton - ✆ 02 40 81 82 83 - hotel-inn-chateaubriant.fr - 38 ch. 99 € ☕ - ✕ (fermé dim.).*

## LA MEILLERAYE-DE-BRETAGNE

### CHÂTEAU DE LA CHAUVELIÈRE

Faute d'hébergement dans le village, vous pouvez pédaler 20mn vers le sud et dormir... dans un château. Une option sublime et abordable.

*8 La Chauvelière - Joué-sur-Erdre - 1 ch. 110 €.*

## NORT-SUR-ERDRE

### GÎTE DE L'ÉCLUSE DE LA TINDIÈRE

L'un des gîtes de la commune avec le Label **Accueil Vélo**. Idéalement placée en bordure du canal, cette ancienne maison éclusière réhabilitée avec charme constitue une étape bucolique.

*Lieu-dit Sobidin - ✆ 06 70 04 45 09 - www.etapecanalgite eclusedelatindiere.com - 3 ch. 70 € - ☕ 8/10 € - ✕ (plateau dîner).*

## NANTES

### HÔTEL VOLTAIRE OPÉRA

Un hôtel labellisé **Accueil Vélo** en plein centre-ville. Cet établissement est bien situé, à deux pas de la place Graslin. Le tissu coloré des murs égaie des chambres au décor contemporain. Et votre vélo dormira dans un local prévu à cet effet.

*10 r. Gresset - ✆ 02 40 73 31 04 - www.hotelvoltaire operanantes.com - 40 ch. 110/142 € - ☕ 16 €.*

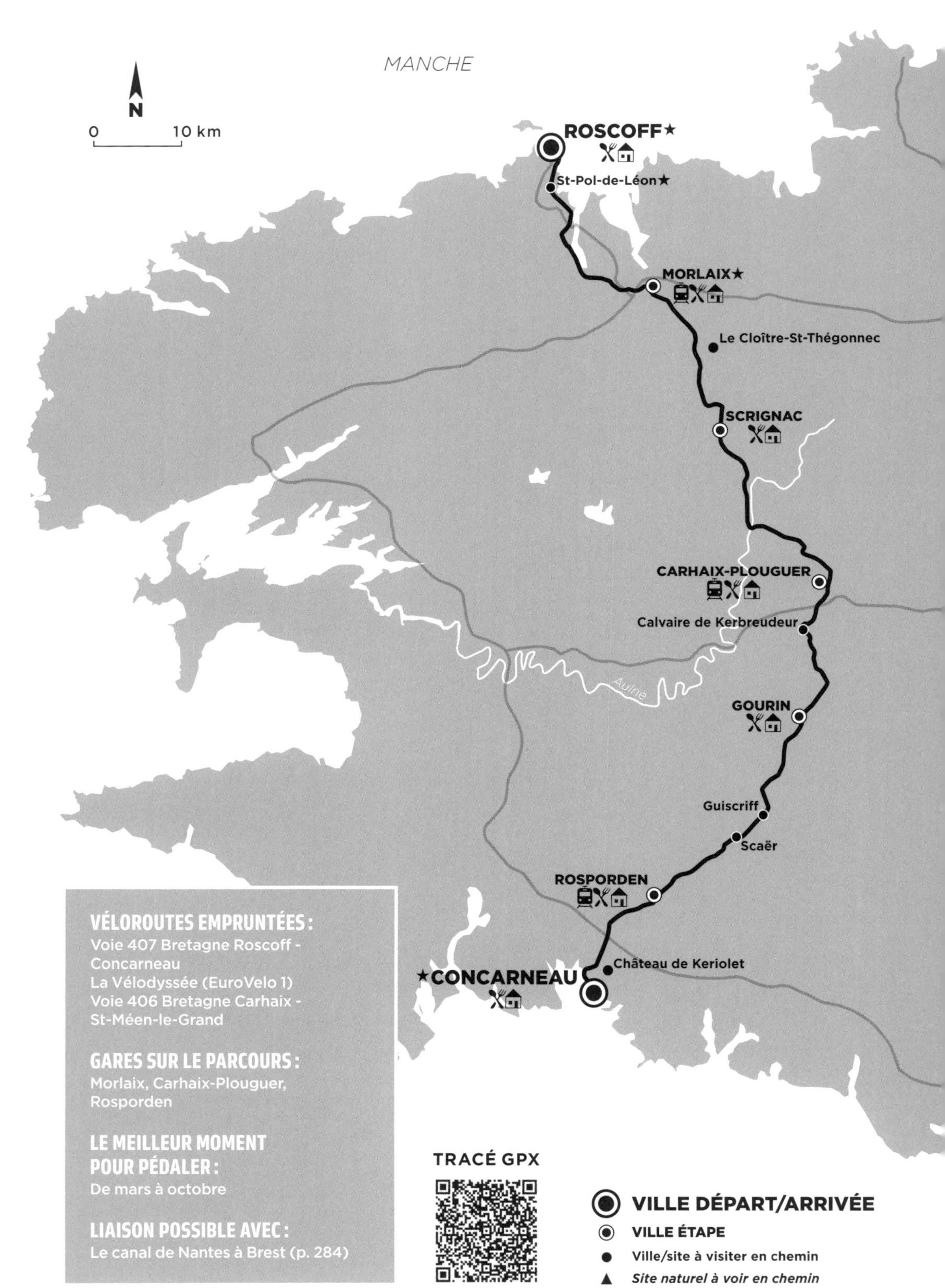


**VÉLOROUTES EMPRUNTÉES :**
Voie 407 Bretagne Roscoff - Concarneau
La Vélodyssée (EuroVelo 1)
Voie 406 Bretagne Carhaix - St-Méen-le-Grand

**GARES SUR LE PARCOURS :**
Morlaix, Carhaix-Plouguer, Rosporden

**LE MEILLEUR MOMENT POUR PÉDALER :**
De mars à octobre

**LIAISON POSSIBLE AVEC :**
Le canal de Nantes à Brest (p. 284)

**TRACÉ GPX**

**VILLE DÉPART/ARRIVÉE**
**VILLE ÉTAPE**
Ville/site à visiter en chemin
*Site naturel à voir en chemin*

NIVEAU 1 | 145 KM | 6 JOURS

**ROSCOFF**
**CONCARNEAU**

# De la Manche à l'Atlantique

Au départ de Roscoff, la Voie 407 Bretagne relie la Manche à l'Atlantique en partageant son parcours avec La Vélodyssée jusqu'à Port-de-Carhaix. Aménagée le long d'une ancienne voie ferrée ombragée, cette voie verte traverse le centre Bretagne, révélant des paysages intérieurs moins « carte postale »: Carhaix et les monts d'Arrée, Gourin, la capitale des Montagnes Noires, la station verte de Scaër, jusqu'à Concarneau où l'on retrouve le littoral. L'ensemble du parcours est très panoramique, avec de belles vues sur le bocage breton.

## ÉTAPE 1

### Roscoff - Morlaix - 31 km

À la sortie du port de Bloscon, à Roscoff, l'itinéraire se confond avec La Vélodyssée. Vous empruntez de petits chemins essentiellement utilisés par les exploitants agricoles. Après avoir longé la voie ferrée par le chemin de Pen Ar Creac'h, vous prenez à droite rue de Gourvennec, puis rue de la Grande-Grève, avant de tourner encore à droite... sauf si vous souhaitez découvrir la plage. Avant d'accéder au pont de la Corde, vous empruntez l'estran sur quelques dizaines de mètres. Prudence ensuite

Le port de Roscoff.
Xantana/Getty Images Plus

Vue sur l'Aulne depuis la voie verte Morlaix-Carhaix.
F. Guiziou/hemis.fr

lors de la traversée de la D 58 au pont de la Corde. La D 769 vous conduit ensuite à Penzé. La fin de parcours comporte du relief entre Penzé et Morlaix.

## Roscoff ★

**Port attachant.** Difficile de ne pas tomber sous le charme de ce petit port, où les nobles **maisons d'armateurs** ★ alignent fièrement leurs façades de granit le long des ruelles. Certaines demeures des 16e et 17e s. ont conservé leurs remarquables lucarnes : place Lacaze-Duthiers, rue Armand Rousseau. Au n° 25 de la rue Amiral-Réveillère, remarquez la maison dite « de Marie Stuart », élégante façade ornée d'accolades mais postérieure au passage de la jeune reine à Roscoff en 1548. Avant de filer, admirez aussi le clocher de l'**église N.-D.-de-Croaz-Batz** ★, de style gothique flamboyant (1545), remarquable pour son superbe clocher Renaissance. Puis flânez et profitez de la vue sur la baie de Morlaix.

## St-Pol-de-Léon ★

**Suivez la flèche !** « Toute la ville est une immense église », disait d'elle l'écrivain Prosper Mérimée au 19e s. On s'arrête ici d'abord pour son **ancienne cathédrale St-Paul-Aurélien** ★, dont les fondations datent du 12e s. La nef, les collatéraux, la façade et les tours sont des 13e et 14e s. Les chapelles latérales, le chœur et l'abside, des 15e et 16e s.

Les architectes se sont inspirés de la cathédrale de Coutances et ont employé du calcaire normand pour la nef, le reste étant en granit. Direction ensuite la **chapelle du Kreisker** ★ : son magnifique clocher, haut de 78 m, fait sa célébrité. Il est inspiré de la flèche de St-Pierre de Caen, mais l'édifice breton, réalisé dans le granit, surpasse son modèle. Même Vauban a dit son admiration en le désignant comme une « merveille d'équilibre et d'audace ». La partie haute, avec sa flèche, relève du style normand, alors que la partie basse, avec le quadrillage de ses meneaux et la balustrade de son balcon en surplomb, témoigne du style perpendiculaire anglais.

*Ancienne cathédrale St-Paul-Aurélien - 1 r. des Vieilles-Ursulines - ✆ 02 98 69 01 15 - gratuit.*

*Chapelle du Kreisker - r. Verderel - ✆ 02 98 69 01 15 - ouv. mai-sept. - clocher 2 €.*

## Morlaix ★

**Une cité attachante.** Mettez pied à terre, attachez votre vélo et partez en balade au cœur de Morlaix, en particulier pour admirer les maisons à pondalez de la Grand'Rue et de la place Allende. La maison à pondalez est une exclusivité morlaisienne : elle s'organise autour d'un grand espace central, une cour aveugle avec puits et cheminée, qui s'élève sur au moins trois niveaux, avec un escalier à vis en chêne orné d'un poteau d'angle sculpté et des galeries ou « ponts d'allée » desservant les étages. Montez également en haut du **viaduc** ★. Cette impressionnante construction à double étage et 14 arches offre une magnifique vue sur l'ensemble de la ville depuis son 1er étage, accessible librement par un escalier d'une centaine de marches.

## ÉTAPE 2

### Morlaix - Scrignac - 21 km

L'itinéraire propose une bonne grimpette pour accéder à la voie verte dans Morlaix. Une fois sur cette voie, pensez à ralentir avant les intersections avec le réseau routier. Il n'y a aucun commerce sur la voie verte entre Morlaix et Scrignac, excepté le gîte d'étape **Accueil Vélo** de l'ancienne gare de Scrignac qui propose de la restauration en saison.

## ÉTAPE 3

### Scrignac - Carhaix-Plouguer - 27 km

La voie verte vous conduit jusqu'au centre de Carhaix. Vous passez devant la gare SNCF, puis un parcours cyclable urbain balisé vous permet d'enjamber le canal de Nantes à Brest.

## Carhaix-Plouguer

**Au cœur de l'Armorique.** Carhaix a planté sa flèche en pleine Armorique, entre les monts d'Arrée et les Montagnes Noires, dans une région d'élevage. Ville carrefour, la capitale du Poher a résisté au

### ⊕ À deux coups de pédale

**Dans l'ancienne école du Cloître-St-Thégonnec (à 3,7 km à l'ouest de la voie verte, entre Morlaix et Scrignac), le musée du Loup évoque les mœurs de cet animal, la longue lutte des habitants des monts d'Arrée pour l'éradiquer et l'importance mythique de cet animal disparu de Bretagne au début du 20e s.**

***Musée du Loup - 2 r. du Calvaire - ✆ 02 98 79 73 45 - www.museeduloup.fr - juil.-août : 14h-18h ; avr.-juin et sept.-nov. : dim. 14h-18h - 4,50 €.***

dépeuplement en créant le festival des Vieilles Charrues. Carhaix était autrefois une florissante cité gallo-romaine nommée Vorgium. Le Centre d'interprétation archéologique virtuel permet d'en prendre toute la mesure avec force tablettes et écrans interactifs. Autres témoignages du passé: les deux églises, dont celle de St-Trémeur qui conserve une importante tour-porche du 16e s.
*Vorgium - 5 r. du Dr-Menguy - ✆ 02 98 17 53 07 - www.vorgium.bzh - juil.-août : 10h-12h30, 14h-18h30 (20h jeu.); reste de l'année: se rens. - gratuit.*

La maison Sénéchal, à Carhaix-Plouguer.
Gwengoat/Getty Images Plus

## ÉTAPE 4

### Carhaix-Plouguer - Gourin - 21 km

De Carhaix à Port-de-Carhaix, soit à 5 km au sud de Carhaix, vous roulez sur la dernière section commune avec La Vélodyssée. À Port-de-Carhaix, la voie verte en stabilisé franchit le canal de Nantes à Brest et vous empruntez brièvement le chemin de contre-halage, au revêtement en stabilisé. Pour descendre à hauteur de la D 769, la voie verte utilise quelques rampes à plus de 6 %. Soyez attentif lors des traversées de la D 769, que vous couperez plusieurs fois avant d'atteindre Gourin.

### Calvaire de Kerbreudeur

**Récit de pierre.** À Port-de-Carhaix, après avoir franchi le canal de Nantes à Brest, tournez à droite pour découvrir, à 1,5 km environ, l'un des plus anciens calvaires bretons (15e s.). Il s'agit d'une forme rare de calvaire, à niche surmontée d'une croix et flanquée de deux massifs portant les croix des larrons. Il raconte la vie du Christ dans la pierre: vous pourrez essayer de retrouver quelques scènes comme le baptême par saint Jean-Baptiste ou la résurrection.

## ÉTAPE 5

### Gourin - Rosporden - 30 km

Une étape sur voie verte en stabilisé entièrement jalonnée, avec les distances indiquées à 5 m près. L'équipement touristique sur cette section est remarquable: tables et bancs régulièrement répartis, halte rando et aire naturelle de camping à Guiscriff. De nombreux panneaux d'interprétation du territoire sont également en place pour la faune, la flore et le patrimoine.

## Vieilles Charrues

**Depuis plus de 30 ans, le festival des Vieilles Charrues à Carhaix-Plouguer attire des stars internationales autant que des nouveaux talents. Pendant quatre jours, 80 artistes se produisent devant quelque 280 000 spectateurs (1er des festivals français de musiques actuelles). Une vraie réussite, côté musique et spectacle bien sûr, mais aussi côté développement du territoire, car il contribue à sa manière à redynamiser le centre Bretagne situé à l'écart des grands circuits touristiques.**

## Guiscriff

Une halte culturelle et revigorante. L'ancienne gare de Guiscriff propose une halte randonnée idéale dans un cadre enchanteur : café, boutique, aire naturelle de camping... Bref, tout est fait pour vous accueillir. Cerise sur le vélo, suite à la fermeture de la ligne Carhaix-Rosporden en 1967, la gare a été réhabilitée (fin des années 1980) avec un petit musée retraçant l'histoire du chemin de fer breton.
*Loisirs en Gare - ✆ 02 97 34 15 80 - www.lagaredeguiscriff.com - mai-sept. : mar.-dim. 13h30-18h30 (11h-19h juil.-août) ; avr., oct. et vac. de Noël : merc.-dim. 13h30-17h30 - musée 6 €.*

## Scaër

**Collection de chapelles.** La commune de Scaër compte pas moins de sept chapelles et une église paroissiale. Au sud du village, l'adorable chapelle de Plascaër, également appelée N.-D. du Ganvet, a été édifiée en 1866 en forme de croix latine sur l'emplacement d'une ancienne chapelle du 14e s. Elle possède un clocher amorti par une flèche et une petite fontaine en contrebas du jardin.

## Rosporden

**Chouchen et conserveries.** Cette petite ville sise au bord d'un étang formé par l'Aven mérite un arrêt. Son église des 14e et 15e s., remaniée au 17e s., possède un beau clocher carré. Vous pourrez faire vos emplettes de spécialités : conserveries, mais aussi et surtout, d'hydromel breton, le fameux - et terrible - chouchen. À consommer avec modération...

# ÉTAPE 6

### Rosporden - Concarneau - 15 km

Après Rosporden, l'itinéraire se déroule toujours sur l'ancienne voie ferrée. Le parcours offre de belles fenêtres sur la campagne environnante et sur la baie de Concarneau. Une jolie voie verte aménagée au cœur d'un parc urbain permet de terminer ce parcours en douceur, et d'atteindre le port et la ville close de Concarneau.

## Concarneau ★

**La ville close.** Bâtie sur un îlot relié à la terre par deux ponts, enserrée dans des fortifications de granit, la **ville close** ★★ est un petit bijou. Son artère principale, la rue Vauban, est scandée de maisons anciennes qui hébergent entre autres le musée de la Pêche : situé dans l'ancien arsenal, il présente de façon un peu traditionnelle mais très claire l'évolution de la pêche depuis les méthodes ancestrales jusqu'aux techniques les plus contemporaines. Faites ensuite le

Forteresse de Concarneau.
Jon Arnold Images/hemis.fr

tour des remparts pour prendre la mesure de la ville. Par la porte du Passage, un bac permet de rejoindre l'autre rive.

*Fortifications - accès par la Maison du patrimoine quand elle est ouverte. Sinon, montez les marches à gauche immédiatement après le pont et prenez le chemin de ronde.*

## À deux coups de pédale

**Et si vous rejoigniez le château de Keriolet sis sur les hauteurs, à 1,5 km de Concarneau ? Ce manoir du 13e s. fut transformé au 19e s. en un extraordinaire château d'inspiration médiévale par la richissime princesse russe Zenaïde Narischkine pour son époux le comte de Chauveau. L'un de ses descendants, l'un des assassins de Raspoutine, y résida.**

***✆ 02 98 97 36 50 - www.chateaudekeriolet.com - 7,50 €.***

*Musée de la Pêche - 3 r. Vauban - ✆ 02 98 97 10 20 - www.musee-peche.fr - juil.-août : 10h-19h ; reste de l'année : tlj sf lun. 10h-18h - fermé janv. - 5 €.*

**À pied vers les plages du Cabellou.** Concarneau est un grand port de pêche qui attire autant pour le spectacle de sa vie maritime que pour la qualité de ses **plages** ★ de sable blanc. Posez votre vélo pour découvrir une balade facile, qui évolue dans de magnifiques paysages entre les vues sur la ville close et les ports, l'océan, les rochers tout en rondeur, les pins maritimes, les villas et les criques. La plage du Pourzou se trouve à 20mn de marche, tandis que l'on atteint la Belle-Étoile, première plage de la **pointe du Cabellou** ★, en une heure environ.

*Traversez la ville close et empruntez le bac qui vous transporte en 5mn de l'autre côté de l'anse, dans le quartier du Passage-Lanriec. De là, suivez le GR 34.*

# LOUER UN VÉLO

## ROSCOFF

### AVENTURE PÊCHE BRETAGNE

*Port de Plaisance de Bloscon - ✆ 02 98 69 19 40 - www.aventurepechebretagne.com. VTC 14 €/j, VAE 33 €/j (tarifs dégressifs). Réservation en ligne. Remorques également proposées. Accessoires en option.*

# DÉGUSTER

## ROSCOFF

### TI SAOZON

Vous vous sentirez presque comme à la maison dans cette petite crêperie familiale chaleureuse. Le décor est breton, tout comme les excellents produits locaux, souvent bio, qui garnissent galettes et crêpes. Chaque semaine, deux créations originales salées et/ou sucrées sont proposées.

*30 r. Gambetta - ✆ 02 98 69 70 89 - tisaozon.fr - fermé dim.-lun. - plats 15/20 € - réserv. conseillée.*

## MORLAIX

### LE 21e COMMIS

Au centre de Morlaix, entourée par de belles bâtisses à colombages, cette table récente est emmenée par un chef au solide parcours, qui y propose une cuisine originale mariant ingrédients bretons et influences plus exotiques (notamment asiatiques). Choix entre deux petites salles au décor actuel, tables hautes et comptoir-bar, ou pièce aveugle et tables normales.

*23 r. du Mur - ✆ 02 98 63 50 27 - www.le-21-eme-commis-restaurant-morlaix.fr - fermé dim.-lun., mar.-merc. soir - formules déj. 20/30 €, menus 43/53 €.*

## SCRIGNAC

### LE SÉNÉCHAL

Ce bar-restaurant gastronomique très réputé dans la région possède une petite terrasse pour se reposer et boire un verre. Il est également possible de déjeuner sur place.

*1 pl. des 3-Coant - ✆ 02 98 78 23 13 - tlj le midi et vend. et sam. soirs - fermé lun. - plats 15/20 €.*

## CARHAIX-PLOUGUER

### CRÊPERIE TY GWECHALL

En centre-ville, dans une charmante maison en pierre, une adresse typiquement bretonne pour déguster des crêpes concoctées « à la minute » à base de produits frais et locaux. Découvrez le blé noir « park » à base de tome de Carhaix et le froment « bigoudène » à base de pommes et de caramel au beurre salé. Réservation conseillée.

*25 pl. des Droits-de-l'Homme - ✆ 02 98 93 17 00 - Facebook - fermé mar.-merc. - galettes autour de 10 €.*

## GOURIN

### LA TABLE DE MORVAN

Une table raffinée et réconfortante dans un cadre chaleureux. Les produits locaux sont mis à l'honneur et les assiettes joliment dressées.

*41 r. Jacques-Rodallec - ✆ 02 97 23 41 27 - Facebook - tlj en été, reste de l'année fermé dim. et soir lun.-jeu. - plats 25/30 €, menus 19/38 €.*

## ROSPORDEN

### L'OTENTIK

*Voir « Dormir » p. 202.*

## CONCARNEAU

### CRÊPERIE LE PETIT CHAPERON ROUGE

Dans cette petite maison à l'effigie du conte de Perrault avec sa multitude de petits paniers accrochés au plafond, les galettes sont préparées avec amour. En dessert, peut-être succomberez-vous à « la Bobinette » ou à « la Chevillette ».

*7 pl. du Guesclin - ✆ 02 98 60 53 32 - fermé dim. soir (et midi hors sais.) et lun. - galettes à partir de 10 €.*

# DORMIR

## ROSCOFF

### LA RÉSIDENCE DES ARTISTES

Situé dans une rue tranquille, tout près du port et de l'église, cet hôtel abrite des chambres chic et cosy, toutes rénovées avec goût. La tenue de l'ensemble est irréprochable. On profite de bons produits locaux au petit-déjeuner. Label **Accueil Vélo** (garage sécurisé).

*3 quai de Léon - ✆ 02 98 69 74 85 - www.hotelroscoff-laresidence.fr - 28 ch. 83/124 € - ☕ 16 €.*

## MORLAIX

### HÔTEL DU PORT

Face au port de plaisance, un hôtel sympathique entièrement rénové en 2017 dans un style design. Chambres dotées de doubles vitrages, réparties sur trois étages (sans ascenseur). Label **Accueil Vélo** (garage sécurisé et kit de réparation et de nettoyage).

*3 quai de Léon - ✆ 02 98 88 07 54 - www.hotelduport-morlaix.com - 25 ch. 70/94 € ☕.*

**GRAND HÔTEL DE L'EUROPE**
Labellisé lui aussi **Accueil Vélo**, cet hôtel est très bien placé dans le centre historique et dispose d'un local pour les vélos. Petit-déjeuner copieux (buffet) avec produits régionaux.
*1 r. d'Aiguillon - ☎ 02 98 62 11 99 - www.grandhoteleurope.fr - 58 ch. 72/82 € - ☕ 14,90 €.*

## SCRIGNAC

**GÎTE D'ÉTAPE DE LA GARE**
Un gîte d'étape collectif original installé dans une ancienne gare réhabilitée. Les couchages sont répartis en 6 chambres. Label **Accueil Vélo**.
*4 lieu-dit La Gare - ☎ 02 98 72 47 39 - www.ostal.org - ouv. du printemps à la Toussaint - 15 lits 25 €/pers. - ☕ 6,50 €.*

## CARHAIX-PLOUGUER

**NOZ VAD HÔTEL**
Au cœur du centre-ville, un petit hôtel de style contemporain avec bar et terrasse. Local à vélos. Nuits tranquilles assurées. Label **Accueil Vélo**.
*12 bd de la République - ☎ 02 98 99 12 12 - www.nozvad.bzh - 44 ch. 53/99 € - ☕ 10 €.*

**CAMPING MUNICIPAL DE LA VALLÉE DE L'HYÈRES**
À proximité du parc d'aventure et de loisirs, ainsi que du centre équestre, ce camping affiche le Label **Accueil Vélo**. Il propose, en plus des emplacements, des cottages, des mobile homes, des roulottes et d'amusantes cabanétapes, idéales pour les randonneurs et cyclistes. Une cabane « rando-vélo » comprend des prises extérieures pour recharger son VAE.
*1 r. de Kerniguez - ☎ 02 98 99 10 58 - campingcarhaix.wixsite.com/my-site-1 - avr.-sept. - cabanétape 14/17 €, cabane rando-vélo 17/20 €, roulotte 70/80 €, mobile home 80/90 €. Draps en option (8 €).*

## GOURIN

**LE CASSE NOISETTES**
Des chambres économiques et spacieuses très proches de la voie verte. Pas de label Accueil Vélo, mais un abri à vélos avec cour privée et fermée. Restauration sur place possible sur réservation.
*20 r. de Carhaix - ☎ 02 97 23 51 55 - hotelgourin.jimdofree.com - 4 ch. 63 € - ☕ 9 € - ✕.*

## ROSPORDEN

**L'OTENTIK**
Une autre option confortable et gourmande dans cet hôtel-restaurant avec une poignée de chambres confortables. Possibilité de gardiennage vélo. Cuisine régionale de qualité ; salle de restaurant très agréable en centre-ville et terrasse.
*12 r. Nationale - ☎ 09 75 66 98 15 - www.lotentik.fr - 5 ch. 75 € - ☕ 13 € - ✕.*

## CONCARNEAU

**AUBERGE DE JEUNESSE DE CONCARNEAU**
Située dans un ancien abri de marins, face à l'océan, avec pour seule séparation le sentier des douaniers, voici une adresse hors du commun à deux pas de la ville close et du port. Simplicité et confort rustique (chambres partagées). À noter, la salle de séjour conviviale et lumineuse avec vue sur les Glénan. C'est le seul établissement de la ville officiellement labellisé **Accueil Vélo**.
*Quai de la Croix - ☎ 02 98 97 03 47 - www.aj-concarneau.org - 58 couchages 20 € (draps inclus) - ✕ dîner possible 12 €.*

**LE PETIT MANOIR DE KERIOLET**
Une autre option ? S'échapper sur les hauteurs. Les chambres de cette demeure de charme sont aménagées dans les anciennes écuries du château et portent le nom de femmes liées à l'histoire de celui-ci. Un lieu paisible, romantique et très confortable, au cœur d'un splendide parc avec une piscine.
*R. de Keriolet - à env. 1,5 km du centre - ☎ 02 98 56 90 40 - www.lepetitmanoirdekeriolet.com - 🏊 - 5 ch. 129 € ☕ (4 autres ch., un peu plus chères, dans l'ancien pavillon de chasse).*

Huîtres.
ASMR/Getty Images Plus

**VÉLOROUTES EMPRUNTÉES :**
La Flow Vélo (V92)
La Scandibérique (EuroVelo 3)
Le canal des Deux-Mers à vélo (V80)

**GARES SUR LE PARCOURS :**
Angoulême, Libourne,
Bordeaux-St-Jean

**LE MEILLEUR MOMENT POUR PÉDALER :**
Toute l'année

**LIAISON POSSIBLE AVEC :**
L'estuaire de la Gironde (p. 212)

**TRACÉ GPX**

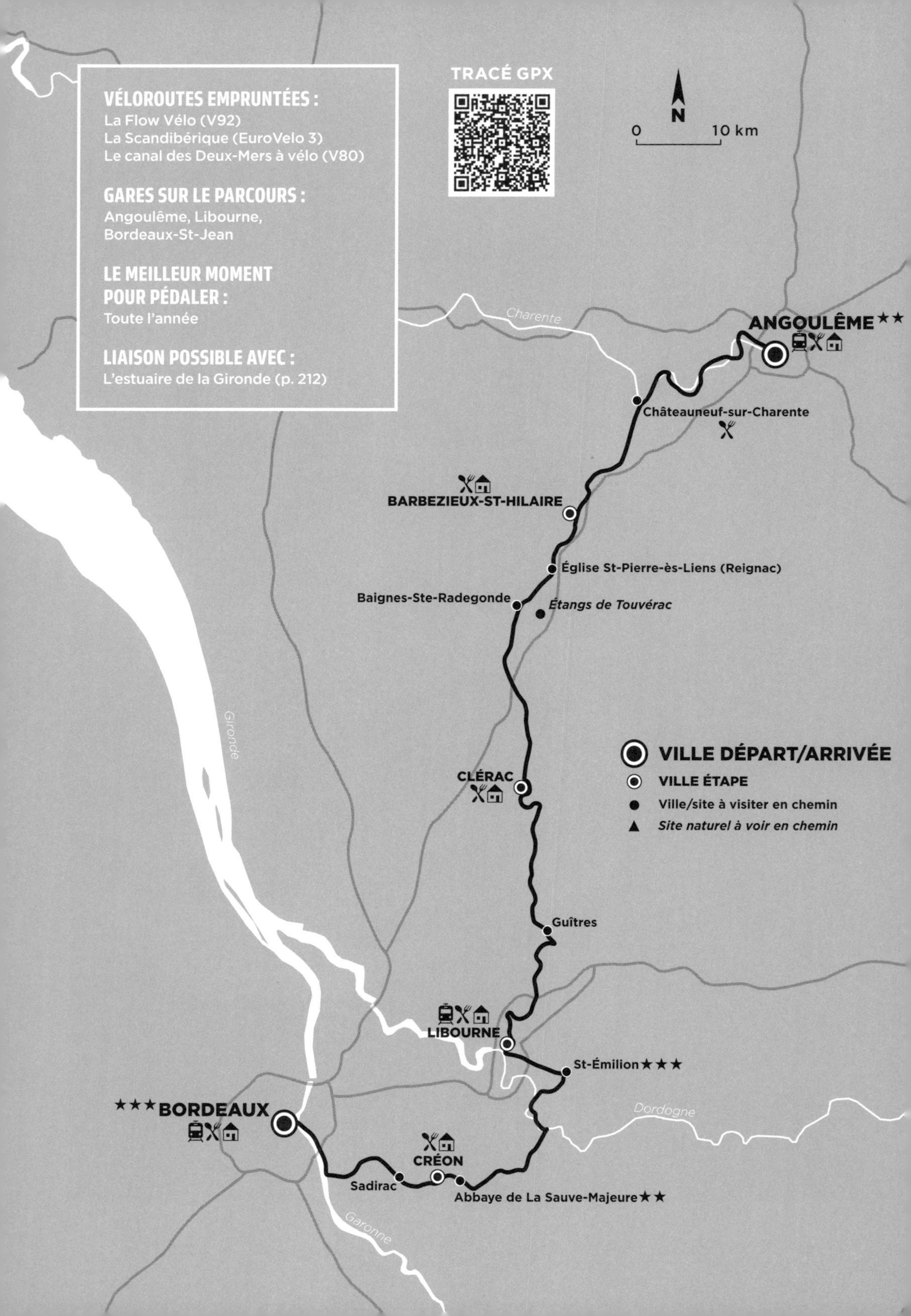

NIVEAU 2 | 197 KM | 5 JOURS

**ANGOULÊME**
**BORDEAUX**

# L'Aquitaine, des bulles au vin

La Scandibérique est la partie française de l'EuroVelo 3, itinéraire reliant la Norvège à St-Jacques-de-Compostelle. Sur 1700 km, il traverse 20 départements, 4 régions et nombre de grandes villes. Du Nord de la France aux Pyrénées, de la balade de quelques heures en famille au grand voyage à vélo d'un mois, la palette des sensations est exhaustive. Sur ce tronçon, entre Angoulême et Bordeaux, vous en vivrez un condensé sur 200 km, entre 9e art et art du vin.

## ÉTAPE 1

### Angoulême - Barbezieux-St-Hilaire - 48 km

Alternant les revêtements de type asphalte et stabilisé, cette étape de La Scandibérique ne présente aucune difficulté. Le parcours est commun avec La Flow Vélo jusqu'à Châteauneuf-sur-Charente et présente une alternance entre une voie verte le long de la Charente et de courtes sections sur petites routes. Après avoir suivi la D 4 à la sortie de Châteauneuf-sur-Charente, on emprunte à partir de Viville l'emprise d'une ancienne voie ferrée ouverte à la circulation motorisée jusqu'à Barbezieux-St-Hilaire.

Traversée de la Charente à Vibrac, au nord de Châteauneuf-sur-Charente.
B. Rieger/hemis.fr

Vue des remparts sur la vieille ville d'Angoulême.
J.-M. Barrere/hemis.fr

## Angoulême ★★

**Tout pour buller.** Haut lieu de la bande dessinée en France grâce à son célèbre festival de janvier, la ville l'est aussi le reste de l'année grâce à une **Cité de la BD ★★**, comprenant une bibliothèque où lire l'impressionnant fonds (35 000 albums !) et un musée où découvrir les évolutions de la bande dessinée depuis 1830. La ville abrite aussi un riche patrimoine, dont l'imposante **cathédrale St-Pierre ★★** du 12e s., édifice majeur de l'architecture romane en Europe, avec sa magistrale façade sculptée aux 70 personnages, statues et bas-reliefs (une autre BD ?).

*Cité internationale de la bande dessinée et de l'image - 121 r. de Bordeaux - ✆ 05 45 38 65 65 - www.citebd.org - mar.-sam. 10h-18h, dim. et j. fériés 14h-18h (19h juil.-août) - 10 €.*

## Châteauneuf-sur-Charente

**Riche portail.** En pédalant dans le bourg, remarquez la façade saintongeaise de l'église St-Pierre-aux-Liens et son portail à voussures richement sculptées (feuillages, animaux, personnages). L'intérieur, d'une grande ampleur, présente de beaux chapiteaux et un chœur gothique.

## Barbezieux-St-Hilaire

**Sur la route d'un château.** Perchée sur une hauteur, la capitale de la Petite Champagne, également ville natale des écrivains Jacques Chardonne et Philippe Besson, est dominée par les tours de la porte d'Archiac, vestige d'un château édifié au 15e s. par Marguerite de La Rochefoucauld. Au cours de votre balade, ne manquez pas les boutiques éphémères, disséminées dans les rues bordées de belles façades de pierre de la petite ville. Elles abritent pour une durée de deux à trois mois des artisans d'art.

## ÉTAPE 2

### Barbezieux-St-Hilaire - Clérac - 39 km

La Scandibérique glisse sur la voie verte Galope-Chopine jusqu'à Chevanceaux et sur la voie verte de Haute-Saintonge jusqu'à Clérac. Les seuls points de vigilance sont les deux traversées de la D 731, au départ de Barbezieux.

### Église St-Pierre-ès-Liens à Reignac

**Culte de caractère.** L'important édifice du 12e s. (remanié aux 15e-16e s.) possède un harmonieux chevet rythmé d'arcatures, dominé par un clocher octogonal. Voyez aussi les belles sculptures de la façade aveugle du transept nord. À l'intérieur, outre la nef romane, l'église comprend un bas-côté de style gothique et un très beau décor peint de motifs floraux et géométriques, aux chaudes tonalités.

### Baignes-Ste-Radegonde

**Médiéval et mauresque.** Le village conserve les vestiges d'une importante abbaye fondée par Charlemagne. Remarquez aussi le curieux manoir d'influence à la fois médiévale (mâchicoulis) et mauresque (arcs polylobés) construit en 1879 par l'abbé Michon (1806-1881), fondateur de la graphologie.

## ÉTAPE 3

### Clérac - Libourne - 46 km

L'étape se fait sur de petites routes communales, qui comportent ici un peu de relief. Aucune difficulté insurmontable cependant, et même une petite ruse de Sioux avec le passage par le tunnel ferroviaire piéton, à la halte de St-Denis-de-Pile, pour agrémenter le parcours. La gare SNCF de Coutras, distante de 5 km, est signalée.

### À deux coups de pédale

**Pour une séance photo, pédalez jusqu'aux étangs de Touvérac (à 3,8 km à l'est de Baignes-Ste-Radegonde): leurs eaux turquoise se détachent sur des paysages quasi lunaires.**

***Parking de La Charbonnière - accès libre mais baignade interdite.***

### Guîtres

**Classée Monument historique.** Derrière les hauts murs du village se révèle un riche patrimoine naturel et bâti, comme l'abbatiale Notre-Dame, joyau roman perché sur son rocher au-dessus de la vallée de l'Isle.

### Libourne

**La petite sœur de Bordeaux.** Longtemps considérée comme le port du Périgord (c'est ici qu'étaient débarqués les produits en provenance de cette région), cette ville commerçante est renommée pour ses marchés et le négoce des vins. Ancienne place royale, la spacieuse place Abel-Surchamp est bordée d'arcades et de maisons cossues (16e-19e s.). Quai des Salinières, la porte du Grand Port, flanquée de la tour Richard et de la tour Barrée, constitue les vestiges de la muraille édifiée à partir de 1314. Au confluent de la Dordogne et de l'Isle, le quai Souchet vous permet de voir le grand pont (1824) avec ses neuf arches et le tertre de Fronsac.

## ÉTAPE 4

### Libourne - Créon - 39 km

Cette étape de La Scandibérique emprunte de petites routes au cœur des vignes et sur les prairies alluviales de la Dordogne. Quelques pentes sont à surmonter et la prudence est de mise pour le franchissement de la D 670 au pied du vignoble de St-Émilion. Sur la D 122, peu après Guillac, le parcours s'engage à droite vers Créon sur une voie verte.

### St-Émilion ★★★

**La « colline aux 1000 châteaux ».** Ce doux surnom désigne un village médiéval perché sur un promontoire rocheux et entouré de vignes. On se rend à St-Émilion pour le plaisir des papilles, mais aussi pour celui des yeux, car c'est l'une des plus jolies cités d'Aquitaine. Elle rassemble au creux d'une combe ses petites maisons blondes aux toits de tuiles vieux rose, ses placettes et ses ruelles autour de la place du Marché. Celle-ci fait la liaison entre deux collines, dont l'une arbore la tour du Roi, symbole de la puissance civile, et l'autre la collégiale, symbole de la puissance religieuse. C'est au coucher du soleil que la ville est la plus belle, notamment près des grandes murailles: un tapis de vignes à ses pieds et de grands arbres en arrière-plan créent une image de carte postale!

### Abbaye de La Sauve-Majeure ★★

**Un site poétique**. Fondée en 1079 par le bénédictin Gérard de Corbie, futur saint Gérard, l'abbaye est inscrite au Patrimoine mondial de l'Unesco. Avec sa coupole du chœur encore à moitié dressée vers les cieux et ses voûtes dont subsistent les départs d'ogives, ses vestiges s'étendent sur une prairie fleurie, dressant un tableau romantique à souhait.
*14 r. de l'Abbaye - ✆ 05 56 23 01 55 - www.abbaye-la-sauve-majeure.fr - 6 €.*

### Créon

**Presque helvète.** Capitale de l'Entre-Deux-Mers, cette ancienne bastide est réputée pour sa charmante place à arcades datant du 13e s. Elle occupe un site très vallonné qui lui a valu le surnom de « Petite Suisse ».

## ÉTAPE 5

### Créon - Bordeaux - 25 km

Une étape facile qui roule sur la voie verte Roger-Lapébie et emprunte la piste cyclable le long de la Garonne au niveau du port de l'Homme. Soyez prudent pour les traversées des D 671 à Créon et D 113 à Latresne. À noter que la voie verte Roger-Lapébie est empruntée également par l'itinéraire du canal des Deux-Mers à vélo qui, au niveau du pont St-Jean, offre deux alternatives: vers le Médoc ou vers la Dordogne par l'Entre-Deux-Mers.

### Sadirac

**Village d'artistes.** Important centre potier artisanal exploitant surtout l'argile « bleue », le bourg cultive cette activité traditionnelle, à son apogée au 18e s. Vous la découvrirez dans la Maison de la poterie, transformé en musée municipal et aménagée sur le site d'un ancien atelier datant de 1830.
*Maison de la poterie - pl. Fouragnan - ✆ 05 56 30 60 03 - gratuit.*

### Bordeaux ★★★

**Bateau amiral.** Bordeaux a le vent en poupe. Affichant un dynamisme prodigieux, Bordeaux exhibe son somptueux **centre historique ★★★**, construit au 18e s. grâce aux richesses

Sur la Scandibérique, du côté de St-Émilion.
E. Berthier/hemis.fr

issues de la vigne et du commerce avec l'outre-mer. Un Vieux Bordeaux parfaitement réhabilité dans les années 1990, qui a redonné tout son éclat à la belle pierre ocre extraite des carrières alentour. La **place de la Bourse** ★★★ en forme de fer à cheval est cantonnée au nord par le palais de la Bourse et au sud par l'ancien hôtel des Fermes. En face, côté fleuve, le **miroir d'eau** ★ reflète les élégantes façades du 18e s. grâce à un système original de fontaines. On s'y rafraîchit, on se photographie pieds nus... Une animation permanente incontournable!

**Capitale du vin.** La **Cité du Vin** ★★ se dresse depuis 2016 au bord de la Garonne, tel un phare à l'entrée de la ville. Le bâtiment rappelle une carafe de vin. À l'intérieur, le bois prédomine, comme au cœur d'un tonneau. Le parcours de visite se déploie sur 3000 m² répartis en 19 espaces thématiques qui explorent la culture (dans les deux sens du terme) du vin partout dans le monde. Tous les sens sont sollicités pour appréhender la boisson reine sous ses moindres aspects et sous toutes ses formes.

*Cité du Vin - 134 quai de Batalan - ✆ 05 56 16 20 20 - www.laciteduvin.com - avr.-oct.: 10h-19h; reste de l'année: 10h-18h - 22 €.*

## LOUER UN VÉLO

### CHARENTE/GIRONDE

**DISPOVELO**

*www.dispovelo.com. Cette agence livre les vélos à votre point de départ. Contact pour la Charente : charente@dispovelo.com - pour la Gironde : gironde@dispovelo.com - ✆ 05 31 16 20 20. Location de 2 vélos adulte pour 5 j. : 100 €, casques et livraison compris ; ajout d'un vélo adulte 40 €.*

Canelés.
Piotr Krzeslak/Getty Images Plus

## DÉGUSTER

### ANGOULÊME

**HALLES**

Tout pour le pique-nique dans ce bel édifice de 1888 : primeurs, boulangers, etc.

*Pl. des Halles - 7h30-13h30 - fermé lun.*

**LE SAINT-ANDRÉ**

On déguste ici une cuisine moderne qui privilégie les produits frais du marché. Terrasse au chevet de l'église St-André, dans le square du même nom, à l'ombre du mur peint par Yslaire, scénariste et dessinateur belge de BD.

*6 r. St-André - ✆ 05 45 92 25 85 - www.le-st-andre.fr - fermé dim.-lun., le soir merc. et sam. - formules déj. 17,50/21 €, menu 38 €.*

### CHÂTEAUNEUF-SUR-CHARENTE

**GRAINES ET GARENNE**

Le menu est renouvelé tous les jours en fonction des produits du marché. Salle lumineuse et terrasse arborée.

*17 rte de Roullet - ✆ 05 45 62 06 48 - www.graines-et-garenne.fr - fermé merc. et le soir dim., lun. et mar. - menus 28/46 €.*

### BARBEZIEUX-ST-HILAIRE

**LA BOULE D'OR**

*Voir « Dormir » ci-contre.*

### CLÉRAC

**AUBERGE DES LACS BLEUS**

*Voir « Dormir » ci-contre.*

### LIBOURNE

**CHEZ RÉMI**

Une cuisine généreuse et familiale, ambiance bistrot, à déguster sur la terrasse s'ouvrant sur le quai : thon à la plancha, épaule de porcelet farcie, ris de veau sauté au Lillet blanc, et délicieux sorbets du jour maison. Grand choix de vins au verre.

*4-6 r. Fonneuve - ✆ 05 57 51 27 71 - fermé dim.-lun. - plats 18/30 €.*

**LE ZINC AUTHENTIQUE**

Le repaire des épicuriens, où déguster une cuisine de terroir, accompagnée d'une belle carte de vins. Formule tapas à partager.

*42 r. Fonneuve - ✆ 05 57 25 34 84 - www.lezinc-bar.com - fermé dim.-lun. - plats 14/28 €.*

### CRÉON

**CHEZ TITUT**

Bien situé au cœur de la bastide de Créon, ce restaurant bistronomique, doté d'un grand jardin, fait aussi bar à vins.

*22 pl. de la Prévoté - ✆ 05 56 42 98 40 - cheztitut.fr - mai-sept. : mar.-sam. midi et soir - reste de l'année : fermé dim.-lun., mar. soir et merc. soir - plats 19/28 €.*

### BORDEAUX

**LE PASSAGE SAINT-MICHEL**

Resto-brocante suranné, c'est la cantine des antiquaires du passage St-Michel, et leur café. À essayer le samedi à l'heure du marché, quand tout Bordeaux vient remplir son panier, ou le dimanche après la brocante.

*14 pl. Canteloup - ✆ 05 56 91 20 30 - www.lepassagesaintmichel.fr - menus 15,40/26,90 €.*

**LA TUPINA**

Ambiance décontractée dans cette maison à

l'atmosphère champêtre. Plats du Sud-Ouest rôtis dans la cheminée ou mijotés sur le fourneau, comme autrefois. Belle carte des vins. Une institution dans le quartier!

*6 r. Porte-de-la Monnaie - ✆ 05 56 91 56 37 - www.latupina.com - fermé lun. midi - formule déj. (sem.) 23 €, menu 70 €.*

# DORMIR

## ANGOULÊME

### HÔTEL DU PALAIS

Pour une bonne nuit avant le départ, rien de mieux que d'être logé au cœur de la vieille ville. Les chambres de ce bâtiment de 1778 dominent la place Francis-Louvel et ses cafés. Garage gratuit pour les vélos.

*4 pl. Francis-Louvel - ✆ 05 45 92 54 11 - www.hotel-angouleme.fr - 43 ch. 93/150 € - ☕ 12,50 €.*

### MERCURE ANGOULÊME - HÔTEL DE FRANCE

Un emplacement idéal face au marché couvert, un bâtiment historique, ancienne demeure de la famille Guez de Balzac, et une déco contemporaine: voilà le tableau de cet hôtel aux chambres très confortables, dont certaines offrent de superbes vues sur les environs d'Angoulême. Label **Accueil Vélo**.

*1 pl. des Halles - ✆ 05 45 95 47 95 - www.accorhotels.com - 89 ch. 120/150 € - ☕ 20 €.*

## BARBEZIEUX-ST-HILAIRE

### LA BOULE D'OR

Un établissement bien situé avec des chambres confortables et un bon restaurant sur place. À l'arrière se trouvent une terrasse et un très beau jardin. Label **Accueil Vélo** (local à vélos).

*9 bd Gambetta - ✆ 05 45 78 64 13 - www.labouledor.net - 18 ch. 78/83 € - ☕ 9 € - ✂ (fermé dim. soir) formule (sem.) 25 €, menu 41 €.*

## CLÉRAC

### AUBERGE DES LACS BLEUS

Une bonne surprise: l'hôtel se trouve dans un endroit très calme avec un jardin et dispose d'un restaurant, très bien aussi. Formule en demi-pension possible.

*4 r. du Jeu-de-Quilles - ✆ 05 46 04 39 65 - www.aubergedeslacsbleus.fr - 12 ch. 74 € - ☕ 10,50 € - ✂ (fermé dim. et lun. midi) menus 18,50/36 €.*

## LIBOURNE

### HÔTEL DE LA TOUR

Cet hôtel-restaurant faisant face à la Dordogne propose des chambres spacieuses et fonctionnelles. Dans l'une des salles à manger, vous goûterez une cuisine traditionnelle maison préparée avec les produits du marché. Local à vélo sur place.

*23 quai Souchet - ✆ 09 86 87 67 57 - www.hoteldelatourlibourne.fr - 15 ch. 96/121 € - ☕ 11 € - ✂ (fermé merc. midi, sam. midi et dim.).*

## CRÉON

### HÔTEL ATENA

Des chambres confortables, un bon emplacement, des produits frais au petit-déjeuner. Et un local à vélos. Côté restaurant, l'hôtel travaille avec le Bistro Régent, juste à côté. Label **Accueil Vélo**.

*55 av. de l'Entre-Deux-Mers - atena.hotels-aquitaine.com - 46 ch. 55/108 € - ☕ 9 € - ✂ bistro-regent.fr.*

## BORDEAUX

### BDX HÔTEL

Dans cette demeure du 18e s., à deux pas de la gare, voici une adresse cosy, aux chambres modernes et bien équipées. Un bon rapport qualité-prix. Attention, pas de climatisation!

*22 r. Charles-Domercq - ✆ 05 56 91 17 25 - www.bdx-hotel.com - 20 ch. 67/109 € - ☕ 25 €.*

### HÔTEL MERCURE GARE ATLANTIC

Dans le quartier de la gare, cet hôtel propose des chambres classiques, modernes et confortables. Très bon restaurant sur place.

*69 r. Eugène-le-Roy - ✆ 05 82 84 84 03 - all.accor.com - 72 ch. 130/170 € - ☕ 19 € - ✂ lesaintjeanbordeaux.com.*

### HÔTEL MEININGER

Dans le quartier St-Michel, cet hôtel inauguré en 2021 vient étoffer l'offre de ce quartier en devenir, situé derrière la gare. Déco néo-industrielle, avec béton brut et conduits apparents, jeux pour enfants et cuisines en accès libre. Un lieu dans l'air du temps, destiné aux familles et aux professionnels.

*12 r. du Commerce - ✆ 05 33 52 26 02 - www.meininger-hotels.com - 173 ch. 76/100 € - ☕ 11,90 €.*

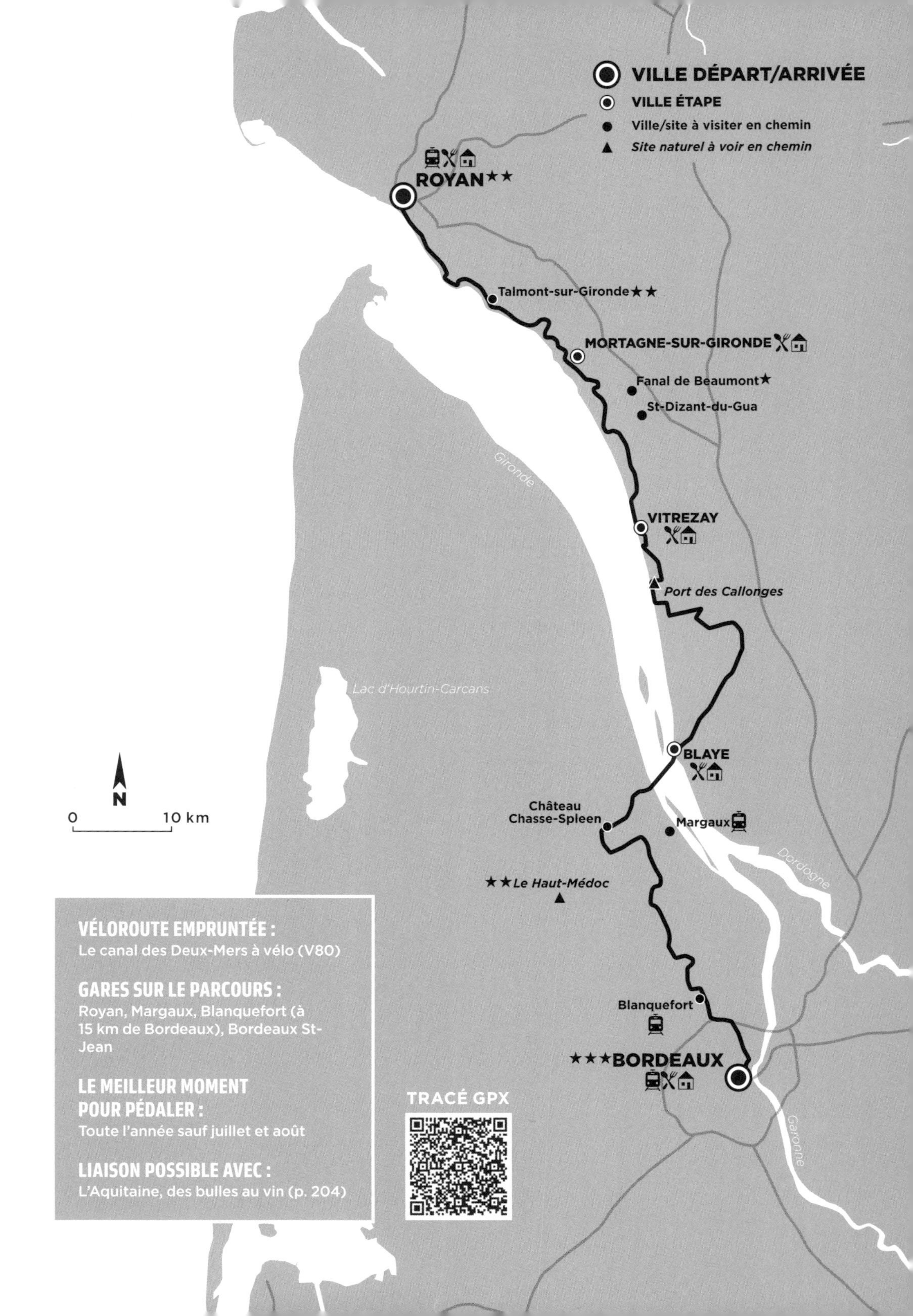


**VÉLOROUTE EMPRUNTÉE :**
Le canal des Deux-Mers à vélo (V80)

**GARES SUR LE PARCOURS :**
Royan, Margaux, Blanquefort (à 15 km de Bordeaux), Bordeaux St-Jean

**LE MEILLEUR MOMENT POUR PÉDALER :**
Toute l'année sauf juillet et août

**LIAISON POSSIBLE AVEC :**
L'Aquitaine, des bulles au vin (p. 204)

**TRACÉ GPX**

NIVEAU 2

152 KM

4 JOURS



**ROYAN**
**BORDEAUX**

# L'estuaire de la Gironde

Depuis Royan, point de départ atlantique de la véloroute du canal des Deux-Mers à vélo, cet itinéraire remonte le cours du plus vaste estuaire d'Europe, la Gironde. L'eau y est omniprésente, sculptant des falaises sur lesquelles se perchent de jolis villages, façonnant des paysages d'étangs, de marais et de canaux, donnant refuge à une faune marine et aviaire abondante. Vers Blaye, c'est un autre monde qui apparaît bientôt, celui de la vigne, qui ne vous quittera plus jusqu'à Bordeaux.

## ÉTAPE 1

### Royan - Mortagne-sur-Gironde - 37 km

Le long de l'estuaire de la Gironde défilent falaises et villages perchés pour une étape panoramique. Après avoir profité des plaisirs de Royan, vous débutez l'itinéraire du canal des Deux-Mers à vélo en direction du sud. Le parcours est fléché et alterne voies partagées, sites propres et chemins au revêtement irrégulier, notamment entre Meschers et Talmont. Mais l'itinéraire longe au plus près l'estuaire et ses carrelets si pittoresques, ce qui fait oublier les cahots. Après Barzan, vous avez à affronter quelques pentes raides jusqu'à Mortagne-sur-Gironde.

Le phare de Cordouan, en face de Royan, à marée basse.
Cloud-Mine-Amsterdam/Getty Images Plus

## Royan ★★

**La perle de l'océan.** De son passé de station balnéaire de la Belle Époque, Royan a gardé quelques superbes villas le long des boulevards Frédéric-Garnier et de la Côte-d'Argent, ouvrant sur de belles plages (**Grande Conche ★**, **conche de Pontaillac ★**). Le centre-ville, largement détruit en 1945 par les bombardements alliés, a quant à lui été reconstruit dans un style moderniste, comme en témoignent le marché central ou l'**église N.-D.-de-Royan ★★**, dominant le front de mer et le port de plaisance.

## Talmont-sur-Gironde ★★

**Au bout du bout.** Perché sur le promontoire d'une presqu'île, Talmont a gardé de sa fortification du 13e s. des remparts et des ruelles au tracé rectiligne. L'**église Ste-Radegonde ★**, célèbre pour son pur style roman saintongeais, se dresse au bout d'un promontoire rocheux. Un chemin, longeant le port, puis la petite baie, permet de rejoindre les falaises du Caillaud et leurs pêcheries sur pilotis, les carrelets.

### À deux coups de pédale

**Après Beaumont, au croisement de la D 247, quittez l'itinéraire et suivez la route de Port-Maubert vers de St-Dizant-du-Gua. Après environ 5 km, vous parvenez au château de Beaulon, où l'on produit pineau et cognac. Dans le parc paysager se cachent les Fontaines bleues ★, des sources d'une couleur exceptionnelle due à des algues microscopiques.**

***Château de Beaulon - St-Dizant-du-Gua - ✆ 05 46 49 96 13 - www.chateau-de-beaulon.fr - mai-sept. : 10h-18h ; reste de l'année : tlj sf w.-end 9h-12h, 14h-18h - 8,50 €.***

## Mortagne-sur-Gironde

**Un village de pierres et d'eau.** Frôlant l'à-pic de la falaise, en surplomb de son pittoresque port de La Rive, l'ancienne place forte médiévale protégeait jadis l'ermitage St-Martial et sa **chapelle ★** creusée dans le roc. Fondé au 3e s., il était un point de passage de l'estuaire pour les pèlerins de St-Jacques-de-Compostelle.

*Ermitage St-Martial - rte de l'Étier - ✆ 07 82 59 63 78 - visite guidée (1h) 10h30, 14h30 et 16h30 - fermé lun.-mar. - participation libre.*

## ÉTAPE 2

### Mortagne-sur-Gironde - Vitrezay - 25 km

De Mortagne-sur-Gironde à St-Romain-sur-Gironde, l'aménagement cyclable en parallèle de la D 245, le long de la rivière de Fontdevine, permet d'être quasiment en continu hors du flux motorisé. Ensuite, jusqu'à Vitrezay, l'itinéraire alterne entre voies vertes et petites routes balisées.

## Fanal de Beaumont ★

**« Amer » ?** C'est ainsi que l'on nommait les tours à feu qui servaient à guider les marins vers un port. C'est sur l'emplacement de l'un d'eux qu'a été bâti le fanal de Beaumont, tour conique est établie à 59 m au-dessus du niveau de l'estuaire. Le panorama sur l'estuaire de la Gironde y est magnifique.

## Vitrezay

**Tout savoir sur l'estuaire.** Ce vaste site de 60 ha a pour mission de sensibiliser le visiteur au milieu naturel de l'estuaire de la Gironde. Autour du centre et de son observatoire à

Les cabanes sur pilotis pour la pêche au carrelet sous les falaises de Talmont-sur-Gironde.
R. Mattes/hemis.fr

oiseaux, il s'agit d'une véritable base de loisirs dédiée à la nature. Au choix sont proposées des sorties nature à pied, en kayak, en calèche, la location de matériel de pêche et même d'un ponton-carrelet, des croisières avec ou sans escale. Vous pouvez aussi vous contenter de suivre les sentiers, en accès libre.
*Échappées Nature de Vitrezay - La Parfaite - St-Corlin-de-Conac - ✆ 05 46 49 89 89 - www.portvitrezay.com - juin.-sept. : 10h-19h (18h sem. juin et sept.) ; avr.-mai et oct. : 10h30-12h, 13h-17h30, w.-end et j. fériés 10h-18h - activités sur inscription.*

## ÉTAPE 3

### Vitrezay - Blaye - 40 km

À Vitrezay, l'itinéraire emprunte de petites routes ; le parcours traverse ensuite des marais par de longues lignes droites jusqu'à Braud-et-St-Louis. Enfin, à Étauliers, une piste cyclable vous conduit à Blaye où vous pourrez prendre un repos (et un repas) bien mérité !

## Port des Callonges

**Initiation à l'ornithologie.** Au bord de l'estuaire, ce parc est dédié à l'observation des oiseaux, grâce à une tour panoramique et à travers différents espaces naturels : étangs, lacs, prairies humides et inondées, roselières. Des naturalistes répondent à vos questions et des visites guidées sont également possibles.
*Terres d'oiseaux - Les Nouvelles Possessions - Braud-et-St-Louis - ✆ 05 57 32 88 80 - www.terresdoiseaux.fr - de mi-juin à mi-sept. : 10h-20h ; reste de l'année : se rens. - 7 €.*

## Blaye

**Le « verrou Vauban ».** Pièce maîtresse du système défensif mis en place par Vauban pour protéger

Bordeaux de la flotte anglaise, la **citadelle de Blaye ★★** impressionne. Depuis la tour de l'Éguillette ou la place d'Armes, la vue sur la Gironde est superbe. Le bâtiment de la Manutention abrite un musée qui retrace l'histoire du lieu, tandis que la visite des souterrains permet d'en découvrir les entrailles. Mais c'est à l'extérieur que l'on découvre le mieux la citadelle et ses bastions.

## ÉTAPE 4

### Blaye - Bordeaux - 50 km

Pour traverser l'estuaire séparant Blaye de la suite du parcours, il faut prendre le bac qui relie Blaye à Lamarque.

*℘ 05 57 42 04 49 (répondeur avec horaires des traversées) - www.gironde.fr/deplacements/les-bacs-girondins-ferries - env. 30mn - voyageur 4,50 € en haute sais. (le passage du vélo est gratuit).*

### Le Haut-Médoc ★★

**Une presqu'île entre Gironde et Atlantique.** Favorisé par des conditions naturelles exceptionnelles et par une tradition viticole remontant au règne de Louis XIV, le Haut-Médoc est le pays des 400 châteaux et des grands crus de renommée mondiale. Le vignoble s'étend sur 4800 ha, à l'intérieur desquels sont notamment enclavées les six appellations communales : margaux, moulis, listrac, st-julien, pauillac et st-estèphe.

### Château Chasse-Spleen

**Avec modération !** Entre Arcins et Moulis-en-Médoc, cette propriété viticole revendique une production « esthète et technique ». Les visites et dégustations tournent autour de l'héritage de Chasse-Spleen, château Gressier Grand Poujeaux et château Chasse-Spleen. Ses propriétaires, le couple Villars-Foubet, constituent depuis quelques années une collection d'art contemporain : les œuvres sont à admirer dans le parc et le chai.

*32 ch. de la Razé - Moulis-en-Médoc - ℘ 05 56 58 02 37 - www.chasse-spleen.com - visite guidée sur réserv. (1h) de mi-avr. à oct. : 10h-13h, 14h-18h - 12 € avec dégustation.*

### Bordeaux ★★★

*Voir p. 208.*

Olivier DJIANN/Getty Images Plus

### À deux coups de pédale

**Premier grand cru classé, le vignoble de château Margaux se découvre à 9 km du château Chasse-Spleen. Il couvre 85 ha et fait partie de l'aristocratie des vins de Bordeaux.**

***℘ 05 57 88 83 83 - www.chateau-margaux.com - visite guidée en sem. sur réserv. (1h) - fermé w.-end, août et durant les vendanges (sept.-oct.) - tarif : se rens.***

## LOUER UN VÉLO

### ROYAN

**ROYAN BY CYCLES**

*1 bd De-Lattre-de-Tassigny - ✆ 05 46 06 08 18 - www.royanbycycles.fr - fermé dim.-lun. - vélo classique 20 €/24h, vélo de ville élect. 45 €/24h, VTC élect. 38€/24h - également tarif à la semaine - entretien et réparation.*

## DÉGUSTER

### ROYAN

**LA SIESTA**

Ce restaurant, reconstruit en lieu et place du Café des Bains où Picasso résida en 1940, profite d'une belle vue sur le port de plaisance. Spécialités de bruschettas et produits de la mer. Bonne cuisine classique de maître restaurateur.

*40 r. Gambetta - ✆ 05 46 38 36 53 - www.lasiesta-royan.fr - menus 20/35 €.*

### MORTAGNE-SUR-GIRONDE

**COMPTOIR DE LA RIVE**

Cette adresse, avec terrasse sur le port, privilégie le local et le circuit court : huîtres d'Yves Papin, rillettes du Port-Maubert, caviar Sturia, bière La Royannaise, pineau du château de Beaulon, entre autres.

*24 quai de l'Estuaire - ✆ 06 26 39 83 47 - menus 15/20 €.*

### VITREZAY

**LE VITREZAY**

Au sein de la base de loisirs, ce restaurant offre une grande salle lumineuse ainsi qu'une terrasse donnant sur l'estuaire. Le menu fait la part belle aux produits de la mer : langoustines, gambas, huîtres, moules, bar, anguille, etc.

*Port de Vitrezay - St-Corlin-de-Conac - ✆ 05 46 86 47 58 - menu 38 €.*

### BLAYE

**LE P'TIT CANON**

Jean-Vincent Bideau, du château Petit Boyer (blaye-côtes-de-bordeaux), vous accueille dans ce restaurant-bar à vins. La cuisine y est délicieuse et la vue sur l'estuaire depuis la terrasse incroyable. La parcelle de vigne contiguë et le chai peuvent se visiter sur demande.

*3 pl. d'Armes (dans la citadelle) - ✆ 05 57 64 23 86 - plats 15/24 €.*

### BORDEAUX

*Voir p. 210.*

## DORMIR

### ROYAN

**LE TRIDENT THYRSÉ**

Cette belle villa vous replonge dans le Royan des années 1950. Meubles, luminaires, vaisselle colorée : tout est d'époque. La plupart des chambres ont une terrasse donnant sur la mer. Parking à vélos.

*66 bd Frédéric-Garnier - ✆ 05 46 05 12 83 - www.letridentthyrse.fr - 16 ch. 69/117 € - ☕ 9,50 €.*

### MORTAGNE-SUR-GIRONDE

**DOMAINE DU MEUNIER**

Sur le port, cette ancienne maison de meunier datant de 1893 abrite de belles chambres d'hôtes, toutes différentes, décorées d'objets chinés un peu partout. Sont également proposés des appartements, ainsi que des gîtes dans les bâtiments de l'ancienne minoterie. Abri pour les vélos et outils de réparation à disposition. Label **Accueil Vélo**.

*36 quai de l'Estuaire - ✆ 05 46 97 75 10 - www.domainedumeunier.com - 5 ch. 80 €, appart. 100 €, gîte 120/150 €.*

### VITREZAY

**DOMAINE L'HORIZON**

Pas d'hôtel mais un gîte, au calme, à 10mn de vélo de Vitrezay.

*242 rte de Conac - St-Sorlin-de-Conac - ✆ 06 28 32 54 51 - @domainelhorizon - 90 hébergements - tarifs sur demande.*

### BLAYE

**AUBERGE DU PORCHE**

Cette bâtisse de caractère propose des chambres confortables et modernes donnant sur la Gironde ou sur le patio. Terrasses et salon permettent une détente bienvenue après une longue journée de vélo. Et pour le déjeuner de l'étape du lendemain, possibilité de réserver un panier pique-nique. Label **Accueil Vélo**.

*5 r. Ernest-Regnier - ✆ 05 57 42 22 69 - www.auberge-du-porche.fr - 8 ch. 125/130 € - ☕ 9,80/13,80 €.*

### BORDEAUX

*Voir p. 211.*

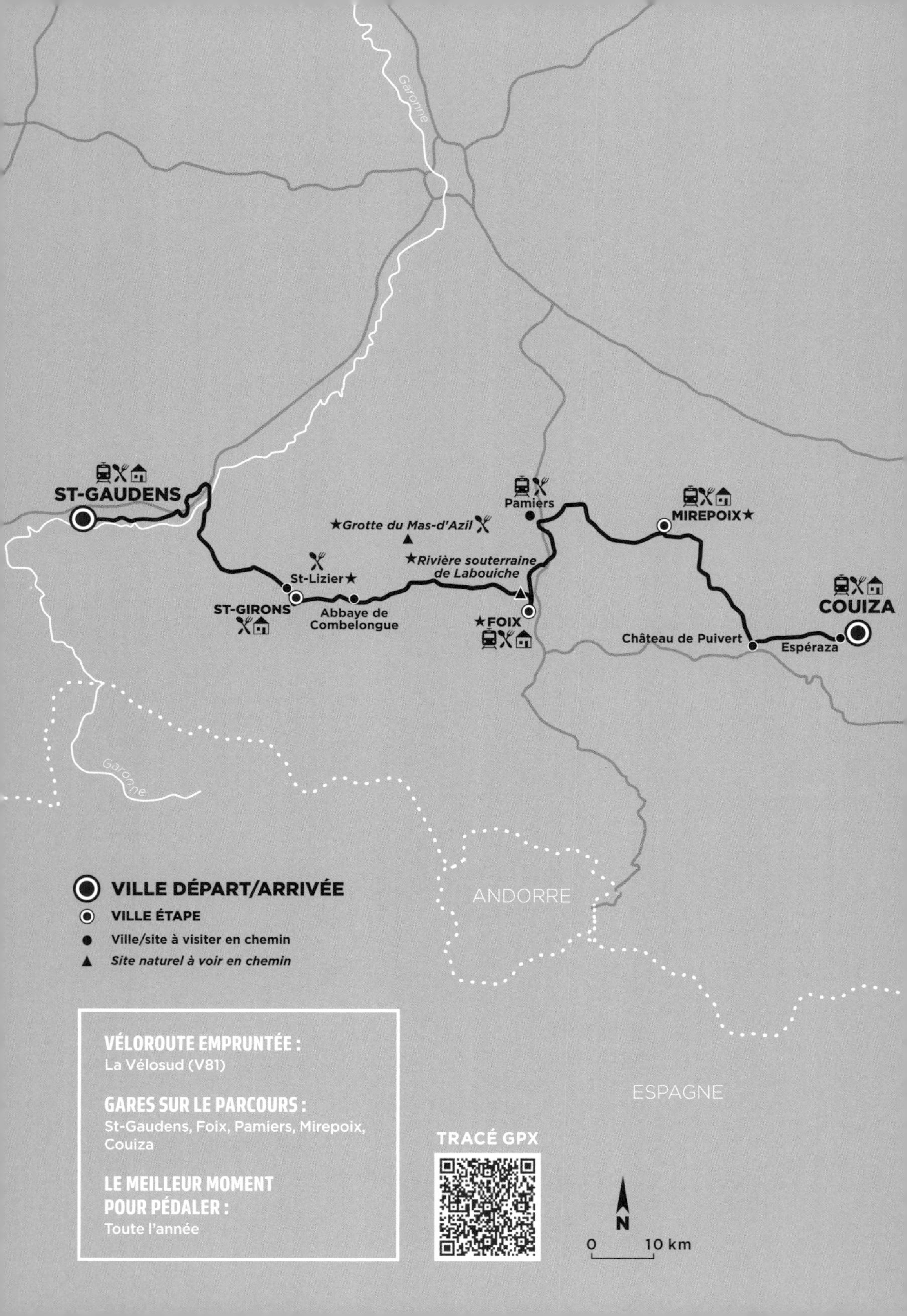


**VÉLOROUTE EMPRUNTÉE :**
La Vélosud (V81)

**GARES SUR LE PARCOURS :**
St-Gaudens, Foix, Pamiers, Mirepoix, Couiza

**LE MEILLEUR MOMENT POUR PÉDALER :**
Toute l'année

VAE

NIVEAU 2 | 201 KM | 4 JOURS

**ST-GAUDENS
COUIZA**

# Périple pyrénéen

Sur La Vélosud, ce nouvel itinéraire de 650 km, on se la « roule douce » au pied des montagnes pyrénéennes, de l'océan Atlantique à la mer Méditerranée. Le périple que nous proposons, fragment d'aventure à vélo au cœur de l'Ariège, relie St-Gaudens, berceau de la mythique marque de VTT Sunn, au val du Faby. Vous embarquez pour 200 km à la découverte des vallées et gorges des Pyrénées, le regard happé par les cimes et les sens en éveil, en quête de nature sauvage. Une belle expérience à vélo pour se reconnecter à l'essentiel : Dame Nature !

## ÉTAPE 1

### St-Gaudens - St-Girons - 58 km

Une première moitié de l'itinéraire progresse sur voies partagées dans la vallée de la Garonne. Pas de souci, ce réseau secondaire affiche une circulation modeste. Une section dédiée permet ensuite une entrée sécurisée dans St-Martory.
Dans la seconde moitié, qui traverse la vallée du Salat, la véloroute est intégralement sur voie dédiée (ligne ferroviaire réaménagée), avec un revêtement lisse ou rugueux. Seule la petite liaison finale entre St-Lizier et St-Girons est à effectuer sur le réseau routier, sans aménagements cyclables.

Cathédrale de St-Lizier.
D. Pearson/Agency Jon Arnold Images/age fotostock

Foix.
mehdi33300/Getty Images Plus

## St-Gaudens

**Panoramique!** À mi-chemin entre Toulouse et l'Espagne, en pays de Comminges, St-Gaudens jouit d'une situation privilégiée face aux Pyrénées centrales, que l'on peut admirer du haut de ses **belvédères ★**. Le boulevard Jean-Bepmale prolongé, au sud-ouest, par le boulevard des Pyrénées, constitue une voie panoramique de près de 3 km de longueur. À suivre à pied ou à vélo!

## St-Lizier ★

**Entre église et cathédrale.** Ce charmant village abrite une église et une **cathédrale ★** aux remarquables fresques. Vous pourrez flâner dans le cloître roman, mais aussi vous émerveiller devant la pharmacie du 18ᵉ s., vous plonger dans l'histoire régionale présentée au palais des Évêques ou simplement profiter du charme des ruelles. Le musée occupe une partie rénovée de l'ancien palais épiscopal (17ᵉ s.). Il faut aussi voir l'**église N.-D.-de-la-Sède ★★** (l'ancienne cathédrale), accessible depuis son jardin.

*Palais des Évêques - www.sites-touristiques-ariege.fr - juil.-août: 10h-19h; reste de l'année, se rens. - 7 €.*

## St-Girons

**Belle voisine.** Accolée à St-Lizier, cette ville est pratique comme point de départ d'excursions pour découvrir le Couserans et ses vallées. Du Pont-Vieux, jolie vue sur les quartiers anciens, agréables à parcourir à pied.

## ÉTAPE 2

### St-Girons - Foix - 45 km

Dès la sortie de St-Girons, La Vélosud est presque intégralement sur voie dédiée (ligne ferroviaire réaménagée), à revêtement lisse ou rugueux. Seule l'arrivée à Foix emprunte des voies partagées, avec des aménagements cyclables pour en sécuriser la progression. Quelques points de vigilance : en sortie de St-Girons, prudence lors de la traversée de la D 117, le temps d'aller sur une voie secondaire à 100 m. À l'entrée dans Foix, avant et après le quartier de la gare, il faut veiller à bien rester sur les trottoirs aménagés pour cycles en bordure de la D 919.

### Abbaye de Combelongue

**Un style unique.** Fondée en 1138, sa particularité tient à son style roman d'influence mudéjare : le seul exemple de ce côté des Pyrénées. Les chapiteaux mudéjars qui soutiennent l'autel sont magnifiques. Après la visite de l'église, offrez-vous un moment paisible dans les jardins qui évoquent l'histoire de l'abbaye : jardin médiéval, Renaissance, à la française. Le domaine organise régulièrement des expositions d'art contemporain.
*Rimont - ✆ 06 07 99 35 82 - www.abbayedecombelongue.fr - visite guidée (45mn) juil.-sept. : 15h-18h ; reste de l'année : sur demande - 5 €.*

### Rivière souterraine de Labouiche ★

**Croisière souterraine.** À 60 m sous terre, Labouiche, la plus longue rivière souterraine d'Europe, se laisse découvrir au fil d'une promenade en bateau, dans le silence le plus absolu, à la découverte des décors formés par les stalagmites et les stalactites.

## + À deux coups de pédale

**La grotte du Mas-d'Azil ★ (à 16 km au nord de l'abbaye de Combelongue), l'une des curiosités naturelles les plus spectaculaires de l'Ariège, est un site préhistorique célèbre dans le monde scientifique au point d'avoir donné son nom à la civilisation « azilienne ».**
***Av. de la Grotte - Le Mas-d'Azil - ✆ 05 61 69 97 71 - www.sites-touristiques-ariege.fr - visite guidée (1h) 10h-18h30 - 11 € - réserv. obligatoire.***

*✆ 05 61 65 04 11 - www.labouiche.com - visite guidée (1h15) - juil.-août : 9h30-17h ; reste de l'année : se rens. - 14,80 € - réserv. conseillée en été.*

### Foix ★

**Voir plusieurs Foix !** Bien qu'étant l'une des préfectures les moins peuplées de France, la petite ville de Foix est accueillante et paisible. Son attrait réside dans son passé légendaire. Au débouché de l'ancienne vallée glaciaire de l'Ariège, Foix apparaît soudain dans un site tourmenté, hérissé de sommets aigus. Les trois tours de son **château** ★ semblent surveiller, du haut de leur roc austère, le dernier défilé de la rivière à travers les plis du Plantaurel. Peu étendue, la ville se parcourt rapidement. La ville ancienne, aux rues étroites, a pour centre, à l'angle des rues de Labistour et des Marchands, le carrefour où coule la petite fontaine de l'Oie, en bronze. Elle contraste avec le quartier administratif, bâti au 19e s. autour de vastes esplanades, les allées de la Villote et le Champ-de-Mars.
*Château - pl. du Palais-de-Justice - ✆ 05 61 05 10 10 - www.sites-touristiques-ariege.fr - 10h-18h (19h juil.-août) - 12,50 €.*

## ÉTAPE 3

### Foix - Mirepoix - 47 km

Entre Foix et Pamiers, vous découvrez une zone de relative densité de population et de trafic. L'itinéraire s'accorde un couloir de respiration en alternant judicieusement entre sections aménagées, voies secondaires partagées et chemins ruraux. À noter que des aménagements sont toujours en cours sur cette section. Après Pamiers, des chemins de terre roulants (GR 78) permettent de rallier l'ancien tracé ferroviaire Pamiers-Mirepoix, réhabilité en voie verte (à revêtement rugueux), suivie presque intégralement jusqu'à Mirepoix, hormis une section sur voie partagée pour entrer dans la cité médiévale.

### Pamiers

**Le long de ses canaux.** La ville la plus importante de l'Ariège, avec ses quelque 15 000 âmes, est entourée de canaux. Le grand compositeur Gabriel Fauré (1845-1924), « le musicien le plus musical, avec Mozart », selon Arthur Honegger, y est né. Son buste a été érigé sur la promenade du Castella. Cette promenade est dessinée sur l'emplacement de l'ancien château, dont on voit encore les soubassements en sortant par la porte de Nerviau et en se dirigeant vers le pont Neuf. Il y a beaucoup à voir à Pamiers : de la cathédrale St-Antonin à l'église N.-D.-du-Camp, en passant par le Carmel ou la tour de la Monnaie, la journée est vite remplie !

### Mirepoix ★

**Haute en couleur.** Au cœur du pays cathare, à deux pas de Montségur, cette ville médiévale au plan régulier abrite l'une des plus belles places à couverts d'Occitanie. Charmante et très colorée, cette **place principale ★★** est entourée de maisons (fin 13e-15e s.) dont le 1er étage s'avance sur des couverts en charpente. Remarquez la maison des Consuls, construite à la fin du 13e s. et remaniée vers 1500, avec ses nombreuses figures sculptées dans le bois, notamment ses personnages grimaçants ou montrant leur postérieur, et ses animaux fantastiques.

## ÉTAPE 4

### Mirepoix - Couiza - 51 km

L'itinéraire suit tout d'abord une voie verte dédiée à revêtement rugueux sur 21 km, jusqu'au bourg de Chalabre. La suite audoise de la progression se fait sur voies partagées, à circulation moyenne à faible (réseau secondaire). À Moulin-Neuf, il y a une bifurcation de voies vertes : au 7e km de cette étape, attention à bien bifurquer à droite pour suivre La Vélosud dans la vallée de l'Hers (direction Chalabre et Montségur), car, en pédalant tout droit, on rejoint le canal du Midi !

### Château de Puivert

**L'un des châteaux cathares.** Acquise à la foi cathare, la forteresse fut assiégée en 1210 puis confiée à la famille de Bruyères qui l'embellit et l'agrandit au 14e s. : donjon, cour d'honneur et courtines datent de cette période. Le château neuf du 14e s., dont une partie a été détruite, conserve sa tour-porte carrée ornée d'un blason portant le lion des Bruyères et son donjon de 35 m de haut, qui abrite quatre salles superposées.

*✆ 04 68 20 81 52 - www.chateau-de-puivert.com - de déb. mai à mi-nov. : 9h-19h ; de mi-déc. à fin avr. : tlj sf sam. 10h-17h - fermé de mi-nov. à mi-déc. - 8 €.*

## Espéraza

**Jurassique parc.** Le nom de la commune dériverait de celui d'un certain Exuperatus, propriétaire terrien de la région à l'époque gallo-romaine. Bien des années plus tard, ce fut la première ville où s'installa la chapellerie au début du 19ᵉ s. Et, depuis les années 1980, la ville attire les paléontologues et les passionnés de dinosaures pour ses intéressantes découvertes réalisées à Campagne-sur-Aude, juste à côté, et son **musée** ★.

*Musée des Dinosaures - pl. Maréchal-de-Lattre-de-Tassigny - ✆ 04 68 74 26 88 - www.dinosauria.org - 10h30-12h30, 13h30-17h30 - fermé de déb. nov. à déb. fév. - 9 €.*

## Couiza

**Coiffée d'un château.** Dans cette ville industrielle (chaussures, chapeaux), l'ancien château des ducs de Joyeuse (milieu du 16ᵉ s.), cantonné de tours rondes, se distingue par son bon état de conservation. Il abrite désormais quelques chambres *(voir « Dormir » p. 225)*.

Espéraza, musée des Dinosaures.
TPX/Prisma/age fotostock

## LOUER UN VÉLO

### ST-GAUDENS

**L'ESTAPA**

*Gare - ✆ 05 67 07 20 44 - location-velo-saint-gaudens.notresphere.com - vélo de route 39 €/j, VTT enduro 50 €, VAE 66,50 €/j (tarifs dégressifs et accessoires inclus) - possibilité de louer aussi un vélo de ville recyclé à 14,90 €/j - tarifs préférentiels et réservation possible sur Internet.*

## DÉGUSTER

### ST-GAUDENS

**LA PYRÈNE**

En sortant de St-Gaudens, vous trouverez ce restaurant où l'on déguste en toute simplicité des recettes presque 100 % maison. Si le lieu peut s'avérer bruyant en été, la terrasse ombragée reste un atout.

*60 av. Joffre - ✆ 05 61 89 60 98 - fermé mar. soir et dim. soir - plats 21/27 €.*

**L'ÉTABLE**

On y va pour la viande, de grande qualité, cuite au feu de bois, et pour les frites maison. Accueil sympathique, dans un cadre rustique.

*Bd Gambetta - ✆ 05 61 89 16 24 - fermé lun. soir et mar. soir - menus 21/37 €.*

### ST-LIZIER

**LE CARRÉ DE L'ANGE**

Installé dans les anciennes écuries du palais épiscopal, le Carré de l'Ange propose une cuisine savoureuse concoctée par le chef Paul Fontvieille. Les différents espaces sont décorés par des artistes de la région. De la terrasse, on jouit d'une superbe vue sur la cathédrale et le Couserans. Très appréciable aussi pour un simple verre.

*Palais des Évêques - ✆ 05 61 65 65 65 - www.lecarredelange.com - fermé dim. soir, lun. et mar. - menus 22/25 € (midi), 35/69 €.*

### ST-GIRONS

**LA TABLE DE L'OURS**

Une belle surprise avec beaucoup de produits locaux faits maison. On déguste ici une cuisine traditionnelle, mais aussi des pizzas, avec en prime une belle vue en terrasse.

*Parc de Paletes - ✆ 05 61 66 10 31 - www.restaurant-la-table-de-l-ours.fr - formule midi en sem. 17,50 €.*

### LE MAS-D'AZIL

*À 16 km au nord de l'abbaye de Combelongue.*

**LE KIWI**

Ce restaurant moderne sert une cuisine créative aux notes exotiques, avec un grand choix de plats végétariens.

*5 pl. du Bout-de-la-Ville - ✆ 05 61 69 55 82 - www.restaurant-lekiwi.com - fermé sam.-lun. et le soir mar. et merc. - formules déj. 15/22 €, menus soir 27/30 €.*

### FOIX

**PHŒBUS RESTAURANT**

On y court pour déguster une cuisine traditionnelle dans une salle dominant l'Ariège et le château de Fébus. Accueil soigné.

*3 cours Irénée-Cros - ✆ 05 61 65 10 42 - www.restaurantlephoebus.fr - fermé sam. midi, dim. soir et lun. - formules midi 19/23 €, menus 29/59 €.*

**AU GRILLADOU**

Un petit restaurant convivial, situé au pied du château, qui propose pizzas, grillades, salades et pâtes fraîches maison, à prix assez doux. Service efficace et accueil souriant. Terrasse l'été dans la rue piétonne.

*7 r. Lafaurie - ✆ 05 61 64 00 74 - www.restaurant-foix-augrilladou.fr - fermé sam. midi et dim. sf juil.-août - formule midi 14 €, menus 16/35 €.*

### PAMIERS

**LE MOULIN**

Un restaurant traditionnel, avec cuisine maison et produits frais. On attend son assiette au bord de l'eau, dans un cadre paisible et agréable, avec une terrasse ouverte à partir du printemps jusqu'à mi-octobre.

*1 r. d'Emparis - ✆ 05 61 68 22 41 - le-moulin-pamiers.eatbu.com - fermé lun. - menus 25/35 €.*

### MIREPOIX

**LE COMPTOIR GOURMAND**

L'alléchante cuisine, traditionnelle et soignée, met en avant les produits et les vins des petits exploitants régionaux. Espace boutique à l'entrée du restaurant.

*Cours Maréchal-de-Mirepoix - ✆ 05 61 68 19 19 - fermé dim. soir, mar. et merc. - plats 15/19 €.*

### COUIZA

**LOU CANTOU - À TABLE**

Des plats français *made in England* et très bons ? Ça se passe dans ce restaurant qui concocte une excellente cuisine maison avec des produits frais locaux (dont du magret et du foie gras, évidemment) et de qualité. Service agréable et convivial.

*Rue du Stade - ✆ 09 80 97 93 77 - www.loucantoucouiza.com - menus 25/35 €.*

# DORMIR

## ST-GAUDENS

### MAISON DE L'ESPLANADE

En centre-ville, deux adresses en une. D'un côté, cinq chambres d'hôtes à la décoration contemporaine soignée. De l'autre, un petit hôtel tout confort. Et dans les deux cas, un excellent petit-déjeuner avec vue sur les Pyrénées. Local vélo à disposition.

*8 pl. de Mas-St-Pierre - ✆ 05 61 89 15 90 - www.maisonlesplanade.fr - 5 et 12 ch. 75/90 € - 8,50 €.*

## ST-GIRONS

### CHAMBRES D'HÔTES & RESTAURANT LE JARDIN BLEU

À quelques pas du centre-ville, une adresse qui change. Côté hébergement, de belles chambres à la décoration récente et soignée, avec une touche de bleu. En semaine, un petit menu équilibré permet de goûter au plat du jour ou aux envies salées à la carte, avec soupe/salade et pâtisseries. Sur place, un local fermé permet de ranger son vélo en sécurité.

*61 bd Frédéric-Arnaud - ✆ 06 38 12 66 45 - jardinbleu-stgirons.com - 5 ch. 82/120 € - (fermé mar. et soir).*

## FOIX

### HÔTEL PYRÈNE

C'est le seul hôtel de Foix avec label **Accueil Vélo**. Il propose des chambres lumineuses et spacieuses avec un balcon et une vue sur la montagne ou le jardin. Piscine extérieure. Et pour les vélos : abri sécurisé, kit de réparation et une prise extérieure pour recharger les vélos électriques.

Terrasse de café à Mirepoix.
arenysam/Getty Images Plus

*7 r. Serge-Denis - ✆ 06 24 73 26 86 - www.hotel-pyrene-foix.fr - - 20 ch. 66/85 € - 10 €.*

## MIREPOIX

### LA MAISON DES CONSULS

Des chambres dans une demeure classée Monument historique, située sur la place médiévale de la ville de Mirepoix. Et avec label **Accueil Vélo** ! Garage sécurisé, kit de réparation, contact d'un réparateur si besoin et même un menu spécial sportif sur demande !

*6 pl. Maréchal-Leclerc - ✆ 05 61 68 81 81 - www.maisondesconsuls.com - 7 ch. 130/140 €.*

## COUIZA

### CHÂTEAU DES DUCS DE JOYEUSE

L'occasion de dormir dans un vrai château, classé Monument historique. Chambres restaurées et meublées avec goût. Piscine extérieure chauffée. Côté cuisine, on revisite la tradition et on célèbre la gourmandise : le chef privilégie les produits locaux (truite de Montferrier, légumes et fromages bio des environs).

*Allée Georges-Roux - ✆ 04 68 74 23 50 - www.chateau-des-ducs.com - ouv. mars-déc. - - 34 ch. 114/260 € - 19 € - .*

**VÉLOROUTE EMPRUNTÉE :**
La Véloccitanie (V84)

**GARES SUR LE PARCOURS :**
Avignonet-Lauragais, Castres, Mazamet, Bédarieux, Béziers

**LE MEILLEUR MOMENT POUR PÉDALER :**
Toute l'année sauf juillet et août

**LIAISON POSSIBLE AVEC :**
Le canal du Midi (p. 74)

NIVEAU 1 — 244 KM — 6 JOURS



AVIGNONET-LAURAGAIS
BÉZIERS

# La Véloccitanie

Rouler sur plus de 240 km de parcours vélo, du seuil de Naurouze à Béziers, à la découverte d'une grande diversité de patrimoines naturels et culturels ; et prendre son temps pour découvrir de nouveaux territoires, de nouveaux paysages, sillonner la nature en toute tranquillité... Soyez les bienvenus sur La Véloccitanie ! Voilà de quoi s'offrir une bouffée de nature en deux-roues, en quête des petits bonheurs de la vie !

## ÉTAPE 1

### Avignonet-Lauragais - Revel - 44 km

La Véloccitanie emprunte des petites routes à faible trafic du seuil de Naurouze à Labastide-d'Anjou, puis jusqu'à la rigole de la Plaine. Au départ du seuil de Naurouze, suivez l'itinéraire conseillé *via* Labastide-d'Anjou, qui vous amène à la rigole. Ensuite, c'est le chemin de halage qui prend le relais sur la première partie, de la rigole de la Plaine jusqu'à peu avant le lac de Lenclas. La voie verte de la rigole de la Plaine vous conduit alors jusqu'à Revel.

### Avignonet-Lauragais

*Voir p. 77.*

En chemin vers le bassin de St-Ferréol.
Ludwig Deguffroy/Getty Images Plus

Castres.
clodio/Getty Images Plus

## Seuil de Naurouze ★

*Voir p. 77.*

## Revel

**Ville d'artisans.** Son passé de bastide (fondée en 1342) lui vaut un réseau de rues disposées géométriquement autour de la place centrale à couverts. La halle du 14e s., dont la taille est impressionnante, a conservé sa charpente de bois et son beffroi (remanié au 19e s.) : tout autour, les galeries (17e-18e s.) du Nord, du Levant, du Midi et du Couchant complètent le charme du lieu. Des fabriques de meubles, des ateliers d'ébénisterie et de marqueterie, le travail du bronze, de la dorure et de la laque ainsi que des distilleries sont les principales activités de la ville.

# ÉTAPE 2

### Revel - Castres - 32 km

Une voie verte longue d'environ 4 km vous guide de Revel à Sorèze. Après, ce sont de petites routes à faible trafic avec quelques montées, mais sans difficulté particulière. Depuis Castres, vous pouvez continuer vers Albi en empruntant la voie verte des Droits de l'Homme.

## Bassin et barrage de St-Ferréol ★

**Le grand bain.** Le bassin et son barrage constituent le principal réservoir du canal du Midi, sur le versant océanique. Encadré de collines boisées, le bassin s'étend sur 67 ha. Il est alimenté par le

Laudot supérieur et par la rigole de la Montagne, venue du bassin du Lampy. Il fut construit par Pierre-Paul Riquet (l'architecte du canal du Midi) de 1667 à 1672. Un millier d'ouvriers, femmes et enfants compris, y travaillèrent. Il se compose de trois murs parallèles : le mur amont, immergé sous l'eau, le « grand mur » (35 m de haut) et le mur aval. Un sentier permet aux promeneurs de faire le tour du bassin et une plage a été aménagée sur la rive nord (en été, on peut faire de la voile et se baigner).
*Le Réservoir - espace découverte du canal du Midi - bd Pierre-Paul-Riquet - ✆ 05 61 80 57 57 - www.lereservoir-canaldumidi.fr - juil.-août : 10h30-18h30 ; reste de l'année (sf janv.-mars) : tlj sf lun. 14h-17h (ou 18h) - 6 €.*

## Abbaye-école de Sorèze ★

**Downtown abbaye.** Le village de Sorèze s'est développé au 8e s. autour de son abbaye bénédictine (fondée par Pépin le Bref), dont il partagea la destinée, alternant périodes d'extension, de destruction et de reconstruction. En 1573, durant les guerres de Religion, Sorèze voit son abbaye pillée et incendiée et son village ruiné. Après un siècle de reconstruction, en 1682, l'abbaye rouvre ses portes aux enfants des familles peu fortunées. Sa renommée grandit rapidement, au point que l'extension des bâtiments est nécessaire. Les familles aisées y placent dès lors leur progéniture. Sous Louis XVI, l'établissement devient l'une des douze écoles royales militaires de France.
*1 r. St-Martin - ✆ 05 63 50 86 38 - www.cite-de-soreze.com - juil.-août : 9h30-18h30 ; reste de l'année : 9h30-12h30, 14h-18h - 9 €.*

## Castres ★

**Jean-Jaurès et la tannerie.** Sur les chemins de St-Jacques-de-Compostelle, Castres a étendu sa mosaïque de tuiles rouges le long des rives de l'Agout. Ses maisons de tanneurs aux teintes pastel forment un tableau changeant, dont le charme prélude aux beautés du vieux centre, de ses hôtels particuliers et du **musée Goya** ★ – le seul musée de France entièrement dédié à l'art espagnol. Restituée aux piétons, la place Jean-Jaurès rend hommage à son édile le plus célèbre. On découvre au passage les demeures médiévales des tisserands, teinturiers et autres tanneurs qui œuvraient sur les rives de l'Agout et assurèrent la prospérité de Castres.
*Musée Goya - Musée d'art hispanique - palais de l'Évêché - ✆ 05 63 71 59 30 - www.museegoya.fr - juin.-sept. : 10h-19h ; oct.-mai : tlj sf lun. 10h-17h - 9 €.*

## ÉTAPE 3

### Castres - Mazamet - 22 km

La sortie de Castres s'effectue sur des voiries partagées ; au niveau de l'aéroport de Castres, une piste

### À deux coups de pédale

**Hautpoul, à 4 km au sud de Mazamet, offre une belle vue, en à-pic, sur les gorges de l'Arnette. Les amateurs de sensations fortes se rendront à pied de Mazamet à Hautpoul en empruntant un long pont de singe sur la vallée de l'Arnette. Il offre une vue exceptionnelle, à 70 m du sol. Sujets au vertige, abstenez-vous !**
***Partez du parking, au 93, rue de la Resse (gratuit), et suivez à pied soit le sentier des jardins Cormouls Houlès (30mn), soit le chemin de la Jamarié (15mn, mais plus raide).***

cyclable prend la suite. Au lieu-dit Bonnery, on retrouve une voie partagée et il faut redoubler de vigilance pour relier Caucalières à Payrin-Augmontel et Payrin-Augmontel à Aussillon.

## Mazamet

**Au pied de la Montagne Noire.** Mazamet séduit par ses chemins de randonnée et ses grandes demeures bourgeoises du 19ᵉ s. L'une d'elles abrite le Musée du catharisme, dans l'hôtel Fuzier. On y part à la découverte de cette religion qui trouva refuge sur le versant tarnais de la Montagne Noire, dans les bourgs et les châteaux du pays occitan.

*Musée du catharisme de Mazamet - r. des Casernes - ✆ 05 63 61 56 56 - www.museeducatharisme.fr - juil.-août: lun.-vend. 13h-18h; fév.-mars: mar.-vend. 14h-17h; reste de l'année: se rens. - 6 €.*

# ÉTAPE 4

## Mazamet - St-Pons-de-Thomières - 37 km

L'étape est entièrement jalonnée dès Mazamet: elle porte aussi ici le nom de voie verte Passa Païs, au dénivelé limité. Elle se déroule en quasi-totalité sur une voie verte en stabilisé, ou asphaltée, dédiée aux véhicules non motorisés. Le tracé s'étire parallèlement à la D 612, et s'en éloigne relativement selon les portions. La traversée de plusieurs tunnels, tous équipés d'éclairages à allumage par détection de présence, pimente ce parcours. Un court passage jalonné de 600 m environ sur la D 907, route partagée peu fréquentée, est utilisé afin de rejoindre la ville étape de St-Pons-de-Thomières.

## Labastide-Rouairoux

**De fil en aiguille.** Ce village mérite une halte pour son intéressant musée du Textile. Dans une manufacture du 19ᵉ s., machines et bobines de fils se côtoient pour faire revivre l'ambiance des ateliers de tissage de la région.

*Musée départemental du Textile - r. de la Rive - ✆ 05 63 98 08 60 - musees.tarn.fr - juil.-août: 10h-12h, 14h-18h; reste de l'année: se rens. - 6 €.*

## Grotte de la Fileuse de Verre ★

**Cristalline.** Découverte par hasard en 1886 lors de la construction de la ligne de chemin de fer Bédarieux-Castres, la grotte fut explorée sept ans plus tard, avant qu'une partie soit aménagée pour la visite touristique en 1932. Tout au long des parois se sont formées des concrétions fines et blanches formant de ravissants bouquets appelés fleurs d'aragonite, qui impressionnèrent les spéléologues au point qu'ils baptisèrent la grotte le « palais de la Fileuse de Verre ».

*Sous la gare de Courniou, av. Georges-Milhaud - ✆ 04 67 97 03 24 - lafileusedeverre.fr - visite guidée (1h) juil.-août: lun.-vend. 11h-18h (dép. ttes les 20mn); reste de l'année: se rens. - fermé oct.-mars - 11 €.*

## St-Pons-de-Thomières

**Leçon d'histoire.** Cette petite ville est posée dans la serpentine vallée du Jaur, au creux de montagnes de fort caractère qu'aiment arpenter les randonneurs, sac au dos et bien chaussés. Mais avant de s'échapper, son **musée** ★ moderne et passionnant dédié à la préhistoire invite à un véritable voyage dans le temps, à la découverte de la civilisation saintponienne et des chasseurs-cueilleurs de la fin du néolithique (3800-2500 av. J.-C.).

Ruelle d'Olargues.
H. Lenain/hemis.fr

*Musée de Préhistoire régionale - 8 Grand'Rue - ✆ 04 67 97 22 61 - www.cc-minervois-caroux.fr - horaires : se rens. - fermé oct.-mai - 3,50 €.*

## ÉTAPE 5

### St-Pons-de-Thomières - Bédarieux - 41 km

La Véloccitanie sort de St-Pons-de-Thomières par la D 907, puis elle retrouve la voie verte en stabilisé après 600 m sur route partagée (début de la voie verte signalé par un panneau). Une fois de retour sur la voie verte, l'itinéraire se déploie en toute sécurité sur site propre aménagé. À l'entrée de Nissergues, l'étape traverse sur 1,5 km une route asphaltée (D 35/E35), en voie partagée et peu fréquentée, avant de rejoindre les quais de l'Orb puis le centre-ville de Bédarieux.

## Olargues ★

**En surplomb.** Au pied du haut massif de l'Espinouse, ce pittoresque village s'accroche du mieux qu'il peut à un promontoire cerclé par une boucle du Jaur. Ses ruelles escarpées, veillées par une petite tour, dominent les cultures de cerisiers qui s'étendent dans la vallée. D'ici, vous pourrez admirer la vue sur le Jaur, les massifs

Les neuf écluses de Fonseranes à l'aube.
A. Spani/hemis.fr

de l'Espinouse ou encore le mont Caroux, qui pointent leurs sommets à l'horizon. Une agréable invitation à explorer la région !

## Gorges de Colombières

**Pause détente ou rando.** Le début des gorges, agrémenté de belles vasques, peut être l'occasion d'une rafraîchissante pause baignade. Pour les plus courageux, une boucle de 13 km (balisage PR jaune, 800 m de dénivelé) permet de découvrir, entre autres, de curieuses habitations troglodytiques.

*Départ au parking de la mairie.*

## Hérépian

**Une visite qui sonne bien.** Quelle jolie surprise que le **musée de la Cloche et de la Sonnaille ★** implanté sur le site de l'ancienne gare ! Rendant hommage à une tradition locale - une fonderie de cloches, propriété de la famille Granier de 1600 à 1994, y fut active jusqu'en 2011 –, ce musée présente de manière claire, ludique et interactive les différentes techniques de fabrication et l'usage de toutes les productions de l'art campanaire. À voir : sonnailles de tôle cuivrée utilisées pour le bétail, grelots et clarines en métal fondu et cloches d'église. La plus grosse cloche coulée par la famille Granier demeure le bourdon de la cathédrale St-Nazaire de Béziers en 1938 (4 t).

*Musée de la Cloche et de la Sonnaille - espace campanaire André-Malraux - av. de la Gare - ✆ 04 67 95 39 95 - www.grandorb.fr - mai-oct. : 14h-19h - fermé lun. - 5 €.*

## Bédarieux

**Viaduc emblématique.** Cette ancienne ville industrielle et minière conserve quelques témoignages de ses activités d'antan (minoteries, tanneries, coutelleries, fabriques de draps, biscuiteries), ainsi qu'un spectaculaire viaduc (1853), le plus long pont (710 m) de la ligne de chemin de fer Graissessac-Béziers, qui servait au transport du charbon. L'ancien hospice St-Louis (1828) abrite la Maison des Arts, consacrée à des expositions temporaires d'art contemporain, ainsi que le musée du Patrimoine et du Rail.

*Musée du Patrimoine et du Rail - Maison des Arts - 19 av. Abbé-Tarroux - ✆ 04 67 95 48 27 - www.bedarieux.fr - vac. scol. : merc. et sam. 15h-18h ; reste de l'année : sam. 14h-18h - gratuit.*

## ÉTAPE 6

### Bédarieux - Béziers - 68 km

Cette étape, encore en cours d'aménagement, utilise des petites routes à faible trafic, des chemins, une voie verte et le chemin de halage. La liaison entre Bédarieux et Béziers est provisoire pour l'arrivée à Béziers. À partir de Puimisson, suivez la direction de Murviel-lès-Béziers et Réals, puis prenez la voie verte St-Chinian/Maureilhan jusqu'au canal du Midi à Colombiers, et enfin vers les neuf écluses de Fonseranes à Béziers. L'accès au centre de Béziers se fait par un chemin balisé de petite randonnée. Des balisages temporaires sont installés.

## Ancien étang de Montady ★

**Mosaïque agricole.** Asséché depuis 1247, cet ancien point d'eau a fait place à une dépression naturelle de quelque 430 ha. La division rayonnante des parcelles est due à des fossés qui drainent ses eaux dans un collecteur. De là, empruntant l'un des tunnels de Malpas creusé sous la colline, elles s'écoulent dans les bas-fonds de l'ancien étang de Capestang, asséché au 19e s. En fonction des cultures et de la période de l'année, le tableau, toujours étonnant, est vraiment superbe.

## Écluses de Fonseranes ★

**Eaux vives.** Il s'agit de l'un des ouvrages les plus impressionnants du canal du Midi, classé au Patrimoine mondial de l'Unesco. Composée à l'origine de neuf écluses (seules sept sont encore en service), cette rare série de huit sas accolés présente l'aspect d'un escalier de 312 m de longueur, qui permet de rattraper une différence de niveau de 21,50 m.

### + À deux coups de pédale

**À 12 km de Béziers, l'oppidum d'Ensérune ★★ domine légèrement la plaine biterroise. Ici somnolent les vestiges mystérieux d'une ville fortifiée où se superposent de nombreuses couches de civilisations préromaines.**

***✆ 04 67 37 01 23 - www.enserune.fr - mai-août : 9h30-12h30, 14h-18h30 - 6 €.***

Aujourd'hui, les neuf écluses de Fonséranes peuvent se visiter à pied ou en péniche.

*Maison du Site - Maison du Coche-d'Eau - ✆ 04 99 41 36 36 - juin-sept. : 10h-19h/20h ; reste de l'année : se rens. - location d'audioguides (2 €), restaurant et boutique.*

## Béziers ★

**Entre Méditerranée et montagnes du Haut-Languedoc.** Juchée sur un éperon dominant l'Orb, couronnée par une **cathédrale** ★ fortifiée dont la silhouette constitue une vue emblématique de la cité, Béziers est également la capitale du vignoble languedocien, pour qui aime les petits vins charnus. Pierre-Paul Riquet, l'illustre inventeur du canal du Midi, y naquit, tout comme le chef de la Résistance intérieure, Jean Moulin. Conservatoire de la culture occitane, la cité, qui s'enflamme en août pour la feria et cultive la nostalgie des grandes heures de sa légendaire équipe de rugby, ne tourne pas pour autant le dos à l'avenir : pour preuve, le « Quartier Latin », qui a vu le jour autour de la médiathèque conçue par Jean-Michel Wilmotte.

## LOUER UN VÉLO

### AVIGNONET-LAURAGAIS

**NAVICANAL**

*Lieu-dit Port-Lauragais - ✆ 06 75 28 60 83 - www.navicanal.com - mars-nov. - location de vélos musculaires 14 €/j.*

## DÉGUSTER

### AVIGNONET-LAURAGAIS

**LA DÎNÉE**

Sur l'aire d'autoroute, également accessible par le canal et par la route (D 80A), ce restaurant propose une cuisine traditionnelle dans sa grande salle ou le soir sur la terrasse donnant sur un plan d'eau.

*Aire de Port-Lauragais - ✆ 05 61 27 14 50 - www.ladinee.com - plat seul 13 €, formules 21/30 €.*

### REVEL

**HÔTEL-RESTAURANT DU MIDI**

Une lumineuse salle à manger et une cuisine alliant terroir et tradition. On y trouve aussi des chambres et un bon petit-déjeuner.

*34 bd Gambetta - ✆ 05 61 83 50 50 - www.hotelrestaurantdumidi.com - fermé vend. soir-dim. - menus 15/19 € - 17 ch. 85/100 € - ☕ 10 €.*

### CASTRES

**BISTROT SAVEURS**

Derrière une façade rouge éclatante se cache un décor (très) pop, coloré et cosy. Le chef, britannique, aime le bel ouvrage et ne travaille que les produits (locaux) de qualité pour servir à ses clients des assiettes goûteuses et colorées.

*5 r. Ste-Foy - ✆ 05 63 50 11 45 - www.bistrot-saveurs-81.fr - fermé dim.-lun. - formules déj. 22/29 €, menus 35/50 €, menus surprise 90/130 € (vin compris).*

### MAZAMET

**HÔTEL-RESTAURANT METS & PLAISIRS**

En plein centre-ville, une maison de maître du début du 20e s. abrite un vrai restaurant gastronomique, dont la carte évolue en fonction des saisons et du marché. Menu dégustation sur réservation. L'établissement dispose aussi de chambres simples et bien équipées.

*7 av. Albert-Rouvière - ✆ 05 63 61 56 93 - www.metsetplaisirs.com - fermé dim. soir et lun. - menus 27/85 € - 12 ch. 60/70 € - ☕ 9 €.*

### ST-PONS-DE-THOMIÈRES

**CHEZ MICHOU**

Une petite adresse généralement remplie d'habitués. Les plats sont très bons et copieux. De bons desserts aussi, comme la crème brûlée.

*1 Grand Rue - ✆ 04 67 95 66 60 - fermé dim.-lun. - formule midi 15,50 €, menu 25 €.*

### OLARGUES

**FLEURS D'OLARGUES**

Installé dans une bâtisse surplombant le Jaur, ce restaurant tenu par un Danois possède une charmante terrasse ombragée offrant une vue superbe sur le pont du Diable et le village. Produits locaux, légumes du potager, foie gras et pain maison. Et de subtiles touches nordiques.

*Pont du Diable - ✆ 04 67 97 27 04 - www.fleursdeolargues.com - fermé dim. soir-merc. et déc.-fév. - menus 36/72 €.*

### BÉDARIEUX

**LE LOCAL**

Cette épicerie bio se double d'un espace restauration où il est agréable de se poser pour prendre un verre ou grignoter en journée. À l'heure du déjeuner, on se restaure d'assiettes repas, de crêpes et d'omelettes élaborées avec des produits frais de l'épicerie.

*3 r. de la République - ✆ 09 53 80 28 38 - fermé le soir et dim.*

### BÉZIERS

**LE CHAMEAU IVRE**

Jolie décoration en bois clair pour ce bar à vins et à tapas, où l'on propose des références du monde entier. Mais, région oblige, vous pourrez déguster, en terrasse à l'ombre des palmiers et des platanes, quelque 1000 crus locaux sélectionnés avec passion, accompagnés d'assiettes charcutières ou fromagères.

*15 bd Jean-Jaurès - ✆ 04 67 80 20 20 - @echameauivre - fermé dim.-lun. - menu 35 €.*

**PICA-PICA**

Fabien Lefebvre, qui a œuvré dans des établissements étoilés, joue dans sa brasserie une partition gourmande et conviviale. On y sert une cuisine méditerranéenne décomplexée et joliment métissée. La carte propose une sélection de tapas, des brochettes (picas), mais aussi des plats soignés, sans oublier les desserts goûteux. Pensez à réserver.

*20 bd Jean-Jaurès - ✆ 04 48 11 03 40 - www.pica-pica.fr - menus déj. 25/30 €.*

# DORMIR

## AVIGNONET-LAURAGAIS

### PÉNICHE DONDON

Le seul établissement labellisé **Accueil Vélo** est... une ancienne péniche hollandaise de 1920 aménagée en gîte ! Le poste de pilotage a été transformé en cuisine entièrement équipée. WC sanibroyeur indépendant, eau chaude et machine à laver. Espace couchage pour 4 à 6 personnes. Petit-déjeuner et planche repas/pique-nique sur demande. Charme garanti !

*Écluse d'Emborrel - Le Radel (derrière le camping) - ✆ 07 67 18 06 86 - www.penichedondon.fr - 210/275 €/nuit.*

## REVEL

*Voir aussi « Déguster » ci-contre.*

### CAMPING DU MOULIN DU ROY

Ce camping labellisé **Accueil Vélo** propose des hébergements avec kitchenette (mobile homes), ainsi que quelques offres insolites comme des tentes en dur. Snack bar et laverie. Accès à la piscine municipale voisine gratuit pour les campeurs.

*Ch. de la Pergue - www.camping-lemoulinduroy.com - avr.-nov. - tente bois 64 €, mobile home 78 €.*

## CASTRES

### HÔTEL RIVIÈRE

Labellisé **Accueil Vélo**, ce petit hôtel simple donne sur les jolies maisons de l'Agout. Garage privé.

*10 quai Tourcaudière - ✆ 05 63 59 04 53 - hotelriviere.wixsite.com/hotel-riviere - 13 ch. 58/65 € - ☕ 8,50 €.*

## MAZAMET

*Voir aussi « Déguster » ci-contre.*

### HÔTEL-RESTAURANT LE BOULEVARD

C'est le seul hôtel de la ville avec le label **Accueil Vélo** : un garage peut accueillir vos vélos en toute sécurité. Pratique, avec des chambres confortables et un restaurant sur place.

*24 bd Soult - ✆ 05 63 61 16 08 - www.hotel-restaurant-mazamet.com - 15 ch. 72/90 € ☕ - ✕ (fermé le dim., lun. midi et sam. midi).*

## ST-PONS-DE-THOMIÈRES

### CHAMBRES D'HÔTE MAISON DE L'AGUZE

Une maison de maître datant du 18e s., située au cœur du Parc naturel du Haut-Languedoc, propose des chambres élégamment rénovées. Cour tranquille, bar privé et salon d'époque. Et, bien sûr, un label **Accueil Vélo** pour votre monture.

*1 ch. des Portes - ✆ 04 30 40 63 48 - maisonaguze.com - 6 ch. 100/115 € ☕.*

## BÉDARIEUX

### HÔTEL DE L'ORB

Pas de label, mais un local à vélos sécurisé près de la réception dans cet hôtel simple et convivial installé tout près de la Passa Païs.

*Rte de St-Pons - ✆ 04 67 23 25 84 - www.hotel-orb.com - 28 ch. 72/92 € - ☕ 12 €.*

## BÉZIERS

### HÔTEL LA PRISON

L'ancienne maison d'arrêt de Béziers a été transformée en hôtel tendance et lumineux. Les chambres, appelées ici cellules, ont gardé leur caractère spartiate, égayé tout de même grâce au mobilier chiné et aux murs customisés. Petit couloir de nage et terrasse panoramique. Label **Accueil Vélo**.

*Pl. des Albigeois - ✆ 04 48 14 03 53 - www.hotellaprison.com - 🏊 - 50 ch. 88/150 € - ☕ 15 €.*

### IMPERATOR

Ce grand hôtel sur les allées Paul-Riquet a repris des couleurs depuis l'arrivée des actuels propriétaires, qui l'ont rénové et embelli petit à petit. Ses vastes chambres sont modernes et confortables. Accueil charmant et label **Accueil Vélo**.

*28 allées Paul-Riquet - ✆ 04 67 49 02 25 - www.hotel-imperator.fr - 42 ch. 75/120 € - ☕ 12 €.*

Péniche Dondon, à Avignonet-Lauragais.
Péniche Dondon

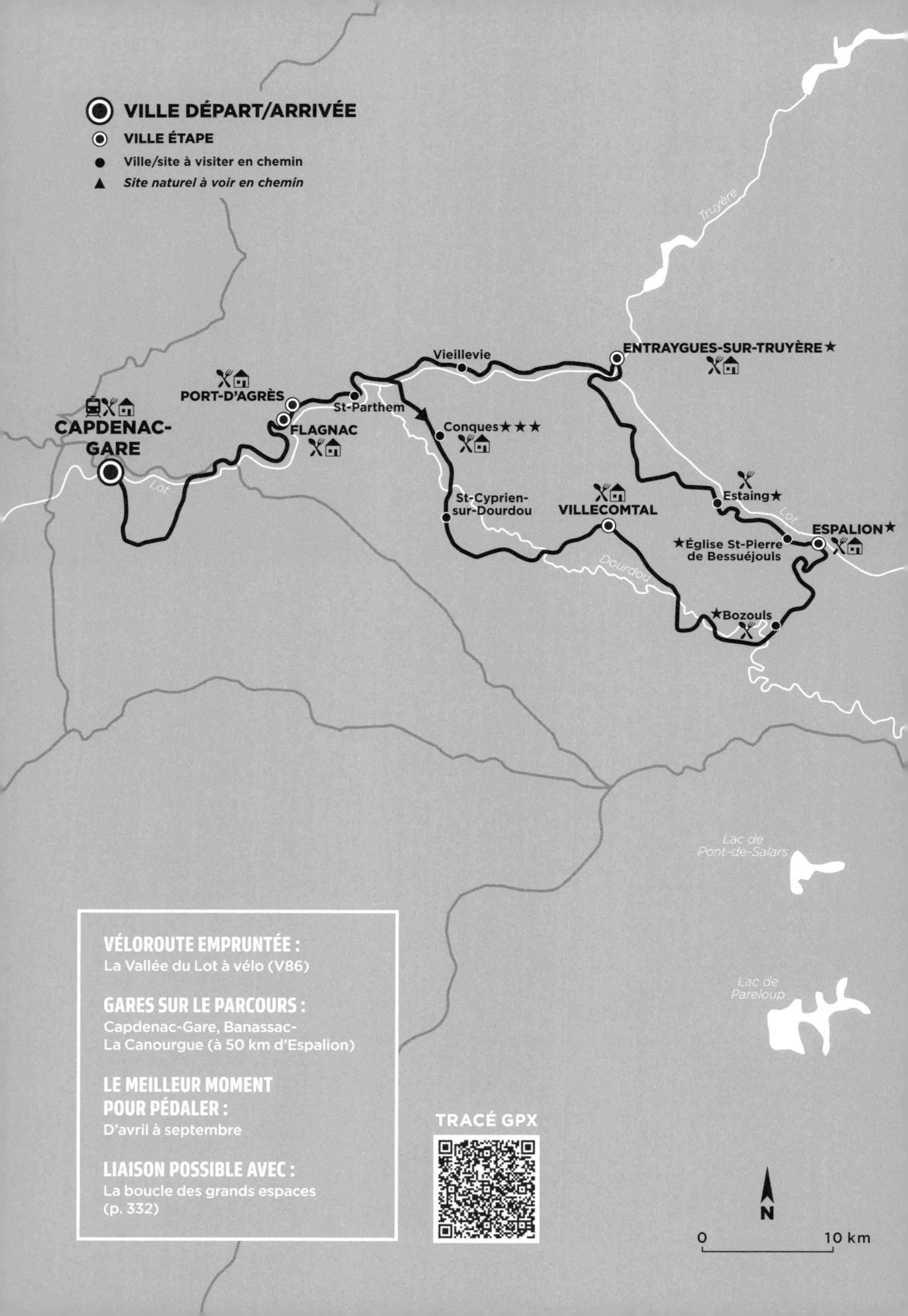


**VÉLOROUTE EMPRUNTÉE :**
La Vallée du Lot à vélo (V86)

**GARES SUR LE PARCOURS :**
Capdenac-Gare, Banassac-La Canourgue (à 50 km d'Espalion)

**LE MEILLEUR MOMENT POUR PÉDALER :**
D'avril à septembre

**LIAISON POSSIBLE AVEC :**
La boucle des grands espaces (p. 332)

VAE

NIVEAU 3 — 230 KM — 6 JOURS

**CAPDENAC-GARE**
**CAPDENAC-GARE**

# Entre Lot et Dourdou

Cette grande boucle à vélo de plus de 200 km depuis Capdenac-Gare serpente entre deux vallées aveyronnaises : celle du Lot, au nord, et celle du Dourdou, au sud. Au cœur d'une nature préservée, les eaux tumultueuses du Lot s'écoulent non loin de vous, bordées çà et là par des villages aux architectures typiques, agréables à découvrir. La voie de Conques remonte ensuite le Dourdou vers le canyon de Bozouls, puis Espalion. Une belle escapade à vélo si vous avez du jarret… ou un bon VAE !

## ÉTAPE 1

### Capdenac-Gare - Port-d'Agrès - 37 km

Suivez le balisage La Vallée du Lot à vélo en sortie de Capdenac-Gare. Au rond-point avec la D 86, on rejoint la D 558, route sinueuse au trafic modéré qui longe la Diège avec un dénivelé faible jusqu'au pont des Trois-Eaux. Suivez alors la D 40, petite route là encore sinueuse, avec de fortes pentes à l'approche d'Asprières et en forte descente jusqu'à St-Martin-de-Bouillac. À noter que plusieurs passages ont des pentes supérieures à 5 %.

L'arrivée à Estaing, dans la vallée du Lot.
F. Guiziou/hemis.fr

## Capdenac

**Un panorama.** Lieu stratégique, Capdenac-le-Haut est juché sur une avancée rocheuse prise dans un cingle du Lot qu'il domine, offrant de beaux points de vue sur la vallée du Lot. La citadelle, qui conserve de jolies ruelles anciennes, est perchée sur son promontoire escarpé de tous côtés, excepté au nord. À la fontaine des Cent-Marches (dite des Anglais), un escalier vertigineux de 135 marches, creusé dans la falaise, mène à deux bassins qui auraient été aménagés à l'époque romaine, dans une grotte où l'eau cristalline et fraîche sourd dans l'ombre du rocher.

*Capdenac se trouve juste en face de Capdenac-Gare, de l'autre côté du Lot.*

*Fontaine des Cent-Marches - pl. St-Andrieu - code d'accès à retirer à l'office de tourisme - 2,50 €.*

# ÉTAPE 2

### Port-d'Agrès - Villecomtal - 45 km

Sur cette étape, on bifurque dans la vallée du Dourdou en suivant le balisage La Vallée du Lot à vélo - Voie de Conques par la D 901, sur la rive droite du Dourdou. Cette route sinueuse longe la rivière avec un dénivelé modéré et progressif. Attention, en saison touristique, des cars, des véhicules utilitaires et des camping-cars circulent sur ces routes. À partir du Moulin de Sanhes, on emprunte une voirie communale à faible trafic, puis les D 46 et D 22 jusqu'à Nauviale. C'est ensuite la D 22 qui vous emmène de Nauviale à Villecomtal, avec un très court passage sur une pente supérieure à 10 %, entre le pont sur le Lot et Grand-Vabre. Enfin, une montée continue progressive aboutit à Villecomtal, avec quelques courts passages à 4-5 %.

## Conques ★★★

**Étape mythique.** Dans ce site d'une beauté rare, où la nature sauvage a gardé toute sa pureté, une petite bourgade s'accroche aux pentes escarpées des gorges de l'Ouche. Les ruelles sinueuses et les maisons anciennes servent d'écrin à une magnifique **église** ★★★ et à ses prodigieux trésors, vestige d'une abbaye qui accueillit longtemps l'interminable file des pèlerins se rendant à St-Jacques-de-Compostelle. La majesté du lieu, si paisible, et la sérénité qui s'en dégage, laissent aux visiteurs un souvenir inoubliable. L'abbatiale Ste-Foy, célèbre pour son tympan, est l'un des chefs-d'œuvre les plus extraordinaires de l'art roman.

*Abbatiale Ste-Foy - ✆ 05 65 72 85 00 (office de tourisme) - www.abbaye-conques.org - abbatiale : 7h-22h, visite libre hors horaires de messe et de prières - étage : uniquement en visite guidée (sur réserv. à l'office de tourisme, 5 €).*

## St-Cyprien-sur-Dourdou

**Lumineux.** Au cœur du village, un couvent du 15e s. a été aménagé pour accueillir les lumigraphies (sculptures, mobiles et tableaux créés avec des leds) de l'artiste Bastien Carré, un parcours scintillant et poétique dans le dédale des pièces.

*Les Chambres de Lumière - 21 r. de l'Église - ✆ 05 65 46 51 09 - www.leschambresdelumiere.fr - juil.-août : mar.-dim. 10h-12h30, 14h-18h30 ; reste de l'année : se rens. - 8 €.*

# ÉTAPE 3

### Villecomtal - Espalion - 38 km

Toujours en suivant le balisage La Vallée du Lot à vélo - Voie de Conques, de Villecomtal à Bozouls, on emprunte la D 904 en rive droite du

Espalion.
jeanro/Getty Images Plus

Dourdou, au trafic modéré, qui longe la rivière avec un dénivelé mesuré et progressif jusqu'aux abords de Rodelle. Suivent les D 68, D 27 et D 581 jusqu'à Bozouls, avec de courts passages en pente supérieure à 10 % aux abords de Rodelle. On monte en continu en faux plats jusqu'à Bozouls. De Bozouls à Espalion, la véloroute utilise une ancienne voie ferrée aménagée en chemin de randonnée rustique en pente modérée, avec de nombreux ouvrages d'art.

## Bozouls ★

**Vertigineux!** C'est de la place de la Mairie que la vue sur l'ensemble du site est la plus saisissante. De la terrasse, tout près du monument aux morts, œuvre de Denys Puech, on a une vue imprenable sur le **trou de Bozouls ★**, ce canyon de 400 m de diamètre creusé par le Dourdou dans le causse Comtal. Profond de plus de 100 m, le cirque naturel en forme de fer à cheval sur lequel s'est établi le bourg constitue un site grandiose, offrant des vues à couper le souffle.

## Espalion ★

**Pont pittoresque.** Aux portes du plateau de l'Aubrac, Espalion occupe un site agréable dans un bassin fertile arrosé par le Lot et dominé par les ruines féodales du château de Calmont-d'Olt. Vu du foirail (ancien champ de foire aux bestiaux), le pont Vieux en grès rose du 11e s. forme un ensemble pittoresque avec le Vieux Palais et les anciennes tanneries à balcons de bois qui bordent la rivière. Pensez à vous arrêter devant la **chapelle de Perse ★**, une merveille de l'art roman. Le bel édifice du 11e s. en grès rose évoque l'abbatiale de Conques dont il dépendait.

Estaing.
Freeartist/Getty Images Plus

# ÉTAPE 4

### Espalion - Entraygues-sur-Truyère - 38 km

Sur cette étape, on retrouve La Vallée du Lot à vélo. Du centre d'Espalion, on file vers Estaing sur les D 556 et D 100 en rive gauche du Lot, où le trafic et le dénivelé sont modérés. En aval d'Estaing, on emprunte une section commune avec le chemin de St-Jacques-de-Compostelle sur 7 km, avec un passage sur chemin roulant le long du Rau de Luzane. Il faudra négocier quelques sections avec des pentes à plus de 8 %. On descend ensuite vers Entraygues sur des routes communales au trafic modéré, mais sinueuses, et avec des sections à forte pente, avant d'arriver par la D 519 et la D 904.

## Église St-Pierre de Bessuéjouls ★

**Clocher surprise.** Cette modeste église en grès rose qui surgit en pleine nature, dans un site verdoyant, recèle sous son clocher-porte une **chapelle romane** ★ exceptionnelle (accès par un escalier aux marches usées qui s'ouvre dans le mur gauche de la nef). Datée du 11e s., cette minuscule chapelle de 6 m de côté est décorée de motifs archaïques (entrelacs, palmettes, croix de Malte) et de chapiteaux historiés inspirés de ceux de Conques. L'autel est orné sur le côté gauche d'un saint Michel combattant le démon, et sur le côté droit d'un saint Gabriel portant un phylactère.

## Estaing ★

**Château à particule.**
Enchevêtrement de formes et de pierres bigarrées des plus charmants, le **château d'Estaing** ★ (11e-19e s.) est restauré progressivement depuis son rachat par Valéry Giscard d'Estaing en 2005. La famille Giscard, d'origine auvergnate, obtint en 1922 l'autorisation de « relever » le nom de l'illustre famille locale : le père de l'ancien président de la République, Edmond Giscard, reprenait le nom porté par son arrière-grand-mère.

L'église St-Fleuret (15e s.) fait crânement face au château, juchée sur une haute volée d'escaliers.
*Château - pl. François-Annat - ☏ 05 65 44 72 24 - www.chateaudestaing.org - juil.-août : tlj sf lun. 9h30-12h30, 14h-18h30 ; reste de l'année : se rens. - 6 €.*

## Entraygues-sur-Truyère ★

**Gardien des eaux.** Entraygues est une petite ville fondée au 13e s. et située au confluent du Lot et de la Truyère. Autour, des coteaux couverts de prairies, des vergers odorants et des vignes qui produisent du bon vin (vins AOP APC entraygues-le-fel). Cette cité de caractère abrite un pont de la fin du 13e s. qui enjambe la Truyère. En suivant le quai des Gabares, vous aurez la plus belle vue sur le château d'Entraygues (ne se visite pas), qui garde les eaux du Lot et de la Truyère. Les deux imposantes tours rectangulaires remontent à sa fondation, à la fin du 13e s., par le comte de Rodez Henri II. En face, vous jouirez d'une belle vue sur la confluence, où accostaient jusqu'au 19e s. les gabarres : le Lot était en effet navigable jusqu'à Entraygues quatre à cinq mois par an.

## ÉTAPE 5

### Entraygues-sur-Truyère - Flagnac - 35 km

Après les voies tranquilles en rive gauche de la Truyère jusqu'au centre d'Entraygues, l'itinéraire roule sur les D 107, D 141 et D 601, toujours en rive droite du Lot, puis de la Truyère jusqu'au vieux pont d'Entraygues. On longe ensuite la D 42 sur la rive droite du Lot au trafic modéré. Cette route sinueuse suit la rivière, avec de faibles pentes. Il faudra rester vigilant du fait de la présence de camping-cars et de véhicules de transport de canoë-kayak en saison touristique.

## Vieillevie

**Encore des tours.** Comme suspendu au-dessus du village, sur les bords du Lot, le château fort domine de ses hautes tours la vallée du Lot. Les origines de cette forteresse défensive remontent à l'an mil (chemins de ronde, archères, hourde de défense). Au-dessus des salles basses creusées dans le roc, les vastes salles, éclairées à la Renaissance par des baies à meneaux finement sculptées, ont conservé des cheminées monumentales du 13e s., parmi les plus anciennes de France.
*Château - ☏ 06 20 52 39 21 - www.chateau-vieillevie.com - visite guidée (45mn) juil.-août : mar.- jeu. à 15h30, 16h30 et 17h30 - 9 € - visite théâtralisée à la bougie en nocturne (à 21h30, 15 €).*

## St-Parthem

**Un peu d'histoire...** Il faut s'arrêter dans ce village pour voir son musée didactique (spectacle audiovisuel, maquette, reconstitutions). Celui-ci raconte la vie du Lot (qui, né en Lozère, parcourt plus de 480 km avant de se jeter dans la Garonne), et de ses habitants. Vous parcourrez virtuellement le fond de la rivière à bord d'un sous-marin et profiterez d'une promenade en gabarre.
*Terra Olt - ☏ 05 65 63 27 96 - www.tourisme-paysdecazevillois.fr/listes/terra-olt - ouv. avr.-nov., horaires variables, voir le site - 7 €.*

## ÉTAPE 6

### Flagnac - Capdenac-Gare - 37 km

On retrouve ici la première étape de cet itinéraire en sens inverse de l'aller, et qui permet la jonction entre les vallées du Lot et du Dourdou à Grand-Vabre.

# LOUER UN VÉLO

## CAPDENAC-GARE

### BASE NAUTIQUE ET DE LOISIRS

*Bd Paul-Ramadier - ☎ 05 65 80 22 22 ou 06 14 76 47 45 - locations en été - VTT/VTC 15 €/j, VAE 30 € la 1/2 j - accessoires en supplt.*

# DÉGUSTER

## CAPDENAC-GARE

### HÔTEL-RESTAURANT AUBERGE LA DIÈGE

*Voir « Dormir » ci-contre.*

## PORT-D'AGRÈS

### HÔTEL DU PONT

*Voir « Dormir » ci-contre.*

## CONQUES

### AUBERGE SAINT-JACQUES

Restaurant au cadre champêtre proposant une cuisine d'inspiration régionale ou inventive. La terrasse ombragée offre une vue plongeante sur l'abbatiale. On y trouve aussi des chambres où dormir si besoin. Label **Accueil Vélo**.

*R. Gonzague-Florent - ☎ 05 65 72 86 36 - www.aubergestjacques.fr - fermé janv.-fév. et mar.-merc. - plats env. 16 € - 13 ch. 92/108 € - ☕ 10 €.*

## VILLECOMTAL

### LA FABRIQUE DU ROUGIER

Ce lieu aux usages et ambiances multiples (épicerie, ressourcerie, lieu de concerts...) abrite aussi un café-restaurant soucieux de respecter les saisons avec des produits frais et locaux. Au menu : salade bobun, mi-cuit de thon en croûte de sésame à la plancha, tajine de poulet aux citrons confits... Et côté épicerie, des bocaux à emporter en pique-nique.

*26 av. Joseph-Vidal - ☎ 05 65 44 04 36 - fabriquedurougier.fr - fermé dim. apr.-midi-lun. - plats à partir de 10 €.*

## BOZOULS

### LE BELVÉDÈRE

Le passage dans le village peut être l'occasion d'une petite folie. Surplombant le trou de Bozouls, ce restaurant en pierre et en ardoise ajoute le confort à sa situation privilégiée. Côté cuisine, la fraîcheur est à l'honneur grâce aux produits du marché et des producteurs voisins. Jolie terrasse dans la cour intérieure.

*11 rte du Maquis-Jean-Pierre - ☎ 05 65 44 92 66 - www.belvedere-bozouls.com - midi et soir - fermé dim. soir-merc. midi - menus 63/155 €.*

## ESPALION

### CAFÉ DU DOURDOU

Ce café, repris en 2023, tient son nouveau nom de la rivière du village qui coule à ses côtés. Le menu change tous les jours. Il est conçu le plus possible avec des produits locaux.

*36 av. Joseph-Vidal - ☎ 05 65 51 64 56 - www.cafedudourdou.com - fermé le lun. en juil.-août, sinon le dim. - menu 15,50 € (vin ou café inclus).*

### LE MÉJANE

Cette institution est un agréable endroit tenu par deux anciens de chez Michel Bras, qui mettent en avant la diversité des produits locaux : filet de truite, ris de veau ou roquefort notamment. Leur cuisine soignée et savoureuse puise dans le terroir aveyronnais, riche en saveurs : œuf poché et champignons en pickles, cappuccino froid ; veau de l'Aveyron croûté de sauge, purée à la moutarde à l'ancienne ; sans oublier le « baba du Méjane » aux pralines roses. Réservation recommandée.

*8 r. Méjane - ☎ 05 65 48 22 37 - www.restaurant-mejane.fr - ouv. tlj en juil.-août, sinon fermé merc. et dim. soir - menus 38 € (sem.)/79 €.*

## ESTAING

### BRASSERIE DU CHÂTEAU

Cette brasserie, située à l'entrée du vieux pont, concocte une cuisine de bistrot avec les bons produits du coin : truite et saumon de fontaine de la pisciculture du village, viande d'Aubrac... Vous pouvez aussi réserver l'une des rares tables sur une petite terrasse admirablement placée au-dessus de la rivière.

*2 quai du Lot - ☎ 05 65 44 12 89 ou 06 06 68 78 68 - fermé mar. et de mi-oct. à déb. avr. - menu 30 €.*

## ENTRAYGUES-SUR-TRUYÈRE

### LE CHOU ROUGE

Ce restaurant bistronomique propose une belle cuisine du marché, volontiers locavore. Il y a aussi le salon de thé So Chou pour les gourmands et la boutique Chouroom, qui vend des créations maison. Une poignée de chambres d'hôtes pour dépanner complète l'offre.

*3 pl. de la République - ☎ 05 65 48 58 03 - juil. : tlf sf lun. midi et dim. soir - reste de l'année : tlj sf dim. soir et lun. - formules déj. 14,95/31,95 €, menus 33,95/46,95 € - 4 ch. 85/120 € ☕.*

## FLAGNAC

### VINCÉPI

L'un des lieux de rendez-vous du village : cuisine familiale, ambiance et assiettes généreuses. La cheffe connaît ses produits (frais) et détaille volontiers ses recettes aux clients.

*6 r. la Fontaine - ✆ 05 65 64 83 31 - Facebook - fermé lun. - menu du jour 14,50 €.*

# DORMIR

## CAPDENAC-GARE

### HÔTEL-RESTAURANT AUBERGE LA DIÈGE

Un hôtel agréable et confortable, engagé dans le développement durable. Il est couplé avec un restaurant traditionnel. Au menu : ris d'agneaux sauce aux cèpes, foie gras et autres saveurs traditionnelles. Possibilité de demi-pension sur demande. Côté détente, vous profiterez d'une piscine, d'une salle de sport et d'un sauna. Label **Accueil Vélo** (local et 3 bornes de recharge électriques).

*St-Julien-d'Empare - ✆ 05 65 64 70 54 - www.diege.com - - 28 ch. 75/85 € - 9 € - (fermé du vend. soir au dim. soir entre nov. et avr.).*

## PORT-D'AGRÈS

### HÔTEL DU PONT

Un hôtel chaleureux et parfaitement situé sur notre route. Pas de label **Accueil Vélo**, mais l'établissement a de quoi ranger votre monture. Côté restauration, une cuisine de passionnés, des produits frais et 100 % faits maison. Un accueil et un service chaleureux. On se sent comme en famille, à la maison.

*Rte d'Aurillac - ✆ 05 65 64 02 65 - 5 ch. 69 € - 8 € - formule midi 15 € (le soir, repas sur demande uniquement pour les clients de l'hôtel).*

## CONQUES

### AUBERGE SAINT-JACQUES

*Voir « Déguster » ci-contre.*

## VILLECOMTAL

### CHEZ TANTE IRÈNE

Ce spacieux gîte qui surplombe le Dourdou est le seul établissement labellisé **Accueil Vélo** dans le village. Forfait ménage et location de draps obligatoire.

*19 av. Joseph-Vidal - ✆ 05 65 75 55 66 - www.gites-de-france-aveyron.com - 4 ch. tarifs sur dem.*

## ESPALION

### GÎTE D'ÉTAPE LA HALTE SAINT-JACQUES

Bienvenue dans un authentique gîte d'étape sur le chemin de St-Jacques-de-Compostelle. Labellisé **Accueil Vélo**, il accueille aussi volontiers les cyclistes. Les couchages sont répartis dans quatre chambres. Espaces collectifs et demi-pension sur demande.

*8 r. du Dr-Trémolières - ✆ 06 28 30 38 30 - www.gite-etape-espalion.fr - ouv. de déb. avr. à mi-oct. - 18 couchages 18 €/pers. - 7 € - .*

## ENTRAYGUES-SUR-TRUYÈRE

*Voir aussi « Déguster » ci-contre.*

### CHAMBRES D'HÔTES LE CLOS SAINT-GEORGES

Venez vous ressourcer au Clos Saint-Georges, demeure du 17e s., avec ses 5 chambres d'hôtes de charme et son ravissant gîte. Le petit-déjeuner est composé de douceurs des producteurs locaux. Label **Accueil Vélo**.

*19 côteaux St-Georges - ✆ 05 65 48 68 22 - www.chambre-hotes-aveyron.fr - 5 ch. 97/128 € - table d'hôtes sur réserv.*

### CHAMBRES D'HÔTES DOMAINE DE MEJANASSÈRE

À 2,5 km d'Entraygues-sur-Truyère, une poignée de chambres sur un domaine viticole, et où l'on mange bien. Cette ferme d'origine gallo-romaine fait office d'auberge de qualité : bonne cuisine du pays, pain cuit au feu de bois. De la terrasse qui surplombe les vignes face à la vallée, on apprécie le calme, la beauté et la nature respectée.

*Méjanassère - ✆ 05 65 44 54 76 - domaine-de-mejanassere.fr - fermé oct.-mars, lun. en juil.-août - 3 ch. 99 € - table d'hôtes.*

## FLAGNAC

### LE PONT DE LIVINHAC

Faute d'offre à Flagnac, on peut rouler 4 km. Cet hébergement ouvert toute l'année accueille pèlerins et cyclistes dans son gîte et ses chambres d'hôtes. Petit-déjeuner copieux. Pour le dîner, vous avez à votre disposition une cuisine toute équipée.

*Pont de Livinhac - Livinhac-le-Haut - ✆ 06 71 50 98 32 - lepontdelivinhac.fr - 4 ch. 55 € .*

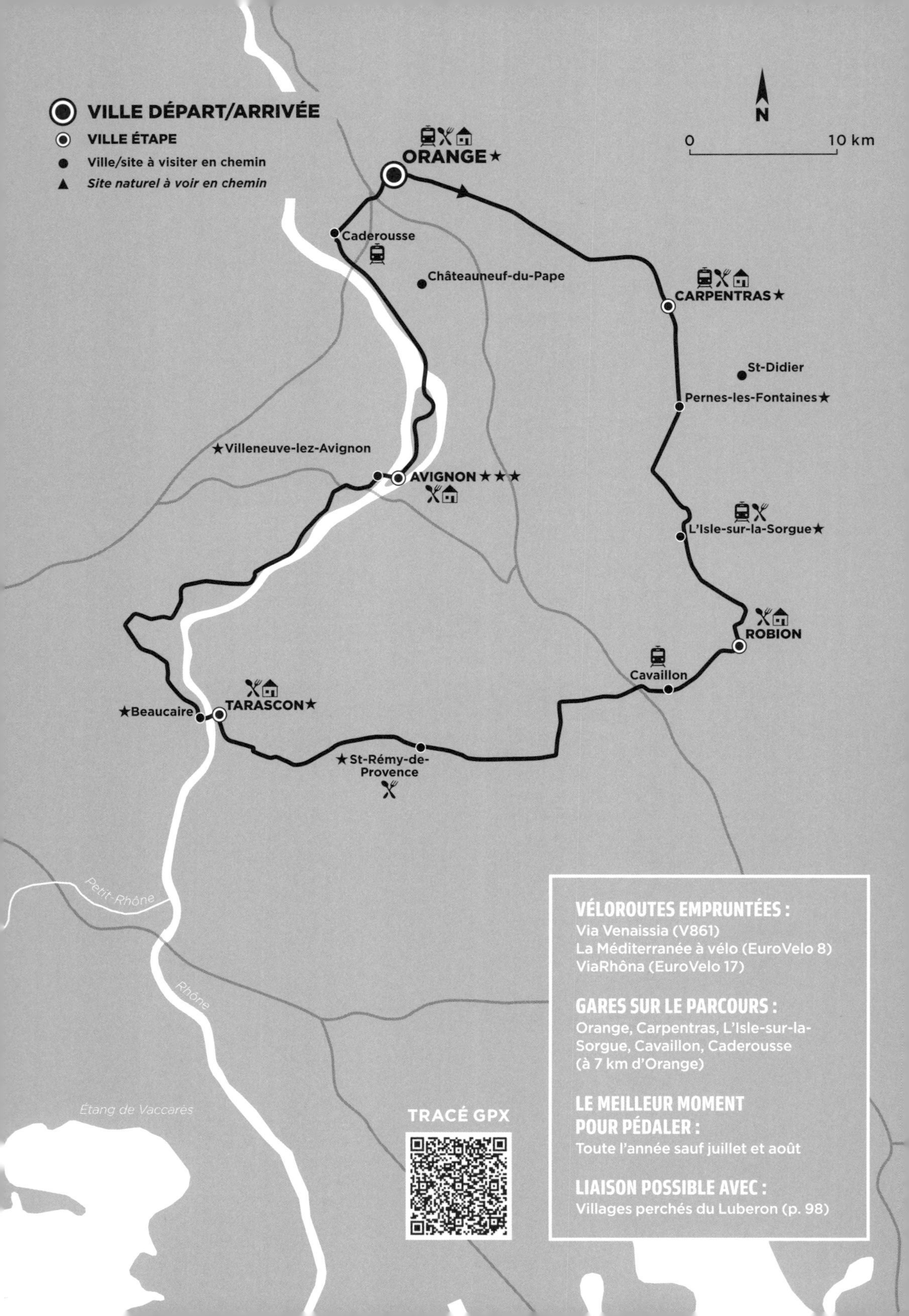


**VÉLOROUTES EMPRUNTÉES :**
Via Venaissia (V861)
La Méditerranée à vélo (EuroVelo 8)
ViaRhôna (EuroVelo 17)

**GARES SUR LE PARCOURS :**
Orange, Carpentras, L'Isle-sur-la-Sorgue, Cavaillon, Caderousse (à 7 km d'Orange)

**LE MEILLEUR MOMENT POUR PÉDALER :**
Toute l'année sauf juillet et août

**LIAISON POSSIBLE AVEC :**
Villages perchés du Luberon (p. 98)

NIVEAU 2 | 176 KM | 5 JOURS

ORANGE
ORANGE

# Tour du comtat Venaissin

La Via Venaissia est une véloroute ensoleillée, trait d'union provençal entre ViaRhôna et La Méditerranée à vélo. Elle propose un voyage dans l'histoire du Vaucluse, qu'elle sillonne à travers vergers et vignobles. Son petit nom vient de la province traversée: le comtat Venaissin. Connectée au Rhône, la Via Venaissia permet une belle échappée vers La Méditerranée à vélo, dans une boucle de 120 km entre Orange et Avignon. Bienvenue en Provence!

## ÉTAPE 1

### Orange - Carpentras - 25 km

De la gare d'Orange, longez le parking et poursuivez sur la piste cyclable pour rejoindre la Via Venaissia au sud de la base aérienne militaire d'Orange. Ensuite, le parcours est en voie verte sans difficulté jusqu'à Carpentras.

### Orange ★

**Belle romaine.** Porte du Midi, la ville compte deux prestigieux monuments classés au Patrimoine mondial de l'Unesco: son **arc** ★★ commémoratif (de 19,21 m de hauteur, 19,57 m de largeur) et son **théâtre antique** ★★★. Édifié sous le règne d'Auguste (alors

Le mur de scène du théâtre antique d'Orange.
D. Bringard/hemis.fr

L'Isle-sur-la-Sorgue.
ermess/Getty Images Plus

Octave), il s'agit du seul théâtre romain qui ait conservé son mur de scène pratiquement intact. Cet extraordinaire cadre accueille chaque année le festival de musique des Chorégies.

*Théâtre antique - r. Madeleine-Roch - ✆ 04 90 51 17 60 - www.theatre-antique.com - avr.-sept. : 9h-18h (19h en juin-août) ; mars et oct. : 9h30-17h30 ; nov.-fév. : 9h30-16h30 - 11,50 €.*

### Carpentras ★

**Douceur de vivre.** Comme alanguie sur les bords de l'Auzon, au pied du mont Ventoux et des Dentelles de Montmirail, Carpentras se love au milieu des vignes et des vergers de la plaine comtadine. La fraise, la truffe, le vin ou des créations artisanales comme le berlingot et les fruits confits en font une étape gourmande.

## ÉTAPE 2

### Carpentras - Robion - 31 km

La traversée du centre-ville de Carpentras est en voie partagée. Vous retrouvez la Via Venaissia en rejoignant la gare TER et le boulevard Louis-Pasteur, sur lequel vous poursuivez tout droit. De là, vous empruntez la voie verte qui file tout droit à travers champs vers Pernes-les-Fontaines, puis Velleron. À Pernes, rentrez dans le village (visite fortement conseillée !), puis ressortez vers le sud (D 938 et D 26, direction Avignon), pour retrouver la voie verte jusqu'à Velleron. Remontez dans ce village, en passant devant l'école primaire, puis traversez le rond-point de la Fraise, vers le vieux village. Au sortir de Velleron, suivez le fléchage en voie partagée jusqu'à L'Isle-sur-la-Sorgue. Là, suivez le balisage en voie partagée de la liaison vers Lagnes-Robion. Prudence requise au franchissement de la D 900.

## Pernes-les-Fontaines ★

**La « perle du comtat ».** Dans cette petite ville, à l'ombre d'un haut donjon, le temps semble suspendu. Placettes ornées de fontaines, ruelles enchevêtrées, petits musées dédiés au patrimoine comtadin, ateliers d'artisans d'art... C'est un lieu de flânerie idéal et rafraîchissant grâce à ses fameuses fontaines soufflant leur fraîcheur au passage.

## L'Isle-sur-la-Sorgue ★

**À l'ombre des platanes.** Il suffit d'une courte promenade pour comprendre pourquoi cette petite cité entourée d'eau porte ce nom. Elle vit toute l'année grâce à ses antiquaires et ses galeries d'art, qui ont porté la réputation de la ville bien au-delà des frontières régionales et nationales. Les plus grandes foires à la brocante de Provence s'y tiennent durant Pâques et la Toussaint.

## ÉTAPE 3

### Robion - Tarascon - 48 km

Avant Robion, juste avant le canal de Carpentras, il faut prendre à droite sur la voie verte du Calavon pour gagner facilement Cavaillon puis Tarascon en suivant le balisage de La Méditerranée à vélo. Cette section est en cours d'achèvement entre Cavaillon et Mollégès. Pour l'instant, un jalonnement provisoire

### À deux coups de pédale

**St-Didier, à 5 km à l'est de Pernes-les-Fontaines, est un village typiquement provençal avec son cours bordé de platanes centenaires, ses fontaines et ses lavoirs.**

assure une continuité sur cette portion du parcours qui est sans dénivelé.. Quelques secteurs sont à aborder avec attention: pour l'entrée à St-Rémy-de-Provence avec des bandes cyclables sur la très passante D 99, et entre Tarascon et Beaucaire, le pont sur le Rhône, qui comporte une bande cyclable partiellement effacée.

## Cavaillon

*Voir p. 100.*

## St-Rémy-de-Provence ★

**Faites entrer les artistes!** Au cœur des Alpilles, ce village fleure bon la Provence: boulevards ombragés de platanes, terrasses caressées par le soleil, lacis de ruelles débouchant sur des places ornées de fontaines, senteurs de thym et de romarin... Un tel tableau ne peut manquer de séduire les artistes qui s'installent ici très nombreux, sur les traces de Van Gogh et du compositeur Charles Gounod.
**Un internement bénéfique.** Le monastère St-Paul-de-Mausole, devenu maison de santé dès le milieu du 18$^{e}$ s., garde le souvenir de Van Gogh, qui s'y fit interner volontairement du 3 mai 1889 au 16 mai 1890. Son séjour se révéla extrêmement productif puisque l'artiste, fasciné par la lumière et la beauté des paysages saint-rémois, réalisa cette année-là plus de 150 toiles et dessins. Dans le petit

musée, on voit une reconstitution de la chambre de l'artiste, par la fenêtre de laquelle on peut contempler le champ de blé qu'il peignit à maintes reprises.

*Monastère St-Paul-de-Mausole - à 1 km au sud du centre-ville, sur la D 5 - chemin St-Paul - ✆ 04 90 92 77 00 - www.saintpauldemausole.fr - avr.-sept.: 9h30-19h; oct.-mars: 10h15-17h15 - fermé fin déc.-déb. fév. - 8 €.*

## Tarascon ★

**Deux héros à Tarascon.** La Tarasque et l'inénarrable Tartarin l'ont rendue célèbre; mais Tarascon est aussi l'héritière d'une riche histoire, dont témoigne son puissant **château ★★**, surplombant les eaux du Rhône.
Sa silhouette massive et l'élégance insoupçonnée de son architecture intérieure en font l'un des plus beaux châteaux médiévaux de France.
Si ce dernier est très connu, c'est souvent au détriment de la vieille ville qui mérite de mieux l'être, avec ses ruelles bordées d'arcades, de nobles demeures en pierre blonde et d'hôtels aux façades bien restaurées.

*Château - Centre d'art René d'Anjou - bd du Roi-René - ✆ 04 90 91 01 93 - chateau.tarascon.fr - avr.: 9h30-12h30, 14h-17h; mai-sept.: 9h30-12h30, 13h45-18h30; reste de l'année: mar.-dim. 9h30-12h30, 14h-17h - 8 €.*

# ÉTAPE 4

### Tarascon - Avignon - 38 km

Après avoir franchi le pont du Rhône qui relie Tarascon à Beaucaire, on suit le balisage de la ViaRhôna pour gagner les rives du fleuve. On quitte Beaucaire en longeant le Rhône par le chemin du Marguilliers avant de prendre la voie du pont du Gard jusqu'aux abords de Montfrin. Jusqu'à Aramon, l'itinéraire évolue sur de petites routes avant que l'on retrouve une voie verte le long du fleuve qui vous mène à la confluence du Rhône et de la Durance. On arrive à Avignon par la rive droite *via* Les Angles et Villeneuve-lez-Avignon par le pont Daladier.

## Beaucaire ★

**L'esprit Camargue.** Jadis fameuse dans toute l'Europe pour sa foire qui draina les foules des siècles durant, la citadelle des comtes de Toulouse est une petite ville tranquille qu'il est agréable de parcourir à pied.
Au départ du port fluvial, sur le canal du Rhône à Sète, on grimpe à travers les ruelles pavées du **centre ancien ★**, bordées de superbes hôtels particuliers, jusqu'à la **forteresse ★** qui domine la ville et abrite les vestiges du château médiéval et ses jardins aménagés.

*Forteresse - pl. Raymond-VII - ✆ 04 66 59 90 07 - juil.-août: 9h30-18h; avr.-juin et de sept. à mi-oct.: tlj sf lun.-mar. 9h30-18h; reste de l'année: tlj sf lun.-mar. 10h-17h - gratuit hors animations.*

## Villeneuve-lez-Avignon ★

**Un balcon sur Avignon.** Déjà en terres gardoises, la ville est depuis l'origine tournée vers Avignon, dont elle constitue une banlieue résidentielle.
Depuis la « ville des cardinaux », notamment du haut de la terrasse supérieure de la tour Philippe-le-Bel ou des jardins de l'**abbaye St-André ★★**, la vue sur la cité des Papes constitue l'un des paysages les plus célèbres de la vallée du Rhône.

*Tour Philippe-le-Bel - ✆ 04 32 70 08 57 - mai-oct.: 10h-12h30, 14h-18h; nov.-mars: 14h-17h, merc. 10h-12h, 14h-17h - fermé lun. - 4 €.*

*Jardins et abbaye St-André - r. de la Montée-du-Fort - ✆ 04 90 25 55 95 - www.abbayesaintandre.fr - avr.-sept.: 10h-18h; mars et oct.: 10h-13h, 14h-17h - fermé lun. et nov.-fév. - 9 €.*

Le pont d'Avignon.
lucentius/Getty Images Plus

## Avignon ★★★

**Quel festival!** La vieille ville, riche en trésors, s'étend autour du **Palais des Papes** ★★★. Classé au Patrimoine mondial de l'Unesco, il constitue le plus important palais gothique de l'Occident et témoigne du faste pontifical à Avignon. Trente ans auront été nécessaires pour édifier cette prestigieuse résidence de 15 000 m$^2$, qui se compose en réalité de deux bâtiments distincts: le Palais Vieux (édifié par Benoît XII en 1334) et le Palais Neuf (par Clément VI entre 1342 et 1363).

*Palais des Papes - ✆ 04 32 74 32 74 - www.palais-des-papes.com - mars.-oct.: 9h-19h; reste de l'année: 10h-17h (18h en fév. et 23-31 déc.) - 12 €, Histopad inclus; billet combiné avec le pont St-Bénezet 14,50 €.*

**On y danse aussi...** Impossible de quitter Avignon sans fouler son célèbre **pont** ★★. Avec ses 900 m de long et ses 22 arches, il aboutissait jadis à Villeneuve-lez-Avignon, au pied de la tour Philippe-le-Bel. Selon la légende, un jeune berger ardéchois, Bénezet, entendit en 1177 des voix lui ordonnant de construire un pont sur le Rhône: un ange le conduisit à l'endroit où il devrait s'élever...

*Pont St-Bénezet - ✆ 04 32 74 32 74 - billet couplé avec le Palais des Papes.*

## ÉTAPE 5

### Avignon - Orange - 34 km

La sortie d'Avignon s'effectue au plus près du Rhône à travers l'île de la Barthelasse. L'aménagement récent est majoritairement sur une voie cyclable jusqu'à Caderousse. De la porte Léon-Roche à Caderousse, on retrouve la Via Venaissia pour gagner Orange par de petites routes.

### À deux coups de pédale

**Châteauneuf-du-Pape (à 10 km au sud d'Orange) ne se résume pas à ses vignes: c'est aussi un village typiquement provençal. Ses ruelles grimpent jusqu'à une superbe vue sur la vallée du Rhône, Roquemaure et Avignon.**

# LOUER UN VÉLO

## ORANGE

### ORANGE BIKE

*903 ch. de l'Arnage - ✆ 06 84 98 47 14 - www.orangebike.fr - vélos de ville et VTT semi-rigides musculaires 20 €/j, VAE 30 €/j - accessoires en option - réserv. en ligne - possibilité de livraison (20 €) - autres prestations : panier-repas et organisation d'hébergement.*

### NATURE BIKE PROVENCE

*1 r. de la République - ✆ 04 90 34 75 08 - www.nature-bike-provence.com - fermé dim. - vélos musculaires 19 €/j, VAE 35 €/j - accessoires en option - réserv. en ligne et possibilité de livraison - autres prestations : consigne et transfert de bagages.*

# DÉGUSTER

## ORANGE

### LA SARDINE AUX YEUX BLEUS

Ces sympathiques sardines vous accueillent chaleureusement dans un décor aussi pop que leur carte : buddha bowls, bagels, salades et autres tartines... Le tout fait maison et à prix très doux. Gardez une place pour les délicieuses pâtisseries.

*8 r. Notre-Dame - ✆ 09 81 85 48 27 - fermé dim.-lun. - formule 11,90 €.*

### LE PARVIS

On concocte ici une cuisine du terroir fine et goûteuse. Résultat ? Des saveurs et de l'émotion dans chaque assiette, que ce soit avec le menu autour de la truffe en saison ou les produits tripiers à l'automne... Tout est fait maison !

*55 cours Pourtoules - ✆ 04 90 34 82 00 - www.leparvisorange.com - fermé dim. soir-mar. (dim. midi seult sur réserv.) - formule midi 24 €, menus 39/46 €.*

## CARPENTRAS

### LA PETITE FONTAINE

Cuisine traditionnelle soignée, servie dans une jolie salle au décor moderne ou sur une agréable terrasse bercée par le murmure d'une fontaine.

*17 pl. du Col.-Mouret - ✆ 04 90 60 77 83 - la-petite-fontaine-carpentras.fr - fermé merc. et dim. - formules déj. 19,50/22,50 €, menu 33 €.*

### CERCLE 85

La devanture, un peu austère, ne laisse pas présager de l'agréable patio qui se déploie à l'arrière du restaurant, au pied du beffroi. Cuisine goûteuse et service aux petits soins : on vous demande même si vous souhaitez davantage d'accompagnement ! Un très bon rapport qualité-prix. Cocktails et tapas certains soirs.

*30 pl.de l'Horloge - ✆ 04 90 40 15 02 - fermé lun.-merc. soir et dim. - formules déj. 22,50/26,50 €.*

## L'ISLE-SUR-LA-SORGUE

### LA BALADE DES SAVEURS

Benjamin et Sophie Fabre règnent sur ce restaurant plein de fraîcheur, dont la terrasse borde le cours de la Sorgue. Les recettes cultivent aussi bien le caractère que la douceur de la Provence. Une belle balade au pays des saveurs...

*3 quai Jean-Jaurès - ✆ 04 90 95 27 85 - www.balade-des-saveurs.com - fermé lun.-mar. - formule déj. 25 €, menus 34/44 € - réserv. conseillée.*

## ROBION

### AU BŒUF QUI FUME

De la viande, mais pas seulement, dans un cadre très convivial et apprécié. Terrasse aux beaux jours.

*450 av. Aristide-Briand - ✆ 04 90 06 15 29 - auboeufquifume.com - fermé mar.-jeu. midi - plats 18/35 €, menu 37 €.*

## ST-RÉMY-DE-PROVENCE

### CHAPEAU DE PAILLE

Bourvil et Piaf en fond sonore, des chapeaux de paille sur les murs, une ambiance brocante : c'est gai ! Dans ce bistrot rustique et provençal situé sur le boulevard circulaire, les produits du marché donnent le ton de l'assiette : terrine de cochon, soupe de roche, anchoïade, soupe au pistou, côte de taureau de Camargue...

*29 bd Mirabeau - ✆ 04 90 92 85 78 - www.bistrot-chapeaudepaille.com - fermé merc. et dim. - plats 22/35 €.*

## TARASCON

### LE BISTROT DES ANGES

Une adresse sympathique pour sa déco rigolote et sa terrasse d'été installée sur la place de la Mairie. Copieuses assiettes composées, tartes salées, salades et plats du jour selon le retour du marché.

*20 pl. du Marché - ✆ 04 90 91 05 11 - lun.-jeu. midi, vend.-sam. midi et soir - plats 14/23 €.*

## AVIGNON

### L'ÉPICERIE DE GINETTE

Attachante et colorée comme une épicerie échappée des années 1950, cette adresse chaleureuse permet de se restaurer à petit prix de grosses tartines garnies ou de salades. La salle est aussi

plaisante que la terrasse, à l'ombre des platanes.
*25-27 pl. des Corps-Saints - ✆ 04 90 85 58 70 - lepicerie-de-ginette-restaurant-avignon.metro.rest - 10h-22h30 - tartines 4,60/9,90 €.*

**LE MOUTARDIER DU PAPE**
Une adresse pour tous, en réalité ! Mais trêve de plaisanterie ; on se régale ici d'une cuisine régionale au goût du jour, et l'on en prend surtout plein les mirettes en s'installant sur la superbe terrasse ombragée, qui fait face au Palais des Papes.
*15 pl. du Palais-des-Papes - ✆ 04 90 85 34 76 - www.lemoutardierdupape.fr - plats 18/28 €, menu 39 €.*

## DORMIR

### ORANGE

**L'HERBIER D'ORANGE**
Sur la charmante place aux Herbes, cet hôtel dispose de chambres bien entretenues, confortables et claires. Accueil d'une grande gentillesse, qui lui vaut de nombreux fidèles. Bon rapport qualité-prix. Label **Accueil Vélo** (garage sécurisé sur place).
*8 pl. aux Herbes - ✆ 04 90 34 09 23 - www.lherbierdorange.com - 20 ch. 72/80 € - ☕ 10 €.*

**HÔTEL SAINT-JEAN**
Ancien relais de poste du 17e s., dont la cour ouvre sur le pied de la falaise de St-Eutrope. Décoration chaleureuse, agréable terrasse en été et accueil spontané en font une adresse à retenir. Label **Accueil Vélo** (local fermé gratuit).
*1 cours Pourtoules - ✆ 04 90 51 15 16 - www.hotelsaint-jean.com - 20 ch. 85/95 € - ☕ 12 €.*

### CARPENTRAS

**LE SAFARI HÔTEL**
Aux portes de Carpentras, le seul établissement labellisé **Accueil Vélo** de la ville est un hôtel moderne avec piscine, au décor contemporain coloré et aux chambres confortables. Les suites ont vue sur le mont Ventoux...
*1060 av. J.-H.-Fabre - ✆ 04 90 63 35 35 - www.safarihotel.fr - 🏊 - 35 ch. 76/136 € - ☕ 13 € - 🍴 bar à tapas le soir, restaurant sur réserv.*

### ROBION

**GÎTE DE L'ESCANSON**
Cette petite auberge de jeunesse labellisée **Accueil Vélo** comprend un espace bar et une salle de bains commune. Le linge de lit est fourni.
*91 r. de la Caoune - ✆ 06 83 80 18 98 - 3 ch. (de 2 à 6 pers. en lits superposés) 31 € - ☕ 8 €.*

### TARASCON

**HÔTEL DU VIADUC**
Très central, cet hôtel occupe une maison régionale située à deux pas de la gare de Tarascon. Chambres pimpantes et bien tenues. Aux beaux jours, le petit-déjeuner est servi sur la terrasse, au bord de la (toute) petite piscine. Accueil sympathique. Label **Accueil Vélo** (garage à vélos).
*9 r. du Viaduc - ✆ 04 90 91 16 67 - www.hotelduviaduc.com - 🏊 - 20 ch. 66/105 € - ☕ 11 €.*

### AVIGNON

**HÔTEL LE MAGNAN**
Cet ancien relais de poste collé aux remparts s'est reconverti en un hôtel charmant et abordable, à deux minutes à pied seulement de la place des Corps-Saints. La plupart des chambres donnent sur un patio arboré. Label **Accueil Vélo**.
*63 r. du Portail-Magnanen - ✆ 04 90 86 36 51 - www.hotel-magnan.com - 30 ch. 95/116 € - ☕ 13 €.*

**CAMPING-AUBERGE DE JEUNESSE-HÔTEL BAGATELLE**
Camping bien ombragé, sur l'île qui fait face à la cité, avec quelques locatifs pour ceux qui n'ont pas leur matériel de camping. L'offre en hébergement est complétée par un hôtel et une auberge de jeunesse. Très prisé des festivaliers. Label **Accueil Vélo**.
*25 allées Antoine-Pinay - île de la Barthelasse - ✆ 04 90 86 30 39 - www.campingbagatelle.com - auberge (141 lits) : lit en dortoir 26,90 € ☕ par pers. ; ch. (2 pers.) 72 € ☕ - hôtel : 10 ch. 72/94 € ☕ - camping (197 empl.) : forfait cycliste (1 pers. + 1 tente + 1 vélo) 15 € ; mobile home/tente lodge (4 à 5 pers.) 80/115 € - 🍴.*

St-Rémy-de-Provence.
Kirk Fisher/Getty Images Plus

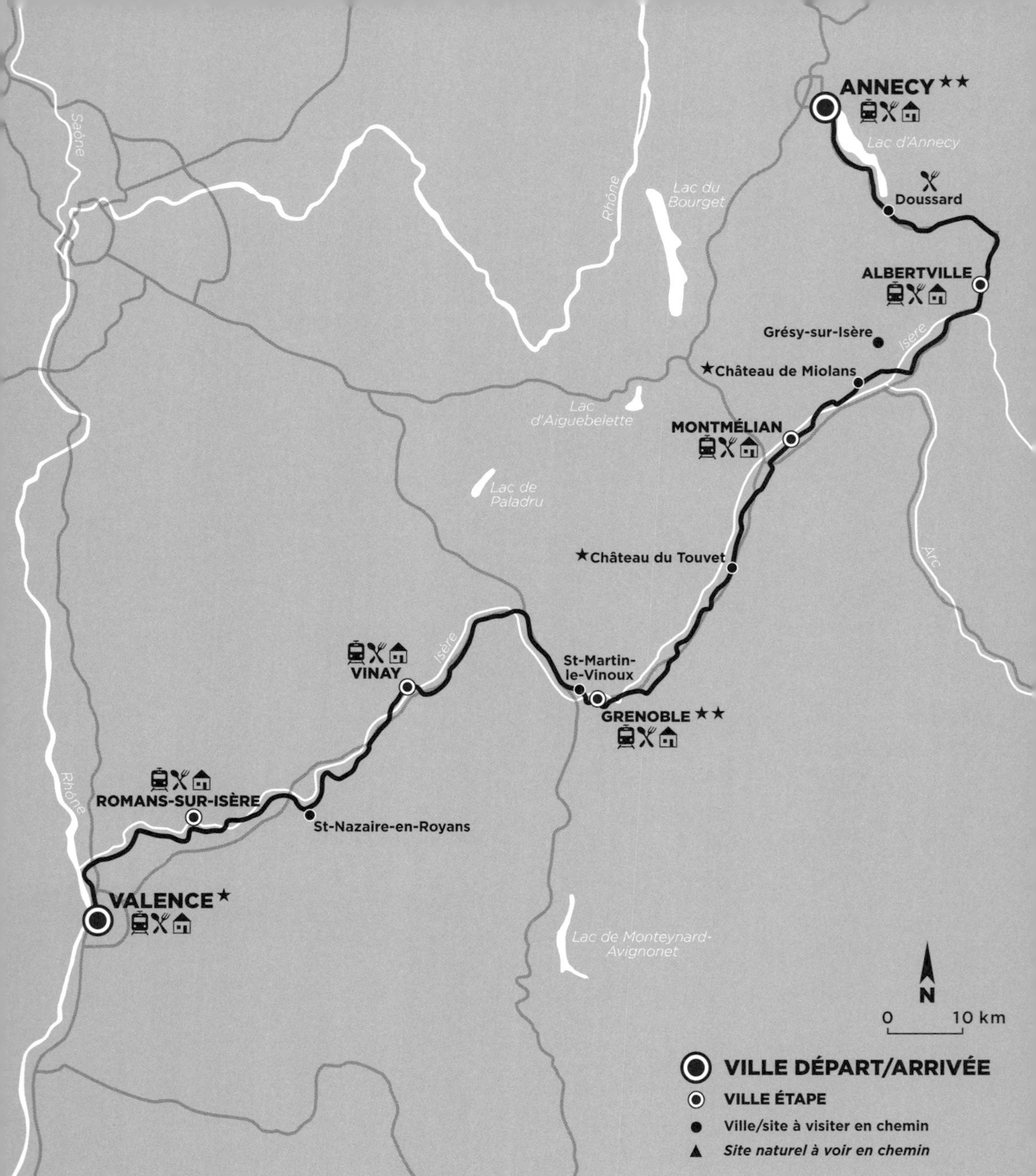


**TRACÉ GPX**

**VÉLOROUTE EMPRUNTÉE :**
La Belle Via (V62/V63)

**GARES SUR LE PARCOURS :**
Annecy, Albertville, Montmélian, Grenoble, Vinay, Romans-sur-Isère, Valence-Ville

**LE MEILLEUR MOMENT POUR PÉDALER :**
D'avril à septembre

**LIAISON POSSIBLE AVEC :**
Ardèche sauvage (p. 104)

VAE

NIVEAU 1 | 261 KM | 6 JOURS



**ANNECY**
**VALENCE**

# La Belle Via

La Belle Via est une aventure à vélo grand format, qui chemine à travers quatre départements: Haute-Savoie, Savoie, Isère et Drôme. C'est un parcours facile, accessible au plus grand nombre, au cœur des larges vallées alpines avec de belles vues sur le mont Blanc. Avec successivement en fondu enchaîné les massifs du Jura, des Bauges, de la Chartreuse, de Belledonne et du Vercors, qui se découpent sur le bleu du ciel. Ici, au départ d'Annecy, le démarrage avec une vue grandiose sur le lac est éblouissant!

## ÉTAPE 1

### Annecy - Albertville - 44 km

Au départ d'Annecy, la voie verte du lac d'Annecy est l'une des plus anciennes voies vertes de France. Sur la rive ouest du lac, elle permet de découvrir un environnement exceptionnel entre lac et montagnes. Entre Annecy et Val de Chaise (Marlens), la voie verte propose aux cyclistes un itinéraire en site propre de près de 33 km, partagé avec les piétons. Après Ugine, vous pédalez sur une alternance de voies vertes et de passages sur route départementale jusqu'à Albertville. Soyez prudent pour traverser l'Arly au pont de Césarches: la voirie est partagée.

Au bord du lac d'Annecy.
anyaberkut/Getty Images Plus

## Annecy ★★

**Pavés d'histoires.** Garez votre vélo ! Drôle d'injonction pour un circuit deux-roues, mais il serait dommage de manquer la visite du **vieil Annecy ★★**, entièrement pavé, et donc déconseillé aux cyclistes. À pied, allez à la découverte du **palais de l'Île ★**, l'ancienne résidence du duc de Genève, joliment perché sur son île. Sur le pont du Thiou, les amateurs de selfies patientent pour leur tour ; les autres sont déjà partis flâner alentour, dans l'adorable quartier piéton aux couleurs sardes, arrosé par les canaux.
*Palais de l'Île - ✆ 04 56 49 40 37 - musees.annecy.fr - juin-sept. : 10h30-18h ; reste de l'année : 10h-12h, 14h-17h - 3,90 €.*

## Doussard

**Castor junior.** Cette réserve naturelle est l'un des rares espaces encore préservé du bord du **lac d'Annecy ★★★**. Un sentier pédagogique en planches permet l'accès à la roselière. En chemin, une tour médiévale (15e s.) sert d'observatoire, d'où contempler les oiseaux et une colonie de castors (ces derniers sont visibles plutôt de bon matin). La réserve est aussi accessible au départ de la plage de Doussard.
*Réserve naturelle du Bout-du-Lac - ✆ 04 50 66 47 51 - reserves-naturelles.org/reserves/bout-du-lac-dannecy - accès fléché avant à l'entrée de Doussard.*

## Albertville

**En souvenir des J.O.** Cité des Jeux olympiques d'hiver de 1992, Albertville en a gardé le souvenir... et un parc olympique, celui du Sauvay. Situé à 3 km à l'ouest du centre-ville, il abrite une Maison des Jeux olympiques d'hiver, avec l'exposition des costumes de cérémonie, vidéos des moments forts et expositions temporaires sur l'olympisme. Et le cyclisme dans tout ça ? C'est une discipline olympique depuis les premiers Jeux olympiques de l'histoire, en 1896.
*Tremplin 92 Montagne et Olympisme - 15 av. de Winnenden - ✆ 04 79 32 04 22 - www.tremplin92.org - juil.-août : lun.-sam. 9h-12h, 13h30-18h30, dim. 14h-18h ; reste de l'année : tlj sf dim. 9h-12h, 14h-18h - 6 €.*

# ÉTAPE 2

### Albertville - Montmélian - 41 km

On suit le balisage La Belle Via sur une section alternant voies vertes, passages sur route départementale et petites routes secondaires à faible trafic. Soyez attentif à la sortie d'Alberville, au niveau de Grignon, ainsi que pour la traversée de la D 911 à proximité de St-Jean-de-la-Porte.

Le lac d'Annecy, à St-Jorioz.
P. Royer/Blickwinkel/age fotostock

## Château de Miolans ★

**La « Bastille savoyarde ».** Isolé sur sa plate-forme rocheuse, dominant de 200 m le fond de la Combe de Savoie, le château surveillait les routes des Bauges, de la Tarentaise et, surtout, celles de la Maurienne. Un donjon primitif est élevé par les seigneurs de Miolans dès la fin du 12e s. Aux 14e et 15e s., le château est agrandi et adapté aux progrès de l'artillerie. Dès le siècle suivant, son efficacité militaire mise à mal, la forteresse est transformée en prison. Une même famille en est propriétaire depuis le 19e s. De la haute cour, la vue est bien dégagée sur la Combe de Savoie et sur le débouché de la Maurienne (vallée de l'Arc). Et de la terrasse, la vue s'étend jusqu'au mont Blanc, au-delà du mont Mirantin et de la roche Pourrie.

*✆ 04 79 28 57 04 - www.chateau-de-miolans.com - juil.-août : 10h-20h ; avr.-juin et de déb. sept. aux vac. de la Toussaint : w.-end 10h-18h30 - 9 €.*

## Montmélian

**Position stratégique.** La vieille ville s'étend à l'est du rocher, aujourd'hui dépouillé de toute fortification, et qui est sans doute à l'origine du nom de la ville. *Meillan* en celte signifierait « rocher », « forteresse » et, au Moyen Âge, la cité se dénommait *Montis Meliani*. La rue principale, bordée de maisons à l'architecture sarde, en épouse l'arrondi et mène de la ville

### À deux coups de pédale

**À Grésy-sur-Isère (à 7,3 km de Miolans), le village-musée de la Combe de Savoie propose un circuit pédestre couvert de 350 m organisé par thématiques.**

***530 ch. des Carrières-du-Salin - ✆ 04 79 37 94 36 - lescoteauxdusalin.fr - juil.-août : 10h-17h ; reste de l'année : 14h-17h - 12 €.***

Les bulles de Grenoble.
aurelienantoine/Getty Images Plus

moderne au pont Cuénot, du 17e s., qui franchit l'Isère sur ses dix arches ; il fut longtemps l'unique ouvrage permettant la communication entre la capitale savoyarde et la Maurienne. En outre, Montmélian se trouve au cœur de la première région viticole de Savoie. *Musée de la Vigne et du Vin de Savoie - 46 r. du Dr-Veyrat - ✆ 04 79 84 42 23 - juin-sept. : 10h-13h, 15h-18h ; reste de l'année : 10h-12h, 14h-18h, sam. 10h-12h30 - fermé dim. et lun. - 5 €.*

## ÉTAPE 3

### Montmélian - Grenoble - 57 km

Vous retrouvez la voie verte au sud de Montmélian, en direction de Myans. Ici, de petites routes agréables vous conduisent au charmant lac de St-André, puis à Chapareillan, niché au cœur des vignobles. Depuis Chapareillan jusqu'à La Terrasse, vous roulez sur 20 km de routes à faible trafic. Sur la rive droite de l'Isère, vous évoluez sur une route partagée à faible trafic du Touvet jusqu'à St-Ismier. Ensuite, le parcours emprunte la voie verte pour traverser Grenoble. Plus aucune difficulté : ici, l'itinéraire est plat et en site propre. Notez que l'agglomération grenobloise dispose d'un réseau cyclable très dense.

## Château du Touvet ★

**Un spectacle d'eau.** Le château du Touvet, à l'origine une maison forte élevée au 13e s., date, dans sa forme actuelle, du 15e s. Il n'a conservé de son enceinte fortifiée que les deux tours rondes de l'entrée. Son intérieur, meublé et richement décoré, a conservé de remarquables parquets dauphinois et des souvenirs de l'Empire. La galerie, décorée de stuc à l'italienne, contient des documents d'archives, dont des lettres signées par Henri VIII et François Ier. Côté extérieur, l'aspect actuel de son **parc** ★ date du 18e s. : Pierre de Marcieu ferma la cour carrée, construisit un escalier

d'honneur, aménagea les jardins, un beau parterre à la française, et créa un remarquable escalier d'eau à l'italienne. Belle vue sur le massif de Belledonne depuis ses terrasses.
*Allée du Château - ✆ 04 76 08 42 27 - chateaudutouvet.com - visite guidée (45mn) juil.-août : tlj sf vend.-sam. 14h-18h ; avr.-juin et sept.-oct. : dim. 14h-18h - 10 € - jardins seult (15mn) 14h30-17h : 6 € - lors de la visite des jardins, manœuvres d'élévation des eaux des fontaines par le jardinier.*

## Grenoble ★★

**Ville olympique.** Dans son cadre grandiose de montagnes enneigées en hiver et aux versants débordant de végétation en été, Grenoble mérite une médaille à toutes les saisons ! La ville de Stendhal participe aussi aux aventures de son temps. Pionnière, elle vécut le tout début de l'électricité et du ciment moderne. Centres de recherche dynamiques, riches musées (le **musée de Grenoble ★★★** – Beaux-Arts – est à visiter absolument) et vestiges historiques prouvent que la ville des J.O. de 1968 n'a rien perdu de son appétit pour le progrès ou de son charme. Au passage, dirigez-vous vers le **panorama du fort de la Bastille ★★** pour un aperçu exceptionnel de la région.
*Musée de Grenoble - 5 pl. Lavalette - ✆ 04 76 63 44 44 - www.museedegrenoble.fr - 10h-18h30 - fermé mar. - gratuit.*
*Panorama du fort de la Bastille - téléphérique : quai Stéphane-Jay - bastille-grenoble.fr - AR 9,60 €.*

## ÉTAPE 4

### Grenoble - Vinay - 39 km

Cette étape de La Belle Via débute par une voie verte qui longe l'Isère par les chemins de halage sur environ 35 km ; l'itinéraire est entièrement sécurisé et plat. À proximité de St-Gervais, la voie verte prend fin au niveau du pont matérialisé par une barrière. Au pont, prenez à droite ; sur 6 km, le dénivelé est important. Les 500 premiers mètres se parcourent sur une route fréquentée, mais avec une bande cyclable ; par la suite, l'itinéraire évolue sur route à faible trafic. De St-Gervais à Vinay, ça grimpe ! Pour les cyclistes peu expérimentés, une assistance électrique est fortement recommandée.

## St-Martin-le-Vinoux

**Du beau ciment.** Au 19e s., la région est devenue l'un des berceaux du ciment français, générant une fièvre de l'« or gris ». Parmi ses témoignages originaux figure la villa *La Casamaures*, construite en 1855, pastiche mauresque d'un palais d'Istanbul. Témoin de la vogue orientaliste du 19e s., elle abrite de splendides meubles persans.
*La Casamaures - 58 allée de la Casamaures - ✆ 09 50 71 70 75 ou 04 76 47 13 50 - casamaures.org - horaires variables, se rens. - 10 €.*

## Le Grand Séchoir ★ à Vinay

**À la noix.** Comme son nom ne l'indique pas forcément, voici un musée dédié à la culture de la noix, produit emblématique de la région du Dauphiné. Cet ancien séchoir offre une plongée intéressante dans l'histoire de la noix de Grenoble AOP et tous les savoir-faire locaux alentour. Vous y découvrirez des outils traditionnels et comprendrez l'importance de ce fruit pour l'économie locale. Son joli parc de noyers permet une agréable pause et une boutique de produits régionaux nourrira les amateurs de gastronomie.

Noix de Grenoble.
ricochet64/Getty Images Plus

*705 rte de Grenoble - ✆ 04 76 36 36 10 - www.legrandsechoir.fr - avr.-oct.: tlj sf lun. 10h-18h (sinon 14h-17h30).*

## ÉTAPE 5

### Vinay - Romans-sur-Isère - 49 km

Pour quitter Vinay, La Belle Via déambule dans les petites rues du village. L'itinéraire emprunte ensuite une route à faible trafic de La Sône jusqu'à St-Nazaire-en-Royans. Traversez le pont et prenez à droite afin d'emprunter une piste cyclable le long du canal de la Bourne jusqu'à Eymeux. Depuis Eymeux jusqu'à Romans-sur-Isère, le parcours alterne routes à très faible trafic et voies vertes.

### St-Nazaire-en-Royans

**Sur le pont.** Point de jonction entre les plaines drômoises et les Préalpes dauphinoises, ce village fortifié s'élève en amphithéâtre du pont de la Bourne aux ruines de la tour Delphinale. Un aqueduc élancé, doté d'arches élégantes, enjambe l'Isère et les habitations massées à son pied.

### Romans-sur-Isère

**Du bon pied.** Sur la route de la Drôme des Collines, à deux pas de l'Isère, Romans fut longtemps la capitale de la... chaussure. Ce dont la ville tire encore sa fierté et une vraie tradition commerciale. On découvre ce savoir-faire grâce à la Cité de la chaussure et un étonnant et passionnant **musée** ★. Mais Romans-sur-Isère possède aussi d'autres attraits: la cité a gardé sa **vieille ville** ★ aux ruelles pittoresques. Au passage, les gourmets apprécieront aussi les pognes, brioches parfumées à la fleur d'oranger, et les saint-genix (brioches aux pralines).

*Musée de la Chaussure - portail Roger-Vivier, r. Bistour - ✆ 04 75 05 51 81 - www.museedelachaussure.fr - 7,50 €.*

## ÉTAPE 6

### Romans-sur-Isère - Valence - 31 km

De Romans jusqu'à Pont-de-l'Isère, vous parcourez La Belle Via en alternant routes à faible trafic et voies vertes. À Pont-de-l'Isère, la jonction avec la ViaRhôna se fait naturellement, car les deux véloroutes sont connectées entre elles. Direction le sud pour gagner Valence par la ViaRhôna, qui vous conduit dans le cœur de la ville. Au sud de Bourg-lès-Valence, l'itinéraire quitte la voie verte pour emprunter les rues de Valence.

### Valence ★

*Voir p. 106.*

## LOUER UN VÉLO

### ANNECY

**CYCLABLE**

*8 pl. aux Bois - ✆ 04 50 51 51 50 - www.velo-annecy.fr - vélo adulte 24 €/j, VAE 52 €/j, vélos enfants, tandems - réserv. en ligne (sf entre nov. et déb. mars).*

## DÉGUSTER

### ANNECY

**ARÔMATIK**

Un bon repas à l'étape du soir ? Dans sa cuisine ouverte sur la salle, le jeune chef de ce restaurant, passé par de belles maisons, réalise des recettes avec les produits du marché. Assiettes soignées et goûteuses.

*5 r. du Collège-Chappuisien - ✆ 04 50 51 87 68 - www.restaurant-aromatik.com - fermé dim. (sf en juil.-août) et lun. - formules midi 23/26 €, menus 50/150 € (pour 2).*

**L'HEURE TOURNE**

Cette adresse revisite le fameux hamburger. Produits frais de qualité, avec une petite touche régionale pour celui au reblochon ou au fromage raclette ! En salle ou en terrasse, décoration colorée et ambiance jeune.

*21 r. du Prés.-Favre - ✆ 04 50 45 23 63 - lheuretourne.com - fermé dim.-lun. et soir (sf vend.) - plats 10/25 €.*

### DOUSSARD

**CHEZ MA COUSINE**

Si ce restaurant témoigne de l'histoire d'une famille depuis le début du 20e s., il a su évoluer en décoration comme en cuisine. Cette dernière s'oriente vers le lac, comme sa terrasse les pieds dans l'eau et son ponton d'amarrage.

*Rte d'Annecy - Le Bout du Lac - ✆ 04 50 32 38 83 - www.chezmacousine.fr - fermé de déb. oct. à fin mars - plats 28/39 €, menu du marché 28 €.*

### ALBERTVILLE

**AUBERGE DE COSTAROCHE**

Une terrasse accueille les convives aux beaux jours, avec vue sur le jardin qui abrite ce pimpant hôtel-restaurant. La carte a l'accent local, avec tartiflette, ravioles, reblochon et « matouille » d'Albertville (tome fondue). Mais le lieu peut s'adapter aux cyclistes avec des repas plus diététiques (sur réserv.). Il y a aussi un kit de réparation vélo, et un local fermé pour garer votre monture. Quelques chambres standards.

*1 chemin de la Pierre-du-Roy - ✆ 04 79 32 02 02 - aubergecostaroche.wixsite.com/costaroche - soir uniquement - plats 15/21 € - ch. 69/85 €.*

### MONTMÉLIAN

**LA BELLE DEMOISELLE**

Une carte pour toutes les envies : un plat classique et goûteux ou une copieuse spécialité fromagère savoyarde. Mais gardez un peu de place pour le dessert, incontournable !

*49 r. François-Dumas - ✆ 04 79 36 91 76 - www.la-belle-demoiselle-restaurant-montmelian.fr - fermé dim.-mar. le soir et merc. - plats 17-38 €, menu déj. 18 €.*

### GRENOBLE

**LA BELLE IDÉE**

À peine passé la porte, on sait que le moment va être délicieux : bonnes odeurs de cuisine dans l'air et clientèle d'habitués augurent du meilleur. Plats goûteux mettant en scène les produits locaux minutieusement choisis et souvent bio, service souriant et attentionné. Quelques tables en terrasse sur le cours.

*7 cours Jean-Jaurès - ✆ 04 76 47 52 95 - labelleidee-grenoble.fr - fermé dim.-lun. - formule midi 15/25 €, menus 32/46 € - réserv. conseillée.*

**CAFÉ DE LA TABLE RONDE**

On s'attable autour d'un zinc animé et des photos dédicacées de Sarah Bernhardt, Raymond Devos et bien d'autres personnalités, face à de grands miroirs accrochés aux murs, au-dessus des banquettes de moleskine. Cuisine régionale de type brasserie.

*7 pl. St-André - www.restaurant-tableronde-grenoble.com - plats 15/34 €, menus 20/34 €.*

### VINAY

**BAR-RESTAURANT LA TERRASSE**

Un lieu un peu bruyant mais vivant (avec des jeux de hasard, de la télévision et de la musique en fond sonore en même temps). Mais un service rapide, chaleureux et sympathique. Pratique pour une halte.

*38 Gde Rue - ✆ 09 54 24 52 65 - plats 10/20 €.*

### ROMANS-SUR-ISÈRE

**LE MANDRIN**

Mandrin, le célèbre contrebandier, aurait trouvé refuge dans cette maison de Romans-sur-Isère datant de 1754. Sol en terre cuite, poutres, colombages et galets roulés donnent une atmosphère moyenâgeuse à la salle de restaurant. Un patio et une terrasse offrent l'occasion de profiter des extérieurs. Carte traditionnelle.

*70 r. St-Nicolas - ✆ 04 75 02 93 55 - www.lemandrin.com - fermé dim. soir- lun. - menus 28/36 €.*

### VALENCE

#### L'AGOPÉ

Originaire d'une famille arménienne du Liban, le chef de ce restaurant imagine des plats à la croisée des gastronomies française, drômoise et libanaise. Un vrai régal !

*15 Grande-Rue - ✆ 09 83 05 59 89 - www.restaurant-lagope.fr - fermé lun., mar. midi, merc. et dim. - plats 23/29 €.*

## DORMIR

### ANNECY

#### HÔTEL DU NORD

Charmant petit deux-étoiles commodément posé à 150 m de la gare, pour ceux qui souhaitent arriver le soir et démarrer le matin suivant. Pas de parking à vélos, mais une cave (15 marches), où le propriétaire accepte de garer les vélos pour la nuit, sans supplément.

*24 r. Sommeiller - ✆ 04 50 45 08 78 - www.annecy-hotel-du-nord.com - 30 ch. 125 € - ☕ 10 €.*

### ALBERTVILLE

*Voir aussi « Déguster » p. 259.*

#### BASE CAMP LODGE

Ce nouveau complexe flambant neuf, le Base Camp Lodge, a ouvert en octobre 2024. Il remplace l'ancien hôtel-restaurant Le Roma, mais conserve des chambres élégantes et lumineuses avec vue sur la montagne. Et le restaurant prend ses marques autour de la piscine aux beaux jours.

*85 ch. du Pont-Albertin - ✆ 04 79 10 33 30 - www.basecamp-albertville.com - 🏊 - 115 ch. 95/120 € - ☕ 14 € - 🍴.*

### MONTMÉLIAN

#### CHAMBRES D'HÔTES CHÂTEAU LA VIOLETTE

On peut pédaler 20mn pour se reposer dans cette bâtisse millénaire située à 5 km de Montmélian et transformée en un lieu chaleureux.

*137 rte de Myans - Les Marches - Porte-de-Savoie - ✆ 06 26 48 53 04 - chateau-laviolette.com - 4 ch. 140/155 € ☕.*

### GRENOBLE

#### HÔTEL D'ANGLETERRE

En centre-ville, dans un immeuble de caractère de style haussmannien classé, bâti en 1891, des chambres élégantes et confortables. Excellentes prestations à l'hôtel et conciergerie 24h/24. Label **Accueil Vélo** (garage à vélo, kit de réparation et de nettoyage).

*5 pl. Victor-Hugo- ✆ 04 38 88 40 40 - www.hotel-angleterre-grenoble.com - 60 ch. 93/126 € ☕.*

#### LE HÜB BY PRIVILODGES

Des couleurs pétantes pour cet établissement situé dans le quartier Europole. À la fois auberge de jeunesse et appart-hôtel, il dispose de dortoirs où des modules modernes en bois avec rideaux rappellent les lits fermés d'autrefois. Salle de coworking, grand restaurant et immense terrasse attirent étudiants, jeunes, couples et familles en transit. Label **Accueil Vélo**.

*25 av. Doyen-Louis-Weil - ✆ 09 70 72 08 86 - www.lehub-privilodges.com - 6 dortoirs à partir de 30 €, studios/appart. à partir de 70 € - ☕ 12 € - 🍴.*

### VINAY

#### GÎTE LA DRAIE

Seul gîte labellisé **Accueil Vélo** de la ville, cet établissement comprend des couchages pour 2 à 4 personnes et une cuisine. Il dispose aussi d'une magnifique terrasse en bois avec vue sur la ville de Vinay et, en décor de fond, le Vercors.

*Chemin de la Draie – ✆ 06 84 68 19 69 - www.giteladraie.com - 1 gîte 72/87 €.*

### ROMANS-SUR-ISÈRE

#### CHAMBRES D'HÔTES LA TOUR YVELINE

Une jolie offre au cœur du centre-ville et le seul établissement labellisé **Accueil Vélo**. Chacun son style. Il y a la chambre « Art Déco » et la « Dandy ». La chambre « Les Toits de Romans », au dernier étage, offre une vue panoramique sur la ville. Enfin, la suite « La Coloniale » peut accueillir 4 personnes. Votre vélo est aussi le bienvenu.

*2 montée du Lieut.-Louis-Sauvajon - ✆ 06 40 06 98 91 - touryveline.com - 4 ch. à partir de 90 € ☕.*

### VALENCE

#### LES NÉGOCIANTS

Un hôtel sympathique à deux pas de la gare, pour les adeptes de sobriété contemporaine. Chambres climatisées. Copieux petit-déjeuner. Au restaurant, une cuisine familiale et simple dans un décor actuel. Label **Accueil Vélo**.

*27 av. Pierre-Sémard - ✆ 04 75 44 01 86 - www.hotel-les-negociants.com - 36 ch. 86/122 € - ☕ 8,50 € - 🍴.*

NIVEAU 1 | 217 KM | 6 JOURS

**NERVERS**
**ORLÉANS**

# La Loire, de Nevers à Orléans

Partez à la découverte de La Loire à Vélo dans sa section la plus orientale. Du majestueux bec d'Allier, on descend la Loire, l'œil aux aguets pour surprendre d'éventuels castors. À Sancerre, on escalade volontiers les collines coiffées de vignes avant de s'élancer vers le pont-canal de Briare, de s'arrêter au château de Sully… Il sera ensuite bien temps de filer vers l'historique capitale ligérienne : Orléans.

## ÉTAPE 1

### Nevers - La Charité-sur-Loire - 46 km

Pour trouver La Loire à Vélo à la sortie de Nevers, suivez l'EuroVelo 6. Après la traversée du fleuve, prenez à gauche la rue de la Jonction (camping) et rejoignez le canal de Jonction. Mettez pied à terre pour traverser le pont-canal du Guétin. Juste avant Cuffy (La Chaume), l'itinéraire emprunte le canal latéral à la Loire jusqu'au lieu-dit L'Aubray, pour partir ensuite sur une levée jusqu'à Marseilles-lès-Aubigny. L'itinéraire quitte la D 45 à la sortie de cette ville pour emprunter une levée en site propre jusqu'au pont de La Charité-sur-Loire.

Toues (bateaux traditionnels) à Marseilles-lès-Aubigny.
Gary Le Feuvre/Getty Images Plus

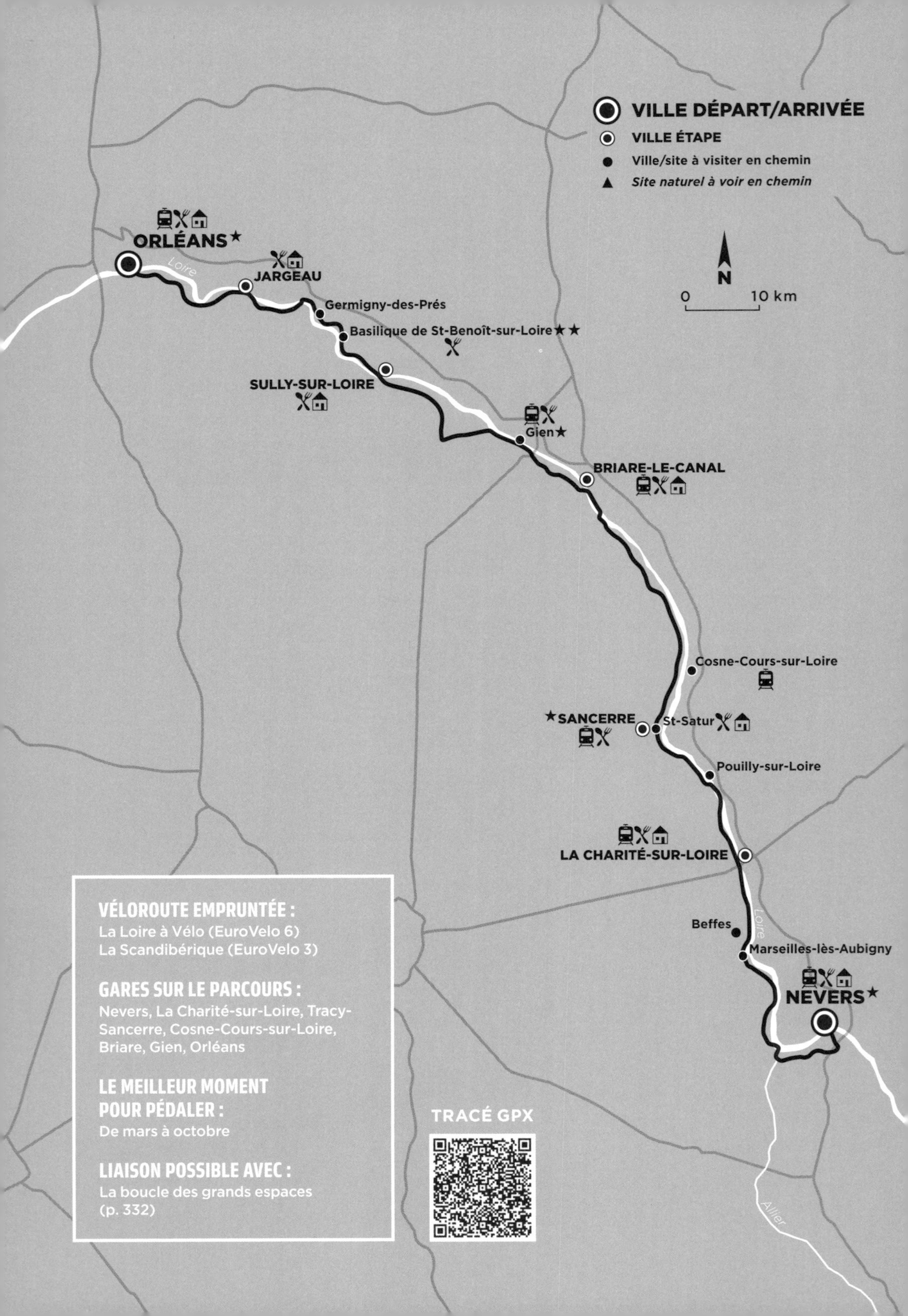


**VÉLOROUTE EMPRUNTÉE :**
La Loire à Vélo (EuroVelo 6)
La Scandibérique (EuroVelo 3)

**GARES SUR LE PARCOURS :**
Nevers, La Charité-sur-Loire, Tracy-Sancerre, Cosne-Cours-sur-Loire, Briare, Gien, Orléans

**LE MEILLEUR MOMENT POUR PÉDALER :**
De mars à octobre

**LIAISON POSSIBLE AVEC :**
La boucle des grands espaces (p. 332)

## Nevers ★

**Riche capitale du Nivernais.** De l'histoire millénaire de la ville, la **cathédrale St-Cyr-et-Ste-Julitte ★★** est la digne représentation : baptistère du 6e s., absides romane et gothique, évêché du 18e s., et même des vitraux contemporains (avec François Mitterrand !). Le **palais ducal ★**, non loin, est quant à lui inspiré des débuts de la Renaissance avec sa belle tour centrale abritant l'escalier d'honneur. Enfin, une visite au **musée de la Faïence et des Beaux-Arts ★** s'impose : ses collections témoignent des deux artisanats qui firent la fortune de Nevers entre le 16e et le 18e s., la faïence et le verre émaillé.

*Musée de la Faïence et des Beaux-Arts - 16 r. St-Genest - ✆ 03 86 68 44 60 - culture.nevers.fr - merc.-lun. 13h-18h - 8 €.*

## Marseilles-lès-Aubigny

**Deux canaux, deux ambiances.** Ce port fut, jadis, très actif car il se situait à la jonction du canal latéral et du canal de Berry, aujourd'hui abandonné. À la mairie, on peut admirer des maquettes de bateaux de l'époque tandis que le village conserve un petit port de plaisance et un chantier naval.

## La Charité-sur-Loire

**Aller à la charité.** Cette expression, dont la ville tire son nom, vient de la générosité des moines du prieuré fondé ici au 11e s. Bien qu'ayant subi un grave incendie en 1559, la **cité monastique ★★** reste impressionnante, entre sa haute tour Ste-Croix, l'église Notre-Dame, le jardin des Bénédictins ou encore la salle capitulaire magnifiquement restaurée. Les remparts de la ville offrent de jolies vues sur la vieille ville et la Loire.

### + À deux coups de pédale

**Passé Marseilles-lès-Aubigny, après 2 km le long de la Loire, bifurquez vers Beffes où vous rejoindrez le canal latéral. Là, vous pourrez découvrir l'histoire de la chaux. Vous retrouverez l'itinéraire principal après Argenvières.**

***Site patrimonial de la chaux - ✆ 02 48 76 57 32 - www.beffes.fr - mar.-sam. 9h-12h, 14h-18h - gratuit.***

## ÉTAPE 2

### La Charité-sur-Loire - Sancerre - 28 km

Après la traversée de la Loire par la N 151, prenez à droite le chemin du pont de la Batte, parallèle à la D 7. Ensuite, une piste cyclable prend le relais avant la traversée de la D 7. Prudence au niveau de cette intersection avant de continuer vers la grande levée Napoléon, en bord de Loire. Attention également à la traversée du pont à Pouilly, qui reste délicate. Aucune difficulté physique n'est à signaler sur cette étape, sauf la raide montée vers Sancerre.

## Pouilly-sur-Loire

**Une AOC à goûter.** Situé au cœur du village, un centre œnotouristique propose une visite animée par une belle scénographie sensorielle : la « mise en nez » a lieu dans la cave aux arômes, puis une dégustation commentée de quatre vins vient enrichir vos papilles. La boutique présente les vins d'une soixantaine de vignerons.

*Tour du Pouilly-Fumé - 30 r. Waldeck-Rousseau - ✆ 03 86 24 04 70 - www.tourdupouillyfume.fr - juil.-août : 10h-13h, 14h-19h ; avr.-juin et sept.-oct. : tlj sf lun. 10h-13h, 14h30-18h30 ; reste de l'année : se rens. - 7 €.*

La cathédrale St-Cyr-et-Ste-Julitte, à Nevers.
Ch. Guy/hemis.fr

## Sancerre ★

**Une sommité dans le vignoble.**
Juchée sur un piton dominant la Loire et ses coteaux couverts de vignes, la ville est l'occasion de faire une jolie promenade au gré de ses rues animées de nombreuses boutiques d'artisanat. De beaux panoramas vous attendent en haut de la tour des Fiefs (14e s.), seul vestige du château des comtes de Sancerre, ou de l'esplanade Porte-César. Rendez-vous ensuite à la maison Farnault (14e s.), qui servit de tonnellerie au 18e s. et qui abrite aujourd'hui un lieu de découverte du vignoble sancerrois. Des ateliers dégustation y sont organisés tout au long de l'année.

*Maison des Sancerre - 3 r. du Méridien - ☎ 02 48 54 11 35 - www.maison-des-sancerre.com - 11h-18h30 - 5 €.*

## ÉTAPE 3

### Sancerre - Briare-le-Canal - 47 km

Soyez prudent lors de la traversée de la D 82 à hauteur de la centrale nucléaire. Dès la sortie du pont du canal à Belleville-sur-Loire, descendez aussitôt à droite sur le chemin de halage. Après 20 m, tournez à droite. Le revêtement herbeux sur 100 m est bien adapté aux vélos. Deux itinéraires sont envisageables entre Beaulieu-sur-Loire et Châtillon-sur-Loire : l'un en rive droite *via* Bonny-sur-Loire et

Ousson-sur-Loire, l'autre en rive gauche *via* l'écluse de Mantelot, entre le canal latéral à la Loire et le fleuve. La traversée du pont-canal sera votre récompense !

## Cosne-Cours-sur-Loire

**Le fleuve sous toutes ses formes.** Le musée de la Loire, situé dans l'ancien couvent des Augustins, présente à travers de multiples objets les rapports de l'homme avec la Loire : peintures, faïences, maquettes de bateaux, divers outils du quotidien, sans oublier de nombreux objets de culte qui témoignent de l'impétuosité du fleuve. Le seconc volet du musée est dédié à la peinture moderne, avec quelques grands noms de l'École de Paris : Vlaminck, Dufy, Derain, Utrillo, Chagall, Manguin…

*Musée de la Loire - pl. de la Résistance - ☏ 03 86 26 71 02 - www.museedelaloire.fr - mars-oct. : 10h-12h, 14h-18h, w.-end et j. fériés 14h-18h ; reste de l'année : se rens. - 3,50 €.*

## Pont-canal de Briare ★★

**Apprendre et pratiquer.** Inauguré en 1896, cet ouvrage d'art remarquable permet au canal latéral à la Loire de franchir le fleuve pour s'unir au canal de Briare. Sorte de gigantesque gouttière métallique, le pont est long de 662 m, large de 11 m, avec un tirant d'eau de 2,20 m. Un musée en relate sa construction et retrace l'histoire plus large de la navigation sur les canaux et sur la Loire. Un aquarium complète les salles d'exposition.

*Après l'avoir admiré, puis en avoir compris sa construction, vous pourrez naviguer sur le pont-canal !*

*Musée des Deux Marines et du Pont-Canal - 58 bd Buyser - ☏ 02 38 31 28 27 - www.musee-2-marines.com - juin-sept. : 10h-12h30, 14h-18h30 ; reste de l'année : 14h-18h - 6 €.*

*Les Bateaux Touristiques - quai Mazoyer - ☏ 02 38 37 12 75 - www.les-bateaux-touristiques-briare.com - juil.-août : tlj ; avr.-juin et sept.-oct. : se rens. ; 15h - 13 € ; avec déj. 56 € et dîner 65 €.*

## ÉTAPE 4

### Briare-le-Canal - Sully-sur-Loire - 43 km

Après le pont-canal, soyez prudent pour la traversée de la D 951. Continuez en face sur le chemin. Une montée précède Beauregard, tandis que petites routes et chemins aménagés vous mèneront entre St-Brisson-sur-Loire et St-Martin-sur-Ocre. Traversez prudemment le rond-point de la Californie avant le faubourg de Gien. Dans St-Gondon, prenez la direction de St-Florent par la D 54. Après Lion-en-Sullias, on roule en levée de Loire jusqu'à Sully-sur-Loire.

### Gien ★

**Deux en un.** Sévère mais adouci par un subtil jeu de couleurs, le château d'Anne de Beaujeu, fille de Louis XI, s'impose au cœur de la cité. Il s'agit d'un exemple rare d'une architecture pré-Renaissance sans influence italienne. Entièrement rénové, il sert d'écrin à un **musée de la Chasse ★★**, l'une des plus remarquables collections d'Europe des arts de la chasse. N'oubliez pas d'aller admirer la fameuse faïence de Gien, bleue avec ses rehauts de jaune, au musée de la Faïencerie qui a lui aussi fait peau neuve...

*Château-musée de Gien - Chasse, histoire et nature - pl. du Château - ✆ 02 38 67 69 69 - www.chateaumuseegien.fr - 8 €.*

*Musée de la Faïencerie de Gien - 78 pl. de la Victoire - ✆ 02 38 05 21 06 - www.gien.com - mai-sept.: tlj sf dim. 10h-18h; oct.-avr.: 13h30-17h30 - 8 €.*

### Château de Sully-sur-Loire ★

**Château doux.** Si l'existence attestée d'un premier château à Sully remonte bien à l'an mil, il faut attendre le 14ᵉ s. pour que soit édifié le véritable donjon sur la Loire, apte à défendre ce carrefour commercial entre Sologne et Berry. Sous une impressionnante toiture d'ardoises, un enchevêtrement de couloirs obscurs, d'escaliers incertains et de chemins de ronde mène à un vaste donjon et à des tours crénelées, ceintes de mâchicoulis. La forteresse du duc de Sully, ministre d'Henri IV, impose sa silhouette massive sur le cours paresseux de la Loire. Pourtant, loin d'être effrayant, le château de Sully dépose un doux reflet sur les eaux calmes de ses douves.

*Chemin de la Salle-Verte - ✆ 02 38 36 36 86 - www.chateausully.fr - mai.-sept.: 10h-18h (sf lun. en mai-juin et sept.); reste de l'année: se rens. - 8 €.*

## ÉTAPE 5

### Sully-sur-Loire - Jargeau - 30 km

De Sully-sur-Loire, empruntez la passerelle réhabilitée (ancienne voie de chemin de fer) dédiée à l'itinérance douce pour rejoindre la rive nord à St-Père-sur-Loire. Suivez la signalétique de La Loire à Vélo et soyez prudent pour la traversée du pont étroit à Châteauneuf-sur-Loire. L'itinéraire roule sur de petites routes et sur la levée jusqu'à Jargeau.

### Basilique de St-Benoît-sur-Loire ★★

**Un peu de poésie.** Éblouissant témoignage d'art et de spiritualité, la basilique de St-Benoît, édifice principal de l'abbaye bénédictine de Fleury, séduit par l'harmonie de ses proportions, la délicatesse de ses sculptures et la douce lumière qui habille ses voûtes et ses colonnes. Il ne reste de l'abbaye, fondée en 630 et démolie après la Révolution française, que l'abbatiale élevée au rang de basilique en 1947 par le pape Pie XII. Alentour, les ruelles du village et les chemins en bordure de Loire se prêtent à de multiples promenades qui, inévitablement, vous emporteront sur les pas de Max Jacob (1876-1944). Le poète est ici partout présent.

*1 av. de l'Abbaye - ✆ 02 38 35 72 43 - www.abbaye-fleury.com - gratuit.*

### Germigny-des-Prés

**Du grand art religieux.** Rare et précieux témoin de l'époque carolingienne, son **oratoire** ★ est

Le long de la Loire.
David Taljat/Getty Images Plus

considéré comme l'une des églises les plus anciennes de France. Il est même comparé à la rotonde impériale d'Aix-la-Chapelle, également de plan centré. L'édifice primitif aurait été bâti au 9e s. par Théodulphe, évêque d'Orléans et familier de Charlemagne, lequel possédait une villa près de St-Benoît. De cette résidence somptueusement décorée (murs peints et sols de marbre), seul subsiste l'oratoire précieux : l'église de Germigny.

*Oratoire carolingien - ✆ 02 38 58 27 97 - www.tourisme-valdesully.fr - 8h30-19h - gratuit.*

## ÉTAPE 6

### Jargeau - Orléans - 23 km

Un passage pavé délicat donne sur les quais à Jargeau. La traversée de la base de loisirs de l'île Charlemagne s'effectue par de belles voies vertes. À Orléans, le franchissement du pont Thinat se fait sur pistes cyclables et les nouvelles pistes en bord de Loire. Une liaison directe est balisée vers la gare.

## Orléans ★

**Sur les pas de Jeanne d'Arc.** Le destin d'Orléans est indissociable de celui de l'héroïne de la guerre de Cent Ans, qui a délivré la cité des Anglais en 1429. Depuis ce fait d'armes, Orléans a bien changé, mais possède encore de belles demeures anciennes, autour de sa **cathédrale** ★★ (13e-16e s.) à la pierre travaillée avec une extrême finesse, et de son **hôtel de ville** ★ Renaissance où mourut le roi François II. Les amateurs feront un tour au **musée des Beaux-Arts** ★★, qui renferme quelques trésors du 16e au 21e s.

*Musée des Beaux-Arts - pl. Ste-Croix - ✆ 02 38 79 21 83 - www.orleans-metropole.fr - mar.-sam. 10h-18h, dim. 13h-18h, jeu. 10h-20h - 8 €.*

# LOUER UN VÉLO

## NEVERS

### VÉLO TOUK-TOUK

*46 av. du Gén.-de-Gaulle - ✆ 06 84 75 28 73 - www.velotouktouk.com. Disposant de relais le long de la Loire, cette agence loue des VTC (18 €/j), VAE (35 €/j) tandems (40 €/j) ainsi que des vélos enfants et les équipements nécessaires. Transfert de vélos, bagages et personnes possible.*

# DÉGUSTER

## NEVERS

### TOMATE ET CHOCOLAT

Depuis la cuisine ouverte sur une salle aux pierres apparentes, le chef Christophe Nedellec prépare une cuisine de marché qui s'exprime dans de belles assiettes. Attention particulière portée aux légumes (de saison, bien sûr). Les desserts ne sont pas en reste.

*1 bis av. du Gén.-de-Gaulle - ✆ 03 86 69 05 63 - fermé dim., lun. et merc. soir - formules déj. 19/23 €, menus 28/35 €.*

### CAFÉ VÉLO

Un repaire de cyclistes, face au pont de Loire. En terrasse ou dans la jolie salle, la carte répond à toutes les envies: déjeuner, goûter, apéro, brunch. Il est même possible de dormir à l'étage, dans l'une des chambres ou dans le loft (75/105 €). Label **Accueil Vélo**.

*7 pl. Mossé - ✆ 07 86 29 96 67 - www.cafevelonevers.fr - merc.-sam. 9h-21h, dim. 9h-18h - formules 11,50/18,50 €.*

## LA CHARITÉ-SUR-LOIRE

### AUBERGE DE LA POULE NOIRE

Si vous voulez déjeuner en terrasse au pied du site prieural, La Poule Noire est l'emplacement idéal. Cuisine élaborée à partir des produits frais de la région, avec une légère pointe d'originalité.

*9 pl. des Pêcheurs - ✆ 03 86 59 49 28 - fermé dim.-lun. - plats 17/34 €.*

## ST-SATUR

### AUBERGE SAINT-THIBAULT

Juste avant d'entrer dans Sancerre, à 2,5 km seult, une auberge traditionnelle. Mais quelle surprise dans l'assiette! La cuisine, à base de produits de saison, se veut créative et moderne. L'endroit est tenu par un jeune couple sympathique qui a à cœur la satisfaction de ses hôtes.

*37 r. du Capitaine-Jacques-Combe - ✆ 02 48 78 04 10 - www.hotel-restaurant-saintsatur.fr - fermé merc.-jeu. - formule déj. 41 €, menus 59/90 €.*

## SANCERRE

### LA TOUR

Saveurs et simplicité sont les maîtres-mots de ce restaurant niché au pied d'une tour du 14e s. Cuisine de caractère, que l'on déguste avec vue sur les vignes de la salle à l'étage. Beau choix de sancerres.

*31 Nouvelle-Place - ✆ 02 48 54 00 81 - www.latoursancerre.fr - fermé dim.-lun. - formules déj. sem. 30/36 €, menus soir 69/79 €.*

## BRIARE-LE-CANAL

### LE PETIT SAINT-TROP

Tenu par un chef cuisinier ancien globe-trotter, ce restaurant propose une carte brasserie traditionnelle. Sa situation sur le port, sa terrasse et l'accueil sympathique en font une adresse courue: pensez à réserver.

*5 r. Tissier - ✆ 02 38 37 00 31 - fermé dim. soir et lun. - plats 17 €.*

## GIEN

### LE P'TIT BOUCHON

Un vrai repaire bistronomique! Le chef travaille de jolis produits de saison et n'hésite pas à les accompagner d'huiles bien parfumées (à la noisette par exemple) et de condiments ou d'épices: graines de moutarde, piment d'Espelette, etc.

*6 r. B.-Palissy - ✆ 02 38 67 84 40 - fermé dim.-lun. - formules 22/30 €, menu 35 €.*

## SULLY-SUR-LOIRE

### ENTRE LOIRE & SOLOGNE

Au bord de la Loire, ce restaurant-traiteur propose une grande variété de formules, adaptées aux familles. On peut y goûter un étonnant pavé d'autruche, des rognons de veau ou de l'andouillette de Jargeau. Accueil aimable.

*2 pl. St-Germain - ✆ 02 38 38 25 82 - www.restaurant-traiteur-loiret45.fr - fermé dim. soir - plats 17/20 €, menus 29/33 €.*

## ST-BENOÎT-SUR-LOIRE

### LE GRAND-SAINT-BENOÎT

Cette maison chaleureuse vous accueille avec une jolie terrasse au cœur du village. Au menu, de délicieux petits plats joliment cuisinés avec de subtils mariages de saveurs.

*7 pl. St-André - ✆ 02 38 35 11 92 - www.restaurant-grand-saint-benoit.com - fermé lun. et dim. soir - formule en sem. 29 €, menus 40/48 €.*

## JARGEAU

### HÔTEL LE CHEVAL BLANC

*Voir « Dormir » ci-contre.*

## ORLÉANS

### L'HIBISCUS

Des produits frais, des recettes originales mais simples : selle d'agneau, tourteau sur mousse d'avocat, grondin sur lit de fenouil émincé, mousse chocolat noir et sorbet poires. Bon rapport qualité-prix.

*175 r. de Bourgogne - ✆ 02 38 72 74 11 - www.hibiscus-restaurant.com - fermé dim.-lun. - formule déj. 30 €, menus 39/49 €.*

### LES PLANTES

Il faut savoir dénicher ce petit restaurant situé sur la rive gauche, à deux pas du pont George-V. Intérieur cosy aux tons jaune et saumon, cuisine ligérienne, spécialités de poisson.

*44 r. Tudelle - ✆ 02 38 56 65 55 - www.restaurantdesplantes.fr - fermé dim. soir et lun.-mar. - formule déj. 21,90 €, plats 19/29 €, menus 33,90/43,90 €.*

# DORMIR

## NEVERS

*Voir aussi « Déguster » ci-contre.*

### BEST WESTERN HÔTEL DE DIANE

Cette demeure, proche de la gare, abrite de grandes chambres, rajeunies et meublées avec soin. On notera un manque d'insonorisation pour certaines. La salle du petit-déjeuner occupe une tour du 14ᵉ s. Au restaurant, cuisine classique et cadre empreint de fraîcheur et de sobriété. Label **Accueil Vélo** (garage privé fermé).

*38 r. du Midi - ✆ 03 86 57 28 10 - www.bestwestern.fr - 29 ch. 73/99 € - ☕ 14,80 € - ✕.*

## LA CHARITÉ-SUR-LOIRE

### MILLE ET UNE FEUILLES

Ici, chaque chambre porte les mots d'un écrivain, œuvres à l'appui sur la table de nuit. Les chambres sont simples, mais joliment décorées. Tout comme la salle de restaurant, avec ses multiples portraits d'auteurs, où l'on sert une cuisine singulière et exigeante.

*23 av. Gambetta - ✆ 03 86 70 09 61 - www.milleetunefeuilles.com - 9 ch. 86/94 € - ☕ 10 € - ✕.*

## ST-SATUR

### HÔTEL DE LA LOIRE

À 10mn de Sancerre à vélo, en bord de fleuve sur l'itinéraire La Loire à Vélo, cet hôtel original, où le créateur de Maigret écrivit l'un de ses romans, propose des chambres spacieuses et décorées sur le thème du voyage. Label **Accueil Vélo**.

*Quai de Loire - ✆ 02 48 78 22 22 - www.hotel-de-la-loire.com - 11 ch. 84/109 € - ☕ 11 €.*

## BRIARE-LE-CANAL

### HÔTEL DU CERF

Ici, l'accueil prend tout son sens et les prestations sont de qualité : des chambres spacieuses et bien équipées, des salles de bains modernes, un petit-déjeuner généreux. Sans compter un beau jardin où il fait bon se prélasser après tous ces kilomètres à pédaler ! Label **Accueil Vélo**.

*22 bd Buyser - ✆ 02 38 37 00 80 - www.hotelducerf.com - 20 ch. 91/111 € - ☕ 12 €.*

## SULLY-SUR-LOIRE

### HÔTEL BURGEVIN

Installé à 200 m du château, cet hôtel familial existe depuis 1898. Idéal pour poser ses bagages : l'établissement est confortable et l'on s'y sent bien. Services aux petits soins et très bon petit-déjeuner complet (charcuterie et fromages régionaux). Label **Accueil Vélo**.

*10 r. des Petits-Fossés - ✆ 02 38 38 13 12 - www.hotelburgevin.com - 16 ch. 122/135 € - ☕ 15 €.*

## JARGEAU

### HÔTEL LE CHEVAL BLANC

Une belle escale avec des chambres confortables. La salle de restaurant est magnifique, comme celle du petit-déjeuner. Au menu : des pizzas et des burgers. Label **Accueil Vélo**.

*1 r. des Limousins - ✆ 02 38 46 86 10 - www.lechevalblancjargeau.fr - 15 ch 80 € - ☕ 9 € - ✕ formule midi 15 €.*

## ORLÉANS

### HÔTEL MARGUERITE

Bien situé, près des quais de la Loire, avec un joli décor contemporain. Insonorisation sans faille dans les chambres, pour une nuit reposante en fin de parcours. Garage à vélos.

*14 pl. du Vieux-Marché - ✆ 02 38 53 74 32 - www.hotel-orleans.fr - 25 ch. 103/136 € - ☕ 9,50 €.*

### HÔTEL DES CÈDRES

À l'écart du centre-ville, cet hôtel calme dispose de chambres confortables et spacieuses. On profite du salon et de la véranda ouverte sur un jardin planté de cèdres. Label **Accueil Vélo**.

*17 r. du Mar.-Foch - ✆ 02 38 62 22 92 - www.hotelcedresorleans.com - 32 ch. 105/135 € - ☕ 11 €.*

FP-
316-DE
HUSKY

# 2 À 3 SEMAINES

Guenrouet le long du canal de Nantes à Brest. 

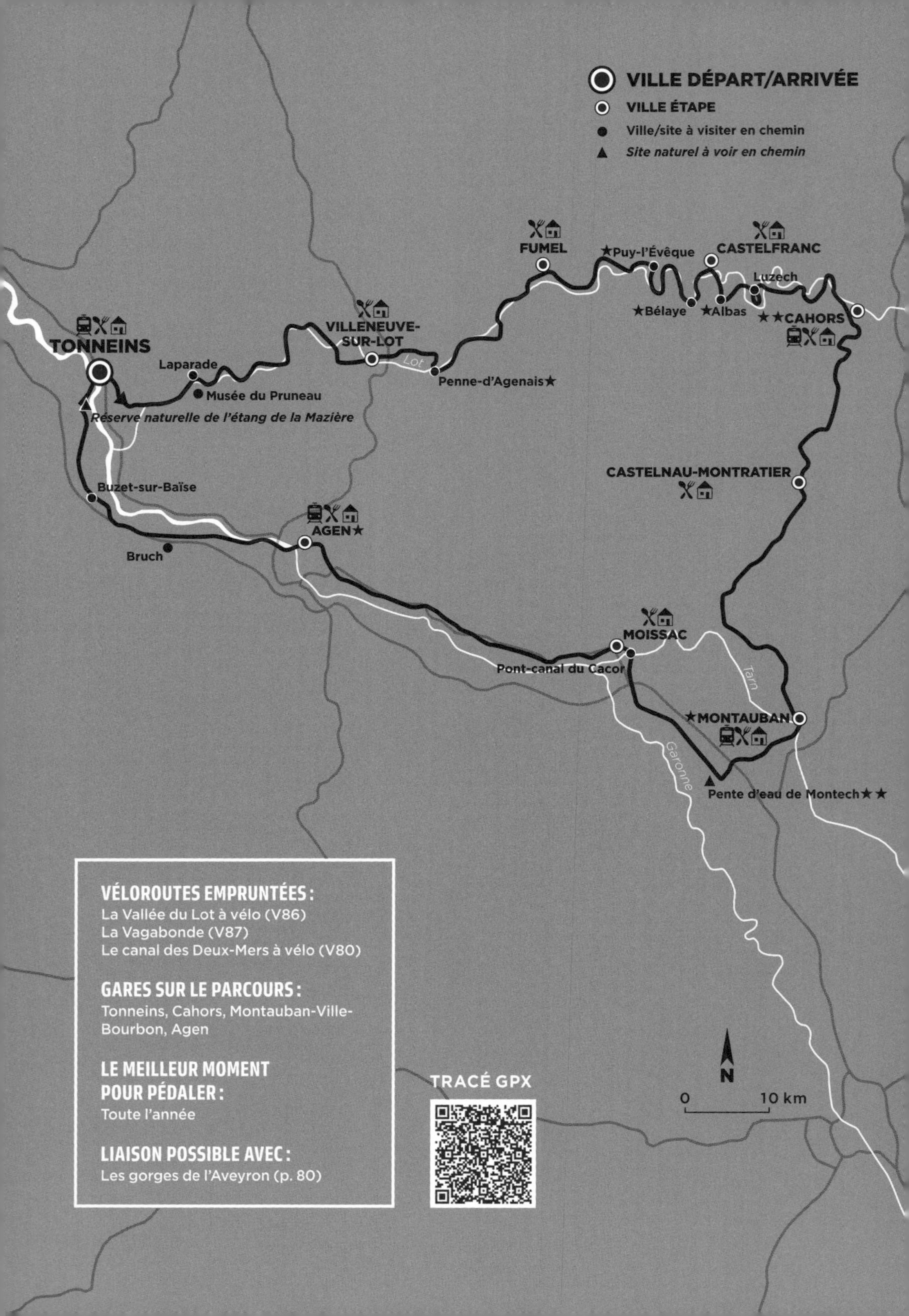


**VÉLOROUTES EMPRUNTÉES :**
La Vallée du Lot à vélo (V86)
La Vagabonde (V87)
Le canal des Deux-Mers à vélo (V80)

**GARES SUR LE PARCOURS :**
Tonneins, Cahors, Montauban-Ville-Bourbon, Agen

**LE MEILLEUR MOMENT POUR PÉDALER :**
Toute l'année

**LIAISON POSSIBLE AVEC :**
Les gorges de l'Aveyron (p. 80)

VAE | NIVEAU 3 | 359 KM | 9 JOURS

**TONNEINS**
**TONNEINS**

# Tour du Quercy Blanc

Au départ de Tonneins, voici une alléchante proposition de divagation vélocipédique. Vous roulerez sur un triptyque de véloroutes parfois exigeantes mais toujours superbes : La Vallée du Lot à vélo, une incursion sur La Vagabonde pour connecter la boucle à Montech, et le canal des Deux-Mers à vélo, ici le long de la Garonne. Cette immersion dans le sud-ouest à la découverte de perles médiévales posées au cœur des vallées alluviales vous laissera un souvenir ému, tout comme les arrêts dans les petits bistrots aux belles saveurs gourmandes !

## ÉTAPE 1

### Tonneins - Villeneuve-sur-Lot - 50 km

Depuis la gare de Tonneins, l'itinéraire passe au-dessus des voies ferrées pour rejoindre la rue Flandre-Dunkerque, puis les rues Aubergeret et de la Gourgue où vous suivez le balisage de la véloroute Vallée du Lot à vélo. On suit la D 914 pour obliquer à l'est sur la D 414 vers Clairac, indiqué à 8 km. Quelques côtes sont à dénombrer avant que l'on retrouve la plage de Clairac et que l'on poursuive sans relief en rive droite du Lot sur de petites routes jusqu'à

Symphonie de jaune dans le Lot.
C. Goupi/age fotostock

Ste-Livrade-sur-Lot. Ici, on change de rive jusqu'à Casseneuil. Ensuite, une jolie voie verte vous fait traverser le Lot pour vous amener en toute quiétude jusqu'à Villeneuve-sur-Lot.

## Tonneins

**Métamorphose.** Empruntez l'agréable promenade des Quais, en bord de Garonne (aire de pique-nique). La cité, réputée pour son ancienne Manufacture des tabacs, se distingue aussi par la culture street art qu'elle valorise par des festivals et collaborations. Une belle façon de redécouvrir le patrimoine local en allant au City Stade, dans le quartier Jules-Ferry, aux silos de Terres du Sud et au stade Jean-Bernège.

## Laparade

**Paisible.** Des remparts de cette bastide française, fondée en 1265 par Alphonse de Poitiers, frère de Saint Louis, se dégage une vue très étendue allant de Villeneuve-sur-Lot, à gauche, au confluent du Lot et de la Garonne, à droite (table d'orientation). La rivière décrit des courbes au milieu des cultures et des vergers.

### À deux coups de pédale

**La ferme et le musée du Pruneau, à Lafitte-sur-Lot, sont entourés de pruniers d'ente. On y découvre le matériel qui, il y a encore quelques années, servait au ramassage de ces prunes et à la préparation des pruneaux. En fin de parcours, vous pourrez déguster les spécialités de la maison. À base de pruneaux, bien entendu!**

***À 6 km au sud de Laparade, à côté de Granges-sur-Lot, après avoir traversé le Lot - Le Gabach - ✆ 05 53 84 00 69 - www.musee-du-pruneau.com - juil.-août: 9h-19h; avr.-juin et sept.: 9h30-12h30, 14h-19h, dim. 14h-18h; reste de l'année: voir le site - 5 €.***

## Villeneuve-sur-Lot

**Labyrinthe.** Ruelles, maisons à pans de bois, places à cornière... Alanguie sur les rives du Lot, cette bastide fondée au 13e s. a su conserver son charme d'antan. Tout autour, du vert à perte de vue: des coteaux fertilisés par la rivière aux vastes vignes et vergers. Au pays des serres, les cultures se portent bien, comme en témoignent les étals colorés et ses appétissants marchés hebdomadaires.

# ÉTAPE 2

### Villeneuve-sur-Lot - Fumel - 36 km

Une piste cyclable vous accompagne pour la sortie de Villeneuve. Comme sur la première étape, le parcours évolue principalement sur de petites routes communales avec quelques passages sur des routes départementales. Il faut être attentif au trafic excessif dans quelques sorties de ville, dont celle de St-Vite. À partir de Monsempron-Libos, une voie verte en partie aménagée sur l'ancienne voie ferrée qui borde la rivière, au revêtement rustique par endroits, vous mène à Fumel. Soyez attentif aux panneaux dans les bourgs. Cette étape comporte un dénivelé modéré à la portée de tout cycliste expérimenté, avec quelques côtes dans le secteur de Clauzade.

## Penne-d'Agenais ★

**Vue splendide.** « Penne » signifie colline. Un nom qui va comme un gant à cette cité médiévale, avec sa position de vigie au-dessus des coteaux fertiles de l'Agenais. Pour découvrir ce village, il faut s'élancer à travers ses petites rues montant jusqu'à une drôle d'église à coupole argentée. Une bonne balade en

Pignon en bois sculpté à Villeneuve-sur-Lot.
A. Brusini/hemis.fr

perspective jusqu'au **point de vue** ★, d'où l'on domine la vallée du Lot, de Villeneuve à Fumel et au loin sur le haut Quercy et le Périgord.

## Fumel

**Taïaut!** Au 11e s., les barons de Fumel firent bâtir un château et l'habitèrent jusqu'au 19e s. Il abrite aujourd'hui la mairie, dont les jardins et les terrasses sont ouverts au public. Au fond d'une niche de pierre, dans le jardin du château, la statue d'un renard marquait le point de départ de la chasse à courre. En contrebas du château, on découvre une végétation très variée, le baron de Langsdorff ayant rapporté au 19e s. de ses chasses à l'étranger diverses essences d'arbres et d'arbustes.

# ÉTAPE 3

### Fumel - Castelfranc - 37 km

La Vallée du Lot à vélo continue principalement sur de petites voies communales, avec toujours quelques passages sur des routes départementales (D 811). Vous profitez de deux belles sections en voie verte entre Soturac et Vire-sur-Lot. Après une dernière circonvolution de la rivière, le parcours débouche sur la bastide de Castelfranc, avec vue panoramique en cadeau de bienvenue.

Puy-l'Évêque.
GordonBellPhotography/Getty Images Plus

## Puy-l'Évêque ★

**Puy, le « lieu élevé ».** Tranquille mais pas endormie, Puy-l'Évêque étage, sur la rive droite du Lot, ses vieilles maisons aux belles pierres ocre jaune autour de son donjon et de son église. La petite ville garde les traces de la suzeraineté des évêques de Cahors, gravées dans le tracé de ses charmantes ruelles. Pleines de surprises – ici un lavoir, là un point de vue sur le Lot –, elles invitent aussi à pousser la porte d'un bon restaurant ou à goûter les arômes d'un cahors.

## Bélaye ★

**Waouh!** Le village occupe le sommet d'une haute falaise qui borde le Lot et que l'on appelle dans la région

## Castelfranc

**Ancienne bastide.** Castelfranc est dominée par une église massive à mur clocher (14e s.), l'un des exemples les plus significatifs d'un type fréquent dans la région. De l'autre côté de la place, derrière la halle, s'étend le charmant jardin des Sens. Rafraîchies par le ruisseau du Vert, plantes tinctoriales, variétés potagères, simples et fleurs renouvellent la mode du jardin médiéval en bousculant sa conception et sa traditionnelle séparation des usages.

## ÉTAPE 4

### Castelfranc - Cahors - 35 km

La Vallée du Lot à vélo s'échappe de Castelfranc *via* une voie verte au revêtement rustique. Ensuite, on roule principalement sur des petites voies communales en suivant les méandres de la rivière jusqu'à Luzech et son donjon. De là, l'itinéraire prend une trajectoire plus directe en coupant au plus court jusqu'à Douelle, par une belle section en voie verte. Prudence après Douelle: dans l'attente d'un aménagement, le tracé fait beaucoup de détours par des petites routes pentues afin d'éviter la D 8. Ce parcours au dénivelé relativement modéré convient à tout cycliste un peu expérimenté, mais pas aux enfants.

une « cévenne ». De la place supérieure se révèle une vue incroyable sur la vallée. En parcourant le bourg, on découvre nombre de souvenirs de ce fastueux passé où Bélaye était intégré au fief des évêques de Cahors: les vestiges du château du coseigneur, le château de l'évêque (dont seul reste intact le mur méridional), ou encore l'église St-Aignan, du 14e s.

## Albas ★

**Village perché.** Jadis possession et un temps résidence des évêques de Cahors, le village a conservé ses rues étroites et les vestiges du château. Rare témoin de l'enceinte médiévale, la Maison du Pal et du Patrimoine a été aménagée en un remarquable centre d'interprétation sur l'histoire de la cité et ses alentours. En haut du village, la

## À deux coups de pédale

**La chapelle N.-D.-de-l'Île, de style gothique flamboyant, est logée à un endroit particulièrement périlleux du Lot. Elle compte parmi les nombreuses chapelles édifiées pour protéger les mariniers des dangers de la navigation. Elle fait l'objet d'un pèlerinage très fréquenté, comme l'attestent plusieurs ex-voto, dont une superbe maquette de gabarre suspendue aux voûtes (18e s.).**
***À 1,2 km au sud de Luzech par la D 23.***

mairie, qui occupe le logis du château, jouxte l'entrée du jardin Toscan. Ne ratez pas cette réussite végétale, aménagée en terrasse sur le Lot.

### Luzech

**Isthme exceptionnel.** Entre les courbes de la rivière, qui se rejoignent au nord de la bourgade, la ville est dominée par une colline historique dont l'ascension représente l'un des principaux attraits. De la ville médiévale, il reste principalement le donjon du 13e s. et la rue de la ville, bordée de bâtiments anciens : la maison des Consuls ornée de belles fenêtres géminées, la chapelle des Pénitents et la porte du Capsol avec son ogive de brique.

### Cahors ★★

**Presque une île.** Établie sur une presqu'île enserrée dans un cingle du Lot, l'ancienne capitale des Cadourques a pris pour emblème le **pont Valentré** ★★, qui enjambe la rivière du haut de ses trois tours fortifiées. En flânant au gré de ses jardins, découvrez ruelles et maisons hautes qui sont autant de témoins de l'histoire médiévale de Cahors. La **cathédrale** ★★, de style romano-byzantin, est dominée par ses deux exceptionnelles coupoles. Son portail nord rivalise avec les plus beaux ouvrages d'art roman du Sud-Ouest.

## ÉTAPE 5

### Cahors - Castelnau-Montratier - 31 km

De Cahors, on quitte La Vallée du Lot à vélo pour bifurquer plein sud sur La Vagabonde. Le parcours emprunte principalement les D 7, D 67, D 55, D 64 et D 659, un peu vallonnées, jusqu'à Castelnau-Montratier. Un parcours qui s'adresse aux cyclistes expérimentés !

### Castelnau-Montratier

**Le mont du seigneur Ratier.** Vers 1250, une bastide est édifiée au sommet du promontoire par Ratier, seigneur de Castelnau, qui lui donne son nom. À cette époque, ses foires réputées attirent marchands de laine et d'étoffes. Ombragée de tilleuls et de marronniers, l'ancienne place du marché conserve encore ses couverts et vieilles maisons. Dressée à l'extrémité du promontoire, l'église St-Martin a des allures byzantines. Au nord s'élèvent trois moulins à vent, dont l'un est mentionné dans des écrits de 1400.

## ÉTAPE 6

### Castelnau-Montratier - Montauban - 41 km

De Castelnau-Montratier, La Vagabonde sillonne la vallée de la Lupte principalement sur la D 68 avant de monter à Lafrançaise. Ensuite, l'itinéraire descend par les D 40 et D 78 pour traverser l'Aveyron par le gué submersible de Piquecos – une déviation est possible quand la rivière est en crue – avant de gagner Montauban.

## Montauban ★

*Voir p. 82.*

## ÉTAPE 7

### Montauban - Moissac - 38 km

La traversée de Montauban s'effectue par des routes jalonnées (suivre « canal des Deux-Mers »/« La Vagabonde ») et le passage du Tarn par le pont de Sapiac. On arrive à Montech par la voie verte du canal, avant de bifurquer sur le canal des Deux-Mers en traversant le canal latéral à la Garonne pour repartir vers Moissac *via* le site de la pente d'eau de Montech. On suit tranquillement le canal jusqu'au pont-canal du Cacor pour entrer dans Moissac.

Pilier du cloître de l'abbaye de Moissac.
J. Garcia/hemis.fr

## Pente d'eau de Montech ★★

**Ouvrage sur l'eau.** Outre quelques maisons à colombages, on verra à Montech (prononcez Montesch) l'église N.-D.-de-la-Visitation et son remarquable clocher toulousain, haut de 46 m. Surtout, à Montech, vous apprécierez l'un des ouvrages d'art construit pour moderniser le canal de la Garonne, aussi ingénieux que spectaculaire : la pente d'eau. On doit cette sorte d'ascenseur pour bateaux à Jean Aubert. Mis en œuvre en 1974, il permettait de remplacer cinq écluses successives et ainsi de gagner un temps précieux de navigation. Son fonctionnement peut ressembler à celui d'un plan incliné fluvial utilisant un bac. Deux « michelines » ou automotrices tractaient le navire dès que le bac était en eau.

## Abbaye de Moissac ★★

**Chef-d'œuvre roman.** Si le **tympan** ★★★ du portail de la merveilleuse abbaye de Moissac, qui connut son âge d'or dès le 11e s., est remarquable, l'édifice est aussi célèbre pour son **cloître** ★★★ de la fin du 11e s. Ombragé par un grand cèdre, il dégage un charme incomparable, grâce à la légèreté de ses arcades et l'harmonie de ses marbres, blanc, rosé, vert ou gris. Les chapiteaux sont décorés d'animaux, de feuillages, de motifs géométriques et de scènes historiées inspirées de la Bible. Sublime.

*✆ 05 63 04 01 85 - www.abbayemoissac.com - juin-sept. : 9h-19h ; avr.-mai et oct. : 9h-12h, 14h-18h ; nov.-mars : 13h30-17h, w.-end 10h-12h, 13h30-17h - 7 €.*

## À deux coups de pédale

**Après avoir quitté Moissac, si vous avez envie de piquer une tête, traversez la Garonne par le pont où passe la D 15, après l'écluse du Petit Bézy (attention, escalier à monter). 1 km plus loin se trouve la base de loisirs de St-Nicolas-de-la-Grave, avec piscine en été, activités nautiques et réserve ornithologique.**

***www.loisirs82.fr.***

## ÉTAPE 8

### Moissac - Agen - 44 km

Entre Moissac et Valence-d'Agen, le chemin de halage s'estompe ponctuellement pour quelques tronçons de voies partagées peu fréquentées. Le reste de l'itinéraire est en voie verte sur le chemin de halage bien aménagé et balisé jusqu'à Agen.

### Pont-canal du Cacor

**Pont insolite.** Juste après Moissac (à 2,5 km), le large pont du Cacor n'est pas un pont comme les autres. Vous avez de fortes chances d'y croiser... des bateaux ! Construit au milieu du 19e s. en pierre du Quercy et brique toulousaine, l'ouvrage d'art permet en effet au canal de Garonne d'enjamber le Tarn.

### Agen ★

**Perle médiévale.** La préfecture du Lot-et-Garonne a des accents méridionaux, avec ses places ombragées, ses ruelles médiévales et ses larges boulevards, en partie rendus aux piétons. Commencez par la place du Dr-Pierre-Esquirol, où se dressent l'hôtel de ville (ancien tribunal du 17e s.), le théâtre à l'italienne Ducourneau et le **musée des Beaux-Arts ★★**. Celui-ci abrite de belles collections (archéologie, peintures classiques et impressionnistes, etc.). Remontez le temps jusqu'au Moyen Âge en flânant du côté de la rue Beauville et de la place des Laitiers, avant de visiter la cathédrale St-Caprais, fondée au 11e s.

*Musée des Beaux-Arts - pl. du Dr-Esquirol - ✆ 05 53 69 47 23 - www.musee-agen.fr - avr.-oct. : 11h-18h ; reste de l'année : 11h-17h, w.-end 14h-18h - fermé mar. - 6 €.*

## ÉTAPE 9

### Agen - Tonneins - 47 km

Le canal des Deux-Mers à vélo sort d'Agen par le magnifique pont-canal qui enjambe la Garonne et file sur cet itinéraire sans difficulté sur voie verte balisée. Après Damazan, à hauteur de St-Christophe, on quitte le chemin de halage sur la D 300 puis on tourne à droite sur la C 2 pour gagner Tonneins et ainsi boucler cette escapade des confluences entre Lot, Aveyron, Tarn et Garonne.

### Bruch

**Aux deux tours.** Tour à tour aux mains des seigneurs français et seigneurs anglais, cette ancienne cité fortifiée a su préserver des vestiges de l'enceinte qui protégeait le village, se faisant témoin du passé tumultueux de l'Albret à l'époque féodale. On s'y balade sous la houlette de ses deux imposantes tours, qui constituent l'emblème de la bastide. Leur style architectural, qui allie éléments de défense et détails élégants typiques des constructions seigneuriales, vaut le coup d'œil.

### Buzet-sur-Baïse

**Ah le bon vin !** Ce petit port sur la Baïse est mondialement connu pour son AOC. Une fois n'est pas coutume, arrêtez-vous à la coopérative des vignerons de Buzet pour découvrir

Le pont-canal du Cacor, à Moissac.
F. Guiziou/hemis.fr



ce terroir. Ce collectif de viticulteurs, engagés depuis 2005 pour une viticulture durable et novatrice, cultive ses raisins sans engrais chimiques. En plus de leur boutique coopérative, les vignerons proposent des balades à vélo électrique ou à pied, guidées par un viticulteur et un géographe, des ateliers trufficulture, du yoga dans les vignes...

*Cave coopérative des vignerons de Buzet - 56 av. des Côtes-de-Buzet - ✆ 05 53 84 74 30 ou 05 53 84 17 16 - www.nouslesvigneronsdebuzet.fr - juil.-août visites guidées lun., merc., vend. à 10h et 16h - hors sais.: sur rendez-vous. Réserv. obligatoire.*

## Réserve naturelle de l'étang de la Mazière

**Pleine nature.** L'étang de la Mazière, à Villeton, est un vestige du cours ancien de la Garonne. La réserve (100 ha) abrite une faune et une flore très riches (222 espèces d'oiseaux répertoriées – postes d'observation). La visite est particulièrement intéressante pendant la migration (de mi-août à fin oct.) : c'est ici l'une des plus importantes stations de baguage en France, qui a lieu tous les matins pendant cette période. La Maison de la réserve accueille une exposition permanente sur le milieu naturel (accès libre en semaine).

*Maison de la réserve Les Mazières - Petite Mazière - ✆ 05 53 88 02 57 - www.sepanlog.org - visite accompagnée uniquement (3h env.) sur réserv. (sf en cas de pluie) 7 €. Dans cette zone humide, bottes obligatoires (surtout en hiver).*

## LOUER UN VÉLO

### TONNEINS

**OFFICE DE TOURISME DU VAL DE GARONNE**
*3 bd Ch.-de-Gaulle - ✆ 05 53 64 44 44 - www.valdegaronne-tourisme.com - juil.-août : lun.-sam. 9h30-12h30, 14h-18h - reste de l'année, aux horaires de l'office de tourisme - VTC 17 €/j, VAE 35 €/j. Sur réservation par téléphone.*

## DÉGUSTER

### TONNEINS

**CÔTÉ GARONNE**
*Voir « Dormir » ci-contre.*

### VILLENEUVE-SUR-LOT

**L'OUSTAL**
Sous les arcades de la place Lafayette, on déguste dans une salle aux couleurs basques des spécialités concoctées par le chef maître restaurateur à base de produits frais : *chipirones* à la plancha, piperade, tapas, etc. Tout est fait maison, et servi dans la bonne humeur.
*4 pl. Lafayette - ✆ 05 53 41 49 44 - fermé mar. soir, merc. et dim. - formules 15/23 €, menu 45 €.*

### FUMEL

**PIZZERIA LA DOLCE VITA**
Au menu de ce restaurant italien, des pizzas, mais pas que ! Linguine, tagliatelle, penne, ravioles aux cèpes et à la truffe, ainsi que tiramisu et baba au limoncello permettent de reprendre des forces.
*14 r. de la République - ✆ 05 64 35 05 05 - fermé lun.-mar. - pizzas 11/17 €.*

### CASTELFRANC

**LA VIGNE HAUTE**
Une cuisine traditionnelle aux bons accents de terroir. Les viandes sont cuites sur braise. Profitez de la terrasse en saison.
*1 av. des Tonneliers - ✆ 05 65 53 08 45 - www.lavignehaute.net - fermé merc. - plats 16/22,50 €, menu 28,50 €.*

### CAHORS

**L'O À LA BOUCHE**
À la tête de ce sympathique restaurant, un couple de passionnés qui a sillonné les contrées lointaines et les mers avant de jeter leur ancre à Cahors. Jean-François concocte des plats gourmands, comme ce saumon mariné au fenouil, cette pièce de bœuf, aligot et champignons à la grecque ou cette poêlée de blettes et cromesquis d'ail rose de Lautrec. On en a l'eau à la bouche !
*56 allées Fénelon - ✆ 05 65 35 65 69 - www.loalabouche-restaurant.com - fermé dim.-lun. et merc. soir de juin à sept. - formules 25/39 €, menus 32/68 €.*

### CASTELNAU-MONTRATIER

**LE BARDOUQUET**
Cette brasserie propose à la carte des burgers, ainsi que des produits du Sud-Ouest, cuisinés simplement.
*19 pl. Gambetta - ✆ 05 65 21 28 14 - fermé sam. et tous les soirs à 19h - formule 15,90 €, menu 26,90 € - de 19h à 21h : burgers-frites maison à emporter.*

### MONTAUBAN

*Voir p. 85.*

### MOISSAC

**LE PONT NAPOLÉON**
Hôtel-restaurant face au pont Napoléon, en bordure du Tarn. La décoration tendance met en valeur tableaux, objets et meubles anciens. Plats dans l'air du temps. Espace détente avec sauna, hammam et jacuzzi. Le bar de l'hôtel propose à midi une restauration rapide. Réservation conseillée.
*2 allée Montebello - ✆ 05 63 04 01 55 - www.le-pont-napoleon.com - formule 29 €, menu 39 € - 15 ch. 82 € - ☕ 9,50 €.*

### AGEN

**LE CAFÉ VÉLO**
Dans une ancienne station de pompage juste à côté du pont-canal (et à 15mn de la gare), ce lieu hybride dédié au cyclotourisme fait à la fois location de vélos, gîte d'étape (12 couchages, 20€/pers. en dortoir) et restaurant convivial. Dans l'assiette, du bio, du local et toujours une proposition végétarienne : de la cuisine familiale, sans prétention, à l'image de ce lieu atypique et très enthousiasmant.
*207 r. du Duc-d'Orléans - ✆ 05 53 96 15 51 - www.cafe-velo.net - 8h30-18h - fermé nov.-mars, lun.-mar. de mars à juin et en sept.-oct. - tapas 16 €.*

## DORMIR

### TONNEINS

**CÔTÉ GARONNE**
Au cœur de Tonneins, cet hôtel jouit d'un emplacement d'exception sur les quais de la Garonne. Les chambres joliment décorées dans des teintes chaleureuses offrent tout le confort nécessaire à une nuit paisible. Excellent rapport qualité-prix. Également un salon de thé, un bar lounge et un élégant restaurant sublimant les produits du terroir. Label **Accueil Vélo**.
*36 quai de l'Yzer - ✆ 05 19 08 08 20 - www.cotegaronne47.*

Pruneaux d'Agen.
Milan Krasula/Getty Images Plus

*com - 10 ch. 95/113 € - 12 € - fermé lun.*

## VILLENEUVE-SUR-LOT

### HÔTEL LA RÉSIDENCE

Aux portes de la bastide médiévale, hôtel convivial et simple. Les chambres côté cour, claires et calmes, donnent sur les jardins voisins. Label **Accueil Vélo**.

*17 av. Lazare-Carnot - 05 53 40 17 03 - www.hotellaresidence47.com - 13 ch. 60/67 € - 8 €.*

## FUMEL

### CAMPING LES CATALPAS

Dans ce camping de 2 ha qui donne sur le Lot, des emplacements ombragés avec table de pique-nique sont réservés aux cyclotouristes. Label **Accueil Vélo**.

*1335 chemin de Gaillardel - 05 53 71 11 99 - www.les-catalpas.com - - ouv. de mi-avr. à mi-oct. - 20 logements locatifs : chalets, mobile homes et bungalows 125 €/w.-end.*

## CASTELFRANC

### LE 7 DES TONNELIERS

Une vieille maison d'hôtes de charme avec ses pierres apparentes, ses parquets et sa terrasse. Une halte reposante.

*7 r. des Tonneliers - 06 68 86 08 13 - le7destonneliers.com - 3 ch. 68/90 € - location de vélos : 25 €/j.*

## CAHORS

### HÔTEL JEAN XXII

Voici un point de chute pratique et calme, au pied de la tour Jean-XXII. Les murs de ce palais (13e s.), édifié par la famille du pontife, abritent des chambres confortables et fonctionnelles. Vos bagages posés, partez à la découverte de la cité !

*2 r. Edmond-Albe - 09 87 75 77 48 - www.hotel-jeanxxii.com - 9 ch. 75/115 € - 10 €.*

## CASTELNAU-MONTRATIER

### CHAMBRES D'HÔTES LA PERLE DU LOT

De cette belle maison située à 2 km de Castelnau, le calme et la vue sont les atouts d'une halte reposante.

*Bardouquet - 07 67 24 00 39 - - 2 ch. 75/85 € .*

## MONTAUBAN

*Voir p. 85.*

## MOISSAC

*Voir aussi « Déguster » ci-contre.*

### LE MOULIN DE MOISSAC

Souvent remanié, ce grand moulin fondé au 15e s. dispose désormais d'un bel aménagement intérieur, de jolies chambres à thèmes (mer, campagne et montagne) et d'un spa complet. Au menu, des plats cuisinés avec des produits d'une grande fraîcheur. Label **Accueil Vélo**.

*1 prom. Sancert - 05 63 32 88 88 - www.lemoulindemoissac.com - 36 ch. 99/120 € - 16 € - fermé sam. midi et dim. Location de vélo.*

## AGEN

*Voir aussi « Déguster » ci-contre.*

### STIM'OTEL

Idéalement situé au cœur de la vieille ville (et très calme malgré le boulevard), cet hôtel propose des chambres contemporaines confortables, fonctionnelles et bien équipées. Label **Accueil Vélo**.

*105 bd du Prés.-Carnot - 05 53 47 31 23 - www.stimotel.com - 58 ch. 65/115 € - 12 € - .*

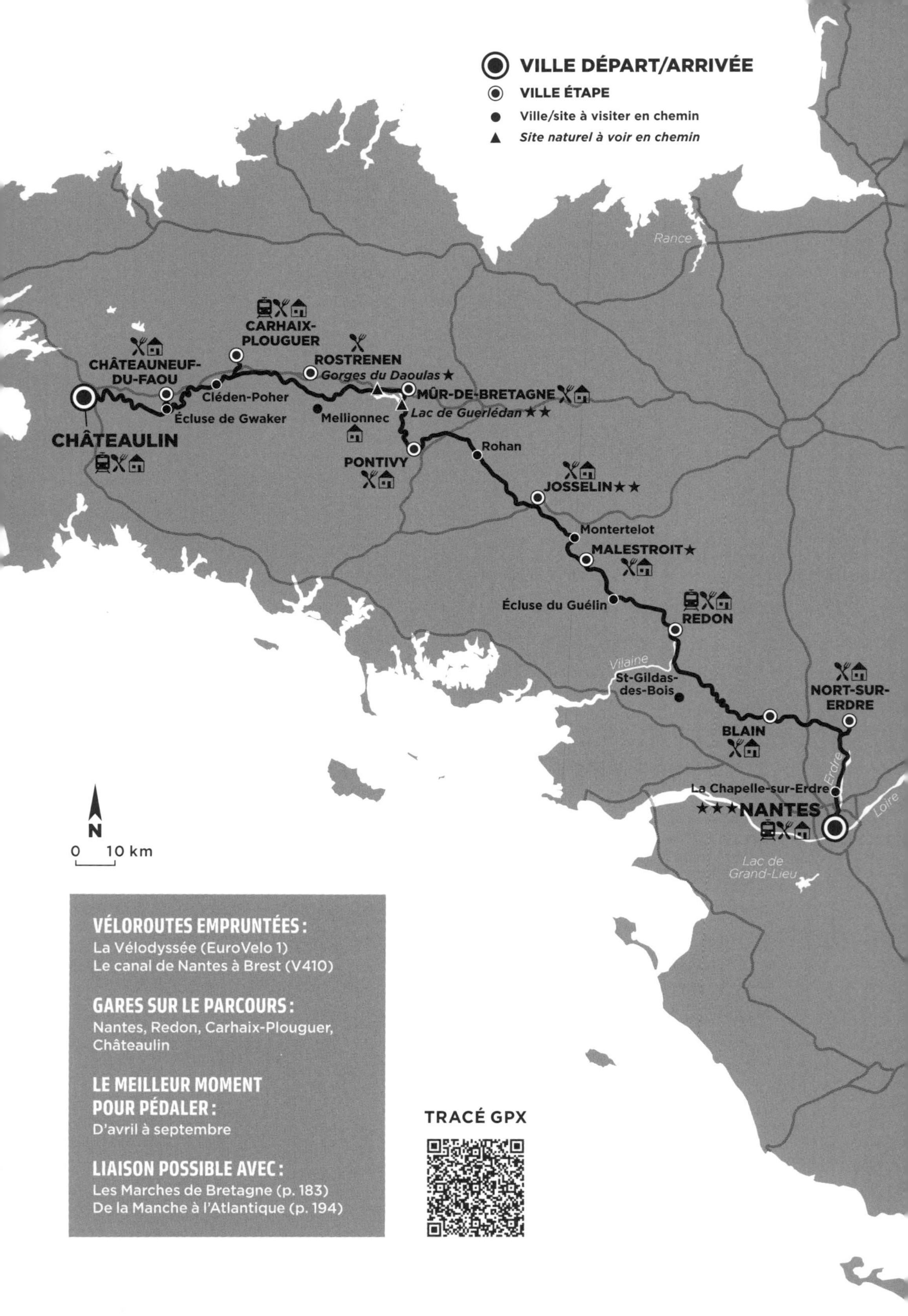


**VÉLOROUTES EMPRUNTÉES :**
La Vélodyssée (EuroVelo 1)
Le canal de Nantes à Brest (V410)

**GARES SUR LE PARCOURS :**
Nantes, Redon, Carhaix-Plouguer, Châteaulin

**LE MEILLEUR MOMENT POUR PÉDALER :**
D'avril à septembre

**LIAISON POSSIBLE AVEC :**
Les Marches de Bretagne (p. 183)
De la Manche à l'Atlantique (p. 194)

TRACÉ GPX

NIVEAU 1

392 KM

11 JOURS

**NANTES**
**CHÂTEAULIN**

# Le canal de Nantes à Brest

Si la voie d'eau connecte Nantes à Brest, l'itinéraire à vélo est uniquement aménagé entre Nantes et Châteaulin, sur les chemins de halage des rivières bretonnes. Pour les cyclistes hardis qui voudraient rejoindre Brest à la fin de ce périple, il faudra alors affronter les contreforts des monts d'Arrée, vous êtes prévenus ! Mais pour une douce aventure familiale au cœur de la verte Bretagne, ce parcours plat à l'abri des voitures est tout simplement enchanteur.

## ÉTAPE 1

### Nantes - Nort-sur-Erdre - 38 km

Du centre de Nantes, on suit le balisage de La Vélodyssée pour sortir de la ville par les rives de l'Erdre. Après un passage près de la faculté des Sciences, on file par les quais de la Jonelière pour monter vers La Chapelle-sur-Erdre afin d'emprunter la piste cyclable située en bordure de la D 69 pour rejoindre Sucé-sur-Erdre. À travers les hameaux typiques des environs de Sucé-sur-Erdre, à distance des plaines de Mazerolles, l'itinéraire emprunte des petites routes et des chemins aménagés avant de gagner l'écluse n° 2 de Quiheix : c'est

Écluse de La Rabinière, sur le canal de Nantes à Brest.
F. Guiziou/hemis.fr

Redon.
Gary Le Feuvre/Getty Images Plus

le début officiel du chemin de halage du canal de Nantes à Brest. Pour gagner Nort-sur-Erdre, il faut suivre le jalonnement mis en place à partir du canal de Nantes à Brest qui vous y mène par de petites routes peu fréquentées et jusqu'à la gare.

## Nantes ★★★

*Voir p. 191.*

## La Chapelle-sur-Erdre

*Voir p. 190.*

## ÉTAPE 2

### Nort-sur-Erdre - Blain - 29 km

La voie réservée aux vélos est très roulante entre l'écluse n° 2 de Quiheix et Blain. Seul réflexe à garder : une vigilance accrue au moment de traverser les D 164 et D 16.

## Blain

**Entre canal et forêt.** Ancien carrefour de voies romaines, Blain joue un rôle commercial important entre Nantes,

Redon et l'Anjou. Sa proximité avec la forêt du Gâvre offre de belles possibilités de promenade (sentiers balisés). Installé dans l'ancien présidial des ducs de Rohan, le musée fait revivre le passé du pays blinois, avec la reconstitution de l'épicerie, du bureau de tabac, de la saboterie, etc. Deux salles sont consacrées aux traditions populaires du temps de Noël.

*Musée - 2 pl. Jean-Guihard - ✆ 02 40 79 98 51 - museedeblain.fr - 10h-12h, 14h-17h30 (14h30 sam.) - fermé dim.-lun. - gratuit.*

## ÉTAPE 3

### Blain - Redon - 45 km

Cette section en site propre peut très occasionnellement être inondée en hiver, particulièrement entre Guenrouët et St-Nicolas-de-Redon. Comme pour l'étape précédente, il faudra rester vigilant pour la traversée de la N 171 à Blain, de la D 2 à Guenrouët et de la D 773 à Pont-Miny (Fégréac). Quelques tables de pique-nique bien agréables vous invitent à vous arrêter pour un déjeuner au grand air.

### Redon

**En avant, moussaillons!** Situé au cœur d'un important réseau de voies navigables, Redon occupe une position frontalière au contact de trois départements: Ille-et-Vilaine, Loire-Atlantique et Morbihan. Les marins d'eau douce viennent en nombre apprécier le charme du port de plaisance bordé d'anciens greniers à sel et de maisons d'armateurs. Après une flânerie dans les ruelles de la bourgade, que dominent les deux fiertés de la ville – la tour romane et le clocher gothique –, offrez-vous une balade au fil de l'eau.

## ÉTAPE 4

### Redon - Malestroit - 38 km

Sur cette étape, le revêtement est plus ou moins irrégulier suivant les secteurs. Il faut bien se repérer dans Redon pour ne pas partir sur le chemin de halage de la Vilaine! Soyez vigilant au niveau du barrage de la Potinais: traversez l'Oust et veillez à bien suivre la signalétique à droite. Attention à la hauteur sous pont, juste avant Malestroit. Le parcours arrive ensuite au cœur de la petite cité.

### Écluse du Guélin

**Déco.** Parmi les écluses fleuries qui font la réputation du canal, l'écluse de Guélin (n° 21) est l'une des plus colorées et séduisantes.

### Malestroit ★

**La perle de l'Oust.** Cette coquette cité, baignée par l'Oust canalisée, conserve d'intéressantes demeures

### À deux coups de pédale

**Bombardée en 1944, l'église abbatiale de St-Gildas-des-Bois, qui date du 12e s., avait perdu ses magnifiques vitraux et était restée depuis en partie ouverte aux vents. En 2005, le plasticien Pascal Convert se voit confier la réalisation de nouveaux vitraux. Il opte pour du cristal et choisit de les sculpter à partir de photographies d'enfants prises au 19e s. dans un asile d'aliénés. L'effet est saisissant : tous ces petits regards en relief semblent suivre chacun de vos pas...**

***À 6,5 km de Guenrouet, sur la véloroute après Blain. Pl. de l'Abbatiale - ✆ 02 40 01 40 10 - www.pontchateau-saintgildasdesbois.com - juin-sept.: 9h-19h; reste de l'année: 9h-17h - fermé pendant la messe mar. et vend. 18h et dim. 11h - gratuit.***

gothiques et Renaissance. Ces **maisons anciennes ★**, à pans de bois ou en pierre, se groupent surtout près de l'église St-Gilles. Place du Bouffay, une façade présente des sujets sculptés humoristiques ; une autre a gardé son pélican de bois et une troisième arbore une truie qui file. Parcourez aussi la rue au Froment, la rue aux Anglais, la rue des Ponts et la rue du Gén.-de-Gaulle.

## ÉTAPE 5

### Malestroit - Josselin - 26 km

Le revêtement est roulant sur cette section du chemin de halage. Soyez attentif pour la traversée du pont au Roc-St-André : un changement de rive est à effectuer, conformément aux indications du balisage. Sur le chemin de halage, l'arrivée à Josselin, avec son imposant château en ligne de mire, marque les mémoires.

### Montertelot

**Pause détente.** L'ancien quai marchand est devenu aujourd'hui une halte nautique prisée sur le canal. Vous pourrez vous arrêter pour boire un verre, prendre un repas au restaurant ou vous balader dans le village, le long du sentier de découverte « Patrimoine et Nature ». La petite église St-Laur, avec sa fontaine et son bassin, forme une très jolie scène au bord du canal.

### Josselin ★★

**Exceptionnel.** Josselin séduit d'emblée le visiteur avec ses maisons médiévales aux toits d'ardoises s'étageant à flanc de coteau, et son **château ★★** qui se mire dans l'Oust. Toujours habité par la famille de Rohan, c'est l'un des plus beaux châteaux de l'ouest de la France. Donnant sur le parc, la ravissante façade du corps de logis forme un contraste extraordinaire avec l'appareil fortifié de la face extérieure. Nulle part, en Bretagne, on n'a poussé plus loin l'art de sculpter ce dur matériau qu'est le granit.

*Château - pl. de la Congrégation - ✆ 02 97 22 36 45 - www.chateaudejosselin.com - juil.-août : 11h-18h ; avr.-juin et sept. : 14h-18h ; oct. : w.-end et vac. scol. 14h-18h - 10,80 €.*

## ÉTAPE 6

### Josselin - Pontivy - 48 km

Entre Josselin et Rohan, l'itinéraire est en site propre sur revêtement roulant ; cette étape le long du canal est en léger faux plat montant, du fait de l'échelle d'écluses. Vous devez réaliser un changement de côté par la D 764 à Bocneuf-la-Rivière. À noter, un court passage sur petite route à hauteur du lieu-dit Le Val, juste avant l'écluse de Griffet. Soyez attentif lors de la traversée des D 768, D 125 et D 32.

### Rohan

**« Roi ne puis, prince ne daigne, Rohan suis ».** Ce charmant village, doté d'un port de plaisance, porte le nom de la célèbre famille bretonne. Du château primitif, érigé au début du 12$^{e}$ s. par le premier vicomte de Rohan, et de ceux qui suivirent au fil des siècles, ne subsistent que des ruines sur un plateau rocheux. La chapelle N.-D.-de-Bonne-Encontre, plus tardive (1510), porte encore les armoiries des Rohan. Dans le centre-ville, belle halle en bois.

### Pontivy

**Impériale.** Pontivy montre un contraste frappant entre la vieille ville, aux rues étroites et capricieuses, et la ville impériale, créée sous l'Empire.

Malestroit.
guy-ozenne/Getty Images Plus

Pour découvrir son visage médiéval, il faut flâner rue du Fil, rue du Pont, rue Ange-Guépin ou place du Martray. Nommée Napoléonville de 1804 à 1814, Pontivy s'est développée sous l'impulsion de l'Empereur, qui souhaitait en faire une place militaire stratégique en Bretagne. Elle garde la trace très visible de cette transformation, avec un plan régulier et de nombreux bâtiments abritant les institutions régaliennes.

## ÉTAPE 7

### Pontivy - Mûr-de-Bretagne - 23 km

Vous voilà engagé sur une étape qui évolue au cœur d'une végétation luxuriante. À Pontivy, il faut bien partir le long du Blavet, mais en direction du nord-ouest, vers le lac de Guerlédan, sous peine de finir à Hennebont ! Un peu avant le barrage de Guerlédan, on aborde l'unique difficulté de ce parcours : une belle côte avec un passage à plus de 8 %, sur 2 km si on se dirige jusqu'au centre de Mûr-de-Bretagne.

## Mûr-de-Bretagne

**Quelle côte !** Au nord du bourg, dans un très joli cadre de verdure qui inspira Corot, s'élève la chapelle Ste-Suzanne avec son élégant clocher-porche (1760). À l'intérieur se trouve un remarquable plafond peint du 18e s. Dans le bourg, qui compte parmi les plus animés de la Bretagne intérieure, une route mène

R. Mattes/hemis.fr

## À deux coups de pédale

**Cléden-Poher (à 10 km au sud-ouest de Carhaix-Plouguer) possède un bel enclos paroissial ★, bâti pour l'essentiel au 16e s. L'église des 15e et 16e s. renferme d'intéressants retables. Une grande partie de la voûte a gardé ses lambris, peints en 1750. Remarquez aussi la jolie charpente de l'ossuaire transformé en chapelle, un beau calvaire de 1575 représentant une pietà et la scène de la flagellation, et deux sacristies couvertes en carène.**

au rond-point du Lac, d'où la vue est superbe.

*Chapelle - habituellement ouverte en juil.-août, la chapelle doit subir d'importants travaux à partir de 2025 (se rens. sur www.chapelle-guerledan.fr ou au ✆ 06 85 53 67 56).*

## ÉTAPE 8

### Mûr-de-Bretagne - Rostrenen - 30 km

Cette étape roulante se fait d'abord sur une voie verte au revêtement en stabilisé puis, à partir de Bon-Repos, sur le chemin de halage. À noter, quelques rares passages sur des routes au flux motorisé. Pour gagner à vélo le centre de Rostrenen, il faut sortir à l'écluse de Pont-Bonen et monter par une liaison non balisée et non officielle sur une petite route jusqu'à Rostrenen.

## Lac de Guerlédan ★★

**Vallée engloutie.** Ce lac artificiel, formé par le barrage de Guerlédan sur le Blavet, est l'un des plus beaux sites de l'Argoat. Ses rives sinueuses et boisées revêtent parfois des allures mystérieuses, offrant aux nombreuses randonnées autour du plan d'eau une atmosphère étonnante. On y pêche sandre, brochet, perche et gardon, on y fait de la voile et du pédalo.

## Gorges du Daoulas ★

**Nature sauvage.** Les eaux rapides du Daoulas coulent dans une vallée étroite et sinueuse, aux versants tapissés d'ajoncs, de genêts et de bruyères. C'est une véritable cluse, sciée par la rivière dans une bande de schiste et de quartzite pour rejoindre le Blavet – devenu le canal de Nantes à Brest. Les bancs de roches sont redressés presque verticalement ; quelques-uns se terminent en de curieuses aiguilles et en lames tranchantes.

## Rostrenen

**Fest noz.** Au cœur de la Cornouaille costarmoricaine, Rostrenen est la capitale du pays Fisel, dont la danse et le festival éponymes font la renommée. Ce rendez-vous de musique traditionnelle se tient au mois d'août. Cité culturelle, Rostrenen est également ville de foires et de marchés. Près de l'église N.-D.-du-Roncier, qui remonte au 14e s., voyez l'intéressante fontaine sacrée du 17e s.

# ÉTAPE 9

### Rostrenen - Carhaix-Plouguer - 33 km

De l'écluse de Pont-Bonen, cette étape vous fait rouler en toute facilité sur le chemin de halage du canal de Nantes à Brest. Sur cette section, deux traversées de route appellent votre attention : la D 790 à Pont-Auffret et la D 83 au pont de Goariva. Pour gagner Carhaix-Plouguer, on quitte le canal juste après être passé sous le pont ferroviaire de la voie verte Roscoff-Concarneau, qu'on emprunte vers Carhaix en suivant le balisage de La Vélodyssée.

## Carhaix-Plouguer

*Voir p. 197.*

# ÉTAPE 10

### Carhaix-Plouguer - Châteauneuf-du-Faou - 38 km

De Carhaix-Plouguer, l'itinéraire descend tranquillement vers le canal par la voie verte empruntée la veille pour reprendre son avancée vers l'ouest. À Port-de-Carhaix, on traverse la D 769 et on change de rive en franchissant prudemment la D 82. Idem à Pont-Triffen : on traverse la D 17 pour enjamber l'Hyères et l'Aulne afin de poursuivre jusqu'à Châteauneuf-du-Faou. Une petite grimpette à vélo permet de se hisser dans le centre-ville.

## Écluse de Gwaker

**Passage.** C'est l'une des nombreuses écluses du canal de Nantes à Brest. Sa chute en fin de plan d'eau vaut le coup d'œil.

## Châteauneuf-du-Faou

**Terre d'inspiration artistique.** Marchez dans les pas du peintre Paul Sérusier (1864-1927), fondateur du groupe des Nabis (« prophètes » en hébreu), disciple et ami de Gauguin. Découvrez sa ville d'adoption et les paysages qu'il immortalisa en suivant le circuit des huit chevalets.

Parc du château de Trévarez.
L. Lourdel/hemis.fr

## À deux coups de pédale

**Ordonné autour d'un château Belle Époque remeublé peu à peu, le domaine de Trévarez ★ (à 5 km au sud de Châteauneuf-du-Faou) comporte un jardin d'inspiration italienne, un jardin à la française, une rocaille et un immense parc à l'anglaise, réputé pour ses collections végétales.**

*✆ 02 98 26 82 79 - www.cdp29.fr - juil.-août : 10h-18h30 ; avr.-juin et sept.-oct. : 13h30-18h30 ; de mi-nov. à déb. janv. : 14h-19h30, vend.-dim. 15h-20h30 - fermé de déb. janv. à fin fév. - 10 €.*

Dans l'église St-Julien, il a décoré la chapelle des fonts baptismaux avec des scènes du Nouveau Testament : l'Annonciation, la Crucifixion, l'Assomption, le Baptême du Christ, la Résurrection et la Transfiguration.

## ÉTAPE 11

### Châteauneuf-du-Faou - Châteaulin - 44 km

Le chemin de halage du canal de Nantes à Brest est relativement plat et sans difficulté particulière à vélo sur cette dernière étape. Si vous souhaitez rejoindre les bourgs situés en hauteur de part et d'autre du canal, des itinéraires de liaisons sont balisés. À Châteaulin, une liaison balisée vers la gare vous permet d'y monter facilement.

## Châteaulin

**Observer les poissons en direct.** Située sur une boucle de l'Aulne, dans la vallée verdoyante et encaissée où coule la rivière canalisée, cette ville est le rendez-vous des pêcheurs en eau douce. En effet, la marée n'atteint pas Châteaulin : elle vient mourir en aval, à Port-Launay, où mouillent de nombreux bateaux de plaisance. Installé au niveau de l'écluse 236, sous 2 m d'eau, l'observatoire aquatique permet le comptage des poissons migrateurs dans le canal de Nantes à Brest, notamment le saumon atlantique, l'alose, la lamproie marine et l'anguille.

*Observatoire aquatique - ✆ 02 98 73 40 31 - lun.-vend. 9h-17h - gratuit.*

## LOUER UN VÉLO

### NANTES

**BIKE'N TOUR**

*19 r. Jean-Jaurès - ✆ 06 52 62 94 64 - www.bikentour.com - 10h-12h, 14h30-18h30, dim. 10h30-12h, 17h-18h. Location de vélos traditionnels et électriques, ainsi que d'accessoires (casques, sacoches...).*

## DÉGUSTER

### NANTES

*Voir p. 192.*

### NORT-SUR-ERDRE

*Voir p. 192.*

### BLAIN

**ÇA PO'POTE**

Une adresse sans prétention où les portions sont généreuses. Au menu, suivant les jours: poisson beurre blanc, tête de veau, repas à thème...

*2 r. Henri II-de-Rohan - ✆ 02 40 79 97 11 - fermé w.-end et soir - menu 15,60 €.*

### REDON

**LA BOGUE**

Dans une belle salle à manger aux boiseries moulurées est servie une cuisine traditionnelle simple et légère. Accueil charmant.

*3 r. des États - ✆ 02 99 71 12 95 - fermé dim. soir, lun., mar. soir et vend. soir - formule 18 €, menus 26/67 €.*

### MALESTROIT

**LE MAËL TRECH**

Maison ancienne dans le centre médiéval. Galettes traditionnelles et plats variés.

*13 pl. du Bouffay - ✆ 02 97 75 17 72 - fermé mar.-merc. (sf juil.-août) - formule 12,50 €, menus 16/20 €.*

### JOSSELIN

**CHEZ SIMON**

Joli bistrot ouvert par Simon Jouët, un ancien de chez Paul Bocuse. Savoureuse cuisine de saison à découvrir au travers de différents menus, pour des saveurs rurales ou maritimes.

*9 r. Olivier-de-Clisson - ✆ 02 30 91 98 79 - fermé lun.-merc. - formules 19,50/22,50 €, menus 30/43 €.*

### PONTIVY

**QUAI 17**

Un petit restaurant sur les quais, face à l'ancien hôpital. Plats tout en simplicité et finement cuisinés à base de bons produits du terroir.

*17 quai du Couvent - ✆ 02 97 25 60 09 - quai17.fr - fermé mar., merc. et jeu.soir, sam. midi et dim. - formule 22 €, menu 28 €.*

### MÛR-DE-BRETAGNE

**AUBERGE GRAND MAISON**

Au restaurant prime la tradition, à la fois classique, gourmande et toujours soignée du chef breton Christophe Le Fur, dont l'établissement a une étoile au Guide Michelin. Les chambres modernes sont d'un grand confort.

*1 r. Léon-le-Cerf - ✆ 02 96 28 51 10 - www.auberge-grand-maison.com - fermé lun.-mar. et dim. soir - menus 63/79 € - 5 ch. 85 € - ☕ 15 €.*

### ROSTRENEN

**LE BISTROT QUI COZ**

Les gastronomes de la région connaissaient tous L'Éventail des Saveurs, la table de Laurent Bacquer; la voici transfigurée en bistrot gourmand! Au menu de ce nouveau repère convivial: un décor qui a fait peau neuve et une cuisine du marché jouant à fond la carte des saisons. Le concept est abouti et séduisant: voici un Bistrot Qui Coz... du plaisir.

*3 pl. Bourg-Coz - ✆ 02 96 29 10 71 - www.lebistrotquicoz.com - fermé dim.-lun., mar. soir et merc. soir - menus 18/22 €.*

### CARHAIX-PLOUGUER

*Voir p. 201.*

### CHÂTEAUNEUF-DU-FAOU

**KOUIGNS ET COMPAGNIE**

À la carte de ce salon de thé, des bowls, des tartines et des planchas gourmands, ainsi que des douceurs artisanales.

*4 pl. de la Résistance - ✆ 06 41 89 07 38 - fermé soir et lun. - 11/13,50 €.*

### CHÂTEAULIN

**AU PETIT BONHEUR**

Le menu à l'ardoise propose de bien manger des produits frais dont les recettes changent quotidiennement. Du bonheur à prix doux.

*26a quai Ch.-de-Gaulle - ✆ 07 89 08 38 50 - restaurantaupetitbonheur.fr - fermé mar., jeu. soir et merc. - plats 13,90 €, menus 17/21 €.*

## DORMIR

### NANTES

*Voir p. 193.*

### NORT-SUR-ERDRE

*Voir p. 193.*

### BLAIN

**AUBERGE DE LA FORÊT**

Les chambres, simples et bien tenues, font de cette auberge une adresse sympathique à l'orée de la forêt. Au restaurant,

Château de Josselin.
GISTEL Cezary Wojtkowski/Getty Images Plus

agréable compromis entre gastronomie et cuisine traditionnelle. Service correct dans une grande salle à manger sobre et élégante.

*Lieu-dit La Maillardais - Le Gâvre - à 9 km au nord de Blain - ☏ 02 40 51 20 26 - www.auberge-delaforet.fr - - 8 ch. 83/104 €, 13 cottages 163/194 € - ☕ 13,50 € - ✕ fermé le midi lun.-mar. et dim. soir.*

## REDON

### QUEEN SERENITY HÔTEL

Chambres personnalisées agréables et confortables, décorées chacune sur un thème différent : le voyage, le cinéma, les années 1970... Label **Accueil Vélo**.

*16 av. de la Gare - ☏ 02 99 71 13 20 - www.queen-serenity-hotel.fr - 22 ch. 70/100 € + 2 studios et 2 appart. - ☕ 10 €.*

## MALESTROIT

### CAMPING DOMAINE LES RIVES DE L'OUST

En bordure du canal, c'est un emplacement privilégié pour une halte. Des hébergements en lodge sont disponibles de mi-avril à fin septembre. Label **Accueil Vélo**.

*3 chemin des Tanneurs - ☏ 02 97 75 13 33 - www.campingmalestroit.com - lodge 33/35 €/nuit.*

## JOSSELIN

### HÔTEL-RESTAURANT DU CHÂTEAU

En bordure de l'Oust, un hôtel confortable et bien tenu dont une partie des chambres donne sur le château. Très belle vue aussi depuis la salle à manger et la terrasse, où l'on sert une cuisine traditionnelle.

*1 r. du Gén.-de-Gaulle - ☏ 02 97 22 20 11 - www.hotel-chateau.com - 35 ch. 90/100 € - ☕ 11 € - ✕ fermé vend. soir, sam., dim. soir et lun. (oct.-mars).*

## PONTIVY

### LE ROHAN

Donnant sur la rue principale ou sur le square de l'église, ce bel hôtel avec son étonnant escalier central hélicoïdal dispose de grandes chambres tout confort, à la déco contemporaine soignée. Un excellent rapport qualité-prix et un label **Accueil Vélo**. Studios indépendants plus simples dans l'annexe.

*90 r. Nationale - ☏ 02 97 51 11 30 - www.lerohan-pontivy.com - 16 ch. 77/110 € et 9 studios 130 €/2 nuits - ☕ 11 €.*

## MÛR-DE-BRETAGNE

### AUBERGE GRAND MAISON

*Voir « Déguster », p.293.*

## MELLIONNEC

*À 7,7 km au sud de Rostrenen.*

### LES ÉTANGS DE PITIÉ

Cette maison d'hôtes aux chambres spacieuses est située dans un grand parc, à deux coups de pédale du canal. Une halte au calme. Garage sécurisé pour les vélos.

*La Pitié - ☏ 02 96 24 25 57 - www.lesetangsdepitie.fr - 3 ch. 80 €.*

## CARHAIX-PLOUGUER

*Voir p. 202.*

## CHÂTEAUNEUF-DU-FAOU

### MA MAISON ÉCLUSIÈRE

Cette ancienne maison d'éclusier sur le canal de Nantes à Brest est spacieuse et située dans une nature préservée, entre canal et forêt. L'accès se fait par le chemin de halage.

*1 écluse du Moustoir - ☏ 09 88 56 36 34 - ma-maison-eclusiere.eatbu.com - 4 ch. 50/60 € - ☕ 6 €.*

## CHÂTEAULIN

### THE LIGHTHOUSE

Une charmante maison des années 1880 très bien tenue. L'accueil y est chaleureux et les petits-déjeuners très copieux. Cour sécurisée pour ranger les vélos.

*11 Grand-Rue - ☏ 02 98 81 63 62 - 2 ch. 73 € ☕.*

NIVEAU 1

410 KM

12 JOURS



NANCY
CHALON-SUR-SAÔNE

# La Voie Bleue

L'itinéraire de La Voie Bleue - Moselle-Saône à vélo est un itinéraire cyclable national, qui s'étire d'Apach, à la frontière luxembourgeoise, jusqu'à Lyon. En voici une belle tranche entre Nancy et Chalon-sur-Saône ! Cette section longe nonchalamment la Moselle avant de poursuivre au bord du canal des Vosges, et d'accompagner la Saône jusqu'à Chalon. Entre décors sauvages et champêtres, cet itinéraire vous fera inhaler un grand bol d'air frais.

## ÉTAPE 1

### Nancy - Charmes - 48 km

Depuis le port fluvial de Nancy, suivez le balisage La Voie Bleue puis le canal de la Marne au Rhin, en rive droite d'abord, puis en rive gauche, après être passé sous le pont routier à hauteur de Jarville-la-Malgrange. À Laneuveville-devant-Nancy, La Voie Bleue emprunte le canal de jonction qui relie la Meurthe à la Moselle, en superposition avec la V52 qui permet de rejoindre Strasbourg par le canal de la Marne au Rhin. Soyez attentif pour traverser la D 570 à proximité de l'A 330, puis au niveau des turbines de la microcentrale hydroélectrique de Méréville (D 115). Après ça, vous roulez tranquillement le long du canal des Vosges.

Nancy, place Stanislas.
RossHelen/Getty Images Plus

**VÉLOROUTES EMPRUNTÉES :**
La Voie Bleue (V50)
Entre Rhin et Loire à vélo
(EuroVelo 6)

**GARES SUR LE PARCOURS :**
Nancy, Épinal, Bains-les-Bains
(La Vôge-les-Bains), Auxonne,
Seurre, Chalon-sur-Saône

**LE MEILLEUR MOMENT POUR PÉDALER :**
D'avril à septembre

**LIAISON POSSIBLE AVEC :**
Boucle en Bourgogne Sud (p. 116)

TRACÉ GPX

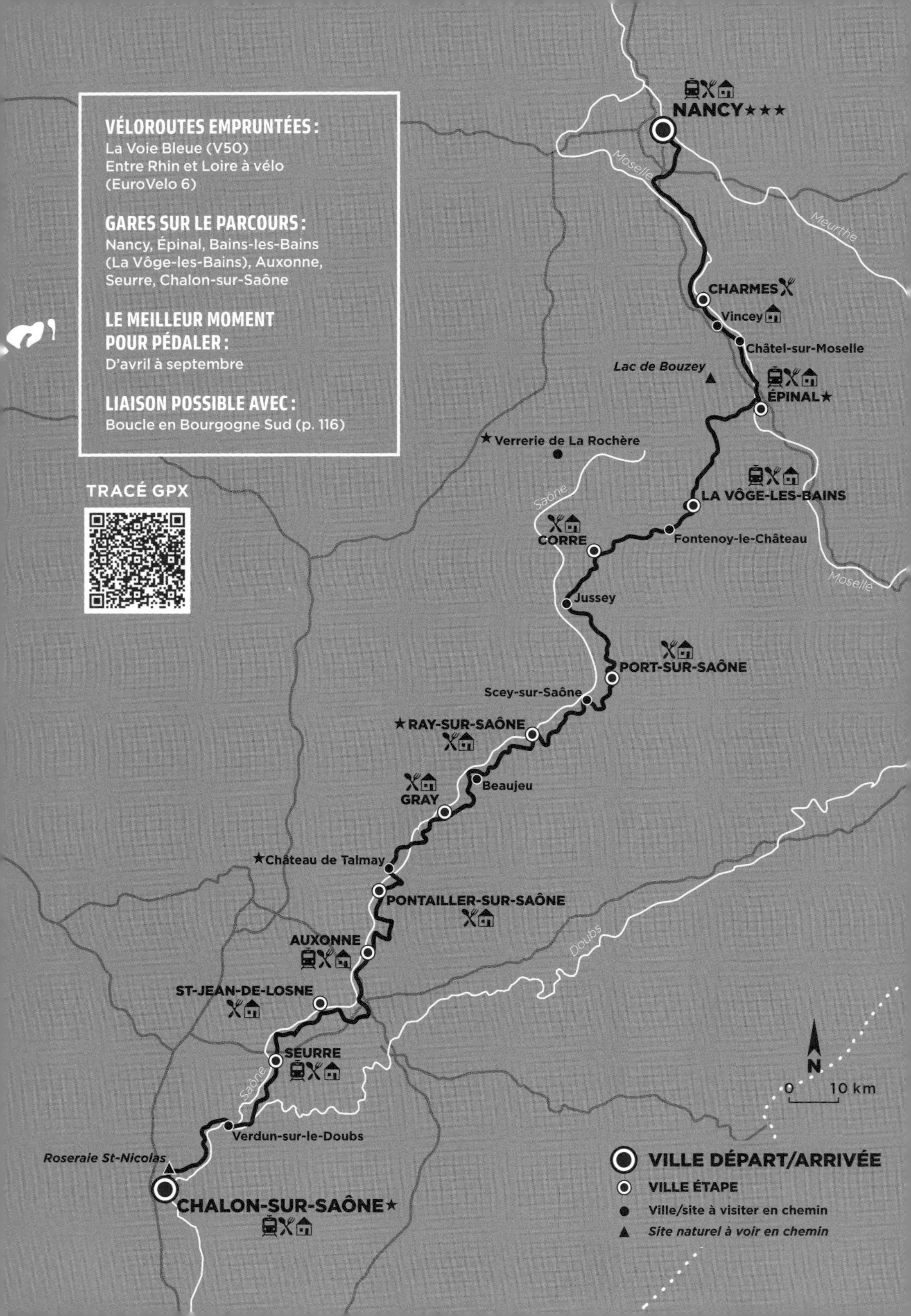

Musée de l'École de Nancy.
P. Escudero/hemis.fr

## Nancy ★★★

**À vélo en ville.** Découvrir le fleuron nancéien sans descendre de vélo ? Mais oui, c'est possible, car la célèbre **place Stanislas** ★★★, piétonne, est aussi accessible aux cyclistes. Cependant, rien ne vaut la pause à la terrasse de l'un des cafés qui la bordent pour admirer ses grilles rehaussées d'or, ses fontaines et ses pavillons à arcades. Édifié au 18e s. par Stanislas Leszczy ski, roi détrôné de Pologne et duc de Lorraine, l'ensemble distille un merveilleux équilibre, qui lui a valu d'être classé au Patrimoine mondial de l'Unesco dès 1983. La statue au centre ? Celle du bon roi « Stan' », bien sûr, qui n'était autre que le beau-père de Louis XV !

**Le musée fait école.** L'école de Nancy, c'est l'autre pépite qui a porté loin le nom de la ville lorraine : un extraordinaire mouvement de rénovation des arts décoratifs qui s'y est épanoui à la fin du 19e s. Installé dans la villa d'un ancien collectionneur, un **musée** ★★ intimiste présente des trésors signés Émile Gallé, Louis Majorelle et des frères Daum. Splendide.

*Musée de l'École de Nancy - 36 r. du Serg.-Blandan - ✆ 03 83 85 30 01 - musee-ecole-de-nancy.nancy.fr - 10h-18h - fermé lun.-mar. - 7 €.*

## ÉTAPE 2

### Charmes - Épinal - 27 km

De Charmes, une voie verte entièrement aménagée et balisée longe le canal des Vosges. Aucune difficulté en vue. L'ombrage de la forêt vous accompagne sur une grande partie du parcours. À hauteur de Golbey, ne manquez pas la liaison le long du canal qui permet de rejoindre le centre d'Épinal… De quoi faire gagner une image aux courageux cyclistes en herbe.

## Châtel-sur-Moselle

**À l'assaut de la forteresse.** Voici l'un des plus grands châteaux forts de Lorraine, soit 5 ha, 21 tours et plus d'1 km de remparts ! Il aura fallu toute la puissance de Louis XIV pour démanteler cette **forteresse** ★ et affaiblir ainsi la Lorraine. Une équipe de bénévoles l'a restaurée pour l'ouvrir au public. Dans le musée, notez l'ancêtre du fusil, appelé alors « bâton à feu ».

*Forteresse - ✆ 03 29 67 14 18 - www.chatel-medieval.com - visite guidée*

Entre Épinal et le lac de Bouzey, la voie verte longeant le canal.
D. Bringard/hemis.fr

*(1h30) juil.-août : 10h30, 14h30 et 16h ; sept.-juin : visite sur réserv. - 7 €.*

## Épinal ★

**Sage comme des images.** Voici l'une des plus célèbres fabriques de France ! Celle des « images d'Épinal », bien sûr, dont on découvre la fabrication en **atelier** ★, avec démonstration sur certaines machines et utilisation d'une tablette faisant parler les images. En sortant, xylographie, stéréotypie, coloris au pochoir et lithographie n'auront plus de secret pour vous. Mais saurez-vous dénicher une image de vélo à la boutique de la galerie Pinot ? Ne la manquez pas : c'est le seul et unique point de vente des images d'Épinal.
*L'Imagerie d'Épinal - 42 bis quai de Dogneville - ✆ 03 29 37 18 22 - www.imagesdepinal.com - 10h-12h, 14h-18h - fermé lun. (sf juil.-août 14h-18h) ; dim. et j. fériés ouvert selon calendrier - 13 €.*

### À deux coups de pédale

**Une piste cyclable fait le tour du lac de Bouzey (à 8,7 km à l'ouest d'Épinal), soit 7 km à ajouter au parcours si vous la suivez. Sur place : le barrage-réservoir de Bouzey, qui a été réalisé en 1882 pour alimenter en eau le canal des Vosges, possibilité de baignade, balade et activités nautiques, Maison du vélo et tourbière de l'étang de la Comtesse (espace naturel protégé, au bout du lac) pour une découverte naturaliste.**

## ÉTAPE 3

### Épinal - La Vôge-les-Bains - 42 km

Depuis le port d'Épinal, il faut remonter la Moselle le long du canal jusqu'au pont-canal, puis prendre la direction du lac de Bouzey avant d'emprunter celle de La Vôge-les-Bains. Une voie verte en enrobé est balisée le long du canal et de ses écluses ; le parcours est sans aucune difficulté. Pour rejoindre le centre de La Vôge-les-Bains, à 3 km par la D 164, il faut emprunter une liaison balisée mais non sécurisée, avec du dénivelé.

## La Vôge-les-Bains

*(anciennement Bains-les-Bains)*

**Royale manufacture.** La Manufacture royale fut la plus importante ferblanterie du royaume au 18e s. Sa restauration a permis d'en préserver l'âme, une sorte de « ville dans la ville », avec ses maisons d'ouvriers, certaines transformées en chambres d'hôtes, ses ateliers, sa halle au charbon, sa chapelle... Dans la halle au charbon, une exposition retrace toute l'histoire du lieu.
*Manufacture royale de Bains - ✆ 03 29 36 32 87 - www.bainsmanufactureroyale.eu - exposition permanente et chapelle : mars-oct. 9h-18h.*

## ÉTAPE 4

### La Vôge-les-Bains - Corre - 28 km

À la sortie de La Vôge-les-Bains, on suit facilement la rivière du Bagnerot pour ensuite emprunter la rue du Chesnois (D 434). On rejoint ainsi le canal des Vosges au niveau de l'écluse du Grurupt en ayant au préalable traversé le Coney. Le canal des Vosges traversé, on tourne alors à gauche pour rouler le long du chemin de halage sur un parcours aménagé, jusqu'à Corre.

## Fontenoy-le-Château

**Vieux donjon.** L'ancienne ville fortifiée était le siège d'une prévôté seigneuriale, dont les maîtres étaient aussi comtes de Toul. En 1635, un incendie dû aux troupes franco-suédoises fit disparaître la ville. Cependant, il reste l'église bâtie entre 1450 et 1480 sur un édifice roman qui a une belle nef de style flamboyant, et les ruines du château fort.

## ÉTAPE 5

### Corre - Port-sur-Saône - 42 km

Cette étape navigue plus ou moins loin de la Saône en fonction des aménagements en cours. Les sections sur petites routes partagées comportent un peu de relief. Profitez de la halte fluviale de Fouchécourt pour faire une petite pause avant d'atteindre Port-sur-Saône.

### Jussey

**Dédiée à l'eau.** Si l'eau est omniprésente en Haute-Saône, le nombre de fontaines, lavoirs (fermés ou à ciel ouvert) et abreuvoirs est particulièrement élevé à Jussey. Des statues en bronze représentant tantôt un lion, tantôt des anges, ici Marianne, là Cérès, ornent les fontaines des 18ᵉ et 19ᵉ s. Dans un autre registre, l'église St-Pierre, reconstruite au 18ᵉ s., a conservé son chœur du 16ᵉ s. Remarquez le maître-autel en bois doré, le lutrin en forme d'aigle, la grille de communion en fer forgé, de belles stalles et un buffet d'orgues du 18ᵉ s.

## ÉTAPE 6

### Port-sur-Saône - Ray-sur-Saône - 33 km

Cette étape alterne les sections en voies vertes, les chemins de halage ouverts aux pêcheurs et de courts passages sur des départementales à faible trafic. À noter, un passage de 300 m qui roule sur un secteur pavé à hauteur de Rupt-sur-Saône et de courtes montées pour franchir le tunnel-canal de St-Albin (681 m!) et à Ray-sur-Saône.

### Scey-sur-Saône

**Bicéphale.** Scey-sur-Saône réunit deux villages, Scey-l'Église et Scey-le-Bourg. Ce dernier compte de belles maisons à tourelles (16ᵉ-18ᵉ s.). Comme la plupart des églises saônoises, l'église St-Martin a été édifiée au 18ᵉ s. Son clocher-porche relié à l'église par des murs incurvés lui donne une allure particulière. Notez le beau mobilier, les fers forgés et surtout les peintures du 18ᵉ s., ainsi qu'une Crucifixion du 16ᵉ s. Le retable comme l'autel datent du 18ᵉ s.

### Ray-sur-Saône ★

**Point de vue stratégique.** Ce joli village compte de nombreuses maisons anciennes et un lavoir couvert devant l'église coiffée d'un clocher-porche à bulbe typiquement comtois ; elle abrite une belle Mise au tombeau de l'école troyenne. Venant du village, on accède au château par une grille

### À deux coups de pédale

**À 11 km au nord de Corre, ne manquez pas la verrerie de La Rochère ★. La visite des ateliers des maîtres verriers, qui existent depuis 1475, permet d'observer les différentes phases de travail du verre « fait main » et « soufflé bouche ». Au centre de la halle à bois du 17ᵉ s., l'exposition permet de découvrir, à travers plusieurs vidéos, les techniques et les outils.**

*4 r. de la Verrerie - Passavant-La-Rochère - ✆ 03 84 78 61 00 - www.larochere.com - atelier: mai-sept.: 10h-12h, 14h-17h30; fermé dim. et j. fériés - reste de l'année: se rens. - gratuit.*

Château de Ray-sur-Saône.
G. Gerault/hemis.fr

au début du mur d'enceinte ou par une large avenue tracée dans un parc remarquablement entretenu. Le terre-plein en contrebas du château offre une vue vers les Vosges, le plateau de Langres et les monts du Jura.

*Château - ✆ 03 84 95 77 37 - visite guidée sur réserv. juil.-août : tlj sf lun.-mar. 10h30-16h30 ; sept.-oct. : w.-end 14h30-16h30 ; reste de l'année : se rens. - 6 €, accès libre au parc tte l'année.*

## ÉTAPE 7

### Ray-sur-Saône - Gray - 35 km

De Ray-sur-Saône, on emprunte la D 27 pour regagner les rives de la Saône. On roule sur la rive droite de la rivière jusqu'à Autet (plage de sable fin pour les amateurs de baignade en rivière), puis on passe en rive gauche jusqu'à Gray. Le chemin de halage de la Saône comporte quelques courtes sections ouvertes à la circulation, il peut donc y avoir des véhicules de service ou des véhicules de pêcheurs.

## Beaujeu

**Une ancienne seigneurie.** Son église à toiture de tuiles vernissées a été presque entièrement reconstruite à la fin du 19$^{e}$ s. dans le style néogothique. À l'intérieur, la lumière pénètre dans le chœur à travers une baie flamboyante ornée d'un beau vitrail de la fin du 15$^{e}$ s., le plus ancien de Franche-Comté illustrant l'Annonciation. Quant à la mairie-lavoir, elle fut bâtie en 1830 sur le modèle d'une villa italienne Renaissance. On aperçoit, à l'arrière, le donjon, seul vestige de la forteresse du 12$^{e}$ s.

Hôtel de ville de Gray (15e s.).
D. Bringard/hemis.fr

## Gray

**Cité de caractère.** Bâtie en amphithéâtre sur une colline dominant la Saône, Gray est d'abord un port entre Rhin et Rhône. Dans la ville haute apparaît l'**hôtel de ville** ★, superbe édifice à arcades de style Renaissance orné de gracieuses colonnes en marbre rose, et coiffé d'un beau toit bourguignon de tuiles vernissées. Il constitue l'un des chefs-d'œuvre de la Renaissance en Franche-Comté. À voir aussi : le beau **musée Baron-Martin** ★, installé dans le château du comte de Provence (futur Louis XVIII).

*Musée Baron-Martin - 6 quai Edmond-Pigalle - ✆ 03 84 65 69 10 - www.musee-baronmartin.fr - 14h-17h, w.-end 10h-12h, 14h-17h - fermé mar. - 7 €.*

## ÉTAPE 8

### Gray - Pontailler-sur-Saône - 33 km

La Voie Bleue s'échappe de Gray par les quais de Saône. Elle longe ensuite la rivière sans véhicules motorisés jusqu'à la passerelle d'Apremont (écluse de Mantoche). L'itinéraire évolue sur route entre Essertenne-et-Cecey et Heuilley-sur-Saône *via* Talmay. Le retour sur les berges de Saône s'effectue peu avant Heuilley-sur-Saône, et ce jusqu'à Pontailler-sur-Saône.

## Château de Talmay ★

**Un lieu original.** Le puissant donjon du 13e s., haut de 46 m, est le seul vestige du château féodal qui fut détruit en 1760 et remplacé par le beau château

actuel de style classique. Après la chapelle et son décor de stuc, on visite de belles pièces aménagées au 17e s. Puis on admire le panorama du haut de la tour. Dans la cuisine, on les apprécie les nombreux cuivres suspendus. Le jardin à la française se compose de parterres, de terrasses, de quinconces, de bassins et d'un labyrinthe.
*1 pl. du Château - ✆ 03 80 36 13 64 - chateau-talmay.com - d'août à mi-sept.: tlj sf lun. 13h-19h, visite guidée du donjon (45mn) à 15h30 et 17h - 9 € pour la visite guidée et les jardins, 6 € pour les jardins seult.*

## ÉTAPE 9

### Pontailler-sur-Saône - Auxonne - 24 km

Au départ de Pontailler-sur-Saône, La Voie Bleue longe la Saône par le chemin de halage qui est ouvert à la circulation des riverains. Une section de route départementale est utilisée entre Vielverge et Flammerans (D 116 puis D 20D) avant un retour sur les rives de la Saône. Quelques passages caillouteux sont à signaler. La fin de l'étape jusqu'à Auxonne se fait en toute sécurité le long du chemin de halage.

### Auxonne

**Frontière.** Tout témoigne du rôle de place forte tenu par cette ancienne ville frontalière: casernes, arsenal, remparts et portes, champ de tir et château militaire du 15e s. Comme pour apaiser les esprits, la Saône passe calmement le long d'allées ombragées et d'une voie de halage fréquentées par les cyclistes. Près de l'église, au centre de la place d'Armes et face à l'hôtel de ville, édifice en brique du 15e s., s'élève la statue de Napoléon Bonaparte.

## ÉTAPE 10

### Auxonne - St-Jean-de-Losne - 26 km

Le parcours profite du chemin de halage jusqu'à l'intersection avec la D 31, à hauteur du hameau des Maillys. En s'éloignant de la rivière, quelques petites routes de campagne permettent de retrouver l'EuroVelo 6 le long du canal du Rhône au Rhin après Samerey. On retrouve ensuite la voie verte du chemin de halage de la Saône jusqu'à St-Jean-de-Losne.

### St-Jean-de-Losne

**Un port, vraiment?** Au premier coup d'œil, St-Jean-de-Losne apparaît surtout comme une paisible cité fleurie, qui regarde la Saône couler majestueusement sous son pont de pierre. En vous promenant dans les ruelles, vous découvrirez d'ailleurs un musée qui raconte cette épopée, à travers, entre autres, maquettes de péniches, toues et autres barges, scaphandres, photos anciennes... Et des cartes qui situent les réseaux de canaux en France et en Europe.
*Musée de la Batellerie (Maison des mariniers) - 3-5 r. de la Liberté - ✆ 06 41 75 25 13 - www.musee-saintjeandelosne.com - avr.-oct.: 10h-12h, 14h30-17h30 - fermé lun.-mar.*

## ÉTAPE 11

### St-Jean-de-Losne - Seurre - 24 km

La Voie Bleue fait route commune avec l'EuroVelo 6. La sortie de St-Jean-de-Losne s'effectue par de petites routes avant que l'on retrouve un parcours sécurisé entre Chaugey et Pagny-la-Ville. L'itinéraire contourne ensuite le technoport et emprunte à nouveau de petites routes jusqu'à Seurre *via* Lechâtelet et Chamblanc.

## Seurre

**Entre terre et eau.** Cette active petite ville est située près du confluent de deux bras de la Saône, point de vue que l'on apprécie particulièrement depuis l'extrémité de la rue de Beauraing. Sur 5 ha, le musée en plein air reconstitue un village bourguignon à partir de maisons démontées, restaurées et remontées sur place. On y découvre une quinzaine de bâtiments (café, école, grange, pigeonnier) ainsi qu'un petit jardin des simples et un verger conservatoire.
*Musée de plein air de l'Étang rouge - Rte de Franche-Comté - ✆ 03 45 63 01 93 - 9h-19h; accueil physique en mai-juin: sam.; en juil.-sept.: mar.-sam. 10h-12h30, 14h-18h30 - gratuit.*

## ÉTAPE 12

### Seurre - Chalon-sur-Saône - 48 km

L'itinéraire est commun avec l'EuroVelo 6 jusqu'à Chalon-sur-Saône. De Seurre à Chazelle, la véloroute suit la Saône sur un chemin réservé aux mobilités douces. À Chazelle, le parcours est balisé sur la D 154 jusqu'à Verdun-sur-le-Doubs. Depuis le centre de cette localité, l'itinéraire balisé traverse la Saône afin de rejoindre le chemin de halage situé en rive droite jusqu'à Sassenay. Il se détourne alors de la rivière pour entrer dans Chalon-sur-Saône *via* Crissey.

## Verdun-sur-le-Doubs

**Ancienne ville fortifiée.** Cette petite localité occupe un joli site au confluent de la Saône et du Doubs, dans un paysage de prairies et de murailles en ruine. La spécialité locale est la pochouse verdunoise, une matelote de poissons composée de brochet, anguille, perche, tanche et d'un vin blanc régional. À l'écomusée, on découvre les origines et l'évolution de la culture du blé dans le Val de Saône, ainsi que l'histoire de la meunerie et de la panification.
*Maison du Blé et du Pain - 2 r. de l'Égalité - ✆ 03 85 91 57 09 - www.ecomusee-bresse71.fr - juil.-août: merc.-dim. 14h-18h - 4,50 €.*

## Roseraie St-Nicolas

**Sentir la rose.** Cette prestigieuse roseraie (comptant quelque 25 000 plants) dissémine ses parterres au milieu d'immenses pelouses semées de bosquets. En suivant le chemin, vous saurez tout sur l'histoire de la rose.
*À Châtenoy-en-Bresse - circuit de 5 km au départ de l'aire de loisirs St-Nicolas - comptez 1h30.*

## Chalon-sur-Saône ★

**Riche patrimoine.** La visite de Chalon est une belle découverte: le **centre ancien** ★ dévoile ses maisons à colombages au détour de rues piétonnes animées, qui conduisent aux quais de la Saône bien aménagés pour les promeneurs. Un très beau **musée** ★★ est consacré à Nicéphore Niépce, l'inventeur de la photographie. Chalon est aussi réputée pour sa gastronomie, avec de nombreux restaurants et commerces de bouche. Une étape qui mérite que l'on s'y arrête.
*Musée Nicéphore-Niépce - 28 quai des Messageries - ✆ 03 85 48 41 98 - www.museeniepce.com - juil.-août: tlj sf mar. 10h-13h, 14h-18h - gratuit.*

# LOUER UN VÉLO

## NANCY

### MAISON DU VÉLO

*6 r. Claude-Charles - ☏ 03 83 48 88 20 - www.maisonduvelo.grandnancy.eu - lun. 14h-18h15, mar.-dim. 9h-18h15. À 10mn à pied de la gare, vélos adultes et enfants (4 €/j), VAE (17 €/j), casque et panier gratuits jusqu'à 2 jours (5 €/sem.). Plans gratuits.*

# DÉGUSTER

## NANCY

### LES PISSENLITS

À un tour de roue du marché couvert, ce restaurant familial niche dans une jolie salle à l'ancienne, inspirée par l'école de Nancy. Mais c'est avant tout la copieuse cuisine régionale à l'ardoise qui séduit. Une adresse savoureuse et chaleureuse.

*25 bis r. des Ponts - ☏ 03 83 37 43 97 - www.les-pissenlits.com - fermé dim.-lun. et mar. soir - plat du jour 13,70 € (midi), menu 36 €.*

## CHARMES

### LE DANCOURT

En saison, manger sur la terrasse est fort agréable. Les plats sont joliment présentés, copieux et savoureux.

*6 pl. Henri-Breton - ☏ 03 54 04 05 35 - fermé lun. et dim. soir - formule 12,50 €, menus 17,50/48 €.*

## ÉPINAL

### LE BAGATELLE

Sur la petite île d'Épinal, coincée entre deux bras de la Moselle, cette maison pimpante des années 1940 vous permet d'être aux premières loges pour regarder les compétitions de canoë-kayak... en savourant une cuisine inspirée dans sa salle lumineuse, décorée de meubles modernes.

*12 r. des Petites-Boucheries - ☏ 03 29 35 05 22 - www.le-bagatelle.fr - fermé dim. (sf à midi certains j. de fête) et lun. - formules 15,50/18 €, menus 26/39 €.*

## LA VÔGE-LES-BAINS

### MII 991

Rien d'extravagant, mais un restaurant-pizzeria simple pour célébrer ce périple à vélo. Surtout, il est ouvert le dimanche soir, pratique pour ceux qui terminent l'étape à La Vôge ce jour-là !

*5 pl. du Dr-Leroy - ☏ 03 29 37 12 11 - mii-991.wixsite.com/mii991 - fermé lun. midi, mar. midi, merc.-jeu. - pizzas 8/12 €, plats 14,50/16,50 €.*

## CORRE

### LA MARINA

Sur les bords de la Saône dans le port fluvial, vous trouverez à la carte de ce restaurant moules, fritures de carpes et perches, et glaces artisanales, avec en prime depuis la terrasse une vue imprenable sur les bateaux. Le tout à prix doux.

*Le Pré Saônier - ☏ 03 84 92 58 45 - fermé lun.-mar. - plats 13/25 €.*

## PORT-SUR-SAÔNE

### LA MARINE

Au bord de l'eau, on ne peut manquer ce restaurant. S'il est spécialisé dans le poisson frais, les amateurs de viande ne sont pas pour autant oubliés. Les plats sont faits maison. Bonne ambiance et convivialité.

*15 r. de la Fontaine - ☏ 03 84 91 51 00 - fermé mar.-merc. - formule 29 €, menu 32,50 €.*

## RAY-SUR-SAÔNE

### CHEZ YVETTE

Dans ce petit bar-restaurant, vous trouverez à la carte des spécialités régionales : écrevisses, bison, filet de sandre, grenouilles fraîches... suivant les saisons.

*19 Grande-Rue - ☏ 03 84 78 41 07 - fermé lun. et mar. soir - menu 17 €.*

Cuisses de grenouilles.
ShyMan/Getty Images Plus

Les macarons de la confiserie Au Duché de Lorraine (Nancy).
M. Colin/hemis.fr

## GRAY

*Voir aussi « Dormir » p. 307.*

### LE CRATÔ

Dans ce restaurant au décor contemporain, la dégustation des beaux plats mérite toute votre attention. Le choix des vins est confié à un œnologue local.

*65 Grande-Rue - ☏ 03 84 65 11 75 - www.restaurant-lecrato.fr - fermé lun.-dim. - plats 22/28 €, menus 20/36 €.*

## PONTAILLER-SUR-SAÔNE

### HOSTELLERIE DES MARRONNIERS

Un accueil chaleureux et des plats régionaux au menu. Aux beaux jours, on peut manger en terrasse en bord de Saône. Spécialités de cocktails.

*3 r. St-Éloi - ☏ 03 80 36 12 76 - Facebook - fermé dim. soir et lun. - formules 13/18 €, menu 35 €.*

## AUXONNE

*Voir aussi « Dormir » p. 307.*

### DA VINCY

Une table italienne où l'accueil est chaleureux, avec au menu des *antipasti*, des pizzas, des pâtes ou des salades géantes.

*46 av. du Gén.-de-Gaulle - ☏ 03 79 36 61 92 - Facebook - fermé dim.-lun. - formule 16 €.*

## ST-JEAN-DE-LOSNE

### LA COTINIÈRE

Le grand atout de cette adresse est sa situation, face à la Saône dont on peut profiter depuis la grande terrasse ombragée. Au menu, d'honnêtes spécialités régionales. À l'étage, trois chambres d'hôtes modernes et confortables avec balcon donnant sur la rivière.

*29 quai National - ☏ 03 80 39 40 01 - www.bistrot-lacotiniere.com - formule 19 €, menu 35 € - 3 ch. 70/110 €.*

## SEURRE

### AU BON ACCUEIL

Une adresse réputée pour savourer des recettes régionales cuisinées maison avec des produits frais : jambon persillé, gibier, grenouilles, sandre à la crème, pochouse, etc.

*38 fbg St-Georges - ☏ 03 80 21 12 32 - www.restaurant-aubonaccueil.com - menus 15/35 €.*

## CHALON-SUR-SAÔNE

### LE BOURGOGNE

Le haut plafond aux poutres apparentes et le mobilier d'inspiration Louis XIII de la salle à manger confèrent une atmosphère « rustico-bourguignonne » au lieu. Cuisine traditionnelle revisitée.

*28 r. de Strasbourg - ☏ 03 85 48 89 18 - www.restau-lebourgogne-chalon.fr - fermé dim.-mar. - formules 17/24 €, menu 34 €.*

# DORMIR

## NANCY

### HÔTEL DE GUISE

Bien dans l'esprit de l'élégante cité ducale, ce charmant établissement est sis dans l'hôtel particulier d'un marquis du 18e s., au cœur de la vieille ville. Même si l'hôtel n'est pas spécifiquement dédié aux cyclotouristes, il se fera un plaisir d'abriter votre monture dans la cour intérieure.

*18 r. de Guise - ☏ 03 83 32 24 68 - www.hoteldeguise.com - 49 ch. 80/125 € - ☕ 17 €.*

## VINCEY

*À 5,2 km au sud de Charmes.*

### LE RELAIS DE VINCEY

Les atouts de cet hôtel-restaurant ? Des chambres

confortables et une bonne table, pratique pour l'étape du soir. Il y a aussi deux piscines (intérieure et extérieure) et un sauna, parfait pour délasser les cyclistes ! Label **Accueil Vélo**.

*33r. de Lorraine - 03 29 67 40 11 - www.relaisdevincey.fr - - 41 ch. 80/120 € - 15 € - (fermé lun.).*

## ÉPINAL

### MERCURE ÉPINAL CENTRE

Certes, c'est un hôtel de chaîne à l'architecture banale, mais la belle piscine intérieure, le jacuzzi et le hammam plaident en sa faveur. Tout comme la situation centrale et les chambres confortables récemment rénovées. Label **Accueil Vélo**.

*13 pl. Émile-Stein - 03 29 29 12 91 - www.all.accor.com - - 61 ch. 89/130 € - 18,50 €.*

## LA VÔGE-LES-BAINS

### LA MANUFACTURE ROYALE

Passionnés par la sauvegarde du patrimoine, Martine et François accueillent curistes et autres visiteurs – cyclistes compris – de façon chaleureuse dans leurs gîtes ou en chambres d'hôtes dans leur « château ». Label **Accueil Vélo**.

*03 29 31 32 87 - www.bainsmanufactureroyale.eu - 3 ch. 139 € - 12 gîtes 89/94 €.*

## CORRE

### CHAMBRE D'HÔTES AU PRÉ SAÔNIER

Sur la marina de Corre, une chambre d'hôtes pour se sentir comme à la maison. Label **Accueil Vélo**.

*06 62 98 58 63 - aupresaonier.wixsite.com/chambredhote - 1 ch. 55 €.*

## PORT-SUR-SAÔNE

### CAMPING DE LA MALADIÈRE

Des emplacements pour poser sa tente, mais aussi du locatif en dur. Pour se reposer au vert et profiter des activités de loisir alentour.

*Île de la Maladière - Port-sur-Saône - 03 84 91 51 32 - www.cctds.fr - - studio 37/55 €, mobile home 45 €, roulotte 53 €.*

## RAY-SUR-SAÔNE

### CHAMBRES D'HÔTES LE TILLEUL DE RAY

Une maison ancienne joliment rénovée avec une vaste salle commune aux pierres apparentes et aux poutres imposantes. Label **Accueil Vélo** (garage à vélos).

*14 r. Ste-Anne - 03 84 68 06 47 - www.letilleulderay.eu - 5 ch. 75 €.*

## GRAY

### AU MASTROQUET

Cet hôtel-brasserie-restaurant ouvrant sur le jardin public a une forte personnalité. La brasserie affiche complet tous les midis et le restaurant combine élégance et raffinement. L'hôtel est plus modeste, mais fort convenable. Cabaret-spectacle le samedi soir.

*1 av. Carnot - 03 84 64 53 50 - www.hotel-restaurant-mastroquet.com - 12 ch. 77/90 € - 8,50 € - .*

## PONTAILLER-SUR-SAÔNE

### CAMPING LA CHANOIE

En bordure de Saône, ce camping est en pleine nature et dispose d'une plage. Une halte reposante. Label **Accueil Vélo**.

*46, rue de la Chanoie - 03 80 67 21 98 - www.camping-lachanoie.com - fermé oct.-mi-avr. - 154 empl. - mobile-homes, chalets et lodges disponibles à la nuitée - tarifs : se rens.*

## AUXONNE

### LE CORBEAU

En face de la cathédrale, cet hôtel-restaurant vient d'être rénové. Au menu du restaurant, des recettes régionales. Local à vélo gratuit.

*1 r. Berbis - 03 80 40 06 15 - www.hotel-auxonne.com - 9 ch. 87 € - 9 € - .*

## ST-JEAN-DE-LOSNE

*Voir aussi « Déguster » ci-contre.*

### LES CHARMILLES

Au cœur de la ville, à deux pas du port fluvial, cette maison du 18e s. permet de profiter du calme. Label **Accueil Vélo** (garage sécurisé pour les vélos).

*15 r. Monge - 06 62 79 83 18 - bblescharmilles.com - 3 ch. 86 €.*

## SEURRE

### AU BORD DE SAÔNE

Au bord de la Saône, dans une demeure du 18e s. face à l'île aux Princes, cet établissement propose des chambres confortables, à la décoration individualisée.

*15 quai du Midi - 06 40 93 45 86 - www.auborddesaone.com - - 5 ch. 78 €.*

## CHALON-SUR-SAÔNE

### À LA VILLA BOUCICAUT

Situé dans un quartier calme de Chalon, cet hôtel a tout des villégiatures de charme : parquet en chêne, déco raffinée, ambiance cosy... Pour un peu, on se croirait en chambre d'hôtes. Label **Accueil Vélo**.

*33 bis av. Boucicaut - 03 85 90 80 45 - www.la-villa-boucicaut.fr - 15 ch. 92/99 € - 11,50 €.*

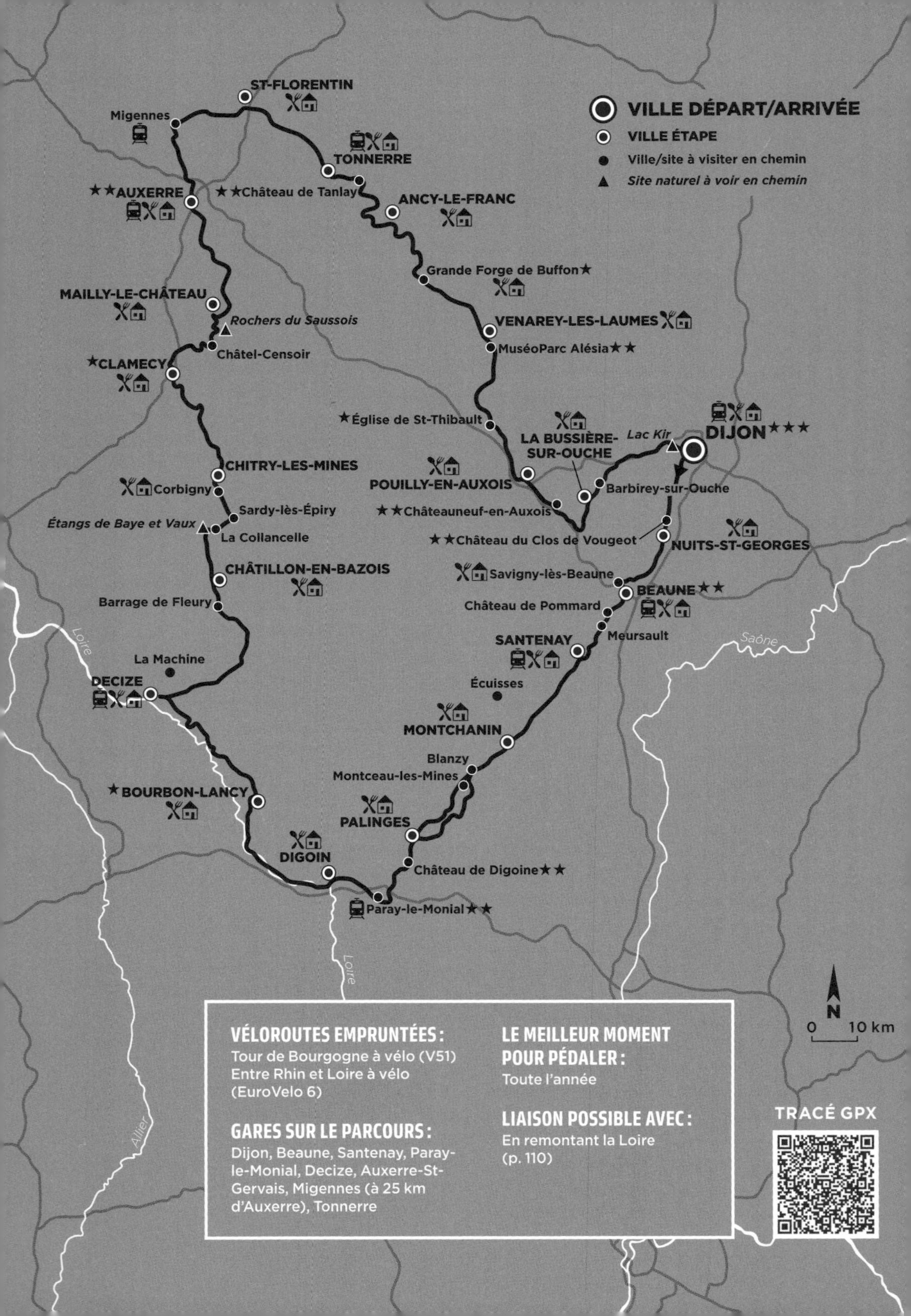


**VÉLOROUTES EMPRUNTÉES :**
Tour de Bourgogne à vélo (V51)
Entre Rhin et Loire à vélo (EuroVelo 6)

**GARES SUR LE PARCOURS :**
Dijon, Beaune, Santenay, Paray-le-Monial, Decize, Auxerre-St-Gervais, Migennes (à 25 km d'Auxerre), Tonnerre

**LE MEILLEUR MOMENT POUR PÉDALER :**
Toute l'année

**LIAISON POSSIBLE AVEC :**
En remontant la Loire (p. 110)

NIVEAU 1

667 KM

20 JOURS

**DIJON**
**DIJON**

# Un grand tour en Bourgogne

Grâce à un incroyable réseau de canaux aménagés et de voies vertes, le Tour de Bourgogne à vélo vous invite à étirer le temps pour savourer la contrée bourguignonne. Réputée entre autres pour ses vins, que vous pourrez déguster en partie sur La Voie des Vignes à vélo, cette région historique vous dévoile une pépite à chaque kilomètre : un château, une abbaye, une chapelle, un village, une écluse, des caves... Cette grande boucle cyclable fait désormais partie des classiques pour un voyage à vélo initiatique.

## ÉTAPE 1

### Dijon - Nuits-St-Georges - 25 km

Au départ de Dijon, Le Tour de Bourgogne à vélo traverse l'un des plus célèbres vignobles du monde, la côte de Nuits, en un itinéraire qui, parallèle à la D 974, se faufile au milieu des parcelles en pente douce. Vous pédalez sur de petites routes à travers les vignes, entre coteaux viticoles et plaine. Plusieurs villages comme Gevrey-Chambertin ou Vougeot ont une résonance internationale. L'itinéraire bien balisé présente un léger dénivelé. La circulation est assez limitée, mais restez vigilant.

Vignoble de Savigny-lès-Beaune.
Massimo Santi/Getty Images Plus

Château du Clos de Vougeot.
ricochet64/Getty Images Plus

## Dijon ★★★

**La cité des ducs de Bourgogne.**
La capitale régionale, berceau des ducs de Bourgogne, a aujourd'hui l'éclat d'une véritable cité culturelle. Ne manquez sous aucun prétexte la visite du centre historique, avec ses maisons anciennes à pans de bois, ses hôtels particuliers en pierre de taille et son extraordinaire **musée des Beaux-Arts ★★★**, gardien du fameux tombeau des ducs de Bourgogne, qui présente plus de 1500 œuvres allant de l'Antiquité au 21e s. Si vous le pouvez, prévoyez une bonne journée de visite avant de débuter l'itinéraire à vélo.

*Musée des Beaux-Arts - palais des Ducs et des États de Bourgogne - ✆ 03 80 74 52 09 - beaux-arts.dijon.fr - juin-sept. : 10h-18h30 ; reste de l'année : 9h30-18h - fermé mar. - gratuit.*

## Château du Clos de Vougeot ★★

**Un château au célèbre vignoble.**
Plantée au milieu des vignes, cette propriété, qui a appartenu à l'abbaye de Cîteaux du 12e s. à la Révolution, est visible de loin. Le château semble surgir au milieu des vignes. Achevé à la Renaissance par l'abbé Loisier, il a été restauré au 19e s. On découvre le grand cellier des moines (12e s.), la magnifique **cuverie ★** (15e s.) aux quatre gigantesques pressoirs, la cuisine (16e s.) avec son immense cheminée et enfin le dortoir des frères convers, qui présente une spectaculaire charpente du 17e s.

*R. de la Montagne - ✆ 03 80 62 86 09 - www.closdevougeot.fr - avr.-oct. : 9h30-18h (sam. 17h), reste de l'année : 10h-17h - 9 €.*

## Nuits-St-Georges

**Du cassis, pour changer.** Guidé par une délicieuse odeur, vous pénétrez dans l'usine Védrenne, où se dévoilent les secrets de fabrication de la liqueur de cassis, cette baie emblématique de la Bourgogne. À la fin de la visite du **Cassissium ★**, un bar à sirops propose des dizaines de parfums, des plus classiques aux plus improbables (essayez le concombre !).

*Cassissium - 8 pass. des Frères-Montgolfier - ✆ 03 80 62 49 70 - www.cassissium.fr - avr.-oct. : 10h-13h, 14h-19h ; reste de l'année : tlj sf dim.-lun. 10h30-13h, 14h30-17h (sam. et vac. scol. 18h) - 10,50 €.*

## ÉTAPE 2

### Nuits-St-Georges - Beaune - 24 km

Une dizaine de kilomètres environ après Nuits, on quitte la côte de Nuits pour entrer dans la côte de Beaune. Les vignes sont un peu vallonnées par endroits, mais l'itinéraire balisé ne cache pas de grosses difficultés et reste accessible à tous. Prudence pour l'accès à l'épicentre de Beaune qui est direct, mais ne présente actuellement pas d'aménagements cyclables continus.

## Savigny-lès-Beaune

**Surprises au château.** Dans ce village connu pour ses vins de qualité se dresse un imposant château du 14e s. qui accueille désormais de surprenantes collections : voitures de sport, tracteurs, avions de chasse… et une foultitude de maquettes de véhicules en tout genre (mais pas de vélos !). À l'entrée, le « petit château » (fin 17e s.), remarquable par son appareillage en calcaire grossier, a été aménagé pour recevoir un espace de dégustation-vente de vins.

*Château de Savigny-lès-Beaune - r. du Gén.-Leclerc - ✆ 03 80 21 55 03 - www.chateau-savigny.com - d'avr. à mi-nov. : 9h-18h30 ; reste de l'année : 10h-17h30 - fermé 3 sem. en janv. - 13 €.*

### À deux coups de pédale

**Faites un détour par La Karrière à Villars-Fontaine (à 2 km à l'ouest de Nuits-St-Georges sur la D 25). Cette ancienne carrière de pierre a entamé une seconde vie : d'immenses fresques sur les parois et des sculptures l'ont transformée en un lieu magique qui accueille l'été le festival Street Art on the Roc.**

***✆ 06 52 89 91 19 - www.lakarriere.fr - de juil. à mi-sept. : merc.-dim. 11h-18h ; mai-juin et de mi-sept. à fin oct. : w-end 11h-18h - 4 €.***

## Beaune ★★

**Carte postale.** Découvrez les **hospices de Beaune ★★★** aux célèbres toits vernissés, la **collégiale Notre-Dame ★★**, bel exemple de l'art roman bourguignon, les maisons à colombages et les robustes remparts dont les bastions abritent les caves les plus connues de Bourgogne ! Dans les charmantes ruelles de Beaune, vous trouverez une multitude de bars à vin, de restos tendance et de petites boutiques. Visitez également la **moutarderie Fallot ★**, dernière maison familiale et indépendante de Bourgogne.

*Hospices - r. de l'Hôtel-Dieu - ✆ 03 80 24 47 00 - www.hospices-de-beaune.com - d'avr. à mi-nov. : 9h-19h30 ; reste de l'année : 9h-12h30, 14h-18h30 - 12 €.*

*Moutarderie Fallot - 31 r. du Fbg-Bretonnière - ✆ 03 80 22 10 10 - www.fallot.com - visite guidée (1h) sur réserv. préalable - 10 €.*

## ÉTAPE 3

### Beaune - Santenay - 23 km

La sortie de Beaune s'effectue par le parc de la Bouzaise et La Voie des Vignes continue sur des petites routes et des chemins de vigne. Le terrain devient ici légèrement plus accidenté. Il faudra contrôler sa vitesse dans les descentes après Volnay et avant Puligny-Montrachet.

### Château de Pommard

**Les belles caves du château.** Pommard tire son nom d'un temple antique dédié à Pomone, divinité des fruits et des jardins. Ses vins rouges « fermes, colorés, pleins de franchise, et de bonne conservation » furent recherchés par les rois et les poètes : Ronsard, Henri IV, Louis XV, Victor Hugo... Au cœur des jardins à la française, la visite du château permet de combiner histoire et patrimoine, art et plaisir de la dégustation : 800 m² de caves voûtées du 18e s. et plus de 300 000 bouteilles !

*✆ 03 80 22 07 99 - www.chateaudepommard.com - avr.-nov. : 10h30-18h30 (déc.-mars : 18h) - dégustation de 4 vins 20 €, visite et dégustation de 6 vins 41/94 € - réserv. conseillée - jardins accessibles librement.*

### Meursault

**Un cadre unique.** Cette bourgade, que domine la belle flèche gothique en pierre de son église, est située à l'emplacement d'un ancien camp romain. Elle devrait son nom à une frontière séparant la côte de Meursault et la côte de Beaune, appelée « saut du Rat » (en latin *muris saltus*). La ville est devenue célèbre depuis le tournage de *La Grande Vadrouille* (1966). Son château, quant à lui, abrite des caves des 12e, 14e et 16e s. Différents types de parcours et de dégustations sont proposés (uniquement sur réservation).

*Château de Meursault - 5 r. du Moulin-Foulot - ✆ 03 80 26 22 75 - www.chateau-meursault.com - mai-sept. : 10h-18h30 ; oct.-avr. : 10h-12h, 14h-18h - visite et dégustation 55/103 €.*

### Santenay

**Du vin et des thermes.** Des bords de la Dheune au **mont de Sène ★★**, dans un cirque de falaises, Santenay étend ses trois agglomérations entre de vastes vignobles qui, avec les eaux minérales lithinées, fortement salines,

Les hospices de Beaune.
eli77/Getty Images Plus

font sa renommée. Les thermes ont rouvert après des années de fermeture.
*ValVital - Thermes de Santenay - 5 av. des Sources - ✆ 03 79 48 00 00 - www.valvital.fr - Aqua-détente: 14h-18h, jeu. 14h-19h, vend.-sam. 14h-19h30, dim. 10h45-17h30; de fin nov. à fin déc.: merc. 14h-18h, jeu.-vend. 12h-18h30, sam. 12h-19h, dim. 10h45-17h30.*

## ÉTAPE 4

### Santenay - Montchanin - 26 km

La sortie de Santenay se fait par la rue Chauchien; on tourne à gauche pour franchir la voie ferrée par la rue du Moulin-Saule. Puis la route de Corchanu rejoint le canal. Bifurquez à droite pour emprunter la voie verte le long du canal du Centre. À partir de St-Léger-sur-Dheune et jusqu'à St-Bérain-sur-Dheune, on emprunte une majorité de sections en voie verte, sauf à la sortie et à l'entrée des deux villages qui sont en voie partagée. Après, une section du canal très ombragée mène aux Forges de Perreuil. Le parcours s'éloigne un temps du canal du Centre avant de le retrouver environ 2 km avant St-Julien-sur-Dheune, pour une section en voie verte jusqu'à l'étang de Montchanin.

## Montchanin

**Entre mines et vignes.** Située au cœur d'un important bassin houiller exploité entre les années 1820 et 1912, cette ville est surtout connue pour son riche passé industriel lié à la

## À deux coups de pédale

**La villa Perrusson ★, à Écuisses (à 7 km au nord-est de Montchanin), exceptionnelle, est constituée d'un corps de logis édifié en 1869, auquel fut adossé à la fin du 19e s. Le pavillon Desfontaines (œuvre de l'architecte Tony Ferret). Elle tient son nom des familles qui y habitèrent durant six générations.**

*1 r. de la Gare - ✆ 03 85 68 21 14 - www.villaperrusson.fr - juil.-août : merc.-dim. 10h-13h, 14h-18h ; avr.-juin et sept.-nov. : merc.-dim. 14h-18h - gratuit.*

métallurgie. Les amateurs de nature peuvent toutefois se mettre au vert autour de l'étang de Montchanin. Et, bien sûr, grâce à sa position stratégique, Montchanin reste une porte d'entrée vers les célèbres vignobles de la région...

## ÉTAPE 5

### Montchanin - Palinges - 41 km ou 36 km par l'alternative (plus facile)

Aucun aménagement n'existe actuellement de Montchanin à Montceau-les-Mines ; on emprunte donc la D 974 sans trafic et parfaitement cyclable le long du canal du Centre, dès la ligne de partage des eaux « océan Atlantique-mer Méditerranée » et jusqu'à Blanzy. Pour gagner le centre de Montceau-les-Mines, il faut suivre la signalétique en place. Deux options sont possibles au départ de Montceau-les-Mines : suivre l'itinéraire officiel sur routes partagées entre Montceau-les-Mines et Palinges à travers les collines, ou une alternative sans relief par la D 974 le long du canal du Centre jusqu'à Palinges.

### Blanzy

**Une mine d'infos.** Située au bord du canal du Centre, la cité est devenue prospère à partir de 1860 grâce à ses houillères. Nombre d'industries sont venues renforcer celle de la fonderie : plastiques, robinetterie, tuyauterie, matériaux de construction et pneumatiques (avec Michelin). Un intéressant **musée de la Mine ★** présente une salle des machines en parfait état de fonctionnement et permet de cheminer sur quelque 200 m de galeries présentant l'évolution de l'abattage et du roulage du charbon ainsi que des techniques de soutènement.

*Musée de la Mine - 34 r. du Bois-Clair - ✆ 03 85 68 22 85 - www.musee-mine-blanzy.fr - visite guidée (1h30) juil.-août : tlj sf mar. 14h-18h ; avr.-juin et sept.-oct. : w.-end 14h-18h - 7 €.*

### Montceau-les-Mines

**Sur les chapeaux de roues.** Cette ancienne ville minière continue de valoriser son patrimoine industriel. Ouverte depuis 1924, la Bonneterie Perrin, aujourd'hui centenaire, se visite. Installée dans la vieille usine Aillot du 19e s., la galerie du Camion ancien présente une collection de poids lourds (1940-1980), dont certains mythiques, comme les camions conduits par Jean-Paul Belmondo et Bernard Blier dans *Cent mille dollars au soleil* (1964) ou par Yves Montand dans *La Menace* (1977).

*Manufacture de Bonneterie Perrin - 17 r. Claude-Forest - ✆ 03 85 67 72 85 - manufacture-perrin.com - visite guidée sur réserv. - 6 €.*

*Usine Aillot - Galerie du Camion ancien - 27 r. des Prés - ✆ 06 84 54 69 23 ou 07 71 11 16 40 - www.usineaillot.canalblog.com - horaires : se rens.*

## Palinges

**Pause bucolique.** Ce petit village, traversé par le canal du Centre, dispose d'un agréable plan d'eau avec une aire de pique-nique, où l'on peut pêcher. Mais pas se baigner...

## ÉTAPE 6

### Palinges - Digoin - 34 km ou 31 km par l'alternative (plus facile)

Le parcours officiel balisé de Palinges jusqu'à l'entrée de la voie verte avant Paray-le-Monial est à réserver aux cyclistes expérimentés du fait de nombreuses côtes et de voiries étroites. Après le château de Digoine, on redescend vers le canal du Centre, Pour les moins expérimentés, à hauteur de La Gravoine, une alternative permet de longer le canal par la D 974 moyennement fréquentée, mais sans relief. On retrouve ensuite la voie verte à partir du nord-est de Paray-le-Monial, qu'on suit tranquillement jusqu'à Digoin.

## Château de Digoine ★★

**La vie de château.** Derrière sa façade d'entrée néoclassique aux pierres couleur ocre, voilà l'occasion de se rêver en châtelain dans une belle demeure du 18e s., entre salle à manger, salon de musique, bibliothèque et théâtre... Propriété de Jean-Louis Remilleux - le producteur de l'émission *Secrets d'Histoire* et grand collectionneur et amateur d'art -, ce château est doté d'un riche mobilier. À l'extérieur, ne manquez pas les orangers bicentenaires du parterre de la cour d'honneur, la belle roseraie qui présente plus d'une soixantaine de variétés de rosiers anciens, ainsi que la serre (vers 1830) aux plantes tropicales.

Château de Digoine, le théâtre.
A. Chicurel/hemis.fr

Digoin, pont-canal sur la Loire.
Ch. Guy/hemis.fr

*Sur la commune de Palinges, à 3 km du centre - 03 85 70 20 27 - chateaudedigoine.fr - - juil.-août : 10h-19h ; avr. et oct. : 14h-18h ; reste de l'année : se rens. - fermé lun. en nov. et de mi-déc. à mi-avr. - château et théâtre en visite guidée uniquement - château + jardins + théâtre 12 € - jardins 5 €.*

## Paray-le-Monial ★★

**Village culte.** Haut lieu de pèlerinage dédié au culte du Sacré-Cœur, Paray-le-Monial est aussi un joyau d'art roman et une cité tournée vers la mosaïque contemporaine. Sa **basilique** ★★ est considérée comme le plus bel exemple conservé d'architecture clunisienne. Située sur la Bourbince, un affluent de la Loire que longe le canal du Centre, la cité est également dotée d'un bel **hôtel de ville** ★ Renaissance en pierre dorée.

## Digoin

**Écluses et céramique.** Canaux, pont-canal, écluses et rivières ponctuent le paysage et invitent à la flânerie à pied, à vélo ou en bateau. Ce ne sont pas moins de trois canaux qui se rencontrent à Digoin, située en bord de Loire. D'où une riche histoire fluviale, expliquée dans un intéressant musée consacré au patrimoine historique et naturel de la ville. Mais ce n'est pas la seule particularité de cette petite bourgade qui s'anime aux beaux jours : elle possède aussi une longue tradition d'activité céramique. Dans une hôtellerie du 18e s., un autre musée présente l'histoire de la céramique et les procédés de fabrication. On peut même visiter une manufacture toujours en activité.
*ObservaLoire - r. des Perruts - 03 85 53 75 71 - www.observaloire.*

*com - juil.-août : 10h-18h ; reste de l'année : tlj sf mar. 14h-18h - fermé de mi-nov. à mi-mars - 5 €.*

*Musée de la Céramique - 8 r. Guilleminot - ✆ 03 85 53 88 03 - www.musee-ceramique-digoin.com - - mai-sept. : lun.-vend. 9h-12h, 14h-18h, w.-end 14h30-18h ; reste de l'année : lun.-vend. 10h-12h, 14h-17h, sam. 14h30-17h - 6 €.*

## ÉTAPE 7

### Digoin - Bourbon-Lancy - 30 km

Cette étape, qui se déroule exclusivement le long des canaux et sur une voie verte, est facile. À l'approche de Bourbon-Lancy après la traversée du pont entre Diou et Gilly-sur-Loire, restez toutefois vigilant. Seule difficulté, le dernier kilomètre pentu pour gagner la porte du beffroi de Bourbon-Lancy.

### Bourbon-Lancy ★

**Patrimoine et thermalisme.** Près de la mairie, le beffroi (fin 14e s.) est élevé sur une porte fortifiée où se trouve l'actuelle **tour de l'Horloge ★**. Passez-la pour admirer le « Bredin » (traduisez : simplet, innocent), un automate qui sonne les heures en tirant la langue. Mais Bourbon-Lancy est aussi une station thermale réputée. Au pied de la colline fortifiée, dans la cour des bains, les sources jaillissent à une température de 56 à 60 °C, débitant plus de 400 000 litres par jour. Utilisées dès l'Antiquité romaine, elles soignent les affections rhumatismales et cardio-artérielles.

## ÉTAPE 8

### Bourbon-Lancy - Decize - 47 km

De Bourbon-Lancy à Cronat, le parcours évolue sur de petites routes à travers les collines bourbonnaises. Quelques belles côtes se dessinent une fois la sortie de Bourbon-Lancy passée. Entre Cronat et le canal du Nivernais, la seule côte se présente juste avant Devay. Du fait de l'activité agricole importante, les routes peuvent être sales et gravilloneuses. Une fois sorti du canal du Nivernais, faites preuve de prudence à l'arrivée à Decize par les routes départementales D 981 et D 978A, sur lesquelles le trafic est très important.

### Decize

**Cherchez son chat.** Occupant une île rocheuse de la Loire, ce bourg s'étale au pied d'une butte où se dressait jadis le château des comtes de Nevers. Les anciens remparts montrent les vestiges de tours, portes et ravelins (éléments de fortification ayant un angle saillant servant à couvrir un fort ou une courtine). Les Decizois habitent de part et d'autre de la Loire, ou encore sur l'île dessinée par les deux bras du fleuve. Pour découvrir la ville, suivez le fléchage du parcours du Greffier Barbicho : cet attachant personnage, mi-chat mi-poisson, est l'emblème du territoire.

### À deux coups de pédale

**Saviez-vous que vous pédalez dans un bassin minier ? À La Machine (à 8 km au nord de Decize), dans les bâtiments de l'ancienne direction des houillères, un musée ★ évoque l'histoire du site, le travail et la vie quotidienne au fond de la mine. Il est accessible par une superbe voie verte qui traverse la forêt au départ du canal.**

***Musée de la Mine - ✆ 03 86 50 91 08 - www.mairie-la-machine.fr/le-musee-de-la-mine - de mi-juin à mi-sept. : 14h-19h ; de mars à mi-juin et de mi-sept. à oct. : 14h-18h - 8 €.***

## ÉTAPE 9

### Decize - Châtillon-en-Bazois - 52 km

Du centre-ville de Decize, par le cheminement inverse de celui suivi la veille - à savoir rouler sur les très fréquentées D 978$^{A}$ et D 981 -, on rejoint le canal du Nivernais qu'on prend à rebours de la veille jusqu'à Champvert. Là, on reste sur ce parcours pour filer tranquillement, nez au vent, le long du canal jusqu'à Châtillon-en-Bazois.

### Barrage de Fleury

**Un barrage à aiguilles sur l'Aron.** Ce bel ouvrage se trouve sur la commune de Biches. C'est une rareté puisqu'il est l'un des douze derniers barrages à aiguilles du canal du Nivernais. Il fut construit en 1837 afin de créer une retenue d'eau pour alimenter le canal en cas de besoin.

### Châtillon-en-Bazois

**Centre de navigation de plaisance.** Ce charmant bourg est aménagé sur l'Aron et le canal. Le chantier de construction de bateaux et le port, que l'on traverse à vélo en arrivant, sont dominés par un château (16$^{e}$-17$^{e}$ s.) et de beaux jardins. Le village compte plusieurs jolies maisons anciennes (r. de la Madeleine) et un lavoir du 19$^{e}$ s. (au n° 42). Dans l'église, remarquez le tableau de Nicolas Mignard dans la chapelle à gauche de l'entrée, la pierre tombale de Jehan de Châtillon du 14$^{e}$ s. et le retable de 1423 en pierre représentant une pietà.

## ÉTAPE 10

### Châtillon-en-Bazois - Chitry-les-Mines - 31 km

Cette étape le long du canal du Nivernais est un véritable festival avec ses 16 écluses et autant de maisons éclusières animées qui mènent au point culminant du canal, à savoir l'étang de Baye et l'écluse de Port-Brûlé, avant une descente en pente douce vers Chitry-les-Mines. La voie verte est continue le long du canal, excepté pour les passages sur routes calmes au-dessus des tunnels entre Baye et Port-Brûlé.

### Étangs de Baye et Vaux

**Pagayer, se baigner, respirer.** Ces étangs artificiels classés Natura 2000 offrent une grande richesse écologique. Profitez des aménagements et activités : sentiers pédestres balisés et pêche sur les deux étangs, baignade (plage aménagée à côté de la base de loisirs) et sports nautiques sur celui de Baye, découverte de la forêt aux essences variées autour de Vaux. Le sentier du Martin-Pêcheur permet de se faufiler au cœur de la réserve ornithologique qui accueille espèces nicheuses, oiseaux migrateurs et une flore remarquable. Avis aux observateurs.
*Activital (base de loisirs) - étang de Baye - ✆ 03 86 38 97 39 - www.activital.net. Location de canoës, planches à voile, catamarans et, sur réserv., balade guidée en paddle sous les voûtes de La Collancelle.*

### La Collancelle

**Approcher les voûtes.** Pour relier l'étang de Baye à Port-Brûlé, les ingénieurs du canal du Nivernais n'avaient d'autre solution que de passer sous la « montagne ». Les ouvriers creusèrent ainsi trois **galeries voûtées** ★ de 758 m, 268 m et 212 m, au péril de leur vie. Ces ouvrages remarquables sont aménagés au cœur d'une nature verdoyante, que l'on ne peut approcher qu'en paddle ou en bateau, dans une atmosphère fraîche et silencieuse.

La Collancelle.
Couanon Julien/Shutterstock

*Aqua Fluvial - port des Pougeats - Baye - ✆ 03 86 38 90 70 - www.aquafluvial.fr - avr.-oct.: 9h30-18h - bateau: 40 €/2 pers. (1h30) - croisière promenade: 13,50 €/pers.*

## Sardy-lès-Épiry

**Exceptionnel alignement d'écluses.** Entre Sardy-lès-Épiry et le hameau de Port-Brûlé, les bateaux doivent franchir un dénivelé de près de 50 m. Pour les aider, une « échelle » de 16 écluses, dite **échelle de Sardy ★**, s'étend sur 3,6 km, le long du chemin de halage. Les écluses sont flanquées de belles maisons d'éclusiers, certaines louées à des artisans: la maison n° 16 abrite un office de tourisme en saison, la n° 10 l'atelier d'un tailleur de pierre. Derrière la façade rose habillée de lierre de l'écluse n° 6, on découvre un véritable cabinet de curiosités qui fait aussi salon de thé. Vous pourrez y faire la connaissance de son occupant, Gérard Mazière, Nivernais d'adoption. Un lieu unique et magique.

## Chitry-les-Mines

**Chez Poil de Carotte.** Le village est surtout connu pour son château. Érigé sur un ancien domaine gallo-romain entre le 17e et le 19e s., il surplombe la vallée avec une vue imprenable sur les environs. Son intérieur abrite des meubles des 16e, 17e et 18e s., des tableaux des écoles italiennes et françaises ainsi que des tapisseries d'Aubusson et des Flandres. Le village doit également sa renommée à l'écrivain Jules Renard (1864-1910): l'auteur de *Poil*

*de Carotte* y a passé une enfance mitigée, partagé entre une vie de famille difficile et sa passion pour la nature.
*Château de Chitry-les-Mines - ✆ 07 86 83 66 24 - de mi-juin à mi-sept. sur RV - visite guidée 8 €.*

## ÉTAPE 11

### Chitry-les-Mines - Clamecy - 32 km

La voie verte longe le canal avec sa ribambelle de petits ponts-levis, anciennes écluses et vieux villages, qui font tout le charme du Nivernais. Aucune difficulté n'est à signaler sur cette étape.

### Clamecy ★

**La cité des flotteurs de bois.** Ici, les voies d'eau conservent la mémoire des bois acheminés depuis les forêts morvandelles jusqu'à Paris. Pendant trois siècles, les flotteurs de bois firent la fortune de Clamecy, ce dont témoignent encore aujourd'hui les joutes nautiques disputées chaque année. Vous irez découvrir l'histoire du canal et du flottage au **musée Romain-Rolland** ★ et admirer la façade gothique flamboyante de la **collégiale St-Martin** ★, ainsi que les **maisons anciennes** ★ sauvegardées du centre historique.
*Musée Romain-Rolland - av. de la République - ✆ 03 86 27 17 99 - www.nievre-tourisme.com - tlj sf dim. et mar. 10h-12h, 14h-18h - fermé janv.-mars - 5 €.*

Statue érigée en hommage aux flotteurs de bois, à Clamecy.
Ch. Guy/hemis.fr

## ÉTAPE 12

### Clamecy - Mailly-le-Château - 30 km

Du port fluvial de Clamecy, l'itinéraire longe un moment l'Yonne avant de reprendre le cours paisible du canal du Nivernais. À noter, une courte interruption de la voie verte avec un passage sur routes : N 151, D 39 et D 214 entre Coulanges-sur-Yonne et Lucy-sur-Yonne. Après ce passage sur voiries partagées, Le Tour de Bourgogne à vélo retrouve le rassurant chemin de halage quasiment sans interruption jusqu'à Mailly-le-Château.

### Châtel-Censoir

**Panorama en boucle.** Ce petit bourg est adossé à une colline qui domine le confluent du Chamoux et de l'Yonne. Bâtie au sommet de la colline, la collégiale St-Potentien est entourée de murailles que l'on franchit par une poterne. La nef et le bas-côté s'ouvrent par deux portails Renaissance. De la terrasse près de l'église, on jouit d'une jolie vue sur la ville. Si vous avez le temps, la boucle de la grotte des Fées (5 à 11 km selon l'itinéraire) permet de découvrir une vue panoramique de Châtel-Censoir. Sinon, le chemin des remparts sillonne le bourg très agréablement.

## Rochers du Saussois

**À l'assaut du « libre Saussois ».** Sur la rive gauche de l'Yonne, on découvre le village de Merry-sur-Yonne. Et, rive droite, le hameau du Saussois : une poignée de maisons blanches à toits de tuiles roses, lovées sous de hautes falaises calcaires. Cette Bourgogne de carte postale est aussi celle des grimpeurs, qui profitent d'une muraille de pierre de plus de 60 m de haut qui fait office d'école d'escalade en pleine nature depuis les années 1970. Le site a même donné son nom à une technique de grimpe, « le libre Saussois ». Le site s'est patiné au fil du temps et le petit chemin escarpé qui monte jusqu'au sommet est surtout fréquenté par les marcheurs, qui apprécient le calme et la vue qu'ils découvrent sur le village de Merry-sur-Yonne, comme enveloppé de verdure.

## Mailly-le-Château

**Vu d'en haut… et d'en bas.** Cet ancien bourg fortifié, autrefois commandé par les comtes d'Auxerre, est bâti sur un escarpement qui domine un méandre de l'Yonne. Une terrasse ombragée au-dessus des remparts offre une jolie vue sur la rivière et le canal du Nivernais, tandis qu'au loin se détachent les collines du Morvan. De l'extrémité droite de la terrasse, on aperçoit le bourg d'en bas, construit au bord de l'eau, avec son pont du 15$^{e}$ s. dont une pile supporte une petite chapelle. Son église St-Adrien, édifice fortifié du 13$^{e}$ s. et surmonté d'un solide clocher à gargouilles, se singularise par une façade de style gothique primitif à pignon aigu et galerie d'arcs en plein cintre reposant sur des statues-colonnes.

## ÉTAPE 13

### Mailly-le-Château - Auxerre - 32 km

De Mailly-le-Château, la voie verte est pratiquement continue le long du canal du Nivernais et de l'Yonne, sauf à partir d'Augy, au sud d'Auxerre, où l'on passe sur une section en voie partagée. À partir de Champs-sur-Yonne, une alternative par l'autre rive de l'Yonne est également possible.

## Auxerre ★★

**Sur sa butte.** La capitale de la basse Bourgogne, point de passage historique incontournable sur la route entre Paris et Lyon, s'est développée sur une butte surplombant l'Yonne. Son centre médiéval, entre pouvoir civil et religieux, a traversé les siècles sans subir de transformations majeures. Les ruelles dégringolent vers l'Yonne, abritant de coquettes maisons à pans de bois colorées. Dans la remarquable **cathédrale St-Étienne ★★**, le chœur et le déambulatoire, avec un magnifique ensemble de vitraux, remontent au début du 13$^{e}$ s. Fondée au 6$^{e}$ s., l'**abbaye bénédictine St-Germain ★★**, aujourd'hui connue comme la Cité de la Parole et du Son, mérite aussi une visite.

*Abbaye St-Germain - 2 bis pl. St-Germain - ✆ 03 86 18 02 90 - www.abbayesaintgermain.fr - 10h-13h, 14h-18h ; fév.-mars et nov.-déc. : tlj sf mar. 10h-12h, 14h-17h - gratuit.*

## ÉTAPE 14

### Auxerre - St-Florentin - 42 km

La circulation peut être importante sur les quais de l'Yonne pour la sortie d'Auxerre. À hauteur de Curgy, Le Tour de Bourgogne profite un moment de la déviation de Curgy pour éviter un tracé tortueux induit par les rives sinueuses de l'Yonne.

À l'approche de Laroche-Migennes, une fois franchie la rivière de l'Armançon, le passage souterrain de la gare par la rue Paul-Bert est une bonne option pour rejoindre directement le canal de Bourgogne et poursuivre ensuite vers St-Florentin sur un revêtement parfois rustique.

### St-Florentin

**Tout un fromage!** Les plaisanciers et les pêcheurs apprécient cette ville ancienne desservie par le canal de Bourgogne, au confluent de l'Armance et de l'Armançon. Son théâtre de verdure et la proximité des forêts d'Othe et de Pontigny confèrent un charme supplémentaire à ce petit centre industriel niché au cœur d'une région réputée pour ses fromages : le soumaintrain et le saint-florentin. L'église de St-Florentin (construite de 1376 à 1625) domine le bourg du sommet de la colline où s'élevait jadis le château médiéval.

## ÉTAPE 15

### St-Florentin - Tonnerre - 26 km

Depuis St-Florentin, Le Tour de Bourgogne continue sur le canal de Bourgogne qui file droit jusqu'à Tonnerre. Aucune difficulté n'existe sur cette étape, il faut seulement être attentif aux croisements avec le réseau routier.

### Tonnerre

**Une source pleine de mystères.** Avant de pédaler le long du canal en direction du sud-ouest, faites le tour de la petite cité médiévale. Saluez *Divonna*, la divinité celte des eaux, à l'étonnante **fosse Dionne** ★, une source vauclusienne d'une extraordinaire couleur émeraude aménagée en lavoir au 18e s. De la source, grimpez par le sentier jusqu'à l'église St-Pierre, d'où l'on profite d'un beau panorama sur la ville. Visitez l'hôtel-Dieu, l'un des plus vastes établissements hospitaliers médiévaux doté d'une salle des malades aux proportions impressionnantes, et admirez l'hôtel d'Uzès, charmant logis Renaissance.

## ÉTAPE 16

### Tonnerre - Ancy-le-Franc - 30 km

Le revêtement du canal de Bourgogne a été récemment repris entre Tonnerre et Tanlay. Ce parcours sur Le Tour de Bourgogne ne comporte aucune difficulté jusqu'à Ancy-le-Franc.

### Château de Tanlay ★★

**L'un des plus beaux châteaux de Bourgogne.** Dans le bourg, à 500 m du canal, se trouve ce haut lieu du protestantisme durant les guerres de Religion. L'élégant château Renaissance fut la demeure et le refuge de la famille de l'amiral de Coligny, chef de file des protestants. Il est habité par la même famille depuis 1704, soit onze générations ! Son édification, commencée vers 1550, se poursuivit à partir de 1642. C'est de cette époque que datent le parc, le canal et les douves entourant le château. À l'intérieur, ne manquez pas la richesse des appartements et la variété des décors. Il accueille chaque été des expositions d'art contemporain.

*☎ 03 86 75 70 61 - www.chateaudetanlay.fr - visite guidée uniquement (50mn) de Pâques à la Toussaint : tlj sf mar. à 10h15, 11h15, 14h15, 15h15, 16h15, 17h15 - visite libre des extérieurs tlj sf mar. 10h-12h30 et 14h-18h30 - 10 € château et parc ; 3 € pour les extérieurs seult.*

Château de Tanlay.
J. Larrea/age fotostock

## Château d'Ancy-le-Franc ★★

**Une autre pépite Renaissance.**
À 800 m du canal, un magnifique palais, chef-d'œuvre de l'architecte italien Sebastiano Serlio, est un modèle d'harmonie et de symétrie : ses quatre ailes en apparence identiques, reliées par des pavillons d'angle, constituent un ensemble carré d'une parfaite homogénéité. Sa **cour d'honneur** ★★, élégante et raffinée, et ses **peintures murales** ★★★ de la chambre des Arts et de la galerie de Pharsale sont remarquables. La qualité de son architecture et de son décor en fait une étape importante dans l'évolution de l'architecture de la Renaissance en France. Le joli **parc** ★ (avec étang, cours d'eau, petite folie et magnifique parterre), dessiné par Le Nôtre en 1684, fut transformé au 18e s. en jardin à l'anglaise.

*18 pl. Clermont-Tonnerre - ✆ 03 86 75 00 25 - www.chateau-ancy.com - mar.-dim. 10h-12h30, 14h-18h (17h en fév.-avr. et nov.-mi-déc.) - fermé lun. (sf l'apr.-midi en juil.-août) et de mi-déc. à janv. - 13/15 €.*

## ÉTAPE 17

### Ancy-le-Franc - Venarey-les-Laumes - 42 km

Le Tour de Bourgogne évolue sur le canal de Bourgogne qui est entièrement en voie verte, excepté sur une courte section à hauteur de la

À Alise-Ste-Reine, la statue à la mémoire de Vercingétorix, du sculpteur Aimé Millet.
T. et B. Morandi/hemis.fr

gare d'eau de Ravières. Seul point de vigilance à avoir en tête : être attentif aux croisements avec les différentes traversées de voirie au fil du parcours.

## Grande Forge de Buffon ★

**Haut lieu du patrimoine industriel.** C'est sur ses terres que Buffon (1707-1788), l'illustre naturaliste bourguignon, alors âgé de 60 ans, fit construire en 1768 une forge pour mettre en œuvre ses recherches sur la fusion et poursuivre ses expériences sur les minéraux. Dès 1769, le haut-fourneau fonctionne ; le reste des bâtiments est achevé quatre ans plus tard. Le site se compose d'un vaste ensemble architectural unique et très harmonieux, comprenant la partie industrielle entourée d'eau qui apporte l'énergie hydraulique (haut-fourneau, affinerie et fenderie) et l'espace domestique (maisons d'ouvriers, écurie, maison du maître de forges, chapelle). Notez en particulier l'élégant escalier monumental à double volée du haut-fourneau, ainsi que la grande roue restaurée. L'ensemble donne sur un jardin potager agrémenté d'une magnifique orangerie.
*✆ 03 57 10 20 99 - www.grandeforgedebuffon.fr - juil.-août : 10h-18h ; avr.-Toussaint : fermé mar. - 8 €.*

## MuséoParc Alésia ★★

**La célèbre bataille.** Le beau MuséoParc Alésia présente, dans un environnement naturel préservé, les épisodes mythiques de la bataille décisive de la guerre des Gaules qui opposa César et Vercingétorix en 52 av. J.-C. Le centre d'interprétation est aménagé dans un superbe bâtiment circulaire, symbolisant l'encerclement des Gaulois, et son revêtement en résille de bois fait référence aux fortifications romaines.

La scénographie, moderne, ludique et dynamique (maquettes, vidéos, bornes interactives), présente le siège d'Alésia. La suite de la visite se mérite : il vous faudra grimper (à pied ou à vélo) une petite route sur 3 km afin d'atteindre le **mont Auxois** ★ et découvrir les vestiges de la ville gallo-romaine ainsi qu'un très beau panorama. À 800 m de là, sur les hauteurs d'Alise-Ste-Reine, la statue monumentale de Vercingétorix (6,60 m) fut érigée par Aimé Millet en 1865 à la demande de Napoléon III.

*1 rte des Trois-Ormeaux, Alise-Ste-Reine, à 1,2 km du canal - ☏ 03 80 96 96 23 - www.alesia.com - juil.-août : 10h-19h ; avr.-juin et sept.-oct. : tlj sf lun. 10h-18h ; reste de l'année : tlj sf lun. 10h-17h - fermé de déb. déc. à mi-fév. - 11 € - restaurant sur place.*

## Venarey-les-Laumes

**Alésia et plus encore.** Cette petite ville est surtout connue pour sa proximité avec le site historique d'Alésia, où se déroula la célèbre bataille entre Jules César et Vercingétorix en 52 av. J.-C. Bien sûr, Venarey-les-Laumes attire les visiteurs pour son illustre MuséoParc Alésia. Cependant, traversé par le canal de Bourgogne, le village permet aussi des promenades en bateau ou à pied le long des écluses.

## ÉTAPE 18

### Venarey-les-Laumes - Pouilly-en-Auxois - 41 km

La voie verte longe le canal ; aucune difficulté n'est à signaler sur cette étape. On peut trouver les services nécessaires à la halte fluviale de Pont-Royal : eau potable à disposition, accès à des toilettes... Il y a même une épicerie et de quoi se restaurer.

## Église de St-Thibault ★

**Prière de regarder.** De cette église, il ne reste que le chœur, une chapelle absidiale et un remarquable portail sculpté appartenant à l'ancien transept. Les sculptures du tympan, consacrées à la Vierge, ont été exécutées dans la seconde moitié du 13e s. Vers 1310, cinq grandes statues furent ajoutées : saint Thibault, le duc Robert II et son fils Hugues V, bienfaiteurs de l'église (sous l'aspect d'Aaron et David), la duchesse Agnès et l'évêque d'Autun, Hugues d'Arcy (la reine de Saba et Salomon). À l'intérieur, tout l'intérêt se concentre sur le chœur à cinq pans, la plus élégante des constructions bourguignonnes de l'époque.

## Pouilly-en-Auxois

**Voûte célèbre.** Le canal de Bourgogne passe ici d'une étonnante façon. Achevé en 1832, long de 242 km, il opère la jonction entre l'Yonne et la Saône, de Laroche-Migennes (alt. 84 m) à St-Jean-de-Losne (alt. 182 m). Empruntant les vallées opposées de l'Armançon et de l'Ouche, il franchit, à 378 m d'altitude, le faîte de séparation des bassins de la Seine et du Rhône par un tunnel long de 3 333 m : la voûte de Pouilly. Sa construction a été réalisée entre 1825 et 1832 pour éviter de devoir réaliser une dizaine d'écluses supplémentaires sur une courte distance au cœur de Pouilly-en-Auxois. On peut aussi voir la halle abritant le toueur électrique du 19e s. et la centrale hydroélectrique qui l'alimentait : ce drôle de bateau permettait d'entraîner un convoi de plusieurs péniches à travers la voûte de Pouilly.

*Le site canaux.bourgognefranche comte.fr dresse l'historique du canal.*

## ÉTAPE 19

### Pouilly-en-Auxois - La Bussière-sur-Ouche - 25 km

On sort de Pouilly-en-Auxois par l'allée des platanes qui passe au-dessus de la voûte du canal. On suit le balisage jusqu'à Créancey pour contourner le nœud routier de l'A 38. La voie verte est ininterrompue jusqu'à La Bussière-sur-Ouche.

### Châteauneuf-en-Auxois ★★

**Beau château fort.** Ce village forme un superbe ensemble médiéval, avec ses vestiges de remparts et ses rues étroites. Il possède de vieilles demeures fort bien conservées, construites du 14e au 17e s. par de riches marchands bourguignons. Mais ce vieux bourg est aussi célèbre pour son **château fort** ★, qu'on aperçoit du canal. Il commandait jadis la route de Dijon à Autun. L'imposante construction, ceinturée d'épaisses murailles flanquées de tours de défense massives sur quatre niveaux, est séparée du village par un fossé. Un nouveau pont-levis, encadré de grosses tours rondes, donne accès à la cour intérieure.
*Château - ✆ 03 80 49 21 89 - chateauneuf.bourgognefranchecomte.eu - tlj sf lun. 9h45-12h30, 14h-18h (sept.-juin 17h30) - 6 €.*

### La Bussière-sur-Ouche

**Dormir dans une abbaye.** Ce village abrite un joyau: l'abbaye de la Bussière, fondée au 12e s. Bien que transformée en hôtel Relais & Châteaux *(voir « Dormir » p. 331)*, elle conserve son architecture remarquable. On peut aussi poser son vélo dans l'un des nombreux sentiers de randonnée qui longent la rivière Ouche et serpentent à travers les forêts environnantes.

## ÉTAPE 20

### La Bussière-sur-Ouche - Dijon - 34 km

Sans difficulté, la voie verte du chemin de halage du canal de Bourgogne, au milieu de la vallée de l'Ouche, vous emmène jusqu'au port de Dijon. Des pistes cyclables prennent alors le relais pour vous permettre de gagner en toute sérénité le centre de la capitale bourguignonne.

### Jardins de Barbirey-sur-Ouche

**Se mettre au vert.** Ce parc de 8 ha a été réaménagé autour de beaux communs (17e et 18e s.) et d'un château remanié au 19e s. Le vaste potager fleuri, construit en deux terrasses, fait face au parc à l'anglaise. Dans la prairie et le parc, des œuvres contemporaines et des bancs offrent des points de vue inattendus. Admirez au passage le magnifique travail du jardinier et sculpteur réputé d'art topiaire Hubert Puzenat. Sur l'autre rive, passez le bois pour découvrir le verger et les terrasses pour plantes de rocaille.
*2 r. du Château - ✆ 03 80 49 08 81 - www.chateaudebarbirey.com - mars-mi-oct.: 10h-18h - 6 €.*

### Lac Kir

**Un dernier plouf.** Avant d'arriver à Dijon, posez votre vélo et enfilez votre maillot. Les rives de ce plan d'eau artificiel de 37 ha, créé à l'initiative du célèbre chanoine Félix Kir (député-maire de Dijon de 1945 à 1968 et inventeur du non moins célèbre apéritif), se prêtent à toutes sortes d'activités: baignade, canoë-kayak, planche à voile, tennis, pétanque, volley-ball, mini-golf... Et des transats sont à disposition.

# LOUER UN VÉLO

## DIJON ET BEAUNE

### BOURGOGNE ÉVASION

*✆ 03 80 26 17 12 - www.bourgogne-evasion.fr. Location de VTC (20 €/j, tarif dégressif), VAE (45 €/j), vélo route (50 €/j), VTT électrique (75 €/j). Possibilité de louer son vélo à Dijon et de le laisser à Beaune ou inversement. Accessoires en option, mais vélos fournis avec un kit de réparation.*

## DIJON

### LA VÉLO VIE

*32 av. Victor-Hugo - ✆ 06 13 89 53 61 - www.lavelovie.com - VTC 50 € pour 3 j - livraison possible sur un périmètre de 120 km autour de Dijon.*

### LES 2 ROUES ÉLECTRIQUES

*13 av. Jean-Jaurès - ✆ 03 80 46 12 36 - www.les-2-roues-electriques.fr - VTC/VAE 50/120 € pour 3 j ; sacoche 2 €/j.*

# DÉGUSTER

## DIJON

### LE NID

Ce restaurant mise sur les produits locaux et de saison pour élaborer une carte quasi végétarienne. La salle, à la déco brocante, est jolie et confortable, et ça donne envie de revenir pour le thé l'après-midi.

*61 r. des Gaudrans - ✆ 09 88 39 33 26 - @le_nid_dijon - fermé dim.-lun. et le soir - formules 19/25 €, plats 25 €.*

### LE DZ'ENVIES

Installé sur la place des halles, ce restaurant s'affiche, lui, résolument bistronomique par sa cuisine française revisitée avec une pointe d'exotisme servie dans une salle épurée.

*12 r. Odebert - ✆ 03 80 50 09 26 - www.dzenvies.com - fermé dim.-lun. - plats 19/26 €, menus 26/49 €.*

Le long du canal de Bourgogne, près de Tanlay.
N. Thibaut/Photononstop

## NUITS-ST-GEORGES

*Voir aussi « Dormir » p. 329.*

### LA CABOTTE

La salle à manger – poutres et pierres apparentes, mobilier sombre et éclairage moderne – donne sur le spectacle des cuisines. Plats gourmands au goût du jour et belle cave raisonnée.

*24 Grande-Rue - ✆ 03 80 61 20 77 - www.lacabotte.fr - fermé dim.-lun. - menus 42/47 €.*

## SAVIGNY-LÈS-BEAUNE

### LE SOLEIL

Un endroit idéal pour une halte gourmande. Au menu : des assiettes concoctées par la cheffe Laila Aouba (à partager… ou pas) et des vins du domaine familial tout proche (mais pas que). Fait également chambres d'hôtes.

*1 allée des Tilleuls - ✆ 03 80 20 21 02 - www.lesoleil-savigny.fr - mars-nov. : fermé mar.-merc., lun. midi, jeu. midi et dim. soir ; reste de l'année : se rens. - plats 14/22 € - 3 ch. 130 € ☕.*

## BEAUNE

### GARUM - TABLE VIVANTE

Le chef Christophe Bocquillon a transformé son Jardin des Remparts en « table vivante », un bistrot chic et tendance où l'on déguste de bons produits à partager entre amis à l'apéritif ou à dîner. Menu et carte de saison gourmands et bien tournés. Splendide terrasse aux beaux jours.

*10 r. de l'Hôtel-Dieu - ✆ 03 80 24 79 41 - www.garum-beaune.fr - fermé dim.-lun. - plats 24/26 €.*

### LA DILETTANTE

Ici, on joue la carte du local et de la simplicité : à l'ardoise, des plats composés des produits trouvés au marché le jour même, avec une touche japonisante réussie. Salle aux murs de brique décorée d'une impressionnante carte des vins. Ambiance feutrée. Une bonne adresse !

*11 r. du Fbg-Bretonnière - ✆ 03 80 21 48 59 - midi et soir - fermé merc. et w.-end - plats 10/18 €.*

Cassolette d'escargots.
LauriPatterson/Getty Images Plus

## SANTENAY

### L'OUILLETTE

Un jeune couple motivé est aux commandes de cette auberge familiale, installée sur la place centrale du village. En cuisine, la tradition (œufs en meurette, jambon persillé, coq au vin) rencontre des recettes plus actuelles. Après le repas, on monte l'escalier vers les chambres, calmes et confortables. Une bonne adresse (et un abri sécurisé pour les vélos).

*Pl. du Jet-d'Eau - ✆ 03 80 20 62 34 - www.ouillette.fr - ✕ fermé mar.-merc. - menus 36,50/54 € - 4 ch. 75 € - ☕ 10 €.*

## MONTCHANIN

### LA BOUCHERIE RESTAURANT

Alors que l'offre n'est pas immense à Montchanin, cette adresse présente l'intérêt d'être située à côté de l'hôtel Kyriad Le Creusot *(voir p. 330)*. Avec des spécialités de viande, évidemment, mais aussi des options végétariennes.

*Château d'Avoise, r. du Pont Jeanne-Rose - ✆ 03 85 80 02 11 - www.la-boucherie.fr - plats 20/30 €.*

## PALINGES

### AUBERGE DE DIGOINE

Une auberge sympathique au bord du canal du Centre, à 3mn du château de Digoine. Voilà donc une halte idéale avec une bonne cuisine et un accueil chaleureux.

*92 Ldt Digoine - ✆ 03 85 88 11 28 - fermé le merc. - formule midi 18 €.*

## DIGOIN

### LE RELAIS DU CANALOU

Ici, la cuisine est généreuse, à l'image de la spécialité de la maison : l'escarbœuf, une noix de joue de bœuf braisée à la bourguignonne avec fricassée d'escargots. L'établissement propose aussi des chambres sur le thème du bateau, simples et bien tenues.

*76 av. du Gén.-de-Gaulle - ✆ 03 85 53 25 28 - www.relaisducanalou.com - fermé dim. soir - plats 19/24 €, menus 28/42 € - 🏊 - 15 ch. 63/76 € - ☕ 10 €.*

## BOURBON-LANCY

### LA GRIGNOTTE DU VIEUX BOURBON

Dans le quartier médiéval, en face de la maison Sévigné, une adresse accueillante où l'on sert une cuisine traditionnelle de la région ainsi que de copieuses salades.

*12 r. de l'Horloge - ✆ 03 85 89 06 53 - midi et soir - fermé dim.-lun. - plats 15/29 €, menus 25/27,50 €.*

## DECIZE

### HÔTEL-RESTAURANT DU PORT

*Voir « Dormir » p.330.*

## CHÂTILLON-EN-BAZOIS

### CHEZ GINETTE

Un restaurant intime, agréable et original, en dehors des sentiers battus. Accueil chaleureux dans un coin de verdure ombragé, où l'on déguste d'excellents plats maison.

*2645 rte de Bernière - ✆ 07 66 50 14 20 - de mi-mars à fin sept. - env. 15/30 € - réserv. conseillée.*

## CORBIGNY

### HÔTEL LA BUISSONNIÈRE

*Voir La Marode, à Corbigny (à 2,7 km), restaurant de l'hôtel La Buissonnière, dans « Dormir » p. 330.*

## CLAMECY

### L'HOSTELLERIE DE LA POSTE

Au cœur du village, ce restaurant mise sur des produits du terroir, cuisinés avec goût selon les saisons. Cadre agréable. Également chambres à l'étage et garage deux-roues à disposition.

*9 pl. Émile-Zola - ✆ 03 86 27 01 55 ou 09 74 56 06 28 - plats 20 €, menus 24/48 € - réserv. conseillée - 24 ch. 102 € - ☕ 12 €.*

## MAILLY-LE-CHÂTEAU

### CAMPING LE PRÉ DU ROI

*Voir « Dormir » p. 331.*

## AUXERRE

### LE MAISON FORT

Que les choses soient dites : cuisine 100 % fait maison, produits 100 % bio et majoritairement locaux. Et, enfin, une carte courte et inspirée (avec option végétarienne), de jolies assiettes colorées et, en prime, une agréable terrasse dans la cour.

*10 r. Fourier - ✆ 09 73 66 70 52 - www.lemaisonfort.fr -*

*midi et soir - fermé dim. - menu midi 27 €, menus 35/39 €.*

## ST-FLORENTIN

### LA GUINGUETTE DE L'ARMANCE

Derrière la façade qui ne paie pas de mine, voici une belle découverte. Cuisine de terroir et présentation raffinée. Les tables côté véranda ont vue sur la rivière et le moulin.

*17 r. du Fbg-du-Pont - ✆ 09 82 38 26 46 - www.restaurant-laguinguette delarmance.fr - fermé dim. soir, lun. soir, mar. soir et merc. soir - menus 18/35 €.*

## TONNERRE

### AUTOUR DU PRESSOIR

Cette jolie maison au bord de l'Armançon abrite une salle aux vieilles poutres et aux murs en pierre : au menu, quelques plats du jour de produits régionaux accompagnés de vin de Tonnerre. Boutique adjacente proposant une belle sélection du terroir, qu'il est possible de déguster sur place. Accueil sympathique et très belle vue sur l'hôtel-Dieu depuis la terrasse ombragée.

*Pl. Marguerite-de-Bourgogne - ✆ 03 86 54 81 05 ou 07 50 01 21 77 - www.autourdupressoir.fr - mar.-jeu. et dim. : 10h-16h30, vend.-sam. : 10h-21h30 - plats 15/20 €.*

## ANCY-LE-FRANC

### AUTOUR D'UN VERRE

Cette cave à vin propose un menu qui change chaque semaine et fait la part belle aux solides recettes de famille (coq au vin, andouillette...). Également des planches à partager et une sélection de produits régionaux à la vente.

*26 Grande-Rue - ✆ 03 58 46 20 54 - www.autourdun verre-89.fr - fermé le soir et lun. - plats 15,50/19,50 €.*

## BUFFON

### LE MARRONNIER

Cette maison de pays profite d'une belle situation face au canal de Bourgogne. La salle à manger est agréable avec ses murs de pierre et sa cheminée, et l'été, on profite de la terrasse agrémentée d'une fontaine. Carte traditionnelle. Côté hébergement, une poignée de chambres sont disponibles si besoin.

*6 rte des Forges - ✆ 03 80 92 33 65 ou 06 11 95 18 94 - www.lemarronnier-buffon.com - midi et soir - menus 26/39 € - 5 ch. 75/90 € - ☕ 10 €.*

## VENAREY-LES-LAUMES

### AUBERGE DU CHEVAL BLANC

À moins de 15mn à vélo, une bâtisse en pierre dont l'intérieur est agréablement réchauffé l'hiver par un bon feu de bois. Généreuse cuisine du terroir bourguignon, comme ce craquant au foie gras de canard et fruits secs, cerises au vinaigre.

*9 r. du Miroir - Alise-Ste-Reine, à 3,5 km - ✆ 03 80 96 01 55 ou 06 47 89 81 11 - www.regis-bolatre.fr - fermé du dim. soir au jeu., vend. midi et sam. midi - plats env. 20/25 €.*

## POUILLY-EN-AUXOIS

### HÔTEL-RESTAURANT DE LA POSTE

Auberge en pierre sur la place centrale de cette localité bourguignonne. Salle à manger-véranda de style campagnard et choix traditionnel aux accents régionaux. Chambres modestes, mais spacieuses.

*Pl. de la Libération - ✆ 03 80 90 86 44 - www.hoteldelaposte-pouilly.com - midi et soir - fermé dim.-lun. - plats 22/23 €, menus 16/37 € - 7 ch. 88 € - ☕ 12 €.*

## LA BUSSIÈRE-SUR-OUCHE

### LE BISTROT DES MOINES

Ce lieu met à l'honneur des plats fins respectant la qualité des produits et les saisons. Une cuisine de terroir généreuse à souhait et un bistrot sympathique, à plus forte raison lorsqu'il fait beau et que l'on profite de la terrasse face au parc... À côté, le restaurant 1131 (menu 105 ) promet un repas grandiose. La carte des vins recèle des trésors. Le tout dans un cadre qui vous laissera sans voix...

*19 r. de St-Aubin - ✆ 03 80 49 02 29 - www.abbayedelabussiere.fr - midi et soir, horaires variables : se rens. - plats 25/40 €.*

# DORMIR

## DIJON

### HÔTEL DES HALLES

Cet établissement propose des chambres fonctionnelles à la tenue irréprochable et bien insonorisées. Plusieurs salons, terrasse extérieure. Label **Accueil Vélo** : local sécurisé, kit de réparation et possibilité de recharge pour vélos électriques.

*8 r. Montigny - ✆ 03 80 30 96 86 - www.hoteldeshalles-dijon.com - 37 ch. 100/144 € - ☕ 13 €.*

## NUITS-ST-GEORGES

### LA GENTILHOMMIÈRE

À 2 km de la ville, l'hôtel possède un beau parc traversé par une rivière. Grand confort garanti et restaurant (chic) sur place.

Label **Accueil Vélo** : garage sécurisé et kit de réparation à disposition.

*13 r. de la Serrée - ✆ 03 80 61 12 06 - www.lagentilhommiere.fr - 31 ch. 90/163 € - ☕ 15 € - ✕ fermé dim. soir et lun - plats 27/43 €.*

## SAVIGNY-LÈS-BEAUNE

*Voir aussi « Déguster » p. 327.*

## BEAUNE

### HOSTELLERIE DE BRETONNIÈRE

Les chambres sont disposées autour de la cour intérieure, et certaines, en duplex, disposent de petites terrasses. Grand confort, accueil sympathique, bon petit-déjeuner sous une agréable verrière. Excellente adresse. Label **Accueil Vélo** (abri sécurisé).

*43 r. du Fbg-Bretonnière - ✆ 03 80 22 15 77 - www.hotelbretonniere.com - 31 ch. 112/157 € - ☕ 13,50 €.*

## SANTENAY

*Voir aussi « Déguster » p. 328.*

### CAMPING DE SANTENAY

Outre ses emplacements classiques, ce camping bien organisé propose des logements en dur, proches de la véloroute. Label **Accueil Vélo**.

*Av. des sources - ✆ 03 80 20 66 55 - www.aquadis-loisirs.com/camping-nature/camping-de-santenay - 2 écopods 47 €, 20 mobile homes 74 €.*

## MONTCHANIN

### KYRIAD MONTCHANIN - LE CREUSOT

L'hôtel est situé à côté du restaurant La Boucherie *(voir p. 328)* et propose des chambres confortables. Label **Accueil Vélo** : un parking souterrain fermé est aussi à votre disposition pour y laisser vos vélos.

*56 rte du pont Jeanne-Rose (sortir de la voie verte à Écuisses, lieu-dit Le Charmois, puis longer l'étang) - ✆ 03 85 77 85 00 - www.kyriad.com - 🏊 - 87 ch. 90/110 € - ☕ 14,90 € - ✕.*

## PALINGES

### CAMPING DU LAC DE PALINGES

Ce camping est labellisé **Accueil Vélo**. Il propose aux cyclistes des lodges (pour 4 à 5 personnes) offrant une vue panoramique sur le lac et des « pods » pouvant accueillir 2 personnes. Bar, restaurant et piscine en saison.

*Le Fourneau - ✆ 09 74 56 08 13 - www.campingdulac.net - ouv. avr.-sept. - 🏊 - 8 logements atypiques - tarifs : se rens. - ✕.*

## DIGOIN

*Voir aussi « Déguster » p. 328.*

### HÔTEL-RESTAURANT LE MERLE BLANC

Un hôtel avec des chambres agréables, doublé d'un restaurant de cuisine traditionnelle. Label **Accueil Vélo** : garage, recharge de batteries, kit de réparation.

*36 rte de Gueugnon-Neuzy - ✆ 03 85 53 17 13 - www.lemerleblanc.com - 13 ch. 95 € - ☕ 15,90 € - ✕.*

## BOURBON-LANCY

### HÔTEL LA TOURELLE DU BEFFROI

Emplacement agréable, près des remparts de la vieille ville et à l'ombre du beffroi, pour ce petit établissement aux airs de pension de famille. Chambres parfois exiguës. Label **Accueil Vélo** : local sécurisé et kit de réparation.

*7 pl. de la Mairie - ✆ 03 85 89 39 20 ou 06 19 50 21 56 - www.hotellatourelle.fr - 8 ch. 66/90 € - ☕ 12 €.*

## DECIZE

### HÔTEL-RESTAURANT DU PORT

À la jonction de la Loire et du canal latéral à la Loire, le port de plaisance abrite un gîte d'étape, des chambres d'hôtel (demander côté port) ainsi que des petits gîtes, le tout joliment aménagé entre jardins d'eau et bateaux. Restaurant avec belle terrasse face au bassin. Label **Accueil Vélo** (garage).

*Bassin de la Jonction - ✆ 03 73 15 00 00 - www.port-decize.fr - 12 ch. 85 € - ☕ 13 € - ✕.*

## CHÂTILLON-EN-BAZOIS

### AU FOUDRE DU BAZOIS

À 150 m du canal et en plein bourg, ce gîte propose, outre des chambres classiques, deux chambres douillettes aménagées dans des foudres, installés dans le jardin. Ces tonneaux en bois de 32 000 l servent à faire vieillir le vin. Autre possibilité : dormir dans une corvette, un ancien bateau de location amarré au port de Châtillon. Label **Accueil Vélo**.

*2 bis pl. Pierre-Saury - ✆ 06 18 81 76 50 - www.gite-au-foudre-du-bazois.com - 6 ch. 76/83 €, 2 tonneaux 75 € ☕, corvette 85 € - ☕ 11 €.*

## CORBIGNY

### HÔTEL LA BUISSONNIÈRE

Faute de grand choix d'hébergement à Chitry-les-Mines, dirigez-vous vers cet établissement labellisé **Accueil Vélo** (avec local fermé), à 8 mn de vélo seulement. Des chambres confortables et la possibilité de manger au restaurant voisin La Marode, qui propose une cuisine de terroir.

*36 av. St-Jean - Corbigny, 2,7 km de Chitry - ✆ 03 86 20 02 13 - www.*

*hotel-buissonniere-corbigny.fr - 23 ch. 82/87 € - ☕ 11 € - ✖.*

## CLAMECY

*Voir aussi « Déguster » p. 328.*

### LA BOULE D'OR

Une maison et une auberge résolument créatives, ouvertes en 2023 et dédiées à un tourisme plus lent. Cuisine commune. Jardin d'été, cave et bar tournés vers les vins bio. Et, au petit-déjeuner, des croissants frais, des œufs locaux et du pain biologique, entre autres produits du coin. Label **Accueil Vélo**.

*5 pl. de Bethléem - ✆ 07 66 37 87 10 - www.labouledor.info - 11 ch. 85/95 € ☕.*

## MAILLY-LE-CHÂTEAU

### CAMPING LE PRÉ DU ROI

Il n'y a pas d'hôtel dans le village, seulement une poignée de gîtes et ce camping où l'on peut poser son vélo (et louer une tente). On peut aussi s'y restaurer. Au menu : burgers, fish & chips, salades et même des formules véganes. Épicerie.

*Rte des Bouchets - ✆ 03 86 81 44 85 - www.camping-maillylechateau.fr - 50 empl. 20 € (2 pers. avec une tente) et 2 tentes bivouac 4 pers. déjà montées (se rens.) - ☕ sur réserv. - ✖ 6,50/12,50 €.*

## AUXERRE

### HÔTEL LE MAXIME

Sur les bords de l'Yonne, cet ancien grenier à sel reconverti en hôtel propose des chambres joliment rénovées (mobilier de style), avec vue sur le fleuve ou au calme côté cour. Label **Accueil Vélo** (garage sécurisé pour les vélos).

*2 quai de la Marine - ✆ 03 86 52 14 19 - hotel-lemaxime.com - 26 ch. 109/145 € - ☕ 17 €.*

## ST-FLORENTIN

### HÔTEL-RESTAURANT LES TILLEULS

Cet établissement familial est aménagé dans les murs d'un couvent des capucins datant de 1635. Agréable restaurant agrémenté de poutres colorées et terrasse verdoyante. Cuisine traditionnelle. Petites chambres proprettes donnant parfois sur le jardin ombragé de tilleuls. Parking intérieur gratuit.

*3 r. Decourtive - ✆ 03 86 35 09 09 - www.hotel-les-tilleuls.com - 9 ch. 75/84 € - ☕ 11/12 € - ✖.*

## TONNERRE

### L'AUBERGE DE BOURGOGNE

Chambres fonctionnelles et rafraîchies. Privilégiez celles situées sur l'arrière, qui offrent une jolie vue sur la campagne. Salle de fitness. Excellent accueil et label **Accueil Vélo** (garage à vélo fermé).

*Rte de Dijon (D 905) - à 2 km au sud de Tonnerre - ✆ 03 86 54 41 41 ou 06 13 17 80 11 - www.aubergedebourgogne.com - 40 ch. 115 € ☕ - ✖.*

## ANCY-LE-FRANC

### LE CLOS DU MÛRIER

C'est une halte pleine de quiétude que propose cette ancienne fermette rénovée du 18e s. située sur le canal de Bourgogne. Salle de remise en forme.

*1 chemin de Ronde - ✆ 06 19 64 03 27 - 🏊 - 4 ch. 76,50 € ☕.*

## BUFFON

### LE MARRONNIER

*Voir « Déguster » p. 329.*

## VENAREY-LES-LAUMES

### LE TRIANON D'ALÉSIA

Des chambres confortables et un restaurant qui met à l'honneur la cuisine traditionnelle. Label **Accueil Vélo**.

*19 av. Jean-Jaurès - ✆ 03 80 97 16 68 - www.letrianondalesia.fr - 9 ch. 80 € ☕ 9 € - ✖ fermé sam. midi et dim. soir en hiver.*

## POUILLY-EN-AUXOIS

*Voir aussi « Déguster » p. 329.*

### CAMPING VERT AUXOIS

Ce camping écoresponsable est aussi labellisé **Accueil Vélo** et propose des hébergements insolites et confortables.

*15 r. du Vert-Auxois (voûte du canal de Bourgogne) - ✆ 03 80 90 71 89 - camping-vert-auxois.fr - ouv. avr.-sept. - 🏊 - tentes et lits-cabanes à partir de 31,50 € la nuit, cabanes à partir de 50 € - ✖.*

## LA BUSSIÈRE-SUR-OUCHE

### ABBAYE DE LA BUSSIÈRE

Une sublime petite folie : cet hôtel de luxe, niché dans une abbaye cistercienne, est un havre de paix (et de gastronomie) au cœur d'un beau parc de 7 ha. Pour les vélos, espace extérieur sécurisé.

*✆ 03 80 49 02 29 - www.abbayedelabussiere.fr - 20 ch. à partir de 210 € - ☕ 25 € - ✖ voir Le Bistrot des Moines dans « Déguster ».*

## VÉLOROUTES EMPRUNTÉES :

Via Allier (V70), sur 297 km
La Grande Traversée du volcan à vélo (V74), sur 187 km
La Vallée du Lot à vélo (V86), sur 102 km
La Vagabonde (V87), sur 287 km
Tour de la Creuse à vélo, sur 90 km
Cyclo Bohème (V49), sur 107 km
St-Jacques à vélo-Via Vézelay (V56), sur 77 km

## GARES SUR LE PARCOURS :

Nevers, Moulins-sur-Allier, Vichy, Pont-du-Château, Rocamadour, Clergoux, Bugeat, Aubusson, St-Amand-Montrond

## LE MEILLEUR MOMENT POUR PÉDALER :

De mars à octobre

## LIAISON POSSIBLE AVEC :

Entre Lot et Dourdou (p. 236)
La Loire, de Nevers à Orléans (p. 261)

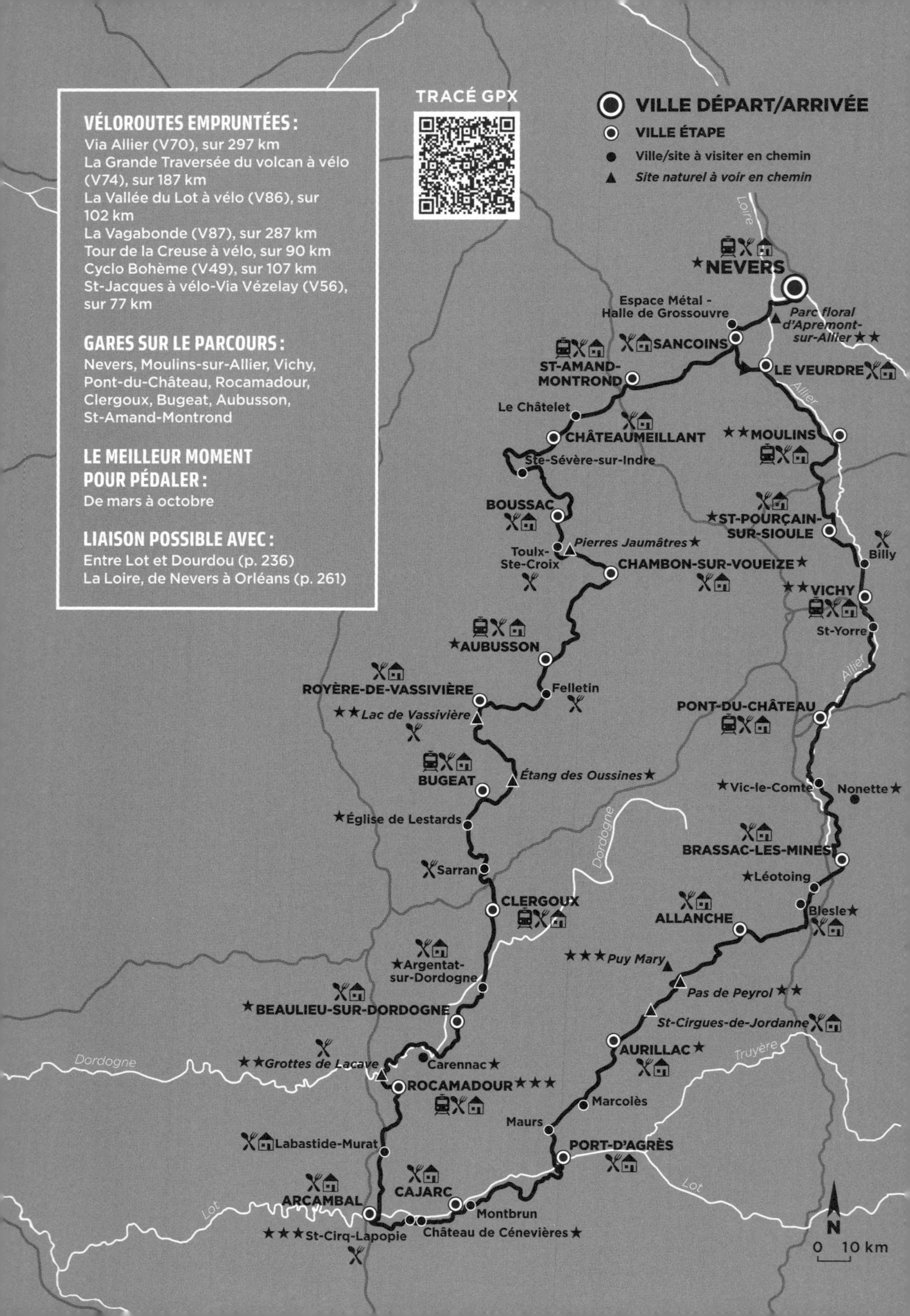

VAE

NIVEAU 3 | 1186 KM | 23 JOURS

**NEVERS**
**NEVERS**

# La boucle des grands espaces

Une aventure à vélo qui se vit loin des flux touristiques, dans les grands espaces de la diagonale du vide : un exhausteur du bonheur ? Par des petites routes communales et départementales peu fréquentées, profitez de cette grande boucle qui emprunte de multiples véloroutes : Via Allier, La Grande Traversée du volcan à vélo, La Vallée du Lot à vélo, La Vagabonde, le Tour de la Creuse à vélo, la Cyclo Bohème et la St-Jacques à vélo-Via Vézelay. Prêt pour cette combinaison originale aux dépaysement et surprises garantis ? C'est parti !

## ÉTAPE 1

### Nevers - Le Veurdre - 56 km

Du centre de Nevers, on traverse la Loire pour rejoindre la Via Allier et La Loire à Vélo, au tracé d'abord commun. La Loire franchie, vous longez le port et le canal d'embranchement jusqu'au canal latéral, où vous retrouvez l'itinéraire de La Loire à Vélo (EuroVelo 6). Suivez la direction de Cuffy/Bec-d'Allier, et immédiatement après la traversée du pont-canal du Guétin, délaissez La Loire à Vélo pour poursuivre sur la Via Allier en direction d'Apremont-sur-Allier. Soyez attentif lors des traversées

Sur les routes du Cantal.
L. Montico/hemis.fr

Le pont-pagode rouge, dans le parc floral d'Apremont-sur-Allier.
H. Lenain/hemis.fr

des D 920 (Grossouvre) et D 2076 (Sancoins). La Via Allier quitte Sancoins par la rue Jacques-Rétif en direction de Château-sur-Allier et Le Veurdre par de petites routes.

## Nevers ★

*Voir p. 263.*

## Parc floral d'Apremont-sur-Allier ★★

**Un enchantement.** Entouré de cascades, d'étangs, de belvédères et de glycines, on est soudain comme hors du temps. C'est à un industriel, Eugène Schneider, maître de forges au Creusot en 1830, que l'on doit la mise en valeur du site. Son petit-fils, Gilles de Brissac, créa le parc floral 140 ans plus tard. Pour concevoir de toutes pièces ce merveilleux jardin de 5 ha, il a fallu barrer une vallée afin de constituer des plans d'eau, transformer une ancienne carrière de pierre en cascade, aménager d'anciens prés en pelouses et massifs arborés, et faire venir des bulldozers afin de planter de nombreux arbres et des arbustes... Conçu dans l'esprit d'un jardin à l'anglaise du 18e s. et teinté de quelques touches d'exotisme, le résultat est tout simplement éblouissant. Si vous avez le temps, direction ensuite « le Grand Départ », un parcours-spectacle qui se déroule dans les écuries du château. L'importante collection de calèches du 19e s. qui s'y trouve est mise en scène.

*✆ 02 48 77 55 06 - www.apremont-sur-allier.com - d'avr. à déb. oct. : 10h30-12h30, 14h-18h30 - 12 €, billet donnant accès aux écuries et au parcours « le Grand Départ ».*

## Sancoins

*Voir p. 354.*

## Le Veurdre

**Village frontière.** À la limite de l'Allier et à la lisière des régions Centre et Bourgogne-Franche-Comté, Le Veurdre a joué un rôle de passage depuis les Romains... Du 15e au 19e s., le village a connu une grande activité fluviale, la deuxième du département après Moulins. Sa Maison de la Batellerie retrace l'histoire de la navigation sur l'Allier, des premières pirogues aux toues chênières, jusqu'à l'arrivée du chemin de fer.
*Maison de la Batellerie - 3-5 r. du Trou-Gandou - ✆ 06 78 02 49 89 - de mi-mai à mi-sept. : dim. 15h-18h - 3 €.*

# ÉTAPE 2

### Le Veurdre - Moulins - 37 km

Depuis Le Veurdre, la véloroute Via Allier se poursuit sur la D 101 en direction d'Aubigny et Moulins. Cette route faiblement empruntée longe l'Allier et ses prairies alluviales. L'itinéraire offre ensuite une incursion dans la forêt de Bagnolet jusqu'à Bagneux, puis oblique sur la droite par la D 58 et emprunte la D 287. De Bagneux jusqu'à Montilly, les cyclistes retrouvent la D 101 pour une section assez roulante, avant d'emprunter des petites routes communales pour rallier Neuvy et enfin Moulins.

## Moulins ★★

**Petite ville capitale.** C'est sur les bords de l'Allier que s'épanouit la capitale du Bourbonnais. On prendra plaisir à marcher le long des rives dans le quartier des anciens mariniers, et dans la cité ancienne, riche d'un remarquable patrimoine, à l'exemple de l'**ancien château des ducs de Bourbon ★★**, qui occupait jadis toute l'esplanade. Il ne subsiste aujourd'hui que le donjon et le pavillon Renaissance. Entre les deux, la **maison Mantin ★**, villa de style éclectique, a été construite en 1896 par Louis Mantin sur l'ancien corps de logis du 15e s. Moulins accueille aussi un musée unique au monde, le **Centre national du costume et de la scène ★★**, qui abrite, entre autres, des costumes et décors provenant de l'Opéra national de Paris et de la Comédie-Française.
*Quartier Villars (traversez l'Allier par le pont Régemortes en direction de Souvigny) - ✆ 04 70 20 76 20 - cncs.fr - 10h-18h ; mai : 14h-18h - 9 €.*

# ÉTAPE 3

### Moulins - St-Pourçain-sur-Sioule - 44 km

À Moulins, depuis la D 2009 sur la rive gauche, on suit la direction de St-Pourçain-sur-Sioule avant d'obliquer à droite vers Bressolles. Une belle montée traverse la forêt de Moladier avant une zone bocagère. Après Bresnay, le parcours roule sur la D 34. L'itinéraire tourne ensuite à gauche sur une voie plus étroite et file à droite à la patte d'oie suivante pour grimper à travers la forêt et retrouver des vignobles avant de passer, grâce à un boviduc, sous la D 2009. Les paysages changent à l'approche de Contigny par la D 232. Après un bref passage sur la D 532, le parcours offre une ascension très sèche avant l'arrivée à St-Pourçain-sur-Sioule.

## St-Pourçain-sur-Sioule ★

**Labellisé AOC.** Cette jolie bourgade des bords de la Sioule doit son nom à un moine, qui défendit l'Auvergne des ravages du roi Thierry, fils de Clovis. Ses maisons médiévales et les vestiges de fortifications témoignent aujourd'hui du glorieux passé de la cité, qui accueillit au 14e s. l'un des huit ateliers monétaires du royaume. St-Pourçain est apprécié à la fois par les amoureux du patrimoine, les pêcheurs de truite, les randonneurs et les amateurs de bons vins de St-Pourçain, labellisés AOC depuis 2009. Un intéressant **musée** ★ retrace d'ailleurs l'histoire de l'activité agricole et viticole de la région.

*Musée de la Vigne et du Terroir - cour des Bénédictins - ☏ 04 70 45 32 73 - valdesioule.com - juil.-août : mar. 14h30-18h, merc.-dim. 10h-12h30, 14h30-18h ; juin et sept. : w.-end 14h-17h - 5 €.*

## ÉTAPE 4

### St-Pourçain-sur-Sioule - Vichy - 34 km

Dans St-Pourçain, les voyageurs à vélo suivent la direction cyclable de Vichy, qui permet d'emprunter une passerelle récente aménagée sur la Sioule. Au rond-point, au niveau de la D 46, il faut suivre la petite route de Briailles vers Paray-sous-Briailles. Dans la plaine céréalière du val d'Allier, l'itinéraire se poursuit ensuite vers Marcenat par la D 142 et tourne en direction de Billy. Après avoir traversé la rivière Allier et observé la forteresse médiévale, les cyclistes roulent sur les berges de l'Allier pour rejoindre Vichy sur une splendide section en voie verte de 27 km.

## Billy

**Forteresse et village médiéval.** Probablement située à l'emplacement d'un ancien oppidum gaulois, cette **forteresse** ★ militaire du 12e s., réputée imprenable avec ses trois enceintes, était administrée par un capitaine châtelain pour le compte des seigneurs de Bourbon. Un important travail de

restauration a permis de consolider les ruines et de remonter les étages du donjon auquel on a désormais accès. Vous admirerez la vue panoramique sur la vallée de l'Allier depuis les remparts. Blotti autour de la forteresse, le bourg est plein de charme.

*Château de Billy - r. du Château - ☏ 04 70 43 51 51 (office de tourisme) - vichymonamour.fr - visite guidée (1h) juil.-août : 10h, 11h, 14h, 15h30 et 17h ; avr.-juin et sept.-oct. : merc.-dim. 14h30 et 16h30 - 7,50 €.*

## Vichy ★★

**Ville d'eau.** Ne manquez pas une balade à vélo dans le **quartier thermal** ★★, puisque l'ensemble de la ville est très bien adapté aux deux-roues. Vous admirerez les hôtels, chalets, villas et autres bâtiments caractéristiques de l'architecture thermale de la seconde moitié du

Source des Célestins, à Vichy.
B. Rieger/hemis.fr



19e s. et début du 20e s., ainsi que les élégants parcs qui dispensent paix et fraîcheur. Vous pourrez remplir votre gourde à la source des Célestins dans le hall des Sources, belle construction de verre et de métal qui regroupe les eaux des six sources thermales. Toujours à Vichy, de part et d'autre de l'Allier, vous apprécierez l'aménagement des berges sur deux niveaux (piétons et les cyclistes), très agréable lieu de vie pour le sport ou la flânerie (belvédères, pontons, bars, restaurants).

## ÉTAPE 5

### Vichy - Pont-du-Château - 58 km

Du centre de Vichy, on enjambe l'Allier pour retrouver la voie verte et la rivière. Vous pédalez ensuite jusqu'à St-Yorre, où l'aménagement prend fin au niveau du pont. Sur la même rive, vous sortez de St-Yorre par la D 434. Au rond-point, l'itinéraire part en face puis tout de suite à gauche, direction St-Priest-Bramefant, par la D 433. En sortant du village, il faut suivre la direction de Limons ; le parcours se rapproche de l'Allier au port de Ris à la confluence avec la Dore. À Limons, on franchit l'Allier pour arriver à Puy-Guillaume. On prend la D 4 en direction de Crevant-Laveine, puis de Culhat. Ici, le parcours change de rive et rejoint Joze puis Pont-du-Château par la D 1093 pourvue de surlargeurs. Au rond-point, contournez la sablière en suivant la D 1093B en direction de Pont-du-Château.

## St-Yorre

**Ça va fort !** Cette petite ville au célèbre slogan médiatique est située au centre d'un bassin hydrominéral donnant naissance à plus de cent

## À deux coups de pédale

**Nonette ★, petite cité de caractère, est bâtie sur un promontoire volcanique qui domine la vallée de l'Allier. Cet ancien village vigneron conserve une église intéressante et les vestiges de l'un des plus anciens châteaux féodaux d'Auvergne.**

*À 12 km au nord-ouest de Brassac-les-Mines.*

Nonette.
Aqua Image/hemis.fr

sources, dont la plus connue est celle de Larbaud, pharmacien qui, au 19e s., s'en fit le promoteur. La verrerie et l'embouteillage des eaux minérales constituent les principales industries locales. La Saint-Yorre est captée pratiquement sous l'usine. Elle est naturellement riche en minéraux avec plus de 4 g de minéraux par litre.

### Pont-du-Château

**Autour d'un château.** Ce village a longtemps possédé le seul pont sur l'Allier entre Moulins et Brioude. La ville était donc fortifiée pour le protéger. Elle occupe le flanc et le sommet d'un plateau calcaire qui domine directement, en falaise, la rive gauche de l'Allier. Sa mairie est logée dans un ancien château du 17e s. doté de splendides plafonds à la française décorés de blasons peints. De la terrasse, la vue s'étend sur le bourg, l'Allier, les monts du Forez, les volcans de la Comté et les monts Dore. Installé dans les cuisines de l'ancien château, un musée est consacré à la batellerie de l'Allier et de la Dore.

*Musée de la Batellerie d'Allier - Pierre-Mondanel - pl. de l'Aire - ✆ 04 73 83 73 62 - pontduchateau.fr - de déb. juil. à fin août : tlj sf lun. 10h-12h, 14h15-18h ; reste de l'année : sur demande préalable 15 j. à l'avance - 3 €.*

## ÉTAPE 6

### Pont-du-Château - Brassac-les-Mines - 68 km

La voie verte s'étire de Pont-du-Château au pont des Goules, à

Longues. L'Allier franchi, longez l'imprimerie de la Banque de France et traversez Longues sur 1,8 km. L'itinéraire se poursuit, cette fois sur une piste cyclable, jusqu'à Vic-le-Comte. Ces 2,7 km en montée sont la seule petite difficulté de cette étape. La Via Allier quitte Vic-le-Comte par la D 49 vers St-Babel sur une route vallonnée. Vous franchissez le col de la Croix des Gardes (alt. 654 m). À l'entrée de St-Babel, suivez la direction d'Orbeil sur la D 14 qui plonge vers l'Allier. En le traversant, vous pouvez vous rapprocher de l'ancien pont. Une fois l'itinéraire vélo retrouvé, vous passez par St-Rémy-de-Chargnat, St-Martin-des-Plains et Orsonnette avant de traverser de nouveau l'Allier au Saut-du-Loup (confluence de l'Alagnon) pour rejoindre Brassac-les-Mines le long de la rivière, sur la D 711.

## Vic-le-Comte ★

**Souvenir de la reine Margot.** Séduisante cité aux maisons d'arkose (sorte de grès) claire, Vic-le-Comte abrite d'intéressants monuments religieux, comme sa **Ste-Chapelle ★**, belle œuvre gothique annonçant la Renaissance. La ville fut en effet un temps la capitale de la Comté d'Auvergne, région hérissée de pics volcaniques couronnés de forteresses en ruine. Successivement, elle revint à Jean Stuart, Catherine de Médicis, puis à la célèbre reine Margot jusqu'en 1606, souverains qui ont laissé à la région vicomtoise nombre de souvenirs et légendes.

## Brassac-les-Mines

**Lieu de brassage.** Une ancienne voie romaine parcourt la partie du val d'Allier dans laquelle se situe Brassac. Lieu de passage et d'échanges, la ville est sur l'axe du chemin qui mène à St-Jacques-de-Compostelle. Comme son nom l'indique, elle est connue pour son industrie houillère, qui remonte au 15$^{e}$ s. Son développement est dû à l'Allier, mais surtout à l'ouverture du canal de Briare, en 1664, qui permit aux bateliers d'atteindre la Seine et aux sapinières de la région (bateaux à fond plat construits en planches de sapins) d'alimenter le fructueux marché de Paris. La vente du vin, du bois (celui des sapinières) et du charbon allait donner naissance au fameux commerce des Auvergnats dans la capitale. Tout cela se raconte dans un intéressant petit **musée ★**.
*Musée de la Mine - rte de la Combelle - Bayard - ✆ 04 73 54 30 88 - www.brassaclesmines.fr - juil.-août: tlj sf lun. 14h-18h - de mi-juin à fin juin et de déb. sept. à mi-sept.: w.-end 14h-18h - 7 €.*

## ÉTAPE 7

### Brassac-les-Mines - Allanche - 56 km

À Brassac-les-Mines, cette boucle des grands espaces délaisse la Via Allier pour emprunter La Grande Traversée du volcan à vélo. En période estivale, ce parcours touristique est assez fréquenté, ce qui oblige à une plus grande vigilance. À noter que les proximités urbaines de Brassac-les-Mines, Ste-Florine et Lempdes-sur-Allagnon génèrent un trafic routier plus important. Aux abords de la carrière de Promeyrat, il faut composer avec la présence de poids lourds. On suit alors la D 909 par la vallée de l'Alagnon pour gagner Massiac. De Massiac, on monte par la D 21 vers le plateau du Cézallier. Après le hameau du Bru, on atteint le col du Baladour pour redescendre ensuite vers Allanche.

## Léotoing ★

**Une vue de château.** Aux abords du village se trouve la chapelle des Lépreux, qui abrite une maquette du site et des panneaux explicatifs sur le terroir, l'architecture et l'histoire de Léotoing. De ses abords, jolie vue sur les gorges de l'Alagnon, le Cézallier, la Limagne de Brioude, le Livradois, le plateau de La Chaise-Dieu et les monts du Velay ; attardez-vous devant sa table d'orientation. Une petite route plonge vers le hameau de Lanau. La descente en épingle à cheveux permet de belles échappées sur la vallée de l'Alagnon et le château de Torsiac, puis sur le château de Léotoing.

## Blesle ★

**Belle Blesle.** Maisons à pans de bois, donjon, encorbellements, portes sculptées, riches demeures anciennes... Préservée des destructions grâce à son isolement, Blesle vous permettra de plonger dans plus de dix siècles d'histoire. Un passé qui lui vaut de posséder un ensemble remarquable de maisons de chanoinesses, ainsi qu'une église sans clocher et un clocher sans église. On vous explique : l'**église St-Pierre** ★, ancienne abbatiale de Blesle, fut privée de son clocher sous la Terreur. Quant au clocher St-Martin, c'est le seul vestige de l'église du 14e s., démolie en 1793. Les jardins et vergers environnants, la Voireuze qui traverse le village et la proximité des gorges de l'Alagnon ajoutent au charme des lieux.

## Allanche

**Porte d'entrée du Cézallier.** L'endroit possède une rude beauté. Le village séduira les visiteurs qui prendront le temps d'observer les vestiges d'un patrimoine évoquant son histoire millénaire. En sillonnant les routes, on se laisse gagner par le charme étrange qui se dégage des vastes **pâturages du Cézallier** ★★, où les volcans ne comportent ni cônes ni cratères. Niché au bord de la rivière, à 1000 m d'altitude, Allanche est aussi un bourg réputé pour ses foires aux bestiaux, dont l'origine remonte au Moyen Âge, ainsi que pour ses manifestations annuelles comme sa Fête de l'Estive, qui a lieu fin mai.

# ÉTAPE 8

### Allanche - Aurillac - 69 km

D'Allanche, La Grande Traversée du volcan à vélo monte progressivement vers le pas de Peyrol par les D 9 et D 680. La descente par la D 17 est technique à son début, avant que l'on gagne la vallée de la Jordanne et Mandailles. De là, l'itinéraire descend peu à peu jusqu'à Velzic (de 940 à 630 m), toujours dans la vallée de la Jordanne. La route partagée est relativement fréquentée par les automobilistes et motards qui montent au pas de Peyrol par la D 17. Cette étape est aussi très empruntée par les cyclistes locaux.

## Pas de Peyrol ★★

**Quelles vues !** En montant vers le pas de Peyrol, la route s'accroche en corniche au flanc abrupt du puy Mary et offre des vues splendides sur les vallées de l'Impradine et de la Petite Rhue, les monts Dore et le Cézallier. Aucune autre route d'Auvergne ne procure de vues aussi saisissantes. À 1589 m d'altitude se rejoignent ici les trois vallées glaciaires de l'Impradine, du Falgoux et de la Rhue ; c'est ici aussi que se trouve le col routier le plus élevé du Massif Central, un étrange nœud de routes qui

Le puy Mary.
Willy Mobilo/Getty Images Plus

semblent tracées en plein ciel. C'est par ce col qu'on accède au puy Mary. En avant se détache le cirque boisé du Falgoux, dominé par le roc d'Hozières.
*Maison de site du Pas de Peyrol - Le Claux - ✆ 06 08 03 35 10 - www.puymary.fr - mai-oct.*

## Puy Mary ★★★

**Attention à la montée !** C'est l'un des vingt-trois Grands Sites de France – l'Auvergne en compte deux, le second étant le puy de Dôme. Ce puy doit son nom à Marius, disciple de saint Austremoine, évangéliste du Cantal. Sa forme pyramidale dite en « horn », étonnante et reconnaissable entre toutes, est née de l'action des glaciers qui ont provoqué une forte érosion au quaternaire. Attention, la montée est rude (1h à pied AR au départ du pas de Peyrol ; ne pas s'écarter du sentier balisé). Pour l'entreprendre, empruntez le sentier qui suit l'arête nord-ouest du puy jusqu'au sommet. À 1787 m d'altitude vous attend une table d'orientation ; par temps clair, vous pourrez apercevoir le mont Blanc. Au premier plan se déploie le gigantesque éventail de vallées glaciaires rayonnantes, séparées par de puissantes lignes de crête dont l'altitude s'abaisse dans les lointains ; au nord du Plomb du Cantal se creusent l'Alagnon, plus à gauche l'Impradine et la Santoire, la Petite Rhue, les vallées du Mars, de la Maronne, de la Doire, puis, au sud, celle de la Jordanne et enfin celle de la Cère.
*En hiver, mais aussi au printemps, la présence de neige et de congères entraîne la fermeture des accès au puy Mary. Renseignez-vous sur www.inforoute15.fr avant de circuler.*

Cajarc.
Daniel_Gauthier/Shutterstock

## St-Cirgues-de-Jordanne

**Dans les gorges de la Jordanne.** Creusées dans des brèches volcaniques pouvant atteindre 60 m de profondeur, ces gorges verdoyantes et sauvages ont été rendues accessibles par l'aménagement d'un sentier pédagogique (4 km AR) respectueux du site, qui révèle les secrets de la faune et de la flore: passerelles, pontons et berges de bois se fondent à merveille dans le décor. Les plus téméraires s'essaieront au parcours frisson, avec tyrolienne, varappe et rappel.
*✆ 04 71 47 93 95 - www.caba.fr/gorges-jordanne - juil.-août: 9h30-20h; juin et sept.: 14h-18h, w.-end 10h-18h; reste de l'année: se rens. - 4 €.*

## Aurillac ★

**Le goût du parapluie.** Édifiée sur les bords de la Jordanne, sous le regard du puy Courny, la capitale de la haute Auvergne invite le passant à la flânerie, avec ses ruelles tortueuses et ses maisons à colombages dans le quartier médiéval. Après une balade dans les rues du **vieil Aurillac ★**, passez au **musée d'Art et d'Archéologie ★**, aménagé dans l'ancien couvent des visitandines. Dans le hall, notez la présentation de parapluies, l'une des grandes spécialités d'Aurillac depuis le milieu du 19e s., qui a fait la renommée de la ville.
*Musée d'Art et d'Archéologie - 37 r. des Carmes - ✆ 04 71 45 46 10 - musees.aurillac.fr - dernière sem. de juin et juil.-août: dim.-vend. 11h-18h - fermé sam. - 5 €.*

# ÉTAPE 9

### Aurillac - Port-d'Agrès - 62 km

D'Aurillac, la sortie s'effectue par la vallée de la Jordanne jusqu'à Arpajon-sur-Cère avant que l'on roule sur la N 122, passante sur quelques kilomètres. Après un giratoire, vous empruntez la D 58 jusqu'à hauteur du château de Conros, avant de vous engager sur la D 617 jusqu'à Roannes. Sur un parcours sinueux et sauvage, la véloroute alterne montées et descentes jusqu'à Maurs. Après deux passages sur la D 663, très passante, la véloroute suit la D 45 vers St-Santin-de-Maurs. On descend ensuite à travers bois par la D 72 vers Port-Lacombe et on suit le Lot pendant 3 km avant d'atteindre Port-d'Agrès.

## Maurs

**La « Nice du Cantal ».** À la fin du Moyen Âge, Maurs était l'une des six

« bonnes villes » de haute Auvergne, ainsi que le siège d'une prévôté. Une abbaye bénédictine, fondée au 10e s., donna sans doute naissance au bourg, qui a conservé son plan circulaire d'ancienne place forte. Son église est précédée d'un portail sculpté (14e-15e s.) et la chapelle de droite abrite l'une des plus remarquables pièces d'orfèvrerie du Cantal : le buste-reliquaire de saint Césaire, en bois revêtu d'argent et de cuivre doré (12e s.). On se sent aussi déjà aux confins du Midi, car c'est ici que débute la « Riviera cantalienne ».

## ÉTAPE 10

### Port-d'Agrès - Cajarc - 61 km

On traverse le Lot avant de monter vers Flagnac pour éviter la D 963 et mieux revenir en rive gauche. La Vallée du Lot à vélo alterne alors sections en voies vertes et petites routes partagées le long de la rivière jusqu'à Bouillac. On s'écarte ensuite des rives du Lot pour monter par la D 40 jusqu'à Asprières, qu'on quitte par la suite pour la sinueuse D 558 et la vallée de la Diège jusqu'aux faubourgs de Capdenac-Gare. De St-Julien-d'Empare, on roule sur la D 86 jusqu'à Balaguier-d'Olt. Le parcours franchit le Lot par la D 38 avant de poursuivre sur la passante D 662 en pied de coteau jusqu'à Cajarc.

### Montbrun

**Au top.** Enserré de falaises abruptes, le village de Montbrun s'étage sur un promontoire rocheux dominant la rivière. Au sommet de cette éminence se dressent les ruines d'un château fort qui appartint à l'un des frères du pape Jean XXII, Pierre Duèze, puis à la puissante famille des Cardaillac.

### ⊕ À deux coups de pédale

**Marcolès est une cité médiévale restaurée avec goût, au cœur de la Châtaigneraie cantalienne. De singulières ruelles ★, les « carrièrons », partent de la rue Longue que ferme un élégant porche du 15e s. Il faut flâner dans Marcolès en suivant les différents panneaux d'informations historiques : le patrimoine bâti est spectaculaire !**

***À 3 km à l'est de la véloroute, entre Aurillac et Maurs.***

### Cajarc

**Bonjour Cajarc.** Ce village a été rendu célèbre par le président Pompidou, qui y avait une propriété, et par l'enfant du pays, Françoise Sagan, révélée à l'âge de 19 ans par son premier roman, *Bonjour tristesse* (l'écrivaine est enterrée dans le petit village voisin de Seuzac). Cajarc abrite aujourd'hui un petit centre d'art contemporain. Le village est aussi réputé pour sa culture du Safran du Quercy, qui le classe « Site remarquable du Goût ». Une trentaine de petites safranières ont été recensées dans le canton, relançant une production tombée un temps en désuétude.

*Maison des Arts Georges et Claude Pompidou - 134 av. Germain-Canet - ✆ 05 65 40 78 19 - www.magcp.fr - juil.-août: tlj sf lun. 10h-13h, 14h-18h; reste de l'année: durant les expositions merc.-dim. 14h-18h - gratuit.*

## ÉTAPE 11

### Cajarc - Arcambal - 41 km

De Cajarc, le parcours file sur la D 662 pour couper à travers le méandre d'Andressac sur une section en voie verte, puis on roule sur la D 19.

On passe deux autres méandres par la D 8 avant de retrouver le Lot à Calvignac. On continue sur cette sinueuse D 8 au trafic modéré jusqu'au remarquable village de St-Cirq-Lapopie. La véloroute s'écarte ici des rives du Lot pour divaguer loin de la rivière avant de la retrouver à Arcambal.

### Château de Cénevières ★

**Styles mêlés.** Surplombant la rivière, le château de Cénevières mêle douze siècles d'architecture. L'édifice de grande taille, composite, est riche de quelques éléments inattendus. Ce sont les ducs d'Aquitaine qui, dès le 8e s., ont construit un fortin à cet emplacement. Au 13e s., les seigneurs de Gourdon font élever le donjon. À la Renaissance, le château est remanié. Antoine de Gourdon embrasse la religion protestante et participe à la prise de Cahors avec Henri de Navarre, en 1580. Il se livre à quelques pillages dans la cathédrale, charge l'autel du St-Suaire et le maître-autel sur des barques à destination de Cénevières...
*✆ 05 65 31 38 08 ou 06 07 01 76 69 - www.chateau-cenevieres.com - mar.-vend. 10h-12h, 14h-18h (17h hors sais.), fermé sam. et le matin dim. et lun. - 9 €.*

### St-Cirq-Lapopie ★★★

**Prononcez St-Cyr.** C'est l'un des sites majeurs de la vallée du Lot : perché sur un escarpement rocheux, St-Cirq occupe une position remarquable, surplombant de 80 m la rive gauche du Lot, face à un cirque de hautes falaises blanches. Accroché à la falaise, le village égrène ses vieilles maisons qui s'animent, le soir venu, sous la lumière dorée. Il faut flâner au hasard des ruelles en pente, bordées de maisons à colombages aux toits de tuiles brunes. Les façades en encorbellement abritent des galeries d'art et des boutiques-ateliers mettant en valeur le travail d'artistes (peintres, graveurs, céramistes). Plusieurs maisons ont été restaurées par des peintres et des artisans séduits par St-Cirq et la vallée du Lot. Parmi les plus célèbres, citons le photographe Man Ray, le poète surréaliste André Breton, les peintres Henri Martin, Foujita et Pierre Daura.

## ÉTAPE 12

### Arcambal - Rocamadour - 56 km

Arcambal marque le passage de La Vallée du Lot à vélo à La Vagabonde pour remonter vers le nord. Vous empruntez d'abord la D 49 pour franchir le Lot avant de remonter la vallée du Vers par la D 653 et la D 32 jusqu'à Labastide-Murat. Après le contournement de l'A 20 par de petites routes, l'itinéraire de La Vagabonde retrouve la D 32 pour monter vers la célèbre cité de Rocamadour.

### Labastide-Murat

**L'enfant du pays.** Dressé sur une hauteur, le village se souvient encore du plus glorieux de ses fils, Joachim Murat, célèbre militaire fait maréchal d'Empire et prince français par Napoléon Ier. Sa maison natale (transformée en musée) et le château perpétuent la mémoire de l'un des plus vaillants soldats de l'Empire. Labastide-Murat accueille aussi le siège du Parc naturel régional des Causses du Quercy, et constitue une ville-étape idéale pour découvrir le causse de Gramat, ses âpres paysages et la forêt de la Braunhie.
*Musée Murat - 1 pl. de Tolentino - ✆ 05 65 35 23 63 - musees.lot.fr - en travaux au moment de la rédaction.*

## Rocamadour ★★★

**Entre croyances et légendes.** Rocher miraculeux, sanctuaire de la Vierge noire, lieu de pèlerinage : Rocamadour est tout cela à la fois. C'est aussi l'un des sites les plus extraordinaires qui soient. Les vieux logis, les tours et les oratoires dégringolent le long de la falaise escarpée dominant de 150 m le canyon de l'Alzou, sous l'égide du fin donjon du château et des sept chapelles.

*Sanctuaire - ✆ 05 65 14 10 59 - www.sanctuairerocamadour.com - juil.-août : 7h-22h ; mai-juin et sept. : 8h-20h ; avr. et oct. : 8h-19h - reste de l'année : 8h30-18h30 - gratuit.*

**Rapaces en vol.** Tout près des remparts se trouve un **centre d'élevage et de reproduction** ★ de rapaces diurnes et nocturnes. L'étonnante démonstration de vol des rapaces est suivie par celle des perroquets.

*Rocher des Aigles - rte du Château - ✆ 05 65 33 65 45 - www.rocherdesaigles.com - juil.-août : 10h-20h ; avr.-juin et sept. : 14h-19h, reste de l'année : se rens. - 11 €.*

# ÉTAPE 13

## Rocamadour - Beaulieu-sur-Dordogne - 57 km

On descend de Rocamadour par la D 32, avant d'emprunter sur une centaine de mètres la D 673 et de filer à droite vers Lacave sur la D 247. À partir de là, on suit le cours de la vallée de la Dordogne sur la D 23 jusqu'à Meyronne. On passe en rive droite pour cheminer sur les D 14, D 43, D 116 et D 41 jusqu'à Beaulieu-sur-Dordogne. Sur ces routes départementales, soyez vigilant par rapport aux engins agricoles.

Rocamadour.
Eloi_Omella/Getty Images Plus

## Grottes de Lacave ★★

**Par ici les galeries.** Tel un palais englouti, les salles féeriques des grottes de Lacave déroulent leurs formes fantastiques. Les eaux immobiles des gours renvoient mille reflets trompeurs, seulement troublés par la chute d'une goutte d'eau pure ou le frémissement des pas du visiteur. Quatre cents mètres en petit train séparent le visiteur des entrailles de la Terre. Douze salles s'enchaînent alors le long d'un parcours de 1,6 km, au cours duquel, les yeux rivés au spectacle d'un monde merveilleux, on franchit sans s'en rendre compte 428 marches.

*✆ 05 65 37 87 03 - www.vert-marine.com/grottesdelacave - horaires variables (voir le site Internet) - 13 € - accès aux grottes en petit train, puis par ascenseur.*

## Beaulieu-sur-Dordogne ★

**Sur la « Riviera limousine ».** Occupant un méandre de la Dordogne, cette jolie cité médiévale est une avancée du Périgord en Limousin. Son climat tempéré et son ensoleillement important tout au long de l'année lui valent le surnom de « Riviera limousine ». Ce « beau lieu » offre des trésors d'architecture. Imprégnée d'influences architecturales venant du Limousin comme du sud-ouest de la France, son **église abbatiale** ★★ du 12e s. fut un lieu de pèlerinage important. Son portail méridional, édifié en 1135, est l'un des premiers chefs-d'œuvre de la sculpture romane. À voir aussi : la **chapelle des Pénitents** ★, également nommée N.-D.-du-Port-Haut. Cette chapelle du 12e s. a conservé son chevet roman et son clocher-mur à cinq baies, qui se reflète dans les eaux de la Dordogne.

Kayakistes sur la Dordogne entre Argentat et Beaulieu-sur-Dordogne.
H. Lenain/hemis.fr

## ÉTAPE 14

### Beaulieu-sur-Dordogne - Clergoux - 54 km

L'itinéraire passe en rive gauche à Beaulieu-sur-Dordogne avant de poursuivre sur la D 116 dans la sinueuse vallée de la rivière jusqu'à Argentat-sur-Dordogne. La Vagabonde quitte ici les douces rives de la Dordogne par la D 131 pour monter progressivement vers Champagnac-la-Prune par la vallée du Doustre. On poursuit sur cette même D 131 en passant par La Roche-Canillac, Gumond et St-Pardoux-la-Croisille avant l'étang Ferrier et Clergoux. Le parcours évolue sur de petites routes avec du relief en fin d'étape.

### Argentat-sur-Dordogne ★

**À bon port.** Entouré de collines, Argentat est le premier port sur la Dordogne : entre le 16e et le 18e s., de nombreuses embarcations partaient de ses quais à destination de Bergerac. Le commerce du bois a fait la fortune de la cité durant ces siècles passés. À cette époque furent édifiées, en bordure de Dordogne (**quai Lestourgie ★**), ses belles maisons, dont les toits en lauze sont semés çà et là de tourelles ou de poivrières. Celles aux balcons de bois sont d'anciennes habitations de pêcheurs ; on y mettait les filets à sécher. À l'arrière, elles possédaient une sortie à l'étage, pour s'échapper en cas de crue.

## ÉTAPE 15

### Clergoux - Bugeat - 64 km

On s'échappe de Clergoux par la D 135/E3 puis la D 10. À noter : les quelques cols de cette étape qu'il faudra monter progressivement. L'itinéraire serpente entre les étangs jusqu'à Montaignac, avant de passer au-dessus de l'A 89 et de quitter la D 10 pour la D 143. On emprunte ensuite une succession de petites routes départementales qui passent les cols des puys, dont celui des Géants à 824 m. On suit le balisage pour gagner successivement, après une vue sur le puy Messou, Gourdon et enfin Bugeat.

### Sarran

**Voyage présidentiel.** Ce village de Corrèze a été choisi pour accueillir le musée du Président-Jacques-Chirac. Celui-ci abrite essentiellement les cadeaux protocolaires reçus par l'ancien chef de l'État au cours de ses deux mandats présidentiels (1988-2002). On y découvre des collections variées, constituées de plus d'un millier de cadeaux. Témoins d'une rencontre ou d'un événement international marquant, les objets exposés ont été retenus pour leur valeur symbolique. Côté architecture, des matériaux traditionnels de l'architecture corrézienne

### À deux coups de pédale

**À Carennac ★, il semble que rien n'ait changé depuis le 18e s. : architecture typique du nord du Quercy, murs de calcaire patiné, portes et fenêtres sculptées, sobres tuiles plates et brunes. Le bourg médiéval s'est développé autour d'un prieuré-doyenné, fortifié au 16e s. Sur les pas de Fénelon (l'écrivain fut le titulaire du prieuré pendant quinze ans), la promenade dans les ruelles en surplomb de la Dordogne ne manque pas de charme.**

***À 4,4 km au sud de Bétaille (étape 13) par la D 20.***

(châtaignier, chêne, granit, ardoise), subtilement alliés au verre et au métal, ont été utilisés dans la conception de ce musée contemporain, dû à l'architecte Jean-Michel Wilmotte.
*Musée du Président-Jacques-Chirac - ✆ 05 55 21 77 77 - www.museepresidentjchirac.fr - de mi-avr. à fin nov.: 10h-12h30, 13h30-17h (mai-sept. 18h) - fermé lun. - 4,50 €.*

## Église de Lestards ★

**Toit unique.** Entourée d'un cimetière aux tombes très anciennes, cette ancienne église de l'ordre hospitalier des Antonins est coiffée d'un insolite toit de chaume, unique en France. Le clocher mur-pignon de la façade ouest est flanqué de quatre contre-forts aux angles. À l'intérieur, les chapiteaux sculptés ont été restaurés.

## Bugeat

**On se détend...** Proche de la source de la Vézère, ce gros bourg sert de lien entre le plateau de Millevaches et le massif des Monédières. Les vestiges gallo-romains témoignent d'une présence humaine ancienne, malgré un climat rude. Avec ses vastes forêts et de nombreuses rivières, Bugeat est un lieu qui se prête à la détente et au sport (randonnée équestre et pédestre, activités nautiques).

# ÉTAPE 16

### Bugeat - Royère-de-Vassivière - 56 km

La sortie de Bugeat s'effectue par la D 979 avant que La Vagabonde ne roule sur de petites routes sur le plateau de Millevaches après Pérols-sur-Vézère. Le relief est prononcé sur cette étape qui évolue entre lacs et puys jusqu'à Royère-de-Vassivière, où La Vagabonde se mêle au Tour de la Creuse à vélo.

## Étang des Oussines ★

**Le repère des loutres.** Cette étendue de 18 ha, alimentée par les eaux de la Vézère, est fréquentée par des oiseaux migrateurs. On y rencontre aussi des espèces végétales rares (bruchie des Vosges ou littorelle, une plante aquatique donnant une fleur). Le site est encore fréquenté par des loutres...
*À 2 km à l'est de St-Merd-les-Oussines (15 km après Bugeat).*

## Lac de Vassivière ★★

**De l'art au lac.** Le lac de Vassivière s'inscrit dans un cadre préservé de collines boisées de couleur vert sombre. Le plus vaste plan d'eau du Limousin offre des paysages magnifiques et des points de vue très variés selon l'endroit où l'on se trouve. Lac artificiel d'une superficie de 1000 ha et possédant 45 km de rivages, il résulte d'une retenue créée par le barrage de Vassivière, établi sur la Maulde. Le sentier d'interprétation de la Lande du Puy de la Croix (2,3 km; brochure téléchargeable sur le site Internet du lac), au nord-est, intéressera les amateurs de randonnée et d'écosystèmes rares. Un sentier pédestre accessible aux VTT (28 km; dép. du parking en face de l'office de tourisme du lac de Vassivière, à Auphelle, ou de la plage de Broussas) parcourt les rives du lac. Au programme: franchissement de passerelles sur pilotis, ponton flottant, digue... Enfin, embarquez sur un bateau-navette pour rejoindre l'île où ont été aménagés un **Centre international d'art et du paysage ★** et un parc de sculptures (on peut également y aller à pied, en traversant le pont, interdit à la circulation).
*Bateaux-navettes - ✆ 05 55 69 20 45 - www.tourisme-creuse.com/lac-de-vassiviere - en été - embarcadères:*

Le lac de Vassivière.
Olivier DJIANN/Getty Images Plus

*plage d'Auphelle (rive ouest), plage de Broussas (rive sud-est) et port de Masgrangeas (rive nord-est).*
*Centre international d'art et du paysage (CIAP) - ✆ 05 55 69 27 27 - www.ciapiledevassiviere.com - 11h-13h, 14h-18h; sept.-juin: merc.-vend. 14h-18h, w.-end 11h-13h, 14h-18h - 5 €.*

## ÉTAPE 17

### Royère-de-Vassivière - Aubusson - 41 km

Cette étape démarre à Royère-de-Vassivière, qui surplombe le lac. L'itinéraire longe les rives du lac, du barrage jusqu'à Vauveix en passant par Masgrangeas et la presqu'île de Broussas. Vous roulez sur des routes à faible circulation, sur La Vagabonde et le Tour de la Creuse. Cette étape est plus facile que la précédente, plutôt descendante, avec peu de difficultés. La signalétique est bien présente pour les deux véloroutes.

### Felletin

**Maisons en granit.** Berceau de la tapisserie marchoise, cette cité industrielle est l'une des plus anciennes du Limousin. Elle doit son activité à son savoir-faire textile, renommé depuis le Moyen Âge. Sa ville basse regroupe, autour de l'église du Moutier, des maisons des 15e et 16e s. en granit, témoins de l'époque à laquelle Felletin briguait le titre de capitale de la Marche. Le circuit du patrimoine permet d'explorer en profondeur la cité, renommée pour la richesse et la qualité de son bâti.

### Aubusson ★

**Tisser de beaux souvenirs.** La situation de la ville, à la confluence de la Creuse et de quatre de ses affluents, a décidé de sa vocation : les tanneurs, puis les tapissiers, utilisaient l'eau pure de la rivière. Il faut

Site des Pierres Jaumâtres.
H. Lenain/hemis.fr

absolument prévoir de consacrer du temps à la capitale de la tapisserie et à son fleuron, la **Cité internationale de la tapisserie ★★**. Le plus bel espace de la Cité, la Nef des tentures, est un parcours chronologique, du 15e au 20e s., avec une magnifique sélection de tapisseries, toutes tissées sur place et superbement mises en scène. Le long des ruelles du centre historique, bordées de maisons en granit, d'édifices ornés de tours rondes et de tourelles, plusieurs cafés et restaurants ont vu le jour, apportant une animation bienvenue. Les manufactures, enfin, constituent un complément indispensable pour bien comprendre l'histoire de la tapisserie.
*Cité internationale de la tapisserie - r. des Arts - ✆ 05 55 66 66 66 - www.cite-tapisserie.fr - juil.-août: 10h-18h, mar. 14h-18h; reste de l'année: tlj sf mar. 9h30-12h, 14h-18h - 8,50 €.*

## ÉTAPE 18

### Aubusson - Chambon-sur-Voueize - 49 km

Sur des routes à faible circulation, cette étape avec un dénivelé positif léger sera courte, plutôt descendante avec peu de difficultés. Seule complication tout de même: le long faux plat de 8 km au départ d'Aubusson, qui monte jusqu'au village de St-Amand. Tout au long de votre itinéraire, vous suivez la signalétique en place. À Chambon-sur-Voueize, le lendemain matin, vous quitterez La Vagabonde pour suivre le Tour de la Creuse et la Cyclo Bohème.

## Chambon-sur-Voueize ★

**Sortie de gorges.** Au cœur du pays Combraille, ce village occupe un site vallonné et verdoyant. Son **église** ★ à deux clochers est l'une des plus importantes et des plus intéressantes églises de style roman limousin. Son **pont médiéval** ★ du 14ᵉ s., équipé d'avant-becs, enjambe la Voueize. Et ses **gorges** ★ spectaculaires sont une troisième bonne raison de venir découvrir cette jolie ville fortifiée étageant ses maisons au confluent de la Voueize et de la Tardes.

## ÉTAPE 19

### Chambon-sur-Voueize - Boussac - 37 km

Sur des routes à faible circulation, cette étape relativement courte et plutôt vallonnée mêle le Tour de la Creuse à vélo à la Cyclo Bohème. Une belle grimpette de 5 km est à effectuer au départ du hameau de Ventenat jusqu'au village de Toulx-Ste-Croix. Tout au long de votre itinéraire, vous serez guidé par la signalétique des deux itinéraires. À Boussac, vous quittez le Tour de la Creuse pour ne plus suivre, le lendemain matin, que la Cyclo Bohème.

## Toulx-Ste-Croix

**Vue sur le Berry et le Bourbonnais.** Bâti sur une colline granitique à 655 m d'altitude, le village occupe le site d'un oppidum gaulois qui était entouré d'une triple muraille. La cité gallo-romaine qui lui succéda, *Tullum*, a laissé quelques vestiges dans le secteur du cimetière. Vous pouvez profiter de la vue du haut de sa tour d'observation. De cette plate-forme (à 200 m de l'église, 74 marches), on embrasse un vaste **panorama** ★★ : la vue se porte sur le Berry et le Bourbonnais au nord, les monts de la Marche et du Limousin à l'ouest et au sud, et les monts de la Madeleine, du Forez, Dôme et Dore vers le sud-est. Au premier plan, des blocs de granit disséminés émergent des fougères et des bruyères.

## Pierres Jaumâtres ★

**Roches mystérieuses.** Au sommet du mont Barlot qu'entoure une lande couverte de bruyères se dresse, à 602 m d'altitude, un curieux amoncellement de blocs de granit, « tables monstrueuses... autels effroyables », que George Sand a décrit dans son roman *Jeanne*. Issus de l'ère primaire à la suite d'un tremblement de terre ou d'une éruption volcanique, ces blocs sont devenus pierres de légende... De là se dégage une belle vue au nord sur le Berry et le Bourbonnais, au sud sur les monts de la Marche et du Limousin.

*Comptez 45mn AR à pied depuis le parking, à 6 km au sud de Broussac.*

## Château de Boussac ★

**Forteresse d'écrivain.** Érigé au 12ᵉ s., partiellement détruit durant la guerre de Cent Ans, le château de Boussac présente, du côté de la Petite Creuse, une façade austère, avec son revêtement de pierres brunes et son plan rectangulaire cantonné de tours massives. Seigneur de Boussac, maréchal de France et compagnon de Jeanne d'Arc, Jean Iᵉʳ de Brosse, dont les armes figurent au-dessus du portail, fit reconstruire le château vers 1400 : des fenêtres à meneaux et des tourelles ornées de blasons et d'écussons vinrent égayer la rigueur du corps de logis. Au

18e s., les étages furent aménagés. Abandonné durant des décennies, le château fut restauré à partir de 1965 par les Blondeau, qui consacrèrent leur vie à dénicher des objets rares pour rassembler des **collections** ★ d'une grande cohérence et d'une richesse exceptionnelle. Si vous avez la chance d'effectuer la visite guidée par la propriétaire, elle vous régalera d'anecdotes savoureuses. Au premier étage, la chambre de George Sand se visite (son premier roman champêtre, *Jeanne*, se déroule au château et dans les environs).

*✆ 05 55 65 07 62 - www.chateaudeboussac.com - visite guidée (entre 1h et 2h) de Pâques à la Toussaint: 10h-12h, 14h-17h30; reste de l'année: sur RV au 06 08 43 38 36 - 12 €.*

## ÉTAPE 20

### Boussac - Châteaumeillant - 70 km

Sur la Cyclo Bohème, on sort de Boussac par la D 997 avant de lui préférer la D 67, moins empruntée. On évolue ensuite sur de petites routes départementales et communales peu fréquentées en passant près de la source de l'Indre et dans Ste-Sévère-sur-Indre, village de l'inoubliable *Jour de fête*. Un peu avant La Châtre, à Briantes, vous quittez la Cyclo Bohème pour emprunter la St-Jacques à vélo-Via Vézelay vers Châteaumeillant, par de petites routes départementales.

### Ste-Sévère-sur-Indre

**Jour de fête.** Le village est joliment installé dans un site dominant la vallée de l'Indre. La place du Marché conserve une porte fortifiée du 15e s., une croix de pierre du 16e s. et une halle du 17e s. En 1947, le cinéaste Jacques Tati plante ici sa caméra pour tourner *Jour de fête*, une aventure mythique dans l'histoire du village. Le lieu de tournage se visite. C'est l'un des endroits les plus originaux de l'Indre. Dans une grange a été reconstitué un bureau de poste des années 1940, comme celui du facteur François, héros du film de Tati. Dans la salle du « cinéma en plein air », une scénographie vivante raconte le tournage du film. La visite se termine dans le studio de cinéma, avec les décors du bistrot et de la boucherie. De nombreux extraits commentés vous plongeront dans les coulisses du film tout au long de votre parcours.

*Maison de Jour de fête - pl. du Marché - ✆ 02 54 30 21 78 - www.maisondejourdefete.com - juil.-août: merc. et dim. 10h-12h30, 14h-18h, jeu.-sam. 14h-18h; reste de l'année: se rens. - fermé janv. - 8 €.*

### Châteaumeillant

**Un beau chœur.** La terre de Châteaumeillant fut souvent disputée, comme aujourd'hui ses coteaux voisins, qui produisent des vins gris réputés. Ancien oppidum gaulois, siège d'un atelier monétaire au Moyen Âge, le village a conservé de son passé de beaux monuments, tels les vestiges de l'église du Chapitre, le château du 16e s. et surtout l'église St-Genès. Celle-ci doit son nom à saint Genès, évangélisateur et martyr de la cité au 3e s. Elle s'ouvre par une façade très harmonieuse, de type berrichon, dont les colonnettes sont surmontées de chapiteaux sculptés. Le chœur est encadré par six absidioles, dont quatre communiquent avec lui par des arcades jumelées en plein cintre.

L'église St-Genès, Châteaumeillant.
Ch. Guy/hemis.fr

## ÉTAPE 21

### Châteaumeillant - St-Amand-Montrond - 37 km

On s'échappe de Châteaumeillant par la rue de l'Église, qui se prolonge en une petite route filant à St-Jeanvrin. Le parcours continue vers Le Châtelet avant d'emprunter la D 951 jusqu'à Loye-sur-Arnon. On suit ensuite un temps la D 138 jusqu'à Arcomps, puis on traverse Bouzais et Orval avant de franchir le Cher pour entrer dans St-Amand-Montrond.

## Le Châtelet

**Tradition potière.** Juchée sur une colline verdoyante dominant le village, l'abbatiale romane de Puy-Ferrand présente une façade ornée de baies, de chapiteaux sculptés et de motifs géométriques. Dans le village des Archers, il suffit de regarder les épis de faîtage en céramique et les nombreux ateliers pour saisir combien la poterie est ici une tradition. Remontant au 17e s., l'activité se poursuit et plusieurs potiers installés au village vous ouvrent leurs portes.

## À deux coups de pédale

**Les jardins du prieuré Notre-Dame d'Orsan ★★ s'organisent autour du cloître, centre symbolique du monastère. On retrouve à Orsan le concept du « jardin mystique » : son tracé fonctionnel permettait aux moines de répondre à leurs besoins terrestres (potager, verger) et spirituels (méditation).**

***À 7 km au nord-ouest du Châtelet - Maisonnais - ✆ 02 48 56 27 50 - prieuredorsan.com - de Pâques à fin sept. : lun.-vend. 11h-18h, w.-end 10h-19h - fermé mar. - 12 €.***

Jardins du prieuré Notre-Dame d'Orsan.
Ch. Goupi/age fotostock

*Musée de la Poterie des Archers - ✆ 02 48 56 39 75 - museepoterielechatelet.fr - de mi-mars à mi-sept. : mar.-merc. et w.-end 10h-12h, 14h-18h - 5 €.*

## St-Amand-Montrond

**Une ville en or !** Capitale de la région bocagère du val de Germigny, la cité s'est développée autour d'un monastère fondé au 7e s. par saint Amand. La forteresse de Montrond est la seule fortification bastionnée construite dans le centre de la France. L'édifice a été élevé au 13e s. sur une colline calcaire dominant un confluent. Il a ensuite été agrandi et aménagé par le duc de Sully au 17e s. Aujourd'hui, St-Amand offre le visage d'une petite ville active et commerçante, troisième pôle français de l'or, après Paris et Lyon. L'importance de l'orfèvrerie et de la bijouterie dans l'économie locale lui a valu l'octroi du label « ville et métiers d'art ».

## ÉTAPE 22

### St-Amand-Montrond - Sancoins - 40 km

Sur cette étape, vous roulez sur une section provisoire de la St-Jacques à vélo-Via Vézelay, où il faut porter une attention particulière au balisage et au revêtement parfois rustique du chemin de halage du canal de Berry. À St-Amand-Montrond, vous empruntez ce chemin de halage, dont certaines sections sont donc encore en cours d'aménagement. Prudence lors de la traversée de la D 951 que vous franchissez à Charenton-du-Cher. Le canal de Berry continue ensuite de vous guider sans difficulté jusqu'à Sancoins.

## Sancoins

**Qui vend un bœuf...** Située aux confins du Bourbonnais, du Berry et du Nivernais, cette commune est au cœur d'une région d'élevage des bœufs charolais. Très vite, la ville s'est imposée, devenant un centre européen du marché des bestiaux. Chaque mercredi à partir de 5h30 ont lieu, au marché aux bestiaux du parc des Grivelles, des transactions entre petits éleveurs, coopératives et négociants. Ce marché, l'un des plus grands de France, réalise à lui seul environ 10 % des exportations françaises du marché « en vif ». Il occupe un terrain triangulaire de 17 ha, situé à 1,5 km de Sancoins. En forme d'étoile à trois branches, le marché se compose de trois pavillons couverts, entièrement équipés, capables de recevoir 2000 veaux, 5000 « broutards », 3000 bovins adultes et 7000 moutons. Réservé aux lève-tôt !

## ÉTAPE 23

### Sancoins - Nevers - 40 km

À Sancoins, vous quittez la St-Jacques à vélo-Via Vézelay qui continue sur le canal de Berry. Pour regagner Nevers, vous retrouvez la Via Allier, empruntée à l'aller de cette boucle des grands espaces.

### Espace Métal - Halle de Grossouvre

**Dur comme le fer.** La halle construite en 1844 est aujourd'hui le seul témoin de ce que furent les grandes usines de métallurgie de Grossouvre. Destinée jadis à abriter le combustible nécessaire pour alimenter les fours des usines, elle est devenue un lieu d'accueil qui rend hommage à la métallurgie dans le Cher. En sortant de là, vous saurez tout sur le fer, la fonte et l'acier, sur l'extraction du minerai et sa transformation, sur l'évolution du fer et son utilisation. En compagnie du maître de forges Georges Dufaud et de Jamy, animateur d'émissions scientifiques *(C'est pas sorcier)*, vous voyagerez de façon ludique aux 19e et 20e s. pour découvrir la fascinante révolution industrielle du fer. Et pour terminer, vous tenterez vous-même quelques expériences particulièrement instructives ! Une visite originale dans un lieu qui ne l'est pas moins.

*2 rte de Vereaux - ☏ 02 48 77 06 38 - www.espacemetal.com - de mi-avr. à mi-mai et juil.-août : merc.-dim. 10h-12h30, 14h-17h (18h en juil.-août) ; reste de l'année : se rens. - 8 €.*

## À deux coups de pédale

**Construite en belle pierre blanche du pays dans un site isolé, conformément à l'esprit de l'ordre de Cîteaux, l'abbaye de Noirlac ★★ (12e-14e s.) constitue l'un des ensembles monastiques les mieux conservés et les plus complets de France. Ses jardins ont été redessinés par le célèbre paysagiste Gilles Clément.**

***À 5,4 km à l'ouest de St-Amand-Montrond - ☏ 02 48 62 01 01 - www.abbayedenoirlac.fr - juil.-août : 10h-18h30 ; reste de l'année : se rens. - fermé de mi-déc. à janv. - 9 €.***

# LOUER UN VÉLO

### NEVERS

*Voir p. 268.*

# DÉGUSTER

### NEVERS

*Voir p. 268.*

### LE VEURDRE

**LOGIS HÔTEL DU PONT NEUF**

*Voir « Dormir » p.359.*

### MOULINS

**LE GRAND CAFÉ**

Construit en 1899, ce café est inscrit à l'Inventaire des Monuments historiques, avec sa fresque grandiose à la gloire de Gambrinus, le dieu de la Bière. Gabrielle Chanel aurait acquis ici son surnom de Coco en chantant : « Qui qu'a vu Coco au Trocadéro du haut du balcon ? » Au menu : bœuf charolais et burgers.

*49 pl. d'Allier - ✆ 04 70 44 00 05 - fermé dim. soir - menus du jour 13,50/18,50 €.*

### ST-POURÇAIN-SUR-SIOULE

**LE CLUB**

Accueil très souriant, dans une ambiance de cantine. Les plats traditionnels sont relevés par l'inventivité du chef, qui propose aussi ses créations du moment.

*9 bd Ledru-Rollin - ✆ 04 70 45 90 48 - juil.-août : fermé dim. ; hors sais. : fermé dim.-lun. - plats 15/20 €.*

### BILLY

**AUBERGE DU PONT**

Les fidèles de cette auberge se pressent toujours à ses portes, en quête d'une cuisine du marché goûteuse, réalisée par un chef plein d'entrain. Si le temps le permet, installez-vous sur la terrasse ombragée, qui surplombe l'Allier.

*1 rte de Marcenat - ✆ 04 70 43 50 09 - www.auberge-du-pont-billy.fr - fermé dim. soir et lun. - menu du marché 22 € (déj.).*

### VICHY

**BRASSERIE DU CASINO ET DES ARTISTES**

L'authentique cadre de cette brasserie est agrémenté de photos d'acteurs et d'artistes lyriques ayant fait les beaux soirs de l'opéra voisin. Cuisine traditionnelle et produits de qualité. Tous les desserts sont faits maison. Terrasse-trottoir.

*4 r. du Casino - ✆ 04 70 98 23 06 - www.brasseriedesartistesvichy.fr - fermé mar.-merc. - plats 22/29,50 €.*

### PONT-DU-CHÂTEAU

**AUBERGE DU PONT**

Ce restaurant étoilé est une savoureuse folie. Au bord de l'Allier, Rodolphe Regnauld marie les terroirs de sa Bretagne natale et de son Auvergne d'adoption à grand renfort de petits légumes de producteurs du coin, de fruits rouges locaux, de poissons arrivés en direct de Bretagne, mais aussi de pieds de cochon ou de truite délicieusement auvergnats.

*70 av. du Dr-Besserve - ✆ 04 73 83 00 36 - auberge-du-pont.com - fermé dim. soir, lun. et merc. - formule midi 42 €, menus 68/160 € - réserv. conseillée.*

### BRASSAC-LES-MINES

**LA LOCANDA**

Une belle offre bistronomique avec des produits locaux et frais. À la carte : truffade, fondue de st-nectaire, tartare... Il est aussi possible de commander des « lunchbox » à emporter.

*21 av. du Château - ✆ 04 73 54 35 25 - www.lalocanda-restaurant.fr - fermé dim. et le soir lun., mar. et merc. - menu 35 €.*

### BLESLE

**LA BOUGNATE**

Cette maison de pays du 18ᵉ s., nichée au cœur du village, a été entièrement rénovée. Agréable salle à manger avec cheminée, parquet ancien et bibliothèque. Également des chambres, dont trois sont aménagées dans la tour ronde, vestige des anciens remparts.

*Le Vallat - ✆ 04 71 76 29 30 - www.labougnate.fr - fermé déc.-mars, lun.-mar. sf en juil.-août - menu (déj.) sem. 19,90 €, menus 30/43 € - 8 ch. 105 € - ☕ 14 €.*

### ALLANCHE

**HÔTEL-RESTAURANT LE RELAIS DES REMPARTS**

*Voir « Dormir » p.360.*

### ST-CIRGUES-DE-JORDANNE

**L'AUBERGE DES MILANS**

Une ferme-auberge traditionnelle avec la garantie de goûter aux bons produits du Cantal. Parmi les spécialités : le chou farci, la truffade, plateau de fromage... On souhaiterait tout essayer ! L'Auberge propose en outre des hébergements variés et des ateliers culinaires. Label **Accueil Vélo**.

*Puech Verny - ✆ 04 71 47 90 72 - www.puech-verny.com - menus 28/30 € - 2 gîtes pour 4 pers., loc. à la nuitée (32 €/pers.), tente ou cabane 52/56 € - ☕ 12 €.*

## AURILLAC

### L'ARSÈNE SUR COUR

Dans l'une des trois belles salles aux murs de pierres apparentes ou en terrasse, vous dégusterez de savoureuses salades ou des plats plus consistants qui font honneur au terroir. Délicieuses glaces artisanales.

*18 r. Arsène-Vermenouze - ✆ 04 71 48 48 97 - www.aurillac-restaurant.com - fermé dim.-lun. - formule déj. 14/17 €, plats 15,50/24,50 €.*

## PORT-D'AGRÈS

*Voir p. 243.*

## CAJARC

### AUBERGE DU PONT

Après avoir repris l'établissement en 2024, le chef Sébastien Dame propose une cuisine de terroir et des spécialités du Nord, sa région d'origine.

*16 av. Coluche - ✆ 05 65 40 67 84 - Facebook - fermé sam. - formule midi 14 €.*

## ST-CIRQ-LAPOPIE

### LE GOURMET QUERCYNOIS

Le restaurant, plaisant, travaille en collaboration avec le petit musée viticole aménagé dans la même maison de village. Salle à manger à la fois moderne et rustique, ouverte sur une terrasse dressée sous une tonnelle. Belle carte des vins et cuisine locale.

*R. de la Peyrolerie - ✆ 05 65 31 21 20 - www.legourmetquercynois.com - fermé déc.-janv. - formule déj. 15/23 €, menus 28/32 €.*

## ARCAMBAL

### LES AROMATES

De magnifiques assiettes réalisées à partir de produits frais et qui changent chaque jour au gré des saisons.

*33 rte de St-Cirq - ✆ 05 65 23 05 25 - www.les-aromates.fr - fermé lun. et le soir (sf vend. et sam.) - plats 25 €, menus 30/36 €.*

Cabécous de Rocamadour.
Michel VIARD/Getty Images Plus

## LABASTIDE-MURAT

### LA GARISSADE

Une ambiance familiale règne dans cette maison villageoise du 13e s. Au restaurant, formule bistrot le midi, gastronomique le soir. Une bonne adresse. Les chambres sont fonctionnelles et bien tenues.

*20 pl. de la Mairie - ✆ 05 65 21 18 80 - www.garissade.com - fermé nov.-mars - plats 22 € - 19 ch. 93/116 € - ☕ 12 €.*

## ROCAMADOUR

### ENVIES DE TERROIR

Pour déjeuner sur le pouce, cette brasserie, lumineuse et cosy et à la décoration contemporaine, dispose d'une superbe terrasse d'où le regard embrasse toute la falaise, face au village. Une restauration légère aux accents du terroir comble les petites faims.

*R. de la Couronnerie - ✆ 05 65 33 67 38 - fermé de mi-nov. à mi-fév. sf vac. de Noël, merc. et le soir - formule 20 €.*

## LACAVE

### LE PONT DE L'OUYSSE

Un frère en salle, l'autre en cuisine… Ensemble, ils magnifient avec simplicité de superbes produits, à l'instar de cette selle d'agneau du Quercy, ces œufs de caille fermiers, ces truffes récoltées en famille… La terrasse ombragée a un charme irrésistible.

*D 43 - ✆ 05 65 37 87 04 - www.lepontdelouysse.com - avr.-nov. : fermé lun.-mar. midi et merc. midi - menu déj. 55 €, menu 110 €.*

## BEAULIEU-SUR-DORDOGNE

### CHEZ COLETTE

Ce petit restaurant propose une cuisine française traditionnelle avec quelques spécialités régionales à base de produits frais. Le menu change régulièrement avec toujours une viande et un poisson. Accueil chaleureux et bon rapport qualité prix.

*27 r. du Gén.-de-Gaulle - ✆ 05 55 28 22 71 - fermé le soir et lun. - menus 23/30 €.*

## ARGENTAT-SUR-DORDOGNE

### L'AUBERGE DES GABARIERS

Dans un cadre superbe, sur les quais, au bord de la Dordogne, une cuisine plutôt familiale : truffade, salades, paleron de veau confit, planche du boucher ou filet de Sandre, vous trouverez de quoi dîner ou déjeuner agréablement, en terrasse. Salon de thé l'après-midi, avec un large choix de glaces artisanales.

*15 quai Lestourgie - ✆ 06 03 90 28 55 - aub-des-gabariers-argentat.fr - plats 16/27 € - 2 ch. d'hôtes (2 nuits mini) 70 €.*

## CLERGOUX

### CHAMBRES D'HÔTES LA FERME DE LEIX

*Voir « Dormir » p. 360.*

## SARRAN

### LA GRANGE AUX FLEURS

Dans un cadre de style auvergnat chaleureux, au sein d'une belle grange rénovée, Armegyn et Antoine vous proposent une cuisine savoureuse où tout est fait maison, même le pain.

*Champs sur Tarentaine - ✆ 04 71 78 77 98 - www.lagrangeauxfleurs-sarran.com - fermé lun. - menus 34/50 € - réserv. conseillée.*

## BUGEAT

### L'ÉTABLISSEMENT

Une délicieuse découverte. Cuisine traditionnelle avec d'excellentes viandes locales. Glaces artisanales très bonnes également.

*27 r. de la République - ✆ 05 55 95 50 20 - Facebook - plats 12/20 € - fermé sam.-dim. et le soir.*

## LAC DE VASSIVIÈRE

### L'ENCAS LOCAL

Installé en terrasse au bord du lac dans un paysage idyllique, vous dégusterez une cuisine 100 % bio et locale : burgers (viande limousine), salade gourmande, tartes salées, saucisson de cul noir, etc. Ambiance conviviale, soirées thématiques.

*Vassiviera - Auphelle, au bord du lac de Vassivière - ✆ 05 87 07 04 53 - vassiviera.fr/l-encas-local - fermé mar.-merc. - plats 10,50/16 €.*

## ROYÈRE-DE-VASSIVIÈRE

### L'ATELIER

Une adresse originale. Au menu : une cuisine de saison élaborée à partir de produits frais. Le tout adossé à un bar et une boutique qui vend des produits locaux issus du commerce équitable et de l'artisanat.

*Pl. de la Mayade - ✆ 05 55 64 52 22 - latelier23.com - fermé lun. - plats 10/20 €.*

## FELLETIN

### LE GRAND BAZAR

Une pizzeria sans prétention mais aux garnitures généreuses et aux produits frais. Accueil sympathique et souriant. Bon rapport qualité-prix.

*1 pl. Courtaud - ✆ 09 87 43 43 26 - legrandbazar.site - fermé lun.-mar. - pizzas 10/15 €.*

## AUBUSSON

### LE FRANCE HÔTEL-RESTAURANT

Cet ancien hôtel de poste du 18e s. fait aujourd'hui partie des meilleures tables de la ville. Le nouveau chef du restaurant, Benoît Corjon, après douze ans passés au restaurant du Crillon à Paris, en a pris la direction en 2022. La brasserie Le Petit France propose un menu midi en semaine (sauf en été) et, le soir, le restaurant gastronomique prend le relais. Sa carte est courte mais raffinée, et le bœuf limousin y est à l'honneur.

*6 r. des Déportés - ✆ 05 55 66 00 06 - www.aubussonlefrance.com - fermé dim. soir, lun. et janv. - menus 24/27/40 € - plats 18/22 € - 21 ch. 95/129 € - 12,50 €.*

Pont sur le lac de Vassivière.
Olivier DJIANN/Getty Images Plus

### CHAMBON-SUR-VOUEIZE

**AU BISTROT D'AUTREFOIS**

Un très bon petit bistrot, chaleureux et convivial. On y déguste notamment d'excellents burgers.

*25 pl. de la Promenade - 05 55 82 13 97 - www.aubistrotdautrefois.fr - fermé w.-end - formule midi 14,50 €, burgers 10/11 €.*

### TOULX-STE-CROIX

**LE CHALET DES PIERRES JAUMÂTRES**

Une immense terrasse au milieu des bois vous attend. Vous y dégusterez une excellente viande limousine accompagnée de frites maison, ou un fondu creusois. Grand choix de bières artisanales locales, lémovices et auvergnates. Parc de loisirs pour les enfants.

*2 Les Pierres Jaumâtres - 05 55 65 43 11 - lespierresjaumatres.fr - fermé janv. - menu 35 €.*

### BOUSSAC

**LE CENTRAL**

*Voir « Dormir » p.361.*

### CHÂTEAUMEILLANT

**LA GOUTTE NOIRE**

Une grande véranda, une cuisine qui explore le terroir avec goût et générosité (bons vins et fromages régionaux) et un accueil charmant. Et quelques chambres si besoin.

*21 r. du Château - 02 48 96 98 87 - fermé lun. et dim. soir - menus 39,50/82 € - 7 ch.*

### ST-AMAND-MONTROND

**RESTAURANT LE 215**

Au restaurant de l'hôtel Le Noirlac *(voir p. 361)*, plusieurs menus traditionnels assortis d'une carte gril, servie au bord de la piscine. Si vous décidez d'y dormir, cet hôtel est doté de bons équipements de loisirs (piscine, tennis...) et propose des chambres insonorisées, fonctionnelles et bien équipées.

*215 rte de Bourges - 02 48 82 22 00 - www.hotel-lenoirlac.fr - formule midi 22 € - 43 ch. 113/134 € - ☕ 15 €.*

### SANCOINS

**LA PETITE AUBERGE**

Une halte sympathique avec une carte traditionnelle. Service attentionné et rapide ; bon rapport qualité prix.

*3 bis r. Paulin-Pecqueux - 02 48 80 25 09 - Facebook - fermé dim. et merc. soir. - plats 12/20 €.*

## DORMIR

### NEVERS

*Voir p. 269.*

### LE VEURDRE

**LOGIS HÔTEL DU PONT NEUF**

Des chambres confortables avec de belles prestations sauna, salle de gym, piscine extérieure... Et un local à vélos. Cuisine du terroir inventive au restaurant et grande terrasse ombragée aux beaux jours.

*2 r. du Fbg-de-Lorette - 04 70 66 40 12 - www.hotel-lepontneuf.com - fermé de nov. à mi-mars - 🏊 - 45 ch. 80/100 € - ☕ 12 € - ✕ menus 26/47 €, fermé lun.-jeu. à midi.*

### MOULINS

**HÔTEL LE PARC**

À deux pas d'un parc et de la gare, établissement où toute une famille se met en quatre pour rendre votre séjour agréable. Chambres bien tenues, en partie rajeunies. Salle à manger au décor soigné où l'on sert une cuisine traditionnelle « aux petits oignons ». Label **Accueil Vélo** (garage).

*31 av. Gén.-Leclerc - 04 70 44 12 25 - www.hotel-moulins.com - 22 ch. 78/98 € - ☕ 11 € - ✕.*

### ST-POURÇAIN-SUR-SIOULE

**CHAMBRES D'HÔTES CHÂTEAU DE BRIAILLES**

Au cœur d'un golf, deux belles chambres colorées pour se ressourcer.

*04 70 45 49 49 ou 06 47 55 26 87 - avr.-oct. - 2 ch. 120 € ☕.*

### VICHY

**THE ORIGINAL BOUTIQUE - LES NATIONS**

Chambres modernes et confortables dans un bel immeuble 1900 du centre-ville. Agréable terrasse au 1er étage. Cuisine traditionnelle servie dans deux salles à manger chaleureuses audécor actuel. Label **Accueil Vélo** (garage et kit de réparation).

*13 bd de Russie - 04 70 98 21 63 - www.lesnations.com - 69 ch. 75/81 € - ☕ 12 € - ✕.*

### PONT-DU-CHÂTEAU

**CHEZ STÉPHANE ET PATRICIA**

Faute d'offre dans le village, on peut se loger dans les communes alentour, comme dans cette sympathique maison avec un parking privé à moins de 20mn en vélo.

*35 av. d'Heyrand - Vertaizon (à 5 km de Pont-du-Château) - 06 89 62 50 11 - 2 ch. 65/80 € - ☕ 7 €.*

## BRASSAC-LES-MINES

### HÔTEL-RESTAURANT DE L'ÎLE

Peu d'offres ici aussi, mais cet hôtel d'un village voisin, à 8mn en vélo, est une bonne surprise avec ses chambres spacieuses et un parking gratuit. Son restaurant prépare une cuisine traditionnelle faite maison. Excellent petit-déjeuner aussi.

*20 r. du Pont-d'Allier - Jumeaux (à 3 km de Brassac-les-Mines) - ✆ 04 73 96 10 55 - www.hotel-delile.com - 6 ch. 80 € - ☕ 12,50 € - ✕ fermé dim. soir et lun.*

## BLESLE

### LA BOUGNATE

*Voir « Déguster » p.356.*

## ALLANCHE

### LE RELAIS DES REMPARTS

Cet hôtel-restaurant est idéalement situé, au cœur du village. Chambres impeccables, où chaque détail compte. Cuisine traditionnelle et régionale, servie en généreuses portions. Label **Accueil Vélo** (garage).

*5 av. du Prés.-René-Rollier - ✆ 04 71 20 98 00 - www.relaisdesremparts.com - 12 ch. 65/90 € - ☕ 10 € - ✕ fermé soir et w.-end - menus 16/35 €.*

## ST-CIRGUES-DE-JORDANNE

### L'AUBERGE DES MILANS

*Voir « Déguster » p.356.*

## AURILLAC

### HÔTEL DES CARMES

Situées sur une petite cour intérieure, les chambres, dans des tons noir, beige et blanc, sont bien agencées. On prend le petit-déjeuner dans la salle du bar. La salle à manger est éclairée d'une grande verrière. Label **Accueil Vélo** (garage et kit de réparation).

*20 r. des Carmes - ✆ 04 71 48 01 69 - www.hoteldescarmes.fr - 23 ch. 81/121 € - ☕ 11 € - ✕.*

## PORT-D'AGRÈS

*Voir p. 243.*

## CAJARC

### LA PEYRADE

Des chambres spacieuses, dont certaines équipées d'une kitchenette. Terrasse, piscine et, en plus, un restaurant. Label **Accueil Vélo** (garage fermé pour les vélos).

*Rte de Cahors - 52 r. Peyrade - ✆ 05 65 10 42 03 - www.hotel-gite-lapeyrade.fr - 🏊 - 10 ch. 80 € - ☕ 9 € - ✕ soir seult.*

## ARCAMBAL

### CHAMBRE D'HÔTES LES 3 COCHONS D'OLT

Il n'y a pas d'hôtel dans le village, mais plusieurs chambres d'hôtes, comme celle-ci. Bon petit-déjeuner avec yaourts et confitures maison. Confort, parking et repas ou pique-nique (sur demande).

*135 rte de St-Cirq-Lapopie - ✆ 06 42 82 30 54 - 90 € ☕.*

## LABASTIDE-MURAT

### LA GARISSADE

*Voir « Déguster » p. 357.*

## ROCAMADOUR

### LE RELAIS AMADOURIEN

Situé au pied du château, à proximité du chemin de croix et des ascenseurs qui mènent au village de Rocamadour, cet hôtel familial est d'un excellent rapport qualité-prix. Chambres cosy confortables, petit-déjeuner buffet avec vue, jardin pour la détente et accueil chaleureux. Label **Accueil Vélo** (garage).

*Rte du Château - ✆ 06 86 64 69 61 ou 05 65 34 39 19 - www.relais-amadourien.com - 28 ch. 88/98 € ☕.*

## BEAULIEU-SUR-DORDOGNE

### LE BEAULIEU

Entièrement restauré, avec des chambres toutes différentes, oscillant entre couleurs douces et tonalités plus vives, cet hôtel de charme invite à poser ses bagages. Au restaurant ou sur sa grande terrasse, vous dégusterez une cuisine savoureuse à base de produits locaux. Petit garage fermé pour vélos.

*4 pl. du Champ-de-Mars - ✆ 05 55 91 01 34 - www.hotelbeaulieudordogne.com - 24 ch. 101/121 € - ☕ 12 € - ✕.*

## ARGENTAT-SUR-DORDOGNE

### L'AUBERGE DES GABARIERS

*Voir « Déguster » p.358.*

## CLERGOUX

### CHAMBRES D'HÔTES LA FERME DE LEIX

N'hésitez pas à pédaler jusqu'à cette ancienne ferme du 19e s. joliment restaurée, à proximité de l'étang de Leix. Vous dormirez au calme dans l'ancien corps de ferme ou dans la petite maison indépendante. Table d'hôtes avec les légumes du potager.

*8 chemin de Leix (à 3 km au sud-ouest du bourg) - ✆ 05 55 27 09 40 - fermedeleix.com - 3 ch. 58/73 €, maison 93 € (4 pers.) - ✕ le soir sur réserv. - panier pique-nique sur demande.*

## BUGEAT

### L'ANCIENNE POSTE

Comme son nom l'indique, ce gîte est un bureau de poste de village du 19e s. converti avec goût. Garage sécurisé.

*14 r. de la Mairie - ✆ 07 85 15 37 10 - 3 ch. 75/90 € ☕.*

## ROYÈRE-DE-VASSIVIÈRE

### LE RANCH DE VASSIVIÈRE

Le gîte peut accueillir jusqu'à 8 personnes dans ses deux chambres. Salon avec cuisine équipée et abri à vélo.

*253 Les Sagnes - ✆ 06 98 95 26 03 - 2 ch. à partir de 85 € pour 4 pers.*

## AUBUSSON

*Voir aussi « Déguster » p. 358.*

### LA BEAUZE

Cette maison en pierre cache un intérieur contemporain soigné et cosy. Chambres confortables avec, côté jardin, vue sur un superbe séquoia en bordure de rivière. Petit-déjeuner servi en terrasse aux beaux jours. Label **Accueil Vélo** (parking privé).

*14 av. de la République - ✆ 05 55 66 46 00 - www.hotellabeauze.fr - 10 ch. 97/122 € - ☕ 10 € - ✕.*

## CHAMBON-SUR-VOUEIZE

### LA GRANDE MAISON

Des chambres vastes et confortables dans une bâtisse du 18e s. Le soir, une table d'hôtes vous attend sur réservation. Espace sécurisé pour les vélos.

*1 rte de Lépauds - ✆ 06 47 93 48 16 - 3 ch. 75 € ☕ - ✕ sur réserv.*

## BOUSSAC

### LE CENTRAL

Cet ancien relais de poste rénové propose une cuisine traditionnelle et familiale de qualité. Accueil charmant et label **Accueil Vélo**.

*4 r. du 11-Novembre - ✆ 05 55 65 00 11 - hotelcentral-creuse.com - 9 ch. 69/99 € - ☕ 10 € - ✕ fermé dim. soir et lun. - menu 37 €.*

## CHÂTEAUMEILLANT

*Voir aussi « Déguster » p.359.*

### CAMPING DE L'ÉTANG MERLIN

Ce camping, doté d'un accès direct à l'étang, loue des chalets confortables.

*Rte de Vicq-Exemplet - ✆ 02 48 61 31 38 - camping-etangmerlin.e-monsite.com - réserv. conseillée - empl. 14 €, mobile home (4-6 pers.) 40 €, 6 chalets (2-6 pers.) 36/59 €.*

## ST-AMAND-MONTROND

### HÔTEL LE NOIRLAC

Cet hôtel doté de bons équipements de loisirs (piscine, tennis, practice de golf...) propose des chambres insonorisées, fonctionnelles et bien équipées. Au restaurant, plusieurs menus traditionnels assortis d'une carte gril, servie au bord de la piscine. Label **Accueil Vélo** (local fermé et kit de réparation).

*215 rte de Bourges - ✆ 02 48 82 22 00 - www.hotel-lenoirlac.fr - 🏊 - 43 ch. 113/134 € - ☕ 15 € - ✕ voir Restaurant Le 215 p. 359.*

## SANCOINS

### HÔTEL DU PARC

Très belle bâtisse du 19e s. entourée d'un parc agréable. Les boiseries, tapisseries d'époque et objets de décoration sur le thème de la chasse donnent à cet ensemble beaucoup de charme. Local sécurisé pour les vélos.

*8 r. Marguerite-Audoux - ✆ 02 48 74 56 60 - www.hotel-du-parc-sancoins.com - 7 ch. 79/89 € - ☕ 9 €.*

Le pont médiéval de Chambon-sur-Voueize.
Ch. Guy/imageBROKER/age fotostock

INDEX

## D



## E



## F



## G



## H



## I



## J

## K



## L



## M



## N



## O



## P

# R



# S



# T



# U



# V

**Collection sous la direction de Philippe Orain**

**Responsable d'édition et rédacteur en chef du guide :** Hélène Payelle

**Conseillé technique et itinéraires** : Nicolas Pinson

**Secrétaire d'édition :** Iris Dion

**Rédaction :** Céline Chaudeau, Sylvie Kempler, Nicolas Pinson

**Ont contribué à ce guide :** Teodora Coroiu, Gabriel-Valentin Dragu, Virginie Noyalet, Danut-Marian Tuca, Severin Vlad (**Cartographie**), Véronique Aissani, Carole Diascorn (**Couverture**), Marion Capera, Marie Simonet (**Iconographie**), Bogdan Gheorghiu, Cristian Catona, Hervé Dubois, Sandrine Tourari (**Prépresse**), Dominique Auclair (**Pilotage**)

**Remerciements :** Emmy Galfione, Lise Outrey, Karine Dupuy et France Vélo Tourisme

**Conception graphique**
Maquette intérieure : Benjamin Heuzé/Juste Ciel, adaptation MICHELIN Éditions
Couverture : Benjamin Heuzé/Juste Ciel
Picto vélo p. 8, 10 et 16 : Freepik

**Fabrication** : Sandrine Combeau (**Direction**), Renaud Leblanc

**Régie publicitaire et partenariats**
contact.clients@editions.michelin.com
*Le contenu des pages de publicité insérées dans ce guide n'engage que la responsabilité des annonceurs.*

**Contacts**
Vous souhaitez nous contacter ?
Rendez-vous dans la rubrique contact de notre site Internet :
editions.michelin.com

**Parution 2025**

*Ce guide illustre l'ambition de faire de la France la première destination mondiale pour le tourisme à vélo. C'est grâce à un investissement constant des collectivités et des Comités d'Itinéraires des véloroutes, depuis presque 30 ans, qu'il est possible aujourd'hui de vous présenter ce « meilleur de la France à vélo » !*

**MICHELIN Éditions**
Société par actions simplifiée au capital de 487 500 EUR
57 rue Gaston-Tessier – 75019 Paris (France)
R.C.S. Paris 882 639 354


Dépôt légal : 03-2025 – ISSN 0293-9436
Compograveur : MICHELIN Éditions, Paris
Imprimeur : Grafotisak, Grude (Bosnie-Herzégovine)
Imprimé en Bosnie-Herzégovine : 03-2025

Sur du papier issu de forêts bien gérées

France Vélo Tourisme
MICHELIN
Véloroutes
& Voies vertes en France
CARTE DES ITINÉRAIRES & leurs TRACÉS GPX
NIVEAUX DE DIFFICULTÉ
1/1 000 000 - 1 cm = 10 km
EUROVELO • VÉLOROUTES • VÉLO DE ROUTE ET VTT
POUR
TOUS CEUX
QUI VOYAGENT
À VÉLO
MICHELIN
© Funatural/Getty Images Plus